JN202594

PLATFORM REVOLUTION

GEOFFREY G. PARKER
MARSHALL W. VAN ALSTYNE
SANGEET PAUL CHOUDARY

プラットフォーム・レボリューション

未知の巨大なライバルとの競争に勝つために

ジェフリー・G・パーカー
マーシャル・W・ヴァン・アルスタイン
サンジート・ポール・チョーダリー

［監訳］妹尾堅一郎
［訳］渡部典子

ダイヤモンド社

PLATFORM REVOLUTION

How Networked Markets Are Transforming the Economy
--And How to Make Them Work for You

by

Geoffrey G. Parker, Marshall W. Van Alstyne,
and Sangeet Paul Choudary

Copyright © 2016 Geoffrey G. Parker, Marshall W. Van Alstyne,
and Sangeet Paul Choudary

Japanese translation published by arrangement with
Geoffrey G. Parker, Marshall W. Van Alstyne, Sangeet Paul Choudary
c/o Baror International, Inc. through The English Agency (Japan) Ltd.

はじめに——なぜ、プラットフォームは、既存のビジネスを打ち負かすことができるのか

「プラットフォーム」は、現代において経済的、社会的に最も重要な発展を遂げてきたビジネスモデルであり、また組織モデルだともいえる。本書は、そうしたプラットフォームを包括的に捉え、信頼性が高く、スッキリと整理されたガイドを届けようとした初めての試みである。

グーグル、アマゾン、マイクロソフトに始まり、ウーバー、エアビーアンドビー、イーベイに至るまで、最も大きく、最も急成長を遂げ、最も強い破壊力を秘めた企業の成功の礎となってきたのは、プラットフォームと呼ばれるモデルである。さらにプラットフォームは、ヘルスケア、教育、エネルギー、政府といった、より幅広い経済的、社会的領域の変革を担いつつある。

読者がどのような仕事に就かれているにせよ、既にプラットフォームは、従業員、ビジネスリーダー、専門家、消費者、市民としての読者の生活を一変させてきたに違いない。そして、今後の日常生活にも、さらに大きな変化を与えそうなのだ。

私たちはこの20年間を通じて、経済的、社会的、技術的な強い力によって世の中が変わりつつあると認識するようになったが、その中身を十分に理解している人はまだまだ少ない。そうした力が

どのようにして伝統的企業に破壊をもたらし、市場を逆転させ、職業を変えていくのか。また、新興企業がどのようにそれを活用して伝統的な産業を席巻し、新たな産業を生み出しているのか。私たちは、その力やメカニズムの研究に専念してきた。

プラットフォームというビジネスモデルは、これらの力をほぼ体現したものにほかならない。そう理解した私たちは、学歴や職務経験を超えてプラットフォーム・ビジネスを立ち上げようと尽力している企業と、緊密に連携するようになった。その顔ぶれは、インテル、マイクロソフト、SAP、トムソン・ロイター、インテュイット、500スタートアップス、ハイアール・グループ、テレコム・イタリアなどである。本書では、こうしたさまざまな企業の事例を紹介していく。

本書の執筆意図は、プラットフォームによるモデルが大躍進することによって生じた多くの謎を解明することにある。たとえば、このモデルを見ていると次のような疑問が湧いてくるだろう。

▼ウーバーやエアビーアンドビーなどのプラットフォーム企業は、どのようにして、起業からわずか数年で、巨大な伝統産業を破壊するまでになったのか（この質問は本書の全編を通じて考察していくが、特に第4章で詳しく取り上げる）。

▼プラットフォームは、なぜ少ない従業員で伝統的企業を打ち負かせるのだろうか（第1章と第2章を参照）。

▼プラットフォームの台頭によって、経済成長とビジネス競争を支配する原則はどのように変わったのだろうか。プラットフォーム・ビジネスと従来の業界大手企業の事業には、どのような

類似点や相違点があるだろうか（第2章と第4章を参照）。

▼プラットフォームの手法を用いた、あるいは誤用した結果として、一部の企業やビジネスリーダーのみが大成功を収めたり、あるいは大失敗を喫したり、はたまたその両方を味わったりするのは、なぜなのだろうか。なぜブラックベリーはわずか4年で、市場シェア49％から2％にまで落ち込んだのか。なぜスティーブ・ジョブズは、1980年代にプラットフォームのモデル選定でつまずいたのに、2010年代には劇的な軌道修正を果たせたのだろうか（第2章と第7章を参照）。

▼新規のプラットフォームに生産者と消費者を同時に引き付ける、という難題を前にして屈する企業もあるなかで、一部の企業はどのようにそれを成し遂げているのだろうか。なぜ価格を無料にすることが、ときには素晴らしいビジネス上の施策になりえて、ときには致命的な失策にもなりえるのだろうか（第5章と第6章を参照）。

▼プラットフォームによって熾烈な競争が繰り広げられる領域もあれば、突然現れた新参者が唯一の勝者となって市場を独り占めにする領域もある。それはなぜなのだろうか（第10章を参照）。

▼プラットフォームは成長するにつれて、悪用されるおそれがある。イーベイの買い物客が詐欺に遭ったり、マッチ・コムでデートの相手を探している女性が襲われたり、エアビーアンドビーで貸し出した家が荒らされたりするかもしれない。これらの対価は誰が支払うべきなのだろうか。また、どのようにユーザーを保護すべきなのだろうか（第8章と第11章を参照）。

こうしたプラットフォーム・モデルの謎を解明しようと、私たちは夢中で取り組んできた。その成果が本書である。本書は、これらの疑問に答えることによって、みんなが暮らし、働き、遊ぶ世界を再構築しつつある新しい経済に関する、実用的なガイドになることを目指したものなのである。

新しい時代の世の中を渡り歩くツールに

著者の2人、ジェフ・パーカーとマーシャル・ヴァン・アルスタインは、マサチューセッツ工科大学（ＭＩＴ）の博士課程で学んでいたころ、１９９７～２０００年のドットコム・ブームの間に新たに誕生したネットワーク経済に関心を持った。当時は目まぐるしい時代だった。クールな新技術を引っ提げて、ｅで始まる名前や、ｃｏｍで終わる名前の付いたスタートアップ企業が現れると、ベンチャー・キャピタリストが盛んに資金を投じたものだ。ＮＡＳＤＡＱの株価指数は80％以上も高騰し、従来のビジネスの成功基準は時代遅れとばかりに、ろくに利益も上げていない新興企業が華々しく株式公開を果たしていく。自分もＩＴ会社を立ち上げようと、学校を辞めていく学生や教職員も相次いだ。

当然のことながら、バブルは崩壊した。２０００年3月を皮切りに、何兆ドルもの机上の評価額が、ほんの数カ月で消え失せたのである。しかし、がれきの中で生き延びた企業もあった。ウェブヴァンとペッツ・コムは消えたが、アマゾンとイーベイは存続し、繁栄した。スティーブ・ジョブズは一度は失策を犯してアップルを失ったが、復活して同社に返り咲き、その後、巨大企業に仲間入りさせた。要するに、オンラインの世界は結局、2000年に陥った深みからはい上がり、それまで以上に強くなったのである。

ではなぜ、一部のインターネット企業は成功しているのに、他の企業はそうではないのだろうか。その差は、気まぐれな運の問題なのだろうか。それとも、もっと深いところで設計原則が作用しているのだろうか。新しいネットワーク経済のルールとは何か。パーカーとヴァン・アルスタインはこうした疑問に答えようと取り組み始めた。

しかし、これは想像以上に難題だとわかった。そして、ついに「ツーサイド・ネットワーク」という新しい経済理論を考案することになった。2人はハーバード大学のトーマス・アイゼンマン教授と共同で、ハーバード・ビジネス・レビュー誌に「ツー・サイド・プラットフォーム戦略」という論文を発表した。これは最も広く教えられるインターネット・ビジネスの理論の一つとなり、今では世界中のMBAプログラムで取り上げられているものだ。

2人の洞察は他の学者の研究とともに、ビジネス規制に関する主流の思考を再構築するのに貢献したといえよう。2人はその後も、MITのデジタル経済関連プロジェクトに携わり、AT&T、ダン&ブラッドストリート、シスコ、IBM、インテル、ジョウボーン、マイクロソフト、セールスフォース、SAP、トムソン・ロイターなどとの共同研究をさらに進めてきた。

もう1人の共著者であるサンジート・チョーダリーは、1990年代のドットコム・ブームのころはまだ高校生だった。しかしその当時から、インターネットの巨大な力、とりわけビジネスモデルを急拡大させる力に魅了されていた。彼はその後、ヤフーとインテュイットでイノベーションや新規事業の責任者を務めるかたわら、ネット・ベンチャーの成功や失敗を左右する要因を、深く掘り下げて研究し始めた。ビジネスモデルの失敗事例の研究と、ベンチャーキャピタリストやアントレプレナーとの会話を通じて、彼は非常に拡張可能性《スケーラビリティ》のある新しいビジネスモデルのプラットフォームが、ますます重要になってくることを認識するようになった。

２０１２年に、チョーダリーはプラットフォーム・ビジネスにフルタイムで専念するようになった。彼は、世界がますますネットワーク化され、プラットフォーム・ネットワークの力を活かしてより良い仕事を行う企業が勝者となる、ということを前提に考えた。彼はスタートアップからフォーチュン１００社に入る企業まで、世界中の幅広い企業にプラットフォーム戦略のガイダンスを提供し、その人気ブログ（http://platformed.info）は世界中の主要メディアに取り上げられるようになったのである。

２０１３年春、パーカーとヴァン・アルスタインはチョーダリーの研究と出合ってコラボレーションを始め、すぐにその成果を出すことができた。私たちが初めて力を合わせたのは13年夏、ＭＩＴで3週間かけて、プラットフォームのダイナミクスに関する知見を凝集させようと一緒に取り組んだときだ。私たちはそれ以来、ＭＩＴプラットフォーム戦略サミットの共同議長を務め、Ｇ20サミット、エマース・eデイ、ＴＥＤといった主要な世界フォーラムでプラットフォーム・モデルについて講演し、世界の主要な大学でプラットフォームについて教え、世界中のビジネス・クライアントと共同でプラットフォーム戦略の実践に取り組んできた。

そして、私たち3人は、プラットフォームに関する考えを包括的な形で凝集させる初の試みとして、本書『プラットフォーム・レボリューション』を執筆したのである。

私たちは幸運にも、世界最大手企業のアイデアや経験に接し、多様な産業の１００社以上と共同で、プラットフォーム戦略の開発や実行に携わってきた。ＭＩＴプラットフォーム戦略サミットでは、ｅｄＸ、サムスン、アピギー、アクセンチュア、オーケーキューピッド、阿里巴巴《アリババ》など、プラットフォームを構築し管理する組織や、それに対抗する立場にある組織のリーダーたちに、それぞれの経験を話してもらう機会を設けている。キャリアを通じてデジタル経済を研究してきた学者や、情報システムおよび経済学ワークショップ（ＷＩＳＥ）や、ボストン大学プラットフォーム戦略研究シンポジウムに参加した世界トップクラスの研究者をはじめとして、行動デザイン、データサイエンス、システムデザイン理論、アジャイル手法など、隣接分野の世界屈指の思想家たちとの共同研究からも多くを学んできた。

私たちが本書を執筆したのは、デジタルの接続性（訳注：つなげる力）とそれを可能にするプラットフォーム・モデルが、絶えず世の中を変えると信じているからにほかならない。プラットフォーム主導の経済変革は、社会全体にとって、また、富と成長を生み出して人類のニーズに貢献する企業や組織にとって、多大な恩恵をもたらすだろう。

それればかりではない。同時に、これまで成功と失敗の決め手となってきた基本的ルールを、根底から変えつつあるのだ。新興企業、既存組織、あるいは規制当局、政策立案者、そしてプラットフォームの参加者となる市民が、プラットフォームが勝者となる新しいチャレンジングな世の中をうまく渡っていくうえで、本書が役に立てば幸いである。

ジェフリー・G・パーカー
マーシャル・W・ヴァン・アルスタイン
サンジート・ポール・チョーダリー

CONTENTS

PLATFORM REVOLUTION

プラットフォーム・レボリューション

CHAPTER 3

アーキテクチャ
成功するプラットフォームの設計原則

CHAPTER 4

プラットフォームによる破壊
転換を迫られるオールド・ビジネス

CHAPTER

5

市場導入
8つの立ち上げ戦略 ―― 127

CHAPTER

6

収益化
価値を求めてネットワーク効果を強化する ―― 171

CHAPTER

9

評価指標

プラットフォームが問題にすべきこと

CHAPTER

10

戦略

プラットフォームによる競争の変化

CHAPTER 11

政策 プラットフォームに対する規制 ―― 357

CHAPTER 12

プラットフォーム革命の未来 ―― 405

CHAPTER 1

TODAY

プラットフォーム・ビジネスの現在

プラットフォーム革命にようこそ

2007年10月、コーヒーメーカーからジャンボジェットまで、あらゆる種類の製品デザインを手掛ける産業デザイナー向けのオンライン・ニュースレターに、小さな広告が掲載された。それは、まもなく始まる国際インダストリアル・デザイン団体協議会（ICSID）とアメリカ・インダストリアル・デザイナー協会（IDSA）の合同総会に参加予定の、専門家の人々にユニークな宿泊施設を紹介するものだった。

ICSID／IDSA世界会議2007のイベントのためにサンフランシスコにいらっしゃる方。まだ宿泊先を決めていないなら、パジャマ姿で仲間と交流するネットワークづくりはいかがでしょうか。「サンフランシスコの手頃な価格のホテル」に泊まる代わりに、「デザイン業界仲間の家のエアマットレスでひと眠り。それから、ポップタルトとオレンジジュースを手に、これから始まるイベントについて語り合う。なかなかオツなものですよ。

この「パジャマ姿でのネットワークづくり」という機会を主催したのは、ブライアン・チェスキーとジョー・ゲビアだ。サンフランシスコに引っ越してきた2人は、ロフトを一緒に借りたが、家賃の支払いに困っていた。そこで思いついたのが、会議参加者向けにエアマットレスと独自サービスを提供し、臨時のツアーガイドになることだった。早速、週末に3人の客を迎えて1000ドルを稼ぎ、翌月の家賃に充てた。

このカジュアルな場所を共有した経験が、世界最大規模を誇るホテル産業における革命の幕開けとなったのだ。

チェスキーとゲビアは友人のネイサン・ブレチャージクを引き入れて、手頃な価格の部屋貸しを長期的ビジネスにするのを手伝ってもらった。当然ながら、自分たちのサンフランシスコのロフトを貸すだけでは、大した収入にならない。そこで、旅行者が誰でもどこでも利用できる予備のソファーや客室を紹介するウェブサイトを設計した。この会社が、チェスキーのエアマットレスとゲビアのロフトにちなんで、エアビーアンドビー（Ａｉｒｂｎｂ、エア・ベッド&ブレックファストの略）と呼ばれるようになったのだ。そして、宿泊料の一部を報酬としてもらうような仕組みにしたのである。

3人のパートナーはまず、近隣のホテルがよく満室になるような大きなイベントに狙いを定めた。そして、２００8年にオースティンで開催されたサウス・バイ・サウスウェスト（音楽とテクノロジーの大規模イベント）が最初の成功となった。しかしすぐに、地元の住人が提供する親しみやすく手頃な価格の宿泊施設に対するニーズが、それだけでないとわかったのである。全国的に、しかも1年中あったのだ。さらに、グローバルでも同じ状況だと判明した。

現在、エアビーアンドビーは、１１9カ国で活動する巨大企業となっている。ワンルームのアパートから本物のお城まで、幅広い物件が50万件以上登録されており、１０００万人以上の宿泊客にサービスを提供してきている。直近の資金調達時（２０１4年4月）の同社評価額は、１００億ドル以上となった。なんと、これを上回る企業価値を誇るのは、一握りの世界最大級のホテルチェーンに限られているのである。

エアビーアンドビーは10年も経たないうちに、伝統的なホスピタリティ業界から、成長する顧客セグメントを奪い取ったのである。自らはホテルのシングルルームを一切保有していないにもかかわらずだ。

持たざる支配者たち

たしかに、これはドラマチックで意外性に満ちた産業の変化の話だ。しかし、産業を見渡せば、似たような出自の激変事例はまだまだ見つかる。

▼スマートフォンを使った配車サービスのウーバー（Uber）は、2009年3月に一都市（サンフランシスコ）でスタートした。それから5年も経たないうちに、投資家による同社の評価額は500億ドル以上となり、世界200都市以上で伝統的タクシー事業に競争を仕掛け、取って代わろうとしている。ただし、彼らは車を1台も保有していないのである。
▼中国の小売大手アリババは多数のビジネス・ポータルを手掛けており、その一つ（イーベイに似たC2C市場のタオバオ）は、なんと約10億品目を取り扱っている。エコノミスト誌が「世界最大のバザール」と報じたほどだ。ただし、在庫は一切持っていないのである。

▼定期的にアクセスし、ニュースを読み、写真を見て、音楽を聴き、動画を閲覧する会員を15億人以上擁するフェイスブック（Facebook）は、年間約140億ドル（2015年時点）の広告収入を獲得し、間違いなく世界最大のメディア企業となった。ただし、彼らはオリジナル・コンテンツを一切制作していないのである。

市場支配の実態に驚くだけでは足りない。もっと驚かされるのは、従来は生き残るのに不可欠だと考えられてきた経営資源を、まったく持っていないという点だ。これらの企業は、経営資源をまったく持たない成り上がり者なのである。主要なビジネス業界が簡単に侵食され、ほんの数カ月で征服されてしまうのは、どうしてなのだろうか。また今日では、なぜこのようなことが複数の業界で次々と起こっているのだろうか。

その答えは、まさにプラットフォームの力にある。プラットフォームは、技術を介して人や組織、リソースを相互に関係付けて生態系にしてしまう。そのような新しいビジネスモデルなのだ。そこでは驚くべき量の価値が創出され、交換されていく。エアビーアンドビー、ウーバー、アリババ、フェイスブックは、破壊的プラットフォームのほんの一握りの事例にすぎない。ほかにも、アマゾン、ユーチューブ、イーベイ、ウィキペディア、iPhone、アップワーク（Upwork）、ツイッター、KAYAK、インスタグラム（Instagram）、ピンタレスト（Pinterest）など、名前を挙げればきりがない。これらの企業群も、それぞれがユニークで特徴的な産業や市場に特化し、プラットフォームの力を駆使してグローバル経済の一部を変革してきたのだ。同じような変化がさまざまなところで、まさに進行中である。

世界で進行するプラットフォーム・ビジネス

プラットフォームというと、言葉の響き自体はシンプルだ。しかしながら、大変革をもたらすコンセプトであり、ビジネス、経済、社会の全体を根本的に変えてしまう可能性を秘めている。これから説明していくように、実際に情報が重要な要素となる業界では、どこでもプラットフォーム革命が起こる可能性がある。情報そのものが「製品」であるビジネス（たとえば、教育や放送、出版など）だけでなく、顧客ニーズ、価格変動、需要と供給、市場動向に関する情報へのアクセスが重要なビジネスも、この革命の対象だ。つまり、ほぼすべてのビジネスがその候補といえるだろう。

したがって、急成長中のグローバル企業を見ると、プラットフォーム・ビジネスが占めるケースが増えているのは驚くまでもない。実際に2014年に、時価総額の大きさで世界上位5社のうちの3社（アップル、グーグル、マイクロソフト）がプラットフォームを用いたビジネスモデルを展開している。このうちグーグルは2004年に株式公開を果たした。アップルは、プラットフォームではなく閉鎖的な（訳注：クローズドなパイプライン型の）ビジネスモデルをとっていた数年前には、倒産寸前まで追い込まれた。現在は、ウォルマートやナイキ、ジョンディア、GE、ディズニーに至る大手企業が競うように、自社ビジネスにプラットフォーム型のアプローチを導入しようとしている。このように、程度の差はあれ、プラットフォーム・ビジネスは世界のあらゆる地域の経済にお

図1-1　プラットフォーム・ビジネスの地域別状況

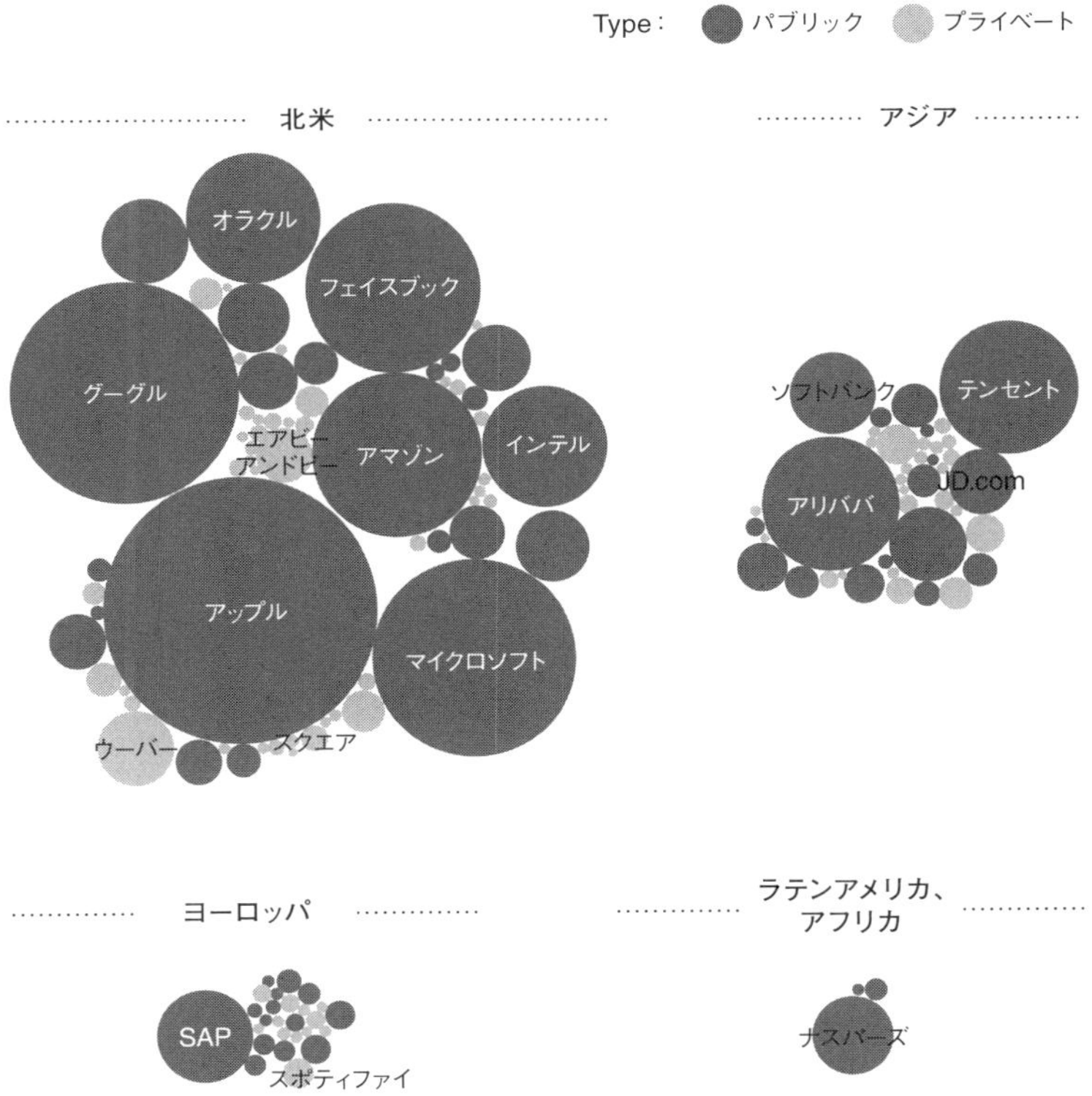

北米は、世界の他地域よりも、企業価値（企業の株価の時価総額で測定）を創出しているプラットフォーム・ビジネスが多い。巨大で均一的な市場を持つ中国でも、プラットフォーム・ビジネスが急成長している。国々によって分断されている市場であるヨーロッパでは、プラットフォーム・ビジネスの価値は北米の4分の1にすぎない。とはいえ、アフリカとラテンアメリカの新興地域がそれほど遅れているわけではない。

資料：Peter Evans, Center for Global Enterprise.

いて、大きな成長領域になっているのだ（図1-1を参照）。

また、プラットフォームは、数年前にはありえなかった形と破壊力で、個人の生活をも一変させている。

▶ジョー・フェアレスはニューヨークの広告代理店の役員だ。サイドビジネスとして不動産投資も手掛けていた。あるとき、教育プラットフォームのスキルシェア（Skillshare）で不動産講座を受け持ったところ、何百人もの熱心な若手投資家に名を知られるようになった。もちろん、話術にも磨きがかかった。その結果、広告会社を退職して、自分の投資会社を立ち上げるために、100万ドル以上の資金調達をやってのけたのである。

▶ロンドン在住でビジネスを学んでいる22歳の学生タラン・マハルは、懸賞小説に応募しようと考えた。そして、ストーリーを共有するプラットフォームであるワットパッド（Wattpad）というサイトにその一部を投稿した。すると、たちまち500万人以上の人々が読んでくれたのだ。処女作『Summoner（召喚者）』はイギリスほか10カ国で出版され、マハルは今ではプロの作家になっている。

▶ジェームズ・アーウィンは、アイオワ州デモインでソフトウエア・マニュアル作成を生業としている。ある日の午後、歴史マニアでもあるアーウィンは、地域密着型ニュース・プラットフォームであるレディット（Reddit）というサイトを閲覧した。そこで、現代の米国海軍が古代ローマ帝国と戦ったらどうなるか、という質問を見つけたのだ。彼が投稿した答えは熱烈に支持され、数週間もすると、なんと映画化の話が舞い込んできたのである。アーウィンは今、これまでの仕事を辞めて、脚本の執筆に専念している。

教員、弁護士、科学者、配管工、セラピストなど、あなたがどのような仕事に就いていようとも、プラットフォームであるサイトはキャリア変更のサポートをしてくれるのだ。これらのプラットフォームサイトには、新しい機会や、ときにはやりがいのある挑戦が待ち受けているかもしれないのである。

こうした「プラットフォーム革命」が、今まさにここで起きている。そして、その先駆けとなる世界が拡大しつつあるのだ。とはいえ、そもそもプラットフォームとは何なのだろうか？　どこがユニークなのか？　その驚くべき変革力は何によって生じるのだろうか？

こうした問いに答えるために、まず基本的な定義から見ていこう。「プラットフォーム」とは、外部の生産者と消費者が相互にインタラクションを行うことにより、価値を新たに創造することを基本とする。プラットフォームは、相互に関係しあえるようなオープンな参加型のインフラを提供するとともに、そのインフラのガバナンス（統治）の条件を整える。プラットフォームの全体的な目的は、ユーザー間で完璧なマッチングを行い、製品やサービス、社会的通貨を交換しやすくして、全参加者にとって価値を創造しうるようにすることだ。

このように分解すると、プラットフォームの機能はひどく単純に見えるかもしれない。しかし、今日のプラットフォームは、時間と空間の障壁を取り払うデジタル技術のおかげで、従来以上に正確で、スピーディーかつ簡単に生産者と消費者をつなぐ、スマートで高度なソフトウエア・ツールを駆使して、奇跡のような結果を生み出しているのである。

プラットフォーム革命と変化のパターン

プラットフォーム・ビジネスの爆発が起こっている。それが解き放った絶大な力を理解するには、さまざまな市場で長年、価値の創出や移転がどのように行われてきたのかを考えてみるとよい。

大半の企業が採用してきた従来のやり方は、私たちが「パイプライン」と呼ぶものである。パイプラインの片方には製品（モノ）やサービスの生産者が、もう片方にはそれらの消費者がいて、段階的に調整しながら価値を創出し、生産者から消費者へ移転していくビジネスである。企業はまず製品やサービスを設計し、その後で製品を作って販売先に供給したり、あるいはサービスを提供したりするために、さまざまなシステムを整備する。そして最後に顧客が登場し、その製品やサービスを購入する。いたって単純な形式だ。しかも片方からもう片方へと一方向に進むので、パイプライン・ビジネスは直線的なバリューチェーンと説明してもよいだろう。

近年、こうしたパイプライン構造から、プラットフォーム構造へと移行する企業が増えている。その移行によって、単純な建て付けのパイプライン形態が、生産者と消費者とプラットフォーム自体が可変的に絡み合う、複雑な関係の形態へと変貌を遂げるのだ。プラットフォーム構造の世界においてはタイプの異なる消費者同士が、プラットフォーム上で提供される資源を使ってお互いにつながり合い、インタラクションを行う。ユーザーは生産者だったり、消費者だったり、ときには両方の役割を演じることもある。この関わり合いの過程において、何らかの価値を交換し、消費し、ときには共創するのである。このような価値は、（パイプラインのように）生産者から消費者へと直線的に流れるものではない。そうではなくて、プラットフォームが促す関わり合いによって、また、多様な方法や場所によって、創出、変更、交換、消費されるのである。

プラットフォームごとに、その果たす機能や、集まるユーザーのタイプ、創出される価値はいろいろと異なるが、どのプラットフォーム・ビジネスにも共通する基本的要素がある。たとえば、スマートフォンの産業には、現在のところ主要なプラットフォームが2つある。アップルのｉＯＳとグーグルのアンドロイドＯＳだ。消費者はどちらか一方のプラットフォームと契約すると、そのプラットフォーム自体が提供する価値（たとえば電話に内蔵されたカメラの画像作成機能）を使用できる。また、機能を拡張するために、それぞれのプラットフォーム用にコンテンツを制作する開発業者たちが供給する価値（たとえば、アップルのｉＰｈｏｎｅでアクセスできるアプリがもたらす価値）も享受できる。そうやって価値の交換が行われるわけだが、それを可能にする価値自体を提供するのはプラットフォームそのものなのだ。

従来の直線的バリューチェーンから、プラットフォームの複雑な価値マトリクスへ移行することだけに着目すると、それ自体はかなり単純な違いに聞こえるかもしれない。しかし、その意味するところは、とてつもなく深い。ある産業から別の産業へとプラットフォーム・モデルが広がると、ビジネスのほぼすべての側面で革命的変化が起こるのである。そのいくつかを見てみよう。

変化のパターン① 規模への効率的対応

プラットフォームは、ゲートキーパーを排除し、より効率的に大規模化できるので、パイプラインを打ち負かす。

最近まで、ほとんどの事業は商品を中心として構築されていた。パイプラインの端で設計や製造を行い、反対側の端にいる消費者にその商品を届けていたのである。もちろん今日でもまだパイプライン型ビジネスは多くあるが、プラットフォーム型ビジネスが同じ市場に参入してくると、勝者になるのは必ずと言っていいほどプラットフォーム型だ。

（わかりやすくするため、ここでは製品もサービスも「商品」とする。両者の主な違いとして、製品は有形で物理的な対象物だが、サービスは無形であり活動を通して届けられる。従来のビジネスでは、どちらも直線的バリューチェーン、つまりパイプラインを通じて届けられる――本書で両者をひっくるめて論じる根拠もそこにある）

理由の一つとして、パイプラインでは、非効率的なゲートキーパーが、生産者から消費者までの価値の流れを管理している点が挙げられる。たとえば、伝統的な出版業界では、編集者が何千もの候補作品の中から数人の著者と作品を選び出し、どうか人気が出るようにと願うことになる。主に本能と推測に基づいた、時間のかかる労働集約型プロセスといえる。それとは対照的に、アマゾンがつくったプラットフォームの一つであるキンドル（訳注：電子書籍アプリ）では、誰でも本を出版することができるようになっている。消費者（読者）がリアルタイムにフィードバックすることを通じて、どの本が成功し、どの本が失敗するかが決まるのだ。このプラットフォーム・システムでは、伝統的なゲートキーパーである編集者に代わって、読者コミュニティ全体が自動的に市場のシグナルを発信するようになるのである。つまり、より速く、より効率的に規模に対応できるのだ。

ゲートキーパーがいなくなれば、消費者にとっては、自らのニーズを満たす商品を選ぶ自由度が広がる。たとえば、従来の高等教育モデルでは、学生とその両親に、（大学の）経営管理、教育、施設、研究など、いっぺんにすべてを間に合わせるバンドル品の購入を強いていたといえよう。ゲートキーパーの役割を果たす大学は、貴重な学位証書をもらう唯一の方法として、パッケージ全体を買うよう要求できたのである。しかし、別の選択肢もあるのなら、従来型のパッケージではなく、使用するサービスを選ぼうとする学生が増えるに違いない。（学位でなく）単位ごとの修了書（サーティフィケート）であっても雇用する側が積極的に価値を認めるようになれば、大学側は他のものまでバンドリングするパッケージを売り続けることが次第に難しくなるだろう。当然ながら、コーセラ（Coursera）（訳注：多くの大学と提携してオンライン授業を行うサービス）などのプラットフォーム型教育会社の主な目的には、そうした単位ごとの修了書を発行することも含まれている。

さらに、コンサルティング・ファームや法律事務所もバンドリング型ビジネスだ。そうした専門サービスに高額を支払うことを企業は厭わないかもしれないが、利用するためには、比較的若くて経験に乏しい担当者が提供するサービスも高値で購入しなくてはならない。将来的には、トップクラスの弁護士とコンサルタントは企業と個別に仕事をするようになり、それまで法律事務所やコンサルティング・ファームで行われていたバックオフィス機能や専門性の低いサービスは、プラットフォームが提供するもので間に合うようになるかもしれない。アップワークなどのプラットフォームでは既に雇用主向けの専門サービスを手掛けており、従来のゲートキーパーが押し付けていたような他のサービスとのバンドリングを排除している。

変化のパターン② 価値創造と供給の新たな源泉開拓

プラットフォームは、価値創造と供給の新たな源泉を開拓することで、パイプラインを打ち負かしてしまう。

これまでのホテル産業はどのような仕組みだっただろうか。ヒルトンやマリオットなどの企業は、常に株主から成長を求められてきた。ブランド力を駆使し、かつ高度な予約システムや決済システムを使いつつ、成長していくためには部屋数自体を増やす必要があった。つまり、めぼしいエリアの不動産市場を絶えず物色し、既存施設や新設備に投資を行い、維持、更新、拡張、改修を行っていかねばならないということだ。

最近登場したエアビーアンドビーは、ある意味では、ヒルトンやマリオットと同じビジネスをしているといえよう。大手のホテルと同じように、宿泊客が必要に応じて部屋を探し、予約を入れ、料金を支払えるように設計された、精巧な価格設定システムや予約システムを用いる。ただし、エアビーアンドビーはそこにプラットフォーム・モデルを用いる。つまり、部屋を一切保有せず、代わりに、個々のプラットフォーム参加者が消費者に部屋を直接提供できるようにしているのだ。このプラットフォームを創出し、維持することがエアビーアンドビーのビジネスなのだ。エアビーアンドビーは、このプラットフォームを運営する見返りとして、取引手数料として賃貸料の9~15%(平均11%)を受け取っているのである。[*1]

一つ明白な点は、エアビーアンドビーや同種の競合相手のプラットフォームは、従来のホテルよりも、はるかに速く成長できるということだ。というのは、成長に際して必要とされる、資金力や物理的資産の管理能力といった足かせを受けずにいられるからである。ホテルチェーンの場合、新しい不動産の選定や取得、新しいリゾート施設の設計や建設、スタッフの雇用や訓練に何年もかかる。これに対してエアビーアンドビーは、自宅で余っている部屋を貸し出せる人々が参加するペースに合わせて、不動産「在庫」を増やせるのだ。その結果、伝統的なホテル経営者がしばしばリスクのある投資や労苦を何十年も重ねた末にようやく実現が見込まれる到達範囲《リーチ》や価値を、エアビーアンドビーはわずか数年で達成してしまうのだ。

プラットフォーム市場では、供給ということの本質が変わる。これまで需要の源泉にすぎなかったコミュニティ(社会)において未利用であった潜在的な供給能力《スペア・キャパシティ》を、今や供給財として解き放ち、それらを最大限に役立つように活用するのである。最も無駄のない《リーンな》従来型の企業ではジャスト・イン・タイム方式で在庫管理を行うが、新しいプラットフォーム型の企業では、自分のものではない在庫を使って事業を行うのである。

レンタカーのハーツは、飛行機の到着時間に合わせて空港に車を届けることができれば、それで十分だった。リレーライズ（RelayRides）（訳注：現Ｔｕｒｏ）は、出発する旅行者の車を借りて、その車を到着した旅行者に貸し出している。これまで空港の駐車場代を払っていた人は、今や、使わない車を他人に貸してレンタル料を受け取るようになったのだ。しかも、保険も完備されている。このやり方をとると、ハーツなど既存のレンタカー会社以外は、誰もが得をすることになるのだ。

テレビ局はスタジオを構え、スタッフを雇い、番組を制作する。ユーチューブは、それとは異なるビジネスモデルだ。視聴者が作成したコンテンツを活用している。しかし、どのテレビ局よりも多い視聴者数を獲得している。これまで番組制作をほぼ独占してきたテレビ放送局と映画スタジオ以外は、誰もが得をしているのだ。

シンガポールに拠点を置くヴィキ（Viki）は、オープンな翻訳者コミュニティを活用して、アジアの映画とテレビドラマに字幕を付けることを始めた。その結果、既存メディアのバリューチェーンに一石を投じたのである。ヴィキは、それらの字幕付き番組を、他の国々にライセンス供与している。

このように、新たな供給を既存の市場に顕在化させることで、プラットフォームは従来の競争状況自体を破壊しているのである。固定費をカバーしなければならないホテルは、ふと気づくと、固定費を持たない企業と競争している。これが可能なのは、プラットフォームの助けを借りて、未利用の潜在的な供給能力を市場に提供できるからだ。「シェアリング・エコノミー（共有経済）」は、自動車、ボート、芝刈り機といった品目の多くが、ほとんど稼働していない状態にあるとする前提に基づいている。プラットフォームが登場する前は、家族や親しい友人、近所の人との間で貸し借りはできても、見知らぬ他人に貸すことは難しかった。自宅がきちんとした状態で維持される（エアビーアンドビー）、車が無傷で戻ってくる（リレーライズ）、芝刈り機が返却される（ネイバーグッズ）とは、信じ難かったからだ。

個別に信用や信頼性を立証するためには多くの労力が必要であり、往々にして取引コストが高くなるため、これまで交換の妨げとなってきた。だが、プラットフォームが登場することによって、不履行時の保険契約と評判システムが提供されるようになり、またユーザーの適切な行動が奨励されるようになった。これらを通じて取引コストが大幅に引き下げられるようになったのだ。このように、新しい生産者が次々と登場して生産活動を行うことで、新しい市場が創出されるようになったのである。

変化のパターン③　データに基づいたフィードバック・ループ

プラットフォームは、データに基づいたツールを用いてコミュニティのフィードバック・ループを創出することで、パイプラインを打ち負かす。

キンドルのサービスでは、読者コミュニティの反応を見ながら、どの本が広く読まれるか、どの本がそうではないかの判断が行われている。どの種類のプラットフォームでも、それと似たようなフィードバック・ループに頼っている。エアビーアンドビーやユーチューブなども既存のホテルやテレビ局と競い合うために、同様のフィードバック・ループを活用している。コンテンツの品質（ユーチューブ）やサービス提供者の評判（エアビーアンドビー）について、利用者コミュニティの評価点が集まるようになると、それに続く市場のインタラクションはますます効率的になっていく。他の消費者からのフィードバックを見ることによって、自分のニーズを満たしそうな動画やレンタル商品を見つけやすくなるのだ。否定的なフィードバックが圧倒的に多かった商品は、多くの場合、プラットフォームから完全に姿を消すことになる。

これに対して既存のパイプライン企業は、コントロール・メカニズム（編集者、マネジャー、監督など）に頼って品質を確保し、市場のインタラクションを形成している。しかし、このコントロール・メカニズムは規模を拡大しようとすると、コストがかかり、効率も悪い。

ウィキペディアの成功が示しているように、プラットフォームがコミュニティ・フィードバックを活用して、既存のサプライチェーンに取って代わることも可能である。由緒あるブリタニカ国際大百科事典などはこれまで、学術専門家、ライター、編集者から成る中央集権的なサプライチェーンを通じて作成されてきた。しかし、このやり方ではコストがかかるうえ、複雑で、管理も大変だった。他方、ウィキペディアはプラットフォーム・モデルを使い、外部の貢献者を募ってコミュニティを形成し、それを活用してコンテンツの拡充や監視を行うことで、ブリタニカに匹敵する品質や範囲の情報源を構築しているのである。

変化のパターン④　プラットフォームは企業を「転回」させる

大多数のプラットフォームの価値は、ユーザーのコミュニティから生まれる。そのため、プラットフォーム・ビジネスを行う場合は、企業活動の焦点を内部活動から外部活動へと移さなければならない。その過程で、企業は「転回現象」を経験する。マーケティングからIT、オペレーション、戦略に至るまでのあらゆる機能を、徐々に「外部」の人材、資源、機能に委ねるようになる。それら外部の力を活用して、従来からの内部の人材、リソースを補完したり、代替したりするのだ。

この転回プロセスを説明する言葉は、ビジネス機能によってそれぞれ異なる。マーケティングを例に取ると、メッセージ配信システムを規定する主な用語は、ブロードキャストからセグメンテーション、さらにバイラリティ（クチコミの拡散）や社会的影響へ、プッシュからプルへ、アウトバウンドからインバウンドへと移行してきた。コカ・コーラCIOのロブ・カインが語るように、こうした用語の変化はすべて、以前は社員や広告代理店が広めたマーケティング・メッセージが、今や消費者自身によって拡散されていく事実を示唆している。言い換えると、プラットフォームが席巻する世界におけるコミュニケーションの転回的性質が、これらの用語に反映されているのだ。[*2]

ITシステムも同様に変化している。たとえば、バックオフィス用ERP（企業資源計画）システムからフロントオフィスのCRM（顧客リレーション管理）システムへ、そして最近では、ソーシャルメディアやビッグデータを使ったオフィス外での実験へと進化している。これも、内部中心から外部中心へと企業活動の焦点が変化している例だ。

ファイナンスにおいても、保有資産の株主価値や割引キャッシュフローから、社外で起こるインタラクションの株主価値や役割へと焦点が移っている。

オペレーション管理も、在庫やサプライチェーン・システムの最適化から、自社が直接的にコントロールしない外部資産の管理へと移行してきた。ハバス・メディアの戦略担当副社長であるトム・グッドウィンは、この変化を端的に説明している。「世界最大のタクシー会社であるウーバーは車両を所有しない。世界で最も人気のあるメディアであるフェイスブックはコンテンツを作成しない。最も時価総額が大きい小売業者のアリババは在庫を持たない。そして、世界最大の宿泊サービスを手掛けるエアビーアンドビーは不動産を所有しない」[*3]。コミュニティがこれらの経営資源を提供するのだ。

戦略の対象も、独自の内部の経営資源を管理して競争障壁を築くことから、外部の経営資源を統合して魅力的で強力なコミュニティを巻き込むことへと移行してきた。イノベーションはもはや社内専門家や研究開発部門の担当領域ではなく、プラットフォーム上の独立した参加者が考え出したアイデアや、クラウドソーシングを通じて生み出されるものとなったのだ。

ただし、外部の経営資源は、内部の経営資源と完全に置き換わるというよりも、補足的に用いられることのほうが多い。しかし、プラットフォーム企業で強調されるのは、製品の最適化よりもエコシステムのガバナンス（統治）であり、内部の従業員を管理することよりも外部のパートナーをその気にさせることなのだ。

プラットフォーム革命にどう対応するか

本書で見ていくように、プラットフォームの台頭により、教育、メディア、ヘルスケア、エネルギー、政府など、経済や社会全体の隅々にまで変革が及んでいる。図1-2に示したのは、今のところプラットフォーム活動が顕著な分野であり、すべてを網羅しているわけではない。あくまでも、こうした産業分野で活動しているプラットフォーム企業の一例である。だが、プラットフォームは絶えず進化し、複数の目的に対応するものが多く、新しいプラットフォーム企業が毎日のように登場していることを見逃してはならない。ここに挙げたのは、読者にとってなじみのある企業かもしれないし、そうではない企業もあるだろう。本書ではさまざまなプラットフォーム企業の背景と活動を紹介するが、その意図は包括的で体系的な概要を示すことではない。そうではなくて、概要の説明を通じて、世界の舞台でプラットフォーム企業の範囲や重要性が増していることを伝えたいのである。

図1-2を見ると、プラットフォーム企業が驚くほど多様だとわかる。一見すると、ツイッター、GE、Xbox、トリップアドバイザー、インスタグラム、ジョンディアといった企業に何らかの共通項があるとは到底思えない。しかし、いずれの企業も、プラットフォームの基本的なDNAを共有している。交換される財が何であれ、どの企業も生産者と消費者をマッチングさせ、両者の相互の関わりを促進するために存在するのだ。

プラットフォームが台頭してきたことで、ほぼすべての既存企業の経営慣行（戦略、活動、マー

図1-2 プラットフォーム企業によって現在変わりつつある産業部門と企業の例

産業	例
農業	ジョンディア、インテュイット・ファサル
コミュニケーションとネットワーク	リンクトイン、フェイスブック、ツイッター、ティンダー、インスタグラム、スナップチャット、微信（ウェイシン）
消費財	フィリップス、マコーミック・フード・フレーバープリント
教育	ユーデミー、スキルシェア、コーセラ、edX、デュオリンゴ
エネルギーおよび重工業	ネスト、テスラ・パワーウォール、GE、エナーNOC
ファイナンス	ビットコイン、レンディングクラブ、キックスターター
ヘルスケア	コーヒーロ、シンプリー・インシュアード、カイザー・パーマネンテ
ゲーミング	Xbox、任天堂、ソニー・プレイステーション
人材派遣と専門サービス	アップワーク、ファイヴァー、99デザインズ、シッターシティ、リーガルズーム
地域サービス	イェルプ、フォースクエア、グルーポン、アンジーズ・リスト
物流	マンチェリー、フードパンダ、ハイアール・グループ
メディア	ミディアム、ヴィキ、ユーチューブ、ウィキペディア、ハフィントン・ポスト、キンドル出版
オペレーティング・システム	iOS、アンドロイド、マックOS、マイクロソフト・ウィンドウズ
小売り	アマゾン、アリババ、ウォルグリーン、バーバリー、ショップキック
運輸	ウーバー、ウェイズ、ブラブラカー、クラブタクシー、オラキャブ
旅行	エアビーアンドビー、トリップアドバイザー

ケティング、生産、研究開発、人的資源管理など）が激変している。プラットフォーム世界が到来したことによって、私たちは不安定な時期を迎え、その影響はあらゆる企業と個々のビジネスリーダーにも及び始めているのである。

したがって、プラットフォームを理解し、それに精通することは、今やビジネスリーダーに必須の能力となってきた。とはいえ、多くのビジネスリーダーを含めて、プラットフォームの台頭を把握するのに苦労している人が、まだまだ大半にのぼるだろう。

そこで以降の章では、プラットフォームのビジネスモデルと、ほぼすべての経済分野に及ぼす影響の大きさに関する包括的なガイドを示していきたい。私たちが紹介する知見は、広範なリサーチと、世界各国の多様な産業や非営利部門で大小さまざまなプラットフォーム企業向けにコンサルティングをしてきた経験を踏まえたものだ。

プラットフォームの仕組みや、その前提となっているさまざまな構造、創出される多様な形態の価値、サービスの対象となる無限と言えるほど幅広いユーザーについて、読者の方々は詳しく学ぶことができるだろう。自らプラットフォーム・ビジネスを始めたり、プラットフォームの力を活用すべく既存組織を変革したりすることに関心がある人にとっては、成功するプラットフォームを設計し、立ち上げ、管理し、統治し、成長させる際の煩雑さに対応するためのマニュアルとして、参考になるはずだ。また、プラットフォーム・ビジネスの運営とは関係のない人であっても、プラットフォームの影響が強くなっていることが、事業者、専門職、消費者、市民としての自分にどう関係してくるか、そして、あらゆる種類のプラットフォームがコントロールを強めている経済の中で、どうすればそこに楽しく参加できるか（収益を上げられるか）を学ぶことができるだろう。

今日の急速に変化する経済の中で、皆さんが果たす役割が何であれ、プラットフォーム世界の原則を習得すべきときが来たのだ。本書を読んでいただけば、きっと多くの気づきと学びを得ることができるはずだ。

POINT

・プラットフォームの全体的な目的は、ユーザー間でマッチングを行い、製品やサービス、社会的通貨を交換しやすくし、あらゆる参加者が「価値創造」できるようにすることである。
・プラットフォーム・ビジネスは、自らが所有やコントロールをしていない資源を用いて価値を創造するので、従来の企業よりもはるかに急成長を遂げることができる。
・プラットフォームは、サービス提供先である人々のコミュニティから多くの価値を引き出す。
・プラットフォームは、ビジネスの境界線を不鮮明にし、これまでの企業の内部活動重視から外部活動重視へと転回させる。
・プラットフォームの台頭によって、既に多くの主要産業に変化が見られる。さらに、同じくらい重要な変化が目前に迫っている。

CHAPTER 2

NETWORK EFFECTS

ネットワーク効果

プラットフォームはなぜ強いのか

低すぎたウーバーの価値

2014年6月、シリコンバレーでは数週間にわたり、きわめて難解なテーマをめぐって激しい公開討論が繰り広げられた。その発端となったのは、ニューヨーク大学の名物教授、アスワス・ダモダランが発表した、ウーバーの企業価値に関する論文だ。ダモダランは企業財務と企業価値試算に関する教科書を執筆し、2013年には栄えあるハーバート・サイモン賞に輝いている。この論争が起こる少し前に、投資家たちはスマートフォンのアプリで車の運転手と利用者をつなぐプラットフォーム企業であるウーバーに12億ドルを出資し、時価総額が約170億ドルとされる同社株式の一部を受け取っていた。ダモダランはこれについて、「売上げがたかだか2、3百万ドルの創業まもない企業に対して、度肝を抜くような金額だ」と述べた。[*1] ウーバーにそれだけの（一部の主張ではもっと多い）価値があると考えるのは、シリコンバレーの傲慢さの表れだとほのめかしたのである。

ダモダランの判断は、従来のファイナンス・ツールに基づいていた。彼は世界のタクシー市場の規模、ウーバーの予想市場シェア、予想売上高を見積もった後で、リスク調整済みキャッシュフローを用いて、59億ドルという企業価値をはじき出した。彼は生真面目にも、オンライン上にスプレッドシートまでもアップして、自分が置いた前提を他の人が検証できるようにしたのである。

この挑戦を受けて立ったのが、ベンチマーク・キャピタル社のパートナーで、ウーバーに投資したシリコンバレーの投資家、ビル・ガーリーだった。オープンテーブル（OpenTable）、ジロー（Zill ow)、イーベイなど、今をときめく技術系ベンチャー企業に最初に目を付けたベンチャー・キャピタリストとしても知られる。ガーリーは170億ドルの企業価値試算でも過小評価であり、ダモダランの数字に至っては25分の1にすぎないのではないかと疑問を呈した。[*2] 経済学者のブライアン・アーサーのネットワーク効果の分析に沿って計算すると、ダモダランが前提としている全体の市場規模とウーバーの予想市場シェアはおかしいというのだ。[*3]

好循環を生み出すネットワーク効果

古典的なプラットフォームのスタイルで、ウーバーはマッチング・サービスを行っている。車の利用者が運転手を探すのを手伝ったり、その逆に運転手が利用者を探すことを手伝う。だが、登録運転手が次第に増えて、ある都市におけるサービス対象範囲の密度が高くなるにつれて、数々の魅力的な成長のダイナミクスが働き始める。利用者は友人にこのサービスのことを話し、なかには、自分も空き時間に運転手になろうという人も出てくる。利用者側は待ち時間を短縮したいし、運転手側は稼働停止時間を短くしたい。運転手としては、稼働停止時間が減れば、たとえ料金が安くても稼ぎ全体は増えることになる。同じ労働時間でも、利用者の数が増えるからだ。つまり、稼働停止時間をより少なくするのは良いことなので、ウーバーが料金を下げて需要をさらに喚起できるようになる。それによって、さらに営業範囲の密度が高まる。つまり、好循環が生まれるのだ。

ガーリーは論文の中で、別の投資家が作成した好循環の仕組みの図を引用している。それは、ヤマーの共同創業者で、ペイパルでの就業経験も長いデビッド・サックスがナプキンに手書きしたものだ（図2-1参照）。

ここに書かれているのは、「ネットワーク効果」の典型例――利用者が増えれば、個々の参加者にとってのウーバーの価値が高まり、それによって、さらに多くの利用者が引き付けられ、サービスの価値がいっそう高まるというものである。

ネットワーク効果とは、プラットフォームのユーザー数が、そこに参加している各ユーザーの価値に影響を与えることだ。「正のネットワーク効果」とは、よく管理された大きなプラットフォーム・コミュニティが、参加ユーザーにとって重要な価値を創出する能力を指す。一方、「負のネットワーク効果」は、管理の行き届かないコミュニティ数が増えると、各ユーザーにとって創出される価値が減少してしまうことを指す。

これから見ていくように、正のネットワーク効果は価値創造の主な源泉であり、それはプラットフォーム・ビジネスにおける競争優位をもたらす。他方、負のネットワーク効果が働くこともある。そこでこの章では、負のネットワーク効果がなぜ、どのようにして起こるのか。それに対してプラットフォーム・ビジネスの管理者は何ができるのかについて解説していく。とはいえ、まずは正のネットワーク効果を通じた価値創造を理解することが、第一歩として重要だ。

ガーリーのデータが示していたのは、２０１４年中頃には既に、ネットワーク効果がウーバーの成長を駆動し始めていたことである。ウーバーのＣＥＯであるトラヴィス・カラニックが起業の準

図2-1　デビッド・サックスがナプキンに手書きしたウーバーの好循環

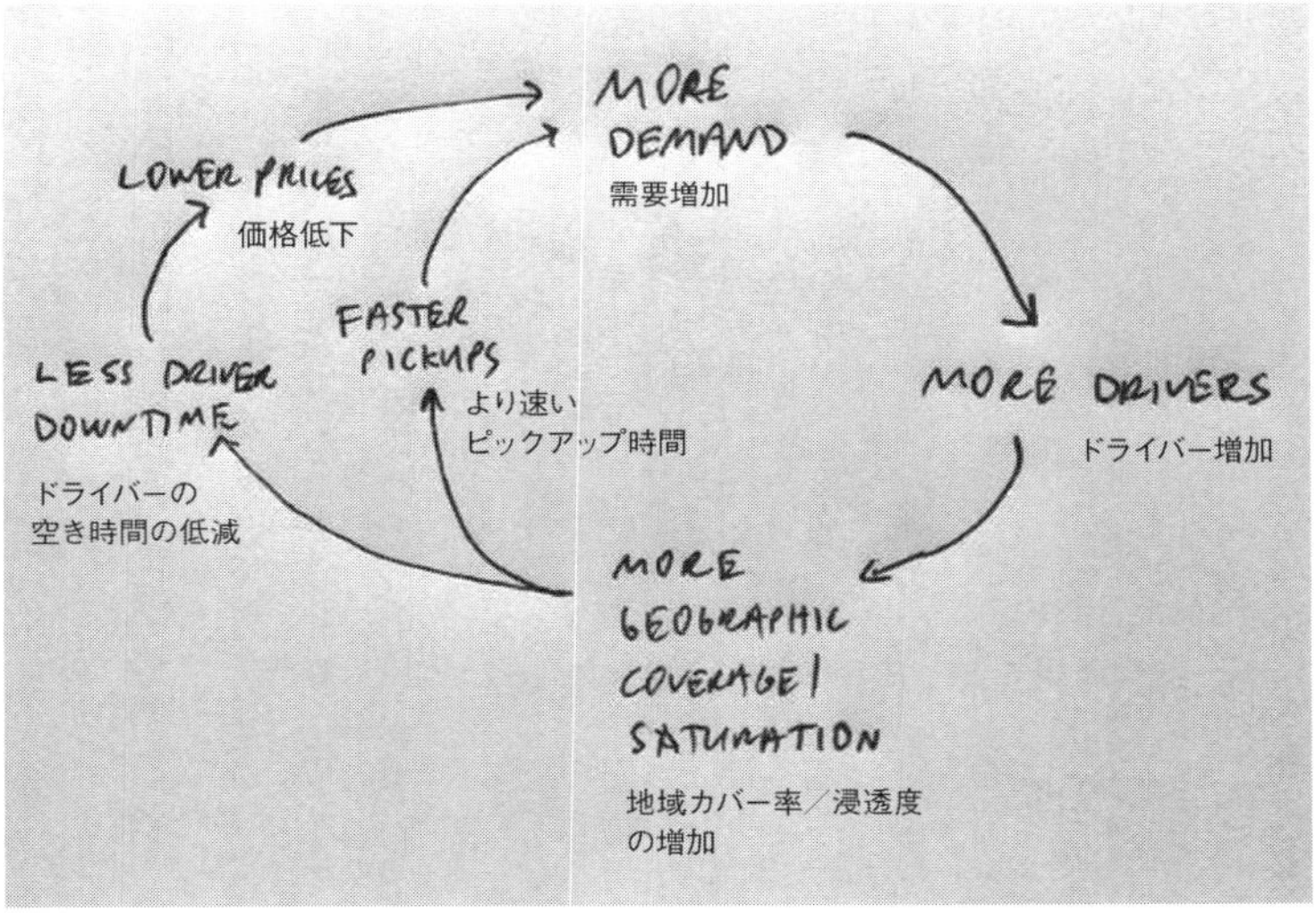

備資金を調達していた09年、同社のホームタウンであるサンフランシスコのタクシーとリムジンの市場規模は1億2000万ドルだった。ウーバーのデータによると、14年の市場は既に3倍に拡大し、まだまだ成長途上にあるようだ。この3倍という数字は、ダモダランの評価額の59億ドルが、投資家の見込む170億ドルへと増える根拠となるだろう。ダモダランはこのインサイダー情報を知らなかったため、方程式を調整してネットワーク効果を加味しなかった——この点について彼は、熟慮を重ねた末に潔く認めている。

需要サイドの規模の経済

ネットワーク効果は、技術面のイノベーションが牽引する新しい経済現象である。20世紀の産業時代には、「供給サイドの規模の経済」に基づいて巨大な独占状態が生じていた。生産量が増えるにつれ、製品を作る単位当たりコストが低減するという生産効率がこのことを牽引していた。こうした供給サイドが牽引する規模の経済は、業界内の最も大きな企業に、競争相手には歯が立たないほどのコスト優位性を与えうるのだ。

産業時代に成長した巨大企業の例をいくつか考えてみよう。鉄鋼生産では、溶鉄に空気を吹き込むイギリスのベッセマー法を用いることで不純物が除去され、生産コストが1トン当たり40ポンドから7ポンドに下がった。バロー・ヘマタイト・スチールは18基のベッセマー方式5トン高炉を稼働して、20世紀の変わり目に世界最大の製鉄所となった。ドイツでも同様に、空気中の窒素から肥料を作るハーバー・ボッシュ法（今日、消費される食品の半分の生産に用いられている）が、BASFが巨大企業にのし上がるのに貢献した。同社は今なお世界最大の化学品会社として君臨している。アメリカでは、トーマス・エジソンの照明と安価な発電技術の発明からゼネラル・エレクトリック（GE）が誕生したり、ヘンリー・フォードが採用した大量生産方式がフォード・モーターの躍進を加速させたりした。

事業が大きくなるほど、生産やマーケティング、物流のコストが安くなり、企業が着実に成長して利益を増やしていく正のスパイラルに入るのである（政府の介入、あるいは従来型の経済を陳腐化させるような破壊的な技術革新によってそのプロセスが回らなくなるまで、その状態は続く)。

メトカーフの法則

21世紀のインターネット時代になると、それに匹敵する独占が「需要サイドの規模の経済」から生まれている(ネットワーク効果の概念の普及に大きく貢献した2人の専門家、グーグルのチーフエコノミストのハル・ヴァリアンと、カリフォルニア大学のカール・シャピロ教授が用いた言葉)[*4]。供給サイドの規模の経済とは対照的に、需要サイドの規模の経済は、生産における利益方程式の片方の、需要サイドで技術進歩をうまく活用するものだ。需要サイドの規模の経済を牽引するのは、ソーシャル・ネットワークの効率性、需要のアグリゲーション(集約)、アプリ開発、そしてネットワークが大きくなるほどユーザーにとっての価値が増す現象といったものだ。これらによって、プラットフォーム市場で最も大きな企業は、競争相手には手も足も出ないネットワーク効果という優位性を持てるようになる。

需要サイドの規模の経済は、正のネットワーク効果の基本的な源泉であり、今日の世界における経済的価値の主な駆動力となっている。だからといって、供給サイドの規模の経済がもはや重要ではなくなったという意味ではない。もちろん今でも重要だが、ネットワーク効果によって、需要サイドの規模の経済が何より重要な差別化要因となってきたのだ。

メトカーフの法則は、ネットワークを所有もしくは管理する者だけでなく、ネットワークの参加者にとっても、いかにネットワーク効果が価値を生み出すかを端的に説明している。イーサネットの共同発明者でスリーコムの創設者でもあるロバート・メトカーフは、ネットワークの加入者数が増えるにつれて、電話ネットワークの価値が非線形的に増加し、加入者間の接続を増やせることを指摘した。

ネットワークにノード（結節点）が1つしかなければ、つながることはできない。私たちの知り合いのＭＩＴのある教授は、「史上最も偉大な営業マン」賞は最初に電話を売った人にあげたいという冗談をよく飛ばす。世の中に電話が1台きりだとすれば、誰にも電話をかけられないので、ほぼ間違いなく価値はゼロである。しかし、電話を買う人が増えるにつれて、その価値は増していく。2台の電話で接続数は1つ、4台の電話で接続数は6つ、12台で66、１００台では４９５０となる。これは「非線形的な成長」、あるいは「凸成長」として知られる。まさに１９９０年代のマイクロソフト、今日のアップルやフェイスブック、明日のウーバーに見られる特徴的な成長パターンだ（これが逆に作用したのが、２０００年代のブラックベリーの凸成長の崩壊である。ユーザーのブラックベリー離れが始まると、急速にネットワークのノード数が減り、そのせいでネットワーク自体の価値が激減し、他のデバイスに乗り換える人が続出したのである）。

このパターンに続いて、主な経済面の結果がついてくる。ネットワーク効果を経た成長は、市場の拡大につながる。ネットワークを構成する友人の数が増えると、新しい買い手がその市場に引き付けられてネットワークに参加する。技術が成熟すれば、生産量が増すにつれて、往々にして価格も低下する。そうすると、魅力的な価格と連動してネットワーク効果が表れ、大勢の人がその市場を受け入れるようになるのだ。

ツーサイド・ネットワーク効果

デビッド・サックスがナプキンに書いた図は、ウーバーの成長に作用した第二のダイナミクスを示唆している。これは「ツーサイド・ネットワーク効果」と私たちが呼ぶものだ。[*5]

メトカーフの電話の例では、電話利用者がさらに多くの電話利用者を誘い込む点を指摘した。ところがウーバーの場合、市場の2つのサイドが介在する。つまり、利用者が運転手を引き付け、かつ運転手が利用者を引き付けるのだ。同じようなダイナミクスは、他の多くのプラットフォーム・ビジネスでも見られる。グーグルのアンドロイドOSでは、アプリ開発者が消費者を引き付け、消費者がアプリ開発者を引き付ける（訳注：このOSで動くアプリの数が増えれば増えるほど、ユーザーが増えれば増えるほど、そのOSのユーザーはそのOSを搭載したスマートフォンに魅力を感じる。他方で、そのOSを使ったスマートフォンのユーザーが増えれば増えるほど、そこに提供するアプリを開発したくなる人々が増える）。アップワーク（のプラットフォーム）では、求人募集の数がフリーランサーを引き付け、フリーランサーが求人募集を引き付ける。ペイパルでは、売り手が買い手を呼び、買い手が売り手を呼ぶ。エアビーアンドビー（のプラットフォーム）では、家や部屋を提供するホストが宿泊客を呼び、宿泊客がホストを呼ぶ。これらの事業ではすべて、「正のフィードバック」とともにツーサイド・ネットワーク効果が働いている。

このようにネットワークの成長を刺激する効果は重要なのである。そこで、お金をかけて市場の一方のサイドの参加者を集めようとするプラットフォーム・ビジネスも少なくない。一方をプラットフォームに呼び込めれば、もう一方のサイドの参加者も後に続くことを心得ているのだ。正のフィードバックを伴うツーサイド・ネットワーク効果を考えると、ウーバーがなぜビル・ガーリーら投資家から調達した数百万ドルもの資金を使って、30ドル相当の乗車サービスを無料で提供したのかがわかるだろう。ウーバーが無料でばらまいたクーポン券は、運転手と利用者の好循環への誘い水だったのだ。それを呼び込む形で市場シェアを買ったのである。利用者は、この後でネットワークに参加し、全額を支払うようになる。

技術の絡まない卑近な例もある。たとえば、地元のバーが行っている平日のレディース・ナイトというサービスだ。この日は女性客に飲み物を割引価格で提供する。女性客が多く訪れれば男性客も来店し、男性客は喜んで自分のドリンク代を全額支払ってくれる。このようにツーサイドの市場では、A市場の成長によって関連するB市場が成長する場合、たとえA市場での財務的損失（それも一時的ではなく、永遠に！）を受け入れたとしても、全体としての経済合理性を持つこともあるのだ。ただし、B市場で稼いだ利益がA市場で生じた損失を必ず上回ることが唯一の条件であることは、言うまでもない。

ネットワーク効果と成長促進策

ネットワーク効果を「価格効果」や「ブランド効果」といったおなじみの市場構築ツールと区別することは重要だ。その違いを誤解すれば、プラットフォームのビジネスモデルの評価方法に混乱が生じる。1997～2000年のドットコム・ブームとその崩壊を招いたのは、この誤解だった。

ドットコム・ブームの間、eトーイズ（eToys）、ウェブヴァン（Webvan）、フリーPC（FreePC）などのスタートアップへの投資家は、ビジネスの成功を占う唯一重要な指標は市場シェアだと考えていた。「早く大きくなれ」「拡大か、撤退か」といったスローガンに投資家は魅了されて、集客にお金を惜しまぬよう投資先企業を促した。誰も太刀打ちできないほどの市場シェアを取って優位性が実現されることを願っていたのである。企業側もそれに応えて、たとえば割引やクーポンを配布して価格効果を出そうとした。ときには無料にすることも含めて、法外な低価格で集客することは、市場シェアを買う絶対安全な方策といえる――少なくとも一時的にはそうだった。ワイアード誌元編集長のクリス・アンダーソンが執筆した『フリー――〈無料〉からお金を生みだす新戦略』（日本放送出版協会、2009年）などのベストセラーは、無料でばらまくことの福音を説き、「無料」から「プレミアム」へと着実に上っていく「フリーミアム」（フリー＋プレミアム）という価格戦略を打ち出した。

問題は、価格効果が薄れてしまうことだ。割引キャンペーンが終了したり、他社がもっと安い価格を提示したとたんに、こうした企業は姿を消さざるをえない。一般的に、無料サービスから有料サービスへと移行する顧客は、わずか1、2%だ。このため、ベンチャーの立ち上げを支援するテックスターズ社創業者兼CEOのデービッド・コーエンが指摘するように、無料でばらまくモデルを黒字化させるには、何百万人もの顧客をまず獲得する必要がある。[*6] 1999年に、フリーPC社が広告閲覧やオンライン売上調査への参加を条件に、ペンティアム搭載パソコンを無料配布したときに判明したように、フリーミアム・モデルは課金が難しいだけでなく、ただ乗りするユーザーも生み出してしまうのだ。[*7]

人々が特定のブランドに品質を関連付けて思い浮かべるときに生じるブランド効果は、もう少し長続きする。しかし価格効果と同じく、往々にして維持するのは難しく、極端に費用がかかることもある。eトーイズは、アマゾンやトイザらスと競争したいとの思いから、ブランド構築に数百万ドルを費やした。アメリカの主要都市で食品や書籍、コーヒーなどの基本用品を1時間以内に無料配送することを約束したオンライン企業のコズモ（Kozmo）は、スポークスマンとして人気女優のウーピー・ゴールドバーグを起用し、株式で出演料を支払ったが、その後すぐにつぶれてしまった。ドットコム・バブルが崩壊する前のピークに達していた2000年1月、スタートアップ企業19社がブランド認知を高めようと、それぞれ200万ドル以上をかけて、アメリカのプロ・アメリカンフットボール・リーグの優勝決定戦であるスーパーボウルの広告枠を買った。それから10年余りを経た時点で、そのうちの8社は姿を消していた。[*8]

価格効果とブランド効果は、スタートアップ企業の成長戦略の中で定着している。しかし、ネットワーク効果だけが先述の好循環を創り出し、それによって長続きするユーザーのネットワーク構築につながるのだ。私たちはこの現象を「ロックイン（囲い込み）」と呼んでいる。

バイラリティの由来

ネットワーク効果と混同しやすい別の成長を構築するツールは、バイラリティ（クチコミ）である。これは、「ウィルスが急速に拡散する」という表現に由来し、あるインターネットのユーザーから別のユーザーへと、広い範囲にわたって急速にあるアイデアやブランドが流布する傾向をいう。バイラリティによって、ネットワークに人々を誘引することができる。たとえば、たまらなく可愛い動画、愉快な動画、目を見張るような動画を見てファンになった人が、ユーチューブを見てほしいと友人に勧めるときがそうだ。そしてネットワーク効果が働けば、そのサービスにユーザーは定着する。バイラリティがプラットフォームの外部の人々を引き付け、参加を呼びかける。そして、ネットワーク効果はプラットフォーム上の参加者の間で価値を増やしていくのである。

ドットコム・バブルが崩壊した2000年、本書の著者の2人（パーカーとヴァン・アルスタイン）はMITの博士課程を終えたばかりだった。私たちはこうした循環構造を夢中になって観察し、ベンチマーク・キャピタルやセコイア・キャピタルなどの賢い投資会社が大儲けをしたり、あるいは手痛い損失を出したりする様子を調査研究していた（ベンチマーク・キャピタルは今のところウーバーの事例では成功しているが、CNETが史上最大のドットコムの悲劇として挙げたウェブヴァンにも投資していた。[*9]セコイアもアップル、グーグル、ペイパルで成功したが、同じくウェブヴァンでは失敗している）。

成功企業と失敗企業を分けたものは何なのだろうか。その点に興味を持った私たちは、何十もの事例を調べ、失敗した企業は主に、価格効果やブランド効果に頼り過ぎていたことを発見した。これに対して、成功した企業は本当に有効なアイデア、すなわち、あるユーザー層が使う情報の流通経路（トラフィック）を用いて、別のユーザー層から利益を引き出すようなアイデアを編み出していたのだ。私たちはこの調査結果を、ツーサイド・ネットワーク効果の計算結果を分析した論文で説明した。[*10] 今日、イーベイ、ウーバー、エアビーアンドビー、アップワーク、ペイパル、グーグルなど成功しているプラットフォーム企業は、幅広くこのモデルを採用している。[*11]

ネットワーク効果を拡張する
——参加しやすさと拡張可能性を高めるツール群

ご覧になったとおり、ネットワーク効果はネットワークの規模に左右される。[*12] その必然的結果として、「効果的なプラットフォームというものは、迅速かつ容易に規模の拡張を行えるので、ネットワーク効果の価値を増大させられる」のである。

もはや覚えていないかもしれないが、ヤフーがグーグルよりも人気のインターネット・ポータルサイトだった時期がある。4年も後発だったグーグルは、いかにしてヤフーを追い越したのだろうか。

この事例は、ネットワークの両サイドの規模を拡大し、調整することの重要性を見事に示している。

ヤフーは人の手で編集したデータベースとして始まった。図書館の司書が本を整理したり、生物学者が動植物の種を整理したりするのと同様のやり方で、カテゴリー内にサブカテゴリーのツリー構造を作り、それを使ってウェブページを分類していたのだ。これはしばらくの間、順調だった。しかし、1990年代から2000年代前半にかけて、インターネット・ユーザーとウェブページ作成者の数が指数関数的に増加したために、従業員が手で編集する階層型データベースでは規模の拡張に対応できないことが、すぐに明らかになった。[*13] 筆者たちの経験でも、当時、ヤフーにウェブページを知らせても、そのマスターリストに載るまでに何日も、何週間も待たなくてはならなかったことを思い出す（たまりかねたユーザーたちがヤフーについて、「やっかいな階層的な〝神のお告げ（オラクル）〟がまた来たぜ！」と言い出したのも無理はない）。（訳注：世界2位のソフトウエア企業であるオラクルのソフトウエアが階層構造だったことに引っかけた揶揄的な冗談）

対照的にグーグルは、作成されたウェブページ自体を使って検索者に役立つ方法を見つけ出した。グーグルのページ・ランク・アルゴリズムは、ウェブページが互いにリンクしあう範囲を調べていく。サイトの作り手というものは、自分の作ったページを見にくる人ができるだけ増えるようにするため、彼らが何を欲しているかについて常に気を配っているものだ。より重要性の高いページからのリンクが多くなれば、プライオリティ検索の結果はより上位に来る。こうしてグーグルのアルゴリズムは、ネットワークの両サイドを効果的にマッチングしているのだ。人手の努力よりもアルゴリズムのほうが、うまく規模の拡張に対応できるということなのである。しかも、それだけではない。社内から社外へと焦点を変えた主要なソーティング・ツール（整理道具）としてウェブリンクを活用することで、ヤフーよりはるかに規模拡張性の高いモデルとなったのだ。社外では、大勢の人々の選択によって行動がコントロールされうるのである。

グーグルの事例が示すように、「フリクションレス（摩擦なし）」に参加できるネットワークは、ほぼ際限なく有機的成長を遂げることができる。フリクションレス・エントリーとは、ユーザーが迅速かつ容易にプラットフォームに参加し、そのプラットフォームが促進する価値創造への関与を始められることを意味する。これこそが、プラットフォームの急成長を可能にする主たる要因となっているのだ。

スレッドレスの成功の理由

スレッドレス（Threadless）は、情報技術サービス、ウェブ設計、コンサルティングの専門知識を持った人々が創立したTシャツの会社である。同社では毎週行うデザイン・コンテストに、外部の者も参加できるようにした。そのコンテストで最も人気の高かったデザインのみをTシャツにプリントして、それを成長中の大規模な顧客ベースに売る、というビジネスモデルをとっている。同社は、特に芸術家肌の人材を雇っていない。なぜなら、腕に覚えのあるデザイナーたちが、受賞の名声を勝ち取ろうと社外からコンテストに参加するからだ。また、マーケティング活動の必要もない。熱心なデザイナーは友人に声をかけて、投票や売上げにつなげようとするからだ。さらに売上予測も不要である。投票した顧客は既に何枚買うかを約束しているからだ。生産を外部に委託すれば、発送や在庫管理などの費用も最小限に抑えることができる。このほとんど摩擦のないモデルのおかげで、スレッドレスは事業につきものの制約を極力抑えながら、迅速かつ容易に規模拡張に対応できるのだ。

スレッドレスのビジネスモデルは偶然の産物だった。創業者たちはもともとウェブサービスの会社を名乗り、ウェブサイトを必要とする企業へのコンサルティングで稼ごうと考えていたのである。しかし、コンサルティングではうまく規模の拡張に対応できなかった。プロジェクトごとに個別交渉をしなくてはならないし、各プロジェクトに取り組むスタッフをそのつど集める必要があったのだ。プロジェクトが終わった後で、そのときの結論をそのままの形で他の案件に流用することも、まったくできなかった。そこで創業者たちは、自分たちの能力を示す副業として、Tシャツのコンテスト・サイトを開設した。創業者の1人が関わっていた通常のコンテストをただ真似たサイトを仕立てたにすぎなかったのだが、この副業が爆発的な人気を呼ぶと、彼らはこのビジネスモデルが巨大な規模拡張性を内在しているという利点に気づいたのである。

ネットワークが規模の拡張に対応するには、市場の両サイドがバランスよく成長する必要がある。たとえば、ウーバーの運転手は平均して1時間に約3人の乗客にサービスを提供するとしよう。ウーバーに、1人の乗客と1000人の運転手、あるいは、1000人の乗客と1人の運転手がいたとしても、何の意味もない。エアビーアンドビーであれば、宿を提供するホストと宿泊客の両方の規模を拡大していくときに、同じような問題に直面する。一方のサイドが不釣り合いに大きくなった場合はどうするか。クーポンや割引で別のサイドの参加者を引き付けることで、ビジネスはうまく成り立つようになる。

ときには、「サイド交替（サイド・スイッチング）」効果と私たちが呼ぶ現象によって、プラットフォームの成長が進むこともある。これは、プラットフォームの片方のサイドにいるユーザーが、他方のサイドに参加することによって起こる。たとえば、製品やサービスを消費していた人が、自ら、他の人に向けて製品やサービスを作り始めるような場合だ。プラットフォームのユーザーの中には、サイド交替をいとも簡単に繰り返す人もいる。

たとえば、エアビーアンドビーのサービスを利用していた宿泊客が、今度は他人を泊めてあげる新しいホストになっていく場合である。ウーバーの客であった人が運転手になる場合も同様である。

これら、拡張可能なビジネスモデル、フリクションレス・エントリー（摩擦なき参加）、サイド交替はすべて、ネットワーク効果を活性化するのに役立つのである。

負のネットワーク効果——その原因と対策

ここまで、正のネットワーク効果を中心に見てきた。しかし、プラットフォーム・ネットワークを急成長へと導く性質そのものが、あるとき、急速な失敗を招いてしまうこともある。ネットワークが成長したとしても、ときとして参加者を遠ざける負のネットワーク効果が起こってしまい、プラットフォーム・ビジネスが死に至ることさえあるのだ。

生産者と消費者のマッチング数が増えるにしたがって、最適なマッチングを見つけるのが困難もしくは不可能になると、負のネットワーク効果が生じる。このジレンマを避けるためには、効果的なキュレーション（情報の収集・整理・活用）を行うことによって、フリクションレス・エントリー（摩擦なき参加）になるよう、両サイドのバランスを維持しなくてはならない。ここでのキュレーションとは、ユーザーのアクセスや参加する活動、他のユーザーとのつながりについて、プラットフォーム側が事前選別（フィルタリング）し、制御、制限するプロセスのことである。効果的なキュレーションによって、プラットフォームの品質管理が行われることになる。そうすると、ユーザーにとって重要な価値を生むマッチングが容易になるのである。キュレーションが行われなかったり不十分だったりすると、ユーザーは無駄なマッチングの洪水に見舞われ、価値のありそうなマッチングを見つけにくくなってしまう。

出会い系プラットフォームのオーケーキューピッド（OkCupid）は、注意深くプラットフォームを管理しなければ、規模の拡張がネットワークの崩壊を招きかねないことを痛感している。同社CEOのクリスチャン・ラダーによると、出会い系サイトが大勢のユーザーを獲得すると、当然のことながら男性は、最も美しい女性にアプローチしようとする。しかし、最も美しい女性にアプローチする男性の大半は、それほど魅力的ではない。そこで問題が生じる。よく言われるように、その女性は「高嶺の花」なのだ。こうしたBレベルの男性（あくまでも、ラダーの言葉だ！）がAレベルの女性をデートに誘おうと押し寄せても、誰も幸せにはなれない。美しい女性は、事前選別なしにお誘いのメールが殺到することにうんざりし、サイトを離れていく可能性が高い。Bレベルの男性にしても、声をかけた女性が応じてくれないので、良い気分ではない。最も魅力的な女性とうまくマッチングできたかもしれない少数の非常に魅力的な男性も、女性がプラットフォームを離れてしまえばうれしいはずがない。[*14]

こうしたことが起こると、魅力レベルがどうであれ、あらゆる男性が2番目に美しい女性層に集中し、先述したプロセスがそっくり繰り返されることになる。こうしてネットワーク効果の逆転が起こり、ビジネスモデルは崩壊してしまうのだ。

オーケーキューピッドはこの問題を解決しようと、複数のレベルで、ネットワーク・マッチングを用いたキュレーション戦略を実行した。最初のレベルでは、利害に着目して問題に対処することにした。男性であれ、女性であれ、いくつかの質問をするのである。煙草を吸うか。タトゥー（入れ墨）をしているか。ホラー映画を好むか。恐竜の存在を信じるか。このレベルで、明らかに不適当なマッチングの多くが除去され、その過程で参加者数が減少する。

第二レベルのマッチングでは、相対的な魅力度、つまり「高嶺の花」問題に対応する。オーケーキューピッドのアルゴリズムは、他のユーザーの反応に基づいて、たとえばジョーがメアリーほどには魅力的でないと判断すると、ジョーが日頃行っているマッチング検索には、メアリーの写真を登場させないようにしてしまう（高度なターゲット検索をかけない限り、メアリーが登場することはない）。その代わりジョーには、彼に相応の魅力だと思われる女性の情報を提示する。こうすればプラットフォームが適切なお相手を探す手伝いをしてくれるので、ウィン・ウィンの結果になるのだ。

お誘いのメールが殺到することもないので、メアリーは助かる。ジョーのほうも、以前のように冷たくあしらわれることがなくなるし、適切な女性が自分のメッセージに返事をくれるようになるので、より幸せというわけだ。

もちろん、このアルゴリズムによって、ある男性がオーケーキューピッドの検索をかけて月並みな容姿の女性の写真しか出てこなければ、彼は自分で思っているほどには、映画スター並みのルックスではないのだ、ということに気づかされてしまうだろう。それでも、マッチングが成功する可能性は高まり、長い目で見れば満足度も高くなるはずだ。

キュレーションの効果

オーケーキューピッドで行われたような巧みなキュレーションは、負のネットワーク効果を大きく減少させる。それと同時に、正のネットワーク効果の便益を増していく。ネットワークに参加する人数が増えるにつれて、参加者の情報量が増える。どの統計学者も言うことだが、一般的に、扱うデータ数が多いほど、そのデータ群から導き出される結論の正確さと価値も高まる。このため、ネットワークが大きくなるほど、キュレーションの精度は向上することになる。これは私たちが「データ主導のネットワーク効果」と呼ぶ現象だ。もちろん、その効果は、優れた設計のキュレーション・ツールがあり、絶えず検証、更新、改良が行われているかどうかに左右されることは言うまでもない。

対照的に、キュレーションが不十分だと、ノイズが増え、プラットフォームが役立たなくなる。それが崩壊の原因にもなりかねない。こうした負のフィードバック・ループが起こったがために、チャットルーレット（Chatroulette）は、指数関数的に成長したものの、あっというまに崩壊してしまった。

チャットルーレットは、世界中の人々と無作為にペアを組んで、ウェブカメラを使ってビデオチャットを行うサービスだ。会話をしている途中でも次の相手に移ることは容易だし、単にログオフするだけでやめることもできる。このため、やみつきになってしまう人が続出したのである。このサイトのユーザーは、２００９年後半の立ち上げ当時の20人から、６カ月後には１５０万人以上にまで増大した。

チャットルーレットは当初、登録条件に一切の制限をかけなかった。そのため、ポルノがらみの問題も発生した。監視を行わなかったので、ネットワークが成長していくうちに、露出狂の男性がチャットに登場するようになってしまったのだ。裸体主義者でも露出狂でもない大多数の人々は、ネットワークを去っていった。まともなユーザーが逃げ出したため、プラットフォーム上のノイズ比率が高まり、負のフィードバック・ループが働き始めたのだ。

チャットルーレットは、プラットフォームの成長とともに、規模拡張性に対応するためのキュレーションを導入する必要があることに気づいた。このプラットフォームでは現在、アルゴリズムを使って好ましくない画像の発信者をふるい分けるほか、ユーザーが他のユーザーを事前選択することで、ビジネスの立ち上げ当初ほどのスピードではないにせよ、再び成長を始めている。

成功しているプラットフォームはいずれも、規模が拡大すると、マッチングの内容やつながり方に関する問題に直面する。言い換えると、どのプラットフォームも成功するためには、成長のある時点で効果的なキュレーションを行うという課題に取り組まざるをえないということだ。このキュレーション問題は、以降の章でも再び取り上げる。

4種類のネットワーク効果

ツーサイド・ネットワーク（生産者と消費者から成るネットワーク）には、4種類のネットワーク効果がある。プラットフォームを設計・管理するときには、この4つすべてを理解して配慮しなければならない。

ツーサイドの市場で「同一サイド効果」とは、消費者が他の消費者に影響を及ぼしたり、生産者が他の生産者に影響を与えるような、片側のユーザーが同じ側の他のユーザーに影響を及ぼすことで生じるネットワーク効果をいう。これに対して「クロスサイド効果」は、片側のユーザーが反対側にいるユーザーに影響を与えることで生じるネットワーク効果である。消費者が生産者に影響を及ぼしたり、生産者が消費者に影響を及ぼしたりする状況を指す。システムの設計と導入されるルール次第で、同一サイド効果やクロスサイド効果は「正」にも「負」にもなりうる。ここで、これら4種類のネットワーク効果がどのように働くのかを見ていこう。

同一サイド効果

最初のカテゴリーは「正の同一サイド効果」である。同種のユーザー数が増えると、ユーザーは正の便益を得ることができる。たとえば、ベル電話ネットワークの加入者数が増えたときに生じた効果がそうであった。ベルにアクセスする友人や隣人が増えるほど、ベルへの加入で得られる価値は大きくなる。今日、これに相当するC2Cサイドの正の効果は、XboxのMMOGのようなゲーム・プラットフォームで見ることができる。そのプラットフォーム上で出会う仲間のゲーマーが増えるほど、利用時に経験する楽しさも増していく。

正の同一サイド効果は、生産者サイドにも見られる。たとえば、今や大多数の人々が使っているアドビのプラットフォームを考えてみてほしい。PDFというプラットフォームを使ってイメージを作成し、共有する人が増えるほど、自らイメージを作るときにも同プラットフォームを使うことで得をするだろう。

しかし、すべての同一サイドの効果が正となるわけではない。プラットフォームにおける片側のユーザー数が増えると、ときには不都合が生じることもある。これは、「負の同一サイド効果」と呼ばれるものだ。たとえばコビシント（Covisint）は、クラウドベースのネットワーク・ツールをサービス提供者（サプライヤー）と共同開発することに関心のある企業（顧客）を結び付ける、ITのプラットフォームを提供している。コビシントのプラットフォーム上で、競合関係にあるサプライヤーの参加が増えるにつれて顧客が集まってくるので、サプライヤーたちにとっても喜ばしいことだ。しかし、サプライヤーの数が多くなりすぎると、サプライヤーと顧客との適切なマッチングが難しくなってしまう。

クロスサイド効果

プラットフォームの他のサイドのユーザー数によって、消費者もしくは生産者が得や損をするときに、クロスサイド効果が起こる。反対側の参加者数が増えると、もう一方にいるユーザーが便益を受ける場合は、「正のクロスサイド効果」となる。ＶＩＳＡのような決済のメカニズムを考えてみてほしい。ＶＩＳＡカードを受け付ける取扱業者（小売店など）が増えるほど、買い物客（消費者）にとっては購入時の柔軟性や利便性が高まり、正のクロスサイド効果が生じる。もちろん、同じ効果は逆方向にも作用する。ＶＩＳＡカードの保有者が増えると、取扱業者にとっては見込み客が増えることになるのだ。同じように、ウィンドウズ版のアプリ開発者数が増えると、同ＯＳがもたらすアプリの多様性や価値をユーザーが享受できるようになる。他方、ウィンドウズ・ユーザーが増えると、アプリ開発者が（財務面などの）便益を受ける可能性も高まるのである。正のクロスサイド効果は、ウィン・ウィンの結果をもたらすのだ。

もちろん、クロスサイド効果は必ずしも対称形ではない。オーケーキューピッドのプラットフォームの上では、男性が女性を引き付けるよりも、女性が男性を引き付けるケースのほうが多い。ウーバーが成長するには、１人の乗客がいるよりも、１人の運転手がいることのほうがきわめて重要だ。アンドロイドでは、1人のユーザーがアプリを引き付けるより、1人の開発者が作ったアプリがより多くのユーザーを引き付けている。ツイッターでは、大多数は読み手であり、ツイートをする人は少数にすぎない。クオーラ（Quora）のような質疑応答ネットワークでは、質問をする人が圧倒的多数にのぼり、回答する人はわずかである。

しかし、ここでもやはり考慮すべき負の側面、すなわち「負のクロスサイド効果」が起こることがある。音楽、テキスト、イメージ、ビデオなどのデジタルメディアを共有できるプラットフォームについて考えてみよう。ほとんどの場合は作成者（音楽会社など）の数が増えるほど、消費者にとって正の便益になるが、複雑さと出費も増えていくことになる。たとえば、デジタル著作権関連の書類が多すぎて読みきれず、受諾できないかもしれない。こうなると、クロスサイド効果は正から負へと逆転し、消費者はそのプラットフォームを放棄したり、少なくとも利用頻度が減ったりするだろう。同じように、プラットフォームであるサイト上で、ライバル業者たちが競ってメッセージを送り込めば、不快な広告だらけになってしまう。そうすると、生産者の選択肢を広げるはずの正の効果は、たちまち負のクロスサイド効果に転じてしまうだろう。消費者はうんざりしてしまい、プラットフォームの価値を損なうおそれが生じてしまうのだ。

負のクロスサイド効果が増大すると、ウーバーが成長の痛みを抱えるようになることが予想されるだろう。顧客の数に対して運転手が多くなりすぎれば、運転手の非稼働時間が増える。運転手に対して顧客が多くなりすぎれば、顧客の待ち時間が延びてしまう（フィードバック・ループを加えた図2-2を参照）。

図2-2 デビッド・サックスがナプキンに書いた図。ウーバーが負のフィードバック・ループになった場合

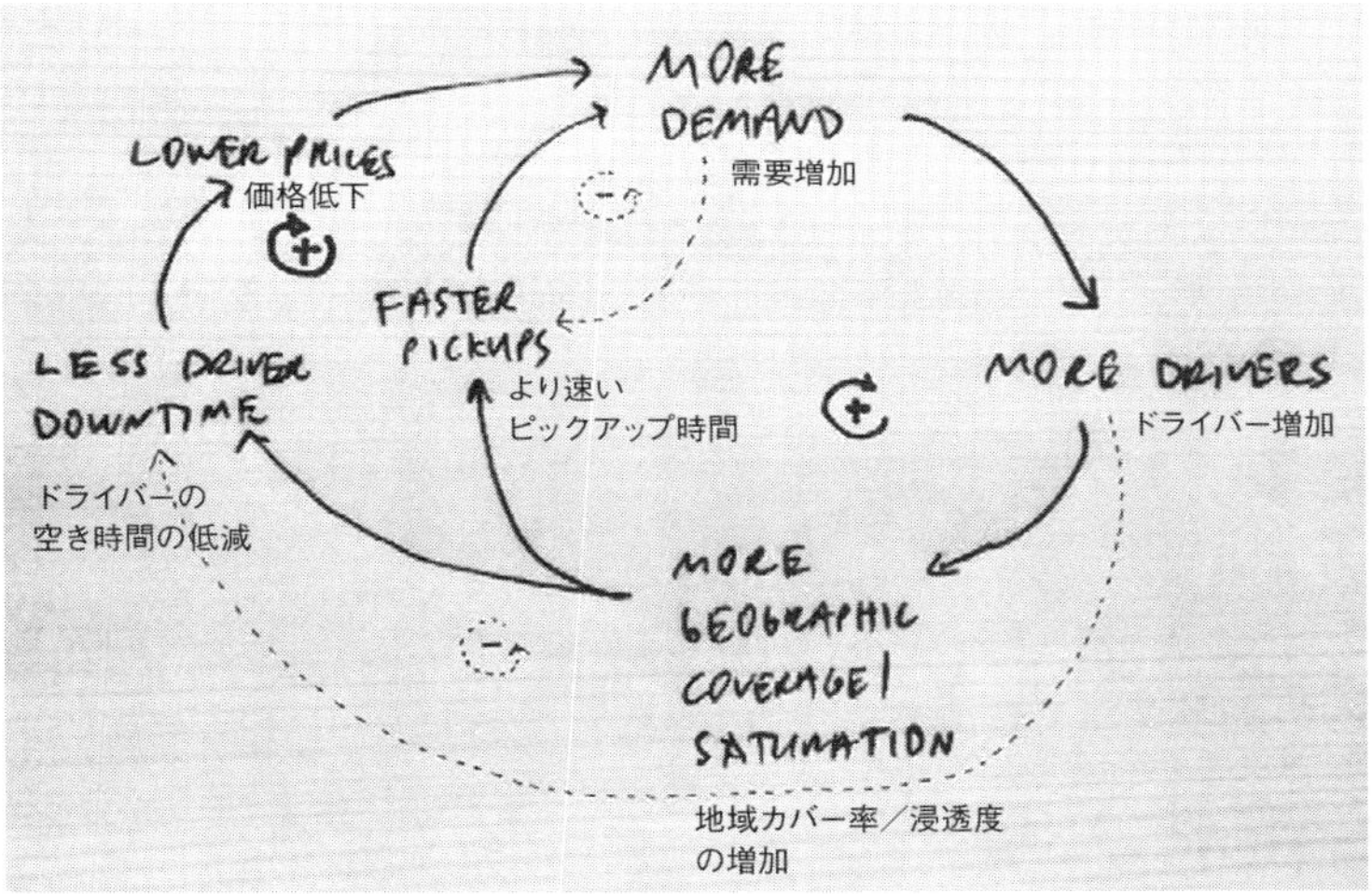

実際に、これは既に起こりつつあることだ。ウーバーが特定の市場内で飽和状態に達するにつれて、増えすぎた運転手は互いに競い合い、非稼働時間が増え、一部の運転手は市場を去っていくことになる。図2-2のウーバーの成長スパイラルを詳しく見れば、ツーサイド市場では4つのネットワーク効果をすべて管理しなければならないことがわかるだろう。正のネットワーク効果を補強し、可能な限り多くの正のフィードバック・ループを生み出せるよう強化していくことが、適切なプラットフォームの管理のコツといえる。

このテーマについては以降の章でも取り上げ、うまく対処する方法を具体的に論じていきたい。

構造変化——ネットワーク効果は企業活動を正反対に変える

これまで見てきたように、産業時代の巨大企業というものは、供給サイドの規模の経済に依存していた。他方、インターネット時代の巨大企業の多くは、需要サイドの規模の経済を頼りにする。エアビーアンドビー、ウーバー、ドロップボックス（Dropbox）、スレッドレス、アップワーク、グーグル、フェイスブックなどの企業は、用いる資本、稼働させる機械、指示を出す人的資源などのコスト構造の優位性で価値があるのではない。プラットフォームに参加するコミュニティがあるから価値があるのだ。インスタグラムが10億ドルで売却された理由は、13人の従業員にあるわけではない。ワッツアップ（WhatsApp）が190億ドルで売却された理由も、50人の従業員にあるわけではない。それぞれの組織が生み出したネットワーク効果にあるのだ。

通常、財務的な計算を行うときに、コミュニティの価値を企業価値に含めることはないだろう。しかし、株式市場はそれを織り込んで見ているものだ。こうした状況に、徐々にではあるが会計士も対応しつつある。コンサルティングと会計を手掛けるデロイト社と提携している専門家のチームが発表した研究では、主要な経済活動に基づいて、企業を4つの広範なカテゴリー（資産ビルダー、サービス・プロバイダ、技術クリエイター、ネットワーク・オーケストレーター）に分類している。

資産ビルダーは、物理的な財を届けるために用いる物理的資産を開発する。フォード・モーターやウォルマートなどがその例だ。サービス・プロバイダは、顧客にサービスを提供する労働者を雇用する。ユナイテッド・ヘルスケアやアクセンチュアなどの企業が該当する。技術クリエイターは、ソフトウエアやバイオテクノロジーなどの技術を開発し、知的財産の形で販売する。マイクロソフトやアムジェンなどが当てはまる。ネットワーク・オーケストレーターは、人や企業が一緒に価値を創るネットワークを開発する、いわゆるプラットフォーム企業だ。この調査結果によると、4つのカテゴリーのうち、ネットワーク・オーケストレーターが最も効率的に価値を創造するという。市場乗数（企業の時価総額と株価収益率との関係に基づいている）の平均は、技術クリエイターが4・8倍、サービス・プロバイダが2・6倍、資産ビルダーが2・0倍であるのに対し、ネットワーク・オーケストレーターは8・2倍となっている。[*16] かなり簡略化して言うと、この量的な差はネットワーク効果によって生じた価値を表している。

さらに、ネットワーク効果が働く場合でも、産業ごとにルールは異なる。[*17] 1つの理由は、社内よりも社外のほうが常に人数が多いので、社内と比べて社外のネットワーク効果のほうがはるかに拡大しやすいことにある。このため、ネットワーク効果が生じている場合、注意を向ける先を内部から外部へと移行させなくてはならない。企業にとって内から外への逆転現象が起こるのだ。たとえば人的資源管理の対象は、従業員から一般大衆へと移る。[*18] イノベーションは社内のR&Dからオープン・イノベーションへと移行する。[*19] 参加者にとって主な価値創造活動の場は、内部の生産部門から外部の作り手や顧客へとシフトする。要するに、外部をマネジメントすることが重要なリーダーシップ・スキルになってくる。成長の源泉は水平統合や垂直統合ではなく、機能統合とネットワーク・オーケストレーションにある。財務と会計などのプロセスにおける関心事も、自社で保有するキャッシュフローや資産から、自社が影響を及ぼせるコミュニティや資産へと移行している。プラットフォーム・ビジネス自体は、えてして収益性がきわめて高いものだが、富が創造される主要な場所は、今や組織の内部よりも外部にあるのだ。

ネットワーク効果は21世紀ならではの巨大企業を生み出しつつある。グーグルやフェイスブックはそれぞれ、世界人口の7分の1以上と接点を持っている。ネットワーク効果の世界では、ユーザーの生態系（エコシステム）が、競争優位性と市場支配力の新たな源泉になるのである。

POINT

- 産業時代の巨大企業をつくったのは、供給サイドの規模の経済だった。しかし、今日の巨大企業を可能にしているのは需要サイドの規模の経済だ。これはネットワーク効果と言い表すことができる。
- ネットワーク効果は、価格効果やブランド効果といったおなじみの成長構築ツールとは異なる。
- 摩擦なき参加（フリクションレス・エントリー）をはじめとする規模の拡張可能性（スケーラビリティ）という特徴によって、ネットワーク効果による価値構築の影響は最大になる。
- ツーサイド市場（生産者と消費者）は、同一サイド効果（正と負）とクロスサイド効果（正と負）というネットワーク効果を引き起こす。成長過程にあるプラットフォーム・ビジネスは、この4種類のネットワーク効果をすべて管理しなければならない。
- 負のネットワーク効果を極力抑える鍵は、生産者と消費者の間の幸せなマッチングを増やす、高品質のキュレーションにある場合が多い。

CHAPTER 3

ARCHITECTURE

アーキテクチャ

成功するプラットフォームの設計原則

どこから設計を始めるか

プラットフォームを構築する際に、参加者を集め、あらゆるユーザーにとって有意義な価値を創り出すには、どうすればよいのだろうか。生産者と消費者の双方に満足のいく形で、しかもインタラクションが楽にできるツールやサービスは、どうすれば提供できるのだろうか。また、負のネットワーク効果を最小にしつつ、急拡大と正のネットワーク効果の促進を可能にする技術インフラを、どのように設計すればよいのだろうか。

どれも手強い難題である。プラットフォームは複雑なマルチサイド・システムだ。異なる役割を果たしながら、幅広い形で相互に関わり合う、ユーザーたちの大規模ネットワークを支援しなければならない。たとえば、ヘルスケア業界のような産業横断的なプラットフォームをつくる場合は、非常に広範な参加者が相互に関わり合うようにしなければならないが、個々の産業によってプラットフォームに関わる動機が大きく異なるうえ、それは経済、規制、技術環境の進展を受けてすぐに変化する。

複雑なシステムの設計や構築を行う際に、とかく苦労するのが、合理的な起点を決めることだ。これはとりわけプラットフォーム・ビジネスにおいて重大な問題となる。なぜなら、パイプライン・ビジネスであれば誰にでもわかりやすい直線形に設計すればよいのだが、プラットフォーム・ビジネスはなじみが薄く、はるかに複雑だからである。新しいプラットフォーム・ビジネスの立ち上げに携わる人は、概して似たような事例を研究して模倣する傾向にあるが、同じ市場は二つとないので、この戦略では成功はおぼつかない。また、拙い設計のプラットフォームは、ユーザーが価値を見出すことが難しく、ネットワーク効果も弱かったり、あるいはまったく働かなかったりする。

それでは、新しいプラットフォームの設計はどこから始めればよいのだろうか。最善策は、ファンダメンタルズ（基本）に集中することだ。プラットフォームが何を目的とし、どのように機能するか。まずそれをしっかり考えるのである。

これまで見てきたように、プラットフォームは生産者を消費者と結び付け、価値を交換できるようにする。ソーシャル・ネットワークのように、ユーザー間で直接つながることができ、そこからユーザー間の価値交換へと発展することもあれば、直接的にユーザーを結び付けずに価値交換メカニズムを確立することもある。たとえばユーチューブでは、生産者が作った動画が消費者に届けられるが、生産者と消費者が直接つながるわけではない。

この観点に立つと、現実世界であれ、インターネットの仮想世界であれ、プラットフォーム上で相互に関わり合うことは、経済的交換や社会的交換と似ている。交換が行われるたびに生産者と消費者は必ず、「情報」「製品やサービス」何らかの形の「通貨」という3つのものを交換するからだ。

情報の交換

牛の競売人が集まった牧場主に大声で値段を告げるのか、イーベイで検索して入手可能な製品を表示したページが出てくるのか、どちらにせよ、プラットフォームの相互の関わり合いは情報交換から始まる。その情報によって関係者は、さらに交換するか・しないか、どのように交換するか、といった意思決定をすることができる。

このため、どのようなプラットフォーム・ビジネスでも、情報交換をしやすい設計にしなくてはならない。なかには、情報交換を唯一の目的とするプラットフォームもある。レディット（Reddit）などのニュース・フォーラムや、クオーラ（Quora）などのQ＆Aサイトがそうだ。一方、物理的な製品やサービスの交換が主目的のプラットフォームであっても、情報交換は必須である。ウーバーは乗客のリクエストに応じて運転手や場所に関する情報を提供する。ローカルビジネスのクチコミサイト、イェルプ（Yelp）はレストラン情報を提供し、ユーザーが食事をする場所を選べるようにしている。アップワークでは、企業とフリーランサーがお互いに情報交換をして、雇用をめぐる意思決定を促している。

注意したいのは、どのような場合でも、情報交換がプラットフォーム自体を通じて行われる点だ。実際に、これがプラットフォーム・ビジネスの基本的特徴の一つとなっている。

製品やサービスの交換

プラットフォームの参加者は、こうした情報交換の結果として、価値ある製品やサービスを交換しようとするかもしれない。ときには、プラットフォーム経由で製品やサービスの交換が行われることもある。フェイスブック上では写真、リンク、個人の近況、ニュース投稿がユーザー間で交換され、ユーチューブ上では動画が交換される。プラットフォームのユーザー間で交換される各アイテムは、「価値単位」と呼ばれる。なかには、価値単位の交換を簡便にする高度なシステムを売りにしているプラットフォームもある。たとえばアップワークには、顧客にサービスを届ける遠隔管理ツールが用意されているので、フリーランサーが作成したデジタル財（スライドや動画など）をプラットフォーム経由で直接交換することができる。

そうかと思えば、（プラットフォーム上でデリバリー情報の追跡や交換が行われるとしても）製品やサービスはプラットフォームの外で交換される場合もある。たとえば、ウーバー経由で輸送サービスを注文すれば、それは実物の自動車を使って現実の街中で提供される。イェルプ経由でディナーの予約を入れると、実際のレストランで物理的な料理が提供される。

通貨の交換

プラットフォームの参加者の間で製品やサービスが交換されるとき、通常は何らかの通貨で支払いが行われる。多くの場合は伝統的な通貨を用いているが、クレジットカードのデータ、ペイパル（PayPal）、ビットコイン、（稀に）現金など、さまざまな形で決済や送金が行われることも少なくない。

しかし、プラットフォームの世界では、これらとは別の価値形態もある。消費者が生産者に別の形で「報いる」こともあるのだ。ユーチューブの動画視聴者やツイッターのフォロワーは、アテンション（注意）を向けることが生産者に報いることになるのである。アテンションはさまざまな形で生産者に価値を付加する（たとえば、生産者が政治家やビジネスリーダーなら、価値を獲得するのはオピニオンリーダーとしての影響力が強くなったときだ。歌手や俳優、アスリートであれば、ファン層の拡大だろう）。トリップアドバイザー（TripAdvisor）、ドリブル（Dribbble）、500pxなどでは、ユーザーは気に入った作品（コメントや写真）に高い評価をつける。高く評価されることが生産者にとっての報酬となる。このようにプラットフォーム上では、アテンション、名声、影響力、評判などの無形価値が「通貨」の役割を果たすのである。

通貨の交換が、プラットフォームを通じて行われることもある。アテンションや評判といった通貨がまさにそうなのだが、製品やサービスが他の場所で交換されるときでも、代金の支払いはプラットフォーム上で行われる場合がある。たとえば、ウーバーやエアビーアンドビーはプラットフォーム外でサービスが提供されるが、金銭の交換はプラットフォーム経由で確実に行われる。それによってコミュニケーション（この場合、取引）が完結するのである。

第6章でさらに詳しく取り上げるが、プラットフォームで交換される価値を通貨として収益化できるかどうかは、通貨の交換がプラットフォームに内在化されていて、獲得が可能になっているかどうかによる。お金の流れを内在化できるプラットフォームであれば、その上で行われる取引の分け前を請求できる立場にあるからだ。たとえば、イーベイは通常、オークション成立後に手数料として販売価格の10%を獲得するようになっている。アテンションしか獲得できないプラットフォームであれば、そうしたアテンションが重要だと考える第三者にお金を払ってもらうことで、事業の収益化が果たせるかもしれない。広告主がフェイスブックにお金を払うことを厭わないのは、特定の話題の投稿で消費者を引き付けて、「自社サイトへの訪問」を増やしたいからにほかならない。

プラットフォームの目的は、生産者と消費者を引き合わせて、情報、製品やサービス、通貨という3つの形の交換に関与させることにある。プラットフォーム自体は参加者をつなげるインフラと、簡単で互いに満足のいく交換を実現させるツールとルールを提供するのである。

コア・インタラクション――プラットフォームの設計目的

プラットフォームは、1度で1回のインタラクションが行われるように設計されている。だから、どのようなプラットフォームでも、生産者と消費者間のコア・インタラクション（中核となる相互の関わり合い）の設計から始めなければならない。コア・インタラクションは、大半のユーザーをプラットフォームに引き寄せるための価値交換であり、プラットフォーム上で行われる活動の形態のうち最も重要なものだ。コア・インタラクションには「参加者」「価値単位」「フィルター」という3つの重要な構成要素がある。ユーザーにとって、できるだけ簡単で、魅力的で、価値のあるコア・インタラクションになるように、この3つすべてを明確に特定し、慎重に設計しなくてはならない。プラットフォームの基本目的は、コア・インタラクションを促進することにある。

コア・インタラクションが最重要事項だとするこの基本ルールは、どのプラットフォームにも当てはまる。幅広い参加者がいて、インタラクションの方法が千差万別といった場合でもそうだ。たとえば、リンクトイン上のインタラクションはさまざまな形で行われている。プロフェッショナルたちは経歴と事業戦略についてのアイデアを、リクルーターは候補者と募集職種に関する情報を、HR担当マネジャーは労働市況に関するニュースを交換する。さらに、オピニオンリーダーが世界的傾向について自分の見解を述べることもある。このように多様な形態のインタラクションは、プラットフォームの特定の目的を満たし、ユーザーが新しい形態の価値を生み出せるように設計され、プラットフォームに徐々に組み込まれていったものだ。私たちが今日目にするリンクトインはマルチサイド・プラットフォームだが、当初の設計ではプロフェッショナル同士がつながるコア・インタラクションが中心となっていた。

では、コア・インタラクションの3つの重要な構成要素と、それらがどのように連係してプラットフォーム上で価値を生み出しているかについて考えていこう。

参加者

どのコア・インタラクションにおいても、基本的に2人の参加者がいる。価値を生み出す「生産者」と、価値を消費する「消費者」だ。コア・インタラクションを定義するときには、両者の役割を明確に表し、理解しておく必要がある。

プラットフォーム設計の微妙な違いは、同じユーザーがインタラクションによって、異なる役割を果たしてもよいかどうかである。エアビーアンドビーでは、同じ人がホストにも宿泊客にもなりうる。しかし他のインタラクションでは、通常は片方の役割のみを果たす。ユーチューブ上で、ユーザーは動画をアップロードもすれば、視聴もする。優れた設計のプラットフォームでは、ユーザーが片方の役割からもう一方の役割へと、簡単に行き来できるようになっているのだ。

反対に、大勢の多様なユーザーが、特定のインタラクションでは同じ役割を果たすこともある。たとえば、フェイスブック上で最も一般的なインタラクションの一つが「近況アップデート」だ。あるメンバーが行ったことや考えたことを、ネットワーク内の参加者に伝えるためにコンテンツを投稿する。生産者がフェイスブックのページ上で近況を更新しようとする場合、それが個人、ビジネス、友達のグループ、非営利団体の誰であれ、基本的な役割は変わらない。同じく、ユーチューブの動画の生産者はメディア企業だったり、個人だったりする。関係者によって参加を促すインセンティブは異なるが、役割はそのまま一貫している。

価値単位

既に述べたとおり、参加者にとって価値ある情報交換を行うところから、あらゆるインタラクションは始まる。このため、実質的にどの場合でも、コア・インタラクションが始まるのは、生産者が価値単位を創り出したときだ。

ここでいくつか例を紹介しよう。イーベイやエアビーアンドビーのようなマーケットプレイスでは、製品やサービスの一覧情報が価値単位だ。これを生産者が作成した後に、検索クエリ（訳注：コンピュータへの情報問い合わせ）の調査結果や過去の傾向に基づいて消費者に提供される。キックスターター（Kickstarter）の場合、プロジェクトの詳細を構成するものが価値単位であり、それを見て支持者は資金を出すかどうかを判断する。ユーチューブの動画、ツイッターのツイート、リンクインのプロフェッショナルのプロフィール、ウーバーの利用可能な車のリストは、すべて価値単位だといえよう。どの事例においても、さらなる交換へと進むかどうかの判断材料をユーザーに提供している。

フィルター

価値単位はフィルターにかけられ、選定されたうえで消費者に届けられる。フィルターとは、ユーザー間で適切な価値単位を交換できるようにするアルゴリズムを組んだソフトウエア・ツールだ。優れた設計のフィルターが用いられているプラットフォームであれば、ユーザーは自分にとって関連性のある重要な価値単位だけを確実に受け取ることができる。フィルターの設計が拙い場合（あるいはフィルターがない場合）は、ユーザーには無関係で価値のない単位がどっと押し寄せるので、プラットフォームを離れるきっかけにもなりかねない。

検索クエリはフィルターの一例だ。消費者は、たとえば「マウイ島のハナ近辺のホテル」や「テキサス州オースティンの18～25歳の独身男性」といった検索語を使って、自分が関心を持つ情報を探す。それをもとにして、プラットフォーム側は（ホテルの持ち主や仲間を探すユーザーなどが）以前に作成した何百万もの価値単位から、フィルターを用いて検索語に合致する特定の単位を選んで消費者に届ける。

どのプラットフォームも、何らかの形でフィルターを使って情報交換を管理している。ウーバーの運転手は、現在地や乗車可能人数などさまざまなパラメータ（適切な消費者とのマッチングを可能にする価値単位）を共有し、プラットフォーム上で自分がサービスを提供できる状態にあることを伝える。消費者はスマートフォンを使って配車を頼むときに、希望の時間と自分の位置情報をもとにしてフィルターを設定する。そうすると、その人に最もふさわしい運転手の情報が提供されるのである。

このような情報交換が起こると、他のすべてのことがピタリと噛み合って進んでいく。自動車が現れ、旅行者を目的地に運び、旅行者の口座から相応のお金が振り込まれ、運転手は報酬を受け取るといった具合だ。こうしてコア・インタラクションを通じて価値が創出され、交換され、完了することになる。

一部のプラットフォームはもっと複雑なモデルをとっているが、基本構造は変わらない。

参加者＋価値単位＋フィルター＝コア・インタラクション

グーグルの検索エンジンも、基本的に同じやり方をとっている。グーグルにアクセスした人はウエブを検索し、ウェブ・ページのインデックス（価値単位）が作成される。消費者は検索クエリを入力する。グーグルはそのクエリを特定のインプット（たとえば、リンク数、リツイート、コメント、インターネット上の投稿への反応といった「ソーシャル・シグナル」）と組み合わせる。このインプットの組み合わせによりフィルターが構成され、どの価値単位をその消費者に届けるかが決まるのだ。フェイスブックでは、個々人のネットワーク全体でステータス・アップデート、写真、コメント、リンクなどが生み出される。そのすべてがプラットフォームに価値単位を付加していく。ニュースフィードのサービスに使われているアルゴリズムは、過去のコンテンツに対するインタラクションをヒントに、その人に届ける価値単位と届けない価値単位を選別するフィルターの役割を果たす。

プラットフォームの設計で最初に行う最も重要な作業は、何がコア・インタラクションであるかを判断し、それを可能にする参加者、価値単位とフィルターを規定することだ。

リンクトインやフェイスブックなどの事例に見られるように、プラットフォームは多くの場合、時間をかけて拡大していくなかで、多様なインタラクションが行われるようになる。インタラクションごとに、参加者、価値単位、フィルターは異なる。しかし、成功しているプラットフォームでは、ユーザーにとって一貫して高い価値を生み出す単独のコア・インタラクションから始まっている。価値あるコア・インタラクションは参加しやすく（参加するのが楽しく）、参加者を引き付け、正のネットワーク効果を引き起こすのだ。

価値単位の重要な役割

コア・インタラクションの説明からわかるように、価値単位はどのプラットフォームの働きにおいても重要な役割を果たす。しかしながら、ほとんどの場合、プラットフォーム自体は価値単位を創り出すわけではない。その役割を果たすのは、プラットフォームに参加する生産者だ。プラットフォームは在庫管理なしの「情報工場」であり、「現場」を創り出す（言い換えると、価値単位が創出されるインフラを構築する）存在にすぎない。また、品質を管理する文化というものも醸成することができる（消費者にとって正確で、有益で、関連性があり、興味をそそる価値単位を創るように、生産者向けに奨励策を講じる）。プラットフォームは、価値のある単位を届け、それ以外は遮断するように設計されたフィルターを開発する。しかし、プラットフォームは、価値単位の生産プロセス自体を直接コントロールすることはない。それが伝統的なパイプライン・ビジネスとの顕著な違いなのである。[*1]

フェサル（Fasal）は、インドの地方の農家を市場の仲介業者やバイヤーと直接結び付けるオンライン・システムだ。農家はフェサル経由で、近隣市場の商品の価格を素早く把握し、最も有利な販売場所を選び、データを使ってより良い取引交渉を行う。こういったことは世界中で多くの人が挑戦しうることである。[*2]

著者の1人であるチョーダリーは、フェサルの取り組みの商業化と立ち上げの指揮に当たった。チョーダリーのチームが直面した課題の一つは、生産者と消費者が価値単位を共有できるようにするために、どのような通信インフラが使えるかを見出すことだった。調べていくと、希望に沿った機能を果たし、大きなメリットがあるのは、携帯電話だとわかった。インドでは最も貧しい人々も含めて、農民の過半数が携帯電話を持って利用している。多くの発展途上国と同様、インドの農村部でも携帯電話は急速に普及した。すぐにコミュニケーションをとることのできる携帯電話は、小規模農家が是が非でも必要としていた市場データの入手手段となったのだ。

しかし、重要な価値単位にするには、農家間で交換できることが前提となる。それには、マンディス（地元で値付けを行うマーケット・メーカー）のほうが重大な課題になると判明した。「幅広い種類の情報が必要でした」とチョーダリーは説明する。

もちろん、マンディスから価格データをもらわなくてはなりません。ニンジンやカリフラワーから、豆やトマトまで、さまざまな等級の農作物は時価で売買されますが、これらの情報はかなり簡単に集められることがわかりました。なかには、自発的に情報を提供してくれる仲買人もいたのです。補足として、地元の人を雇って各マンディスを訪問して時価情報を収集し、私たちに報告を上げてもらいました。

それよりも難しかったのは、別の側面でした。農家に本当に役立つ電子情報を作り出すためには、農家自身に関するデータが必要だったのです。作付けした農作物、収穫サイクルの予想、農場の場所、さまざまなマンディスへどんなアクセスをしているか、といったことに関わるデータです。農家が市場で最高の取引をする際に、こうした要因がすべて影響してくるからです。

しかしながら、広域に点在する農家からこうした情報を収集するのには、細心の注意を払わなければなりませんでした。農家の人はほとんど読み書きができません。そこで、私たちは一連の実験を行ってみることにしました。私たちのサービスに関するニュースをクチコミを頼りに広め、情報収集を呼びかけてみたのです。また、情報のパイプ役として、地元の「顔役」（非公式の村長）にも頼んでみました。さらに、地元で種苗、肥料、携帯電話用SIMカードを販売している商売人を使ってみることまで検討しました。こうした商売人は農民たちと頻繁に接していたからです。ところが、どの方法もうまくいきませんでした。私たちが声をかけた人たちが、興味を示してくれなかったのです。せっかく用意した報酬プログラムもあまり役立ちませんでした。

結局、私たちは、データを集める人々のネットワークを、自前で構築しなくてはならなかったのです。いわゆる「足で稼ぐ」営業部隊をつくる、ということです。営業部隊は村々の1軒1軒を訪問して農家の人に会い、収穫量やこれからどう売っていくのかという計画など、重要な情報を聞いては所定の用紙に記録します。そのデータをオフィスに送ってもらい、本部で集計表に入力するのです。そうやって少しずつ必要なデータベースを構築することを通じて、地元市場を理解していったのです。

このとおり、プラットフォームの運営では、価値単位に注目することが非常に重要なのだ。誰が価値単位を創り出せるのか。それはどのように生み出されてプラットフォーム上で統合されるのか。低品質の価値単位と、高品質の価値単位の分かれ目はどこにあるのか。こういった点は重大な問題なので、本書の全般で考察していくことにしよう。

3ステップの設計方法――誘引、促進、マッチング

コア・インタラクションは、プラットフォーム設計のＷｈｙ（理由）に当たる。プラットフォーム全体の主要な目的は、コア・インタラクションを可能にすることだ。では、全参加者にとっての価値を高めるために不可欠なコア・インタラクションを実現するには、どうすればよいのだろうか。価値あるコア・インタラクションが着実に生み出され、それが相当量蓄積されることによって、さらに多くの人が集まってくる状態にするには、どのような設計を行えばよいのだろうか。

そこで、プラットフォーム設計のＨｏｗ（方法）を探ってみよう。価値あるコア・インタラクションの量を増やす鍵となるのは、「誘引」「促進」「マッチング」という3つの機能である。まず、相互にインタラクションを行う生産者と消費者をプラットフォームに引き付ける。次に、つながりやすく価値ある交換を奨励する（同時に、それ以外の交換は控えさせる）ためのツールとルールを提供して、インタラクションを促進する。そして、生産者と消費者の双方に関する情報を用いて、お互いに得になる形でつながるように、うまくマッチングを行わなければならない。

プラットフォームを成功させるには、この3つの機能がすべて効果的に働くようにしなければならない。参加者が集まらなければ、プラットフォームの価値を高めるネットワーク効果は生まれな

い。技術面が稚拙なために制約だらけの利用しにくい設計になってしまうと、インタラクションが盛り上がらなくなり、参加者はすぐに失望してプラットフォームから遠ざかってしまう。さらに、参加者を適切にマッチングできなければ、時間とエネルギーが無駄になるので、参加者はすぐに離れていくだろう。

効果的なプラットフォーム設計とは、3つの機能ができるだけ強力に働くシステムを作ることにほかならない。では、各機能をもう少し詳しく見ていこう。

誘引

消費者をプラットフォームに引き付けることは、パイプライン企業にとってはなじみのない難しさを伴うものである。そのため、プラットフォームに関するマーケティング・アプローチに対して、特に古いパイプライン主体の世界で育ったビジネスリーダーは、直感的に違和感を覚えるかもしれない。

プラットフォームを検討するときにまず取り組むべき課題は、ニワトリが先か卵が先かという問題を解決することである。これは、パイプライン企業ならば悩まされることのなかった問題だ。価値がなければユーザーはプラットフォームに来ないし、ユーザーが使わなければプラットフォームは価値を持たない。この問題を克服できないがために、大半のプラットフォームは失敗するのである（第5章でこの重要な問題を全面的に取り上げることにしよう。この問題を分析したうえで解決策を探っていく)。

誘引をめぐる第二の課題は、プラットフォームを訪問して参加登録するユーザーの関心を保ち続けることだ。今日の大きなソーシャル・ネットワークは例外なく、ある時点でこの問題に直面してきた。たとえばフェイスブックでは、ユーザーがプラットフォームに価値を見出すのは、最低限の人数とつながった後だということが判明した。その状態に達するまでは、ネットワークの利用を完全にやめてしまうおそれがあったのだ。これに対応してフェイスブックは、新メンバーを勧誘することから、つながりの形成を手伝うことへと、マーケティング活動の重点を移した。

ユーザーがプラットフォームにいつも戻ってくるように促す強力なツールの一つは、「フィードバック・ループ」だ。その形態は千差万別だが、いずれも、継続的な自己強化活動フローを生み出すのに役立つ。典型的なフィードバック・ループの場合、価値単位のフローとは、ユーザーから反応を引き出すことである。価値単位が自分に関係あると思え、興味深ければ、ユーザーは何度もプラットフォームに引き寄せられる。それによりさらなる価値単位のフローが生まれ、インタラクションも増えていくのである。効果的なフィードバック・ループは、ネットワークを広げ、価値単位の創造を増やし、ネットワーク効果を強化するのに役立つ。

フィードバック・ループの一種に、「シングルユーザー・フィードバック・ループ」というものがある。これはプラットフォームの技術的基盤上に組み込んであるアルゴリズムで、ユーザーの活動を分析して、ユーザーの関心、好み、ニーズについてある傾向を見出す。そして、それをもとにユーザーが価値を見出すと思われる新しい価値単位とつながることを推奨《レコメンド》する。シングルユーザー・フィードバック・ループの設計やプログラミングがうまく行われていると、顧客のプラットフォーム上での活動を増やす強力なツールとなる。というのは、参加者がプラットフォームを使えば使うほど、プラットフォーム側は参加者について多くを「学ぶ」ことができ、より的確なレコメンデーションができるようになるからだ。

「マルチユーザー・フィードバック・ループ」では、生産者の活動が、それに関連性があると思われる消費者に届けられるとともに、消費者の活動が生産者にフィードバックされるのである。これがうまくいけば好循環が生まれ、両サイドで活動を促進し、最終的にネットワーク効果が強化される。たとえば、フェイスブックのニュースフィードは典型的なマルチユーザー・フィードバック・ループだ。生産者がアップデートした近況が消費者に提示される。逆に、消費者の「いいね！」やコメントが生産者にフィードバックされる。一定の価値単位のフローが増えれば、さらに多くの活動を刺激することになり、すべての参加者にとってプラットフォームの価値がますます高まるようになるのである。

ユーザーの誘引力を強めたり弱めたりする要因は、ほかにもある。その一つが、プラットフォーム上での交換に使われる通貨の価値だ。前述のとおり、アテンション、人気、影響力といった無形の通貨が交換されることもある。すると、規模拡大中のプラットフォームでは、利用可能な通貨の魅力が高まることを通じてネットワーク効果が生じることもあるのだ。ツイッターは非常に多くのユーザーを抱えているので、同じようなツイートを他のプラットフォームで発信したときよりも、はるかに多くのアテンションが集まる可能性が高くなる。このため、ツイッターの規模自体が誘引力となって、さらに多くの参加者を引き付けることになる。そうなると、競争相手はますます挑戦しづらくなるのである。

誘引力自体は、参加者の外部ネットワークを活用して増えることもある。インスタグラムとワッツアップは、巨大なユーザー数を誇るフェイスブック・ネットワークに便乗することで、たった2〜3年で何千万人もの参加者を引き入れることに成功した。こうしたターボチャージ型とでも呼べそうな誘引テクニックについては、プラットフォームの立ち上げプロセスを扱う第5章で、詳しく見ていく。

促進

伝統的なパイプライン企業と違って、プラットフォームは価値創造自体をコントロールしないものだ。そうではなくて、価値を創造したり、交換できたりするインフラを生み出し、インタラクションを統治するためのルールを設定する。それが促進プロセスでやるべきことのすべてといってもよい。

インタラクション促進策の一つは、プラットフォームを通して、できるだけ多くの生産者が価値ある製品やサービスの創出・交換を容易に行えるようにすることだ。つまり、多くの人々が協働したり、共有したりすることが可能なクリエイティブなツールを提供する。たとえば、カナダの写真撮影プラットフォームの500pxは、写真家がプラットフォーム上で自分のポートフォリオ（作品集）を全部公開できる仕組みを提供している。発明プラットフォームのクワーキー（Quirky）は、革新的な製品やサービスにつながるような創造的なアイデアを開発するために、何人ものユーザーが一緒に取り組めるようなツールを用いている。

また、インタラクション促進策には、利用障壁を下げるという方法もあるかもしれない。つい最近まで、フェイスブックのユーザーは友人と写真を共有したいとき、どんな手間をかけていただろうか。カメラを使って写真を撮り、その画像をコンピュータに移し替え、フォトショップなどのパッケージソフトを使って編集し、最後にフェイスブックにアップロードする、という手順を踏まなければならなかった。ところがインスタグラムは、ユーザーがデバイス上で3回クリックすれば、写真の撮影、修正、共有が行えるようにした。これによって利用障壁を下げることができる。そうすれば、インタラクションの促進やプラットフォームへの参加拡大につながっていくだろう。

ただし、場合によっては、障壁を高めたほうが利用促進に役立つこともある。シッターシティ（Sittercity）はベビーシッター探しに役立つプラットフォームだが、このプラットフォームは厳格なルールを設けて、生産者（ベビーシッター）として登録可能な対象者を制限することにした。それによって消費者（親）との間に信頼を醸成できるからだ。ときには、プラットフォーム側が踏み込んだルールを開発して、価値単位や他の生産者のコンテンツのキュレーションを行う。それによって、一方では望ましいインタラクションを盛り立て、他方で望ましくないインタラクションは控えさせるのである。まれなケースとはいえ、レディット上のネット荒らしが人種差別や性的虐待のようなとんでもない発言をすることもありうるし、また、クレイグズリスト（Craigslist）で探し出した人を殺害してしまうなんてこともないとは限らない。また、エアビーアンドビーで予約したアパートを壊す、といった問題も起こりうる。こうした事件が起こることを考えると、困ったインタラクションがいかにネットワーク効果を傷つけるかがわかるだろう。

価値を創出するインタラクションを促進するように、プラットフォームを設計するのはそう簡単なことではない。キュレーションとガバナンスに関わる問題については、第7章と第8章で詳しく考察する。

マッチング

成功しているプラットフォームは、必ず、適切なユーザー同士をマッチングさせ、最も関連性のある製品やサービスが交換できる状態にしている。しかも、それを効率的にやってのけているのだ。これを達成するためには、生産者、消費者、創出される価値単位、交換対象となる製品やサービスに関するデータを活用することが大事になる。こうしたデータが多ければ多いほど、また、データの収集、整理、分類、解析、解釈に用いるアルゴリズムがうまく設計されていればいるほど、交換される情報の関連性や有用性が高まり、最終的なマッチングがより満足度の高いものになるからである。

最適なマッチングに必要なデータは、氏名、性別、国籍のような比較的静的な情報から、場所、関係、地位、年齢、ある時点での関心事（たとえば検索クエリの結果）などの動的な情報まで、きわめて多岐にわたるかもしれない。フェイスブックのニュースフィードのように高度なデータを用いるモデルには、プラットフォーム上の活動履歴だけでなく、これらすべての要因を考慮に入れたフィルターが設けられている。

プラットフォームの設計プロセスでは、熟慮に基づくデータ収集戦略を策定すべきだ。ユーザーがどのくらいデータ共有に前向きか、またデータに基づいたレコメンデーションにどのくらい応じてもよいと思っているか。これらは個人差が大きいところだ。なかには、インセンティブを使って参加者に自発的なデータ提供を促したり、ゲームの要素を活用してユーザーのデータを収集するプラットフォームもある。リンクトインはプログレス・バーを使っていることで有名だ。これは、ユーザーが自分の詳細情報を少しずつ明かし、個人データプロファイルを完成させる仕組みである。第三者のプロバイダからデータを取得することもある。音楽ストリーミングのスポティファイ（Spotify）などのモバイル・アプリは、ユーザーにフェイスブックの登録データを使って加入するよう求めている。こうしたデータがあらかじめあれば、初めから正確なマッチングに活用できるのだ。もちろん、こういったことに抵抗感を持つユーザーもいるので、スポティファイも含めたアプリ・メーカーの多くは、代替手段としてフェイスブックのリンク以外の登録方法も提供している。

成功しているプラットフォームでは、常に相互に満足のいくマッチングを提供している。そうなるようにデータ収集と分析方法を改善し続けることは、プラットフォームの構築や維持に取り組む、いかなる組織にとっても重要課題なのである。

3つの機能をバランスさせる

誘引、促進、マッチングという3つの主要機能はどれも、プラットフォームを成功させるには欠かせないものだ。しかし、プラットフォームがこれらの主要機能について等しく優れているわけではない。特定の機能を強化することで、少なくともしばらくの間は生き残ることができる。

クレイグズリストは2015年半ばの時点で、インターフェースがいまひとつだ。ガバナンスも十分ではない。だが、単純なデータシステムであるにもかかわらず、相変わらず広告スペースを牛耳っている。クレイグズリストが誇る巨大なネットワークが、ユーザーを引き付け続けているのだ。言い換えると、同プラットフォームの大きな強みである誘引力が、促進やマッチングにおける弱みを補ってきたといえる。少なくとも、これまでのところはそうだ。

ヴィメオ（Vimeo）とユーチューブは異なる機能に集中することで、動画シェアの分野で棲み分けている。ユーチューブは強い誘引力を持ち、マッチングにおけるデータ活用に精通しているのに対し、ヴィメオはより良いホスティング、帯域幅、作成や消費を容易にする他のツールで差別化を図っているからだ。

重層的なインタラクションの拡張

ここまで見てきたように、プラットフォーム設計はコア・インタラクションから始まる。ただし、成功するプラットフォームには、時間の経過とともにコア・インタラクションに新しいインタラクションを重層的に加え、規模の拡大に対応していく傾向が見られる。

新しいインタラクションを徐々に追加していくこと自体は、プラットフォームを創設しようとする者が、長期的な事業計画として最初から考えていることもある。2015年前半に、ウーバーとリフト（Lyft）はどちらも、新しい相乗りサービスの実験を始めた。これはおなじみの、タクシーを呼ぶというビジネスモデルを補完するものだ。「ウーバープール」と「リフト・ライン」として知られるこの新サービスでは、同じ方面に行く乗客が互いに探し合って相乗りできるようにする。そうすれば、乗客側は費用を節約でき、運転手側も売上げを増やすことができる。リフトの共同創設者のローガン・グリーンは、相乗りはずっとリフトの構想にあったと言う。グリーンの説明によると、リフトの初期バージョンは「あらゆる市場で」最初の顧客ベースを引き付けるために設計された。それが達成されたので、「現在は、その次のカードゲームに移り、乗る人をマッチングし始めた」そうだ。[*3]

ウーバーはこの競争を軽視しておらず、相乗りサービスでリフトを確実に打ち負かそうと、ノキアが保有するデジタル・マッピング・サービス「ヒアー」の入札に参加した。これは、主にグーグルマップを代替するものだ。ウーバーはヒアーを買収し、そのマッピング機能を使って、他のどのサービスよりも速やかで正確な相乗りのマッチングを、効果的に提供したいと考えている。[*4]

経験、観察、必要性といったことから、新しいインタラクションのアイデアが出てくる場合もある。ウーバーは新しい運転手を探す際に、最適な人材の多くが、最近アメリカに来たばかりの移民であることに気づいた。彼らはウーバーに参加して車の運転で収入を補いたいと思っていた。だが、彼らには信用情報となる取引履歴がなく、自動車ローンでお金を借りる際の財務基準を満たしていなかった。そこで、ウーバーのドライバー・オペレーション・グループのアンドリュー・チェイピンは、自社の運転手向けの自動車ローンの保証人となり、運転手の売上高から返済分を天引きして融資先に直接送金するアイデアを思い付いた。ウーバーの巨大なキャッシュフローに保証されたローンはほぼリスクがないので、金融会社はこのプログラム案を歓迎したのである。地元の自動車ディーラーにとっても、車が売れて在庫回転率が向上するので申し分ないものだった。[*5]

リンクトインが加えた新たなインタラクション

もう一例を挙げてみよう。リンクトインは、プロフェッショナルが相互にネットワークを作るところからスタートしている。最初のころは、コア・インタラクションを可能にすることだけに専念していた。その後、自社のプラットフォームでは、フェイスブックほど高いレベルで参加者に毎日活動してもらえないことに気がついた。そこで、この問題に対処するために、リンクトインはコア・インタラクションとは別のレイヤーにおけるインタラクションを新たに加えることにした。ユーザー同士が自分たちでグループを作り、その中で議論できるようにしたのである。

だが、このインタラクションの第二形態でも、期待したほどの人気が出たわけではなかった。プロフェッショナル・ネットワークでは、自分を売り込むことは奨励されているのだが、そのためグループ内で最も声の大きなユーザーが、最も不快なユーザーになる場合が少なくなかったのである。そこでリンクトインは、さらにインタラクションを追加し続けた。プラットフォームの収益化という意図も念頭に置きつつ、リクルーターが同サイトを使って候補者に狙いを定めたり、適切なプロフェッショナルにターゲット広告を打ったりできるようにした。さらに、オピニオンリーダー（後には全ユーザー）がリンクトインに投稿したメッセージを他の人が読めるようにもした。それによって、パブリッシング・プラットフォームへと見事に転換を果たしたのである。

このように多数のインタラクション形態を組み合わせれば、ユーザーがリンクトインを訪れる理由が増える。ウーバー、リフト、リンクトインの進化は、プラットフォーム内でコア・インタラクションとは別のインタラクションを重層的に追加する、良い事例なのである。

- 既存ユーザー間で交換する価値を転換する（リンクトインはユーザー・プロファイルから議論の投稿へと、情報交換の基盤を移行させた）。
- 生産者か消費者として新しいカテゴリーのユーザーを導入する（リンクトインは、生産者としてプラットフォームに参加するよう、リクルーターと広告主に呼びかけた）。
- ユーザーが新しい種類の価値単位を交換できるようにする（ウーバーとリフトは、利用者が1人で乗る車を手配するだけでなく、相乗りもできるようにした）。

▼既存のユーザーグループのメンバーをキュレーションして、新カテゴリーのユーザーをつくる（リンクトインは特定の参加者を「オピニオンリーダー」に指定し、生産者となって投稿するよう呼びかけた）。

もちろん、新しいインタラクションのすべてが成功しているわけではない。ジェイク・マッキーオンは、意気盛んな状態から憂鬱な状態まで人を感情で分類できる場として、ムードスウィング(Moodswing)というソーシャル・ネットワークを設立した。やがて、深刻な鬱状態のときにアクセスしたユーザーの中に、同サイトを使って自殺をほのめかす人が出てきた。それに気づいたマッキーオンは、落ち込みはしたものの、こうしたユーザーが必要とする感情面の支援をしていこうと決意した。心理学専攻の学生を雇って、意気消沈しているメンバーに、チャットラインを通じてカウンセリングとアドバイスを提供する計画を策定したのだ。品質を担保するために、ボランティアはテストを受け、厳しく吟味された。この「アマチュア治療」サービスが、ムードスウィングが促進する新しい価値交換の形態なのだ。

これは興味をそそられるコンセプトだが、明白な疑問もいくつか湧いてくる。特に、訓練を受けておらず免許もないカウンセラーが、命の危険にさらされた人に心理的アドバイスを行うことには、危険性もはらんでいるのではないか。２０１４年半ばの段階で、マッキーオンはこのプロジェクトにクラウド・ファンディングを通じた支援を募っていた。ムードスウィングの新しいインタラクシヨンが首尾よくスタートし、マッキーオンが望むユーザーの恩恵を生み出せるかどうかは未知数である。

エンド・ツー・エンド原則の適用

このように新しい機能やインタラクションを追加することは、プラットフォームの有用性を高め、多くのユーザーを引き付ける強力な方法となりうる。しかし、それが複雑になりすぎて、ユーザーには扱いにくいプラットフォームになってしまうこともある。また、不用意に複雑にしてしまうことは、プログラマー、コンテンツ開発者、プラットフォームの更新や維持を行う管理者にとって、技術上の大きな問題にもなりかねない。「ブロートウエア」という造語は、よく考えずに機能を増やしたせいで、複雑で、遅くて、非効率になったソフトウエア・システムを皮肉ったものだ。

しかし、革新することを避けてしまっては、答えにならない。望ましい新機能を付け加えて進化を遂げられなければ、ユーザーはより豊富なサービスを提供する競合プラットフォームを見つけて、離れていくおそれもある。それよりも、中核となるプラットフォームを徐々に変えつつ、周辺部分でうまく順応できるようにして、バランスを保つ方法を見つけるべきだ。

このようなプラットフォーム・ビジネスのコンセプトは、長年にわたって構築されてきたコンピュータ・ネットワーク概念である「エンド・ツー・エンドの原則」に相当するものである。

1981年にJ・H・サルツァー、D・P・リード、D・D・クラークが提唱したこの原則は、一般用途のネットワークでは中間段階のノードよりも、むしろネットワークの末端に、アプリケーション特有の機能を付けるべきだとしている。[*6] 言い換えると、ネットワークの中心的な活動ではなく、特定のユーザーにのみ価値がある活動に関する機能は、ネットワークの中心ではなく端に置いたほうがよいのだ。そうすれば、二次的機能がネットワークのコア活動から乖離して、プラットフォーム全体の資源を無駄に使うこともなくなる。また、ネットワーク全体の維持や更新といったタスクが複雑化することも防げるだろう。エンド・ツー・エンドの原則は、時間とともに、ネットワーク・デザインから、他の多くの複雑なコンピューティング環境のデザインにまで拡大して、適応できるものになってきているのである。

マイクロソフトの失敗とジョブズの英断

エンド・ツー・エンドの原則に関して最も有名な、注目すべき失敗例がある。マイクロソフトが2007年に導入した最新版ウィンドウズOS「ビスタ」だ。同社CEOのスティーブン・バルマーは、ビスタを「マイクロソフト市場最大の製品投入」として大々的に宣伝し、発売時には数億ドルのマーケティング予算を投じた。[*7]

しかし、ビスタは大失敗に終わった。問題は、マイクロソフトのデザインチームが次世代システムに必要な機能を加えつつも、旧バージョンのコンピュータシステムとの下位互換性を持たせるために、必要なソフトウエアの構成要素を維持しようとして、コア・プラットフォーム内にすべてを詰め込んでしまったことにあった。その結果、ビスタは前バージョンのウィンドウズXPよりも、複雑で不安定になったのだ。アプリを開発しようとする者にとっては、コードを書くのがきわめて難しくなってしまったのである。[*8]

批評家は、ビスタはブロートウエアよりも劣るとし、実際にシステムのリソースを「すべて」食ってしまうことから、「ゴートウエア（goatware）」（訳注：ヤギ（goat）は草の根まで食い尽くす習性がある）と呼んだ。[*9] 何百万人ものウィンドウズ・ユーザーはビスタの採用を拒み、ウィンドウズXPを使い続けた。マイクロソフトはバージョンアップを勧め、何度もXPの撤収を試みたが、効果はなかった。XPは08年に、ビスタは10年に発売終了となったが、皮肉にも15年時点のXPの市場シェアは12％を超え、ビスタはそれよりも2％低い10％だったのだ。[*10]

スティーブ・ジョブズは対照的だった。彼は、野心的な試みだったものの不発に終わったNeXTコンピュータを数年ほど経営した後、1997年にアップルのリーダーに返り咲いた。

そのとき、エンド・ツー・エンドの原則を守って、アップルのその後の成功につながる重要な意思決定を下したのである。NeXTでは、クリーンな階層構造のアーキテクチャと美しいグラフィカル・インターフェースを備えたエレガントな新しいOSを開発していたことから、MacOS9の後継OSを計画するにあたって、ジョブズは難しい選択を迫られて悩んだ。それは、NeXTとMacOS9のソフトウエア・コードを融合させて両システムと互換性のあるOSにするか、それともNeXTのクリーンなアーキテクチャを採用してMacOS9を放棄すべきか、という選択だった。

ジョブズは、結局、OS9から古いコードを取り除くという危険な賭けに出た。ただし、ある譲歩をした。設計チームは消費者のために、古いOS9のアプリケーションを使うことができる、別の「古典的な環境」も開発したのである。この2つのOSは個別に設定されたので、エンド・ツー・エンドの原則を満たすものとなった。古いコードのせいで動きが遅くなったり、新しいアプリが複雑になったりすることもなかったのである。Macの新規購入者は、自分の所有していないアプリに対応したソフトウエアを使わずに済んだのだ。ジョブズの選択によって、新しいMacOSXの革新が容易に、効率的に受け入れられたのである。このOSによってアップルは新機能を展開することができ、マイクロソフトのOSは時代遅れとみなされるものとなった。[*11]

エンド・ツー・エンドのコンセプトは、プラットフォームの設計にも当てはまる。この原則にのっとれば、アプリ固有の特徴は、プラットフォーム内部に深く根を下ろすよりも、プラットフォームの端や上に足していくといった、重層的なプロセスにしたほうがよいということになる。複数のアプリにまたがる機能のうち、量と価値が最大である機能のみをプラットフォーム自体の中核内部(コア・プラットフォーム)に含めるべきなのだ。

この原則が正当化されるには2つの理由がある。第一に、特定の新機能を周辺部に置くのではなく、コア・プラットフォーム自体に埋め込んでしまうと、その新機能を用いないアプリは遅くて能率が悪く見えてしまう。対照的に、アプリ固有の特徴がコア・プラットフォームに埋め込まれておらず、アプリそのもので動かせるならば、ユーザーの経験価値ははるかに高まるのである。

第二に、多くの特徴が絡み合ったコア・プラットフォームよりも、単純明快なシステムにしたほうが、プラットフォーム自体の複雑な構造はより速く進化できる。優れた設計のプラットフォーム構造を調べてみると、多様性を制限して安定的にしたコア層が、多様化させて進化を進める層の下に置かれているものだと、ハーバード・ビジネス・スクールのカーリス・ヤング・ボールドウィンとK・B・クラークが言っているのも、こうした理由によるのである。[*12]

今日のうまく設計されているプラットフォームは、この構造原則を組み込んでいる。たとえば、アマゾン・ウェブサービス（AWS）はクラウド・ベースの情報の蓄積および管理を行う最も成功したプラットフォームだが、そこでは、データ記憶、計算、メッセージ発信など、少数の基本オペレーションの最適化に特化している。[*13]ごく少数の顧客しか使わない類のサービスは、プラットフォームの周辺部に集められ、専用のアプリで提供されているのである

モジュール方式の力

特にプラットフォームの初期には、1つの目的を果たすためだけに速攻でシステム開発を行えるインテグラル型（すり合わせ型）のアプローチのほうにメリットがある。しかしながら長い目で見れば、プラットフォームを成功させるためには、モジュール型（組み合わせ型）のアプローチをより増やさなくてはならない。このトレードオフ関係を十分に説明することはこの章の範囲を超えて

いるものの、重要な考え方なので少しだけ述べておきたい。ボールドウィンとクラーク（1996年）による定義から始めよう。

モジュール方式は、複雑な製品やプロセスを効率的にまとめる戦略である。モジュラーによるシステムは個別に設計されるものであり、1つに統合された形で機能することを前提とした単位（モジュール）によって構成されている。設計する際には、目に見える設計原則と隠れた設計パラメータに情報を区分して、モジュール化を行う。この区分が正確かつ明白で間違いなく行われた場合にのみ、モジュール方式は効果を発揮する。目に見える設計原則（目に見える情報）は、その後の設計上の決定に影響を及ぼす。理想的には、設計プロセスの初期に目に見える設計原則をしっかり立て、関係者にそれを周知することが重要である。[*14]

ボールドウィンとC・ジェイソン・ウッダードは2008年に発表した論文の中で、安定したシステムの中核を成す部分について、役に立つ簡潔な定義を行っている。

我々が論じているのは、すべてのプラットフォームの背後にある基本アーキテクチャは、本質的に同じだということである。すなわち、システムは多様性が低い「コア（中核的）」な構成要素の集合体と、多様性の高い「周辺的」な構成要素の相互補完的な集合体に区分される。プラットフォームは多様性が低くなるような構成要素で構成する。これはそのシステムの継続的な要素

なので、明示的にも暗黙的にも、システムのインターフェースと、異なるパーツ間の相互作用を統合的に制御する原則として確立されるべきなのである。[*15]

なぜ、モジュール方式が非常に効果的になるのだろう。その大きな要因は、システムをサブシステムにきれいに分けて、それらが明確に定義されたインターフェースを通じて連係し、通信することによって、全体としてうまく機能するからである。つまり、サブシステムが全体の設計原則を厳守し、標準化されたインターフェースのみを通じて他のサブシステムに接続される限り、そのサブシステム自体は独立して設計することができるからだ。読者はおそらく、「アプリケーション・プログラミング・インターフェース（ＡＰＩ）」という用語を耳にしたことがあるだろう。これらは標準化されたインターフェースを持っており、セールスフォース、トムソン・ロイター・アイコン、ツイッターなどのシステムを用いれば、外部エンティティ（実体）による重要な資源へのアクセスを可能にするものだ。[*16]

アマゾンは、モジュラー・サービスに対してＡＰＩを開放したことによって、特に成果を上げてきた。**図３-１**は、アマゾンのＡＰＩの範囲と、プラットフォーム競争を行おうとしている従来型の大手小売業、ウォルマートの利用可能なＡＰＩの範囲を比較したものだ。見てのとおり、アマゾンのＡＰＩの数と多様性は、ウォルマートのそれらをはるかに凌いでいる。

モジュール方式は、ＰＣ産業が１９９０年代に急成長を遂げた理由の一つだ。パソコンというシステムの重要な構成要素は、計算を行う中央演算処理装置（ＣＰＵ）、画面上でリッチな画像をつ

図3-1 アマゾンはウォルマートよりも、APIのリミックスやマッシュアップが多い

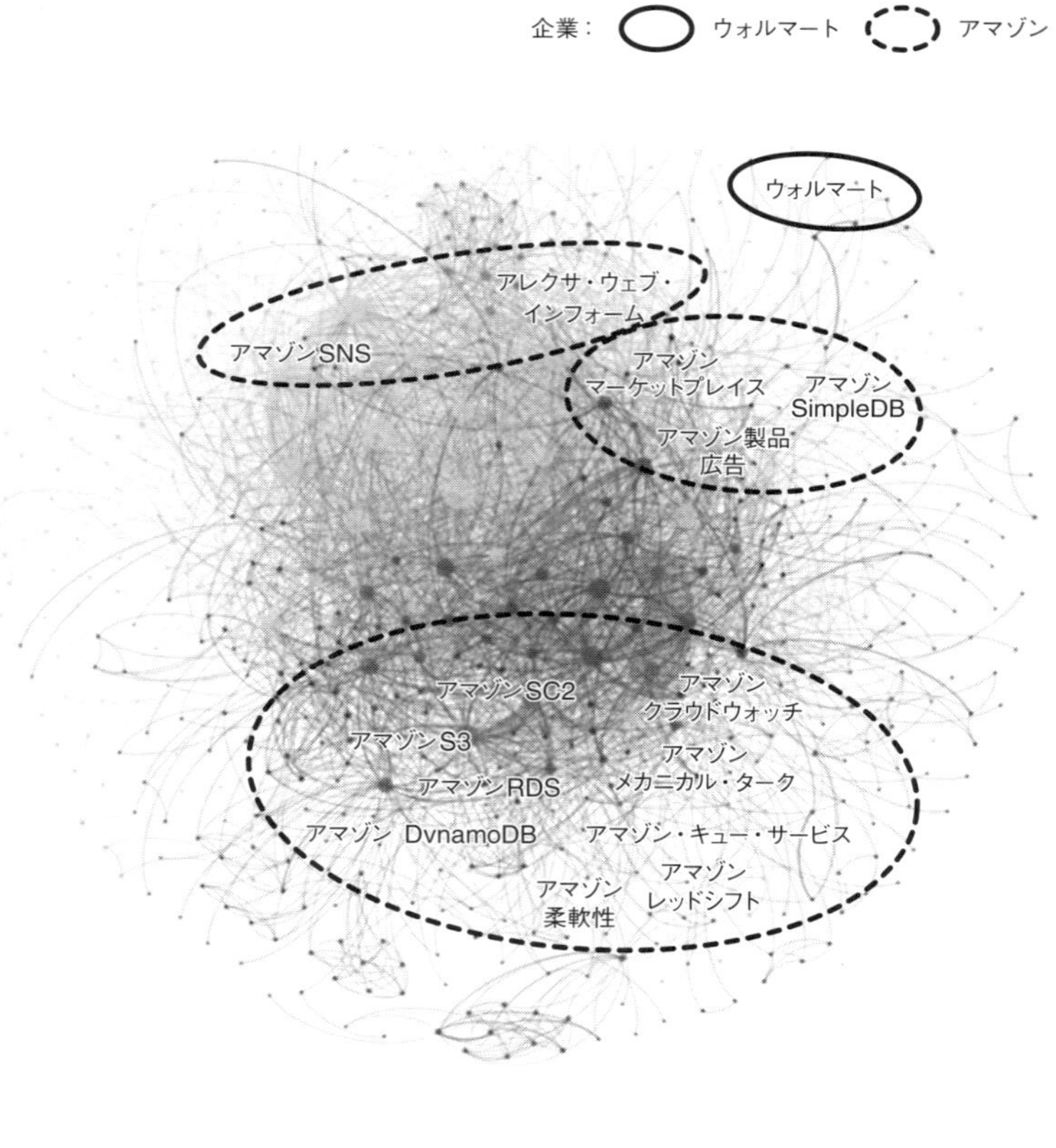

その範囲は、決済、電子商取引、クラウドサービス、メッセージの発信、タスク割り当てなどに及ぶ。ウォルマートがロジスティクスを最適化しているのに対し、アマゾンは自社のモジュラー・サービス上で第三者も価値を構築できるようにしている。

資料：Evans and Basole。ProgrammableWebのデータを使用。許諾を得て転載。＊17

くるグラフィック処理装置（GPU）、作業記憶域を提供するランダム・アクセス・メモリ（RAM）、大量の長期記憶を提供するハードディスク（HD）だ。これらのサブシステムは、それぞれ明確に定義されたインターフェースを用いて、他のサブシステムと通信できるようになっており、それが素晴らしいイノベーションにつながったのである。たとえば、インテル（CPU）、ATIとエヌビディア（GPU）、キングストン（RAM）、シーゲート（HD）などの企業がいずれも独立して自社製品の性能向上に取り組んでこられたのは、このモジュール方式のおかげなのだ。

ほとんどのプラットフォームは、厳格に統合したアーキテクチャの設計から始める。その理由は、サブシステム・インターフェースを注意深く規定する（ただ文書化することも含めて）ことなどがきわめて重要だからだ。限られたエンジニアリング資源を用いて、狭き門である市場への参入機会を追求していくとき、企業は、システムを明快なモジュールに分解するという煩雑な作業を飛ばしたくなる。その代わりに、現実的な解決策にできるだけ早く着手したくなるものだ。しかし、そうしてしまうと、外部開発者のエコシステムを巻き込むことが、いっそう難しくなる。全体のエコシステムが進展するからこそ、コア・プラットフォームを発展させ、新規市場にサービスを提供することができるのだ。[*18] 他方、インテグラル型アーキテクチャにしてしまった企業は、コア技術の作り直しへの投資を迫られる可能性が高くなる。[*19]

プラットフォームの再設計

システムを再設計してモジュラー設計に変えるという芸当は難しいのだろうか。実は可能だ。第一歩は、そのシステムで既に実現しているモジュール方式の程度を分析することである。幸いにも、この目的を果たすためにいくつかのツールが開発されてきている。最も役立つのは、複雑なシステムの中で依存関係を視覚的に調べられる、設計構造マトリクスだ。[*20]マネジメント・サイエンス誌に2006年に掲載された論文の中で、アラン・マコーマックとカーリス・ボールドウィンは、インテグラル型からモジュラー型アーキテクチャへと見事に進化を遂げた製品の例を挙げている。[*21]ソフトウエアがオープンソースとして一般的になってきたときに、著作権を持つ企業は多大なリソースを投じて、それへ移行した。小さなサブシステムに分解しない限り、自発的な開発者が多数集まる分散型のチームがソフトウエアを維持することは不可能なので、これは重要なことだった。

複雑なシステムを再設計する必要性が出てくるのは、ソフトウエアに限られた話ではない。インテルは1990年代初めに、市場を成長させるという大きな課題に直面した。インテルのCPUチップの性能は18〜24カ月ごとに2倍になっていた。[*22]同じような性能向上は、GPU、RAM、ハードディスクなど他の主要なPCサブシステムでも起こっていた。しかし、サブシステム間で情報を通信するための仕様は、依然として、業界標準アーキテクチャ（ISA）と呼ばれる古い標準で定義されていたため、PCの性能が向上していることを消費者に伝えられなかったのである。

したがって、消費者は新製品を買おうとしなかった。2002年の新聞でマイケル・A・クスマノとアナベラ・ガワーは、ユニバーサル・シリアル・バス(USB)規格に投資することで、インテルがいかに先行してきたかについて論じている。この規格は、主要なサブシステムの接続を向上させる新しいPCIバスと、コンピュータのマウス、カメラ、マイク、キーボード、プリンター、スキャナー、外部のハードディスクなど、パソコンと接続する多様な装置におけるイノベーションを促進するものであった。[*23]

反復的な改善

新しいプラットフォームを立ち上げたり、既存のプラットフォームのテコ入れを図ったりする際に、プラットフォーム設計原則に十分に注意を払えば、価値創造の可能性は大きく広がる。[*24] しかし、これまで見てきたように、プラットフォームは完全に計画できるものではないし、また新しいものが突然登場することもある。プラットフォームと従来型のビジネスを区別する主要な特徴の一つは、大半の活動をコントロールするのはプラットフォームの所有者や管理者ではなく、ユーザーだということである。このことを思い出してほしい。まったく予想も計画もしないやり方で、ユーザーであるプラットフォームの参加者がプラットフォームを使うようになることは避けられないのだ。

ツイッターは、ツイート発掘メカニズムを持つつもりはなかった。当初は、ただ時系列とは反対にツイートを並べただけだったので、特定トピックのツイートを探すときは、無関係なコンテンツのページをスクロールしていくしかなかった。ハッシュタグを用いて、似たようなツイートに注釈をつけて探しやすくする方法を最初に提案したのは、グーグルのエンジニアのクリス・メッシーナだ。ハッシュタグは今日、ツイッターの大きな〝売り〟になっている。

このようにユーザー自身が、しばしば進化すべき先へと導いてくれるものだ。だから、プラットフォームを設計する際には、偶然の発見を取り込む余地を残しておかなければならない。プラットフォーム上のユーザー行動を注意深くモニタリングしていれば、ほぼ確実に、予想外のパターンが現れたことを見つけられる。その一部は、有意義なもので、新しい価値創造の領域を示しているかもしれない。最も優れたプラットフォームは、ユーザー自身が予想外の行動をとる余地を与えるとともに、そうした行動をプラットフォーム設計に徐々に取り入れるだけの、オープンな自由度を持っているものである。

成功するプラットフォームを構築し、維持していくためには、賢く設計することが欠かせない。しかしときには、偶然や自然発生的、さらには奇想天外なものを受け入れる、いわばアンチ・デザインが最高の設計となることもあるのだ。[*25]

POINT

・プラットフォームを設計するときには、コア・インタラクション（プラットフォームの価値創造という使命の中心にある相互作用）から始めなければならない。

・コア・インタラクションは、参加者、価値単位、フィルターという3つの主たる要素で規定される。このうち価値単位が最も重要であり、しばしばコントロールが最も難しい。

・コア・インタラクションを容易かつ不可欠なものにしていくためには、プラットフォームは、誘引、促進、マッチングという3つの機能を実行しなければならない。3つとも重要であり、それぞれに特有の課題がある。

・プラットフォームが成長するにつれて、コア・インタラクションを越えて拡大する方法が見つかることがよくある。新しい種類のインタラクションをコア・インタラクションとは別の層として重ねていくと、その過程で新しい参加者を引き付けられることも多い。

・多数のユーザーが互いに満足のいくインタラクションを簡単に行えるようにするために、プラットフォームを入念に設計しなくてはならない。だが、新しい価値の創り方をユーザー自身がプラットフォーム上で見つけていくことが多々あるので、偶然や予想外のものを受け入れる余地を残しておくことも重要である。

CHAPTER 4

DISRUPTION

プラットフォームによる破壊

転換を迫られるオールド・ビジネス

圧倒的産業変革力の源泉

プラットフォームのコンセプトは基本的にシンプルであり、生産者と消費者が双方に価値をもたらすインタラクションの場を一緒に創り出すというものだ。これは人間が数千年もの間、実践してきたことにほかならない。結局のところ、アフリカからヨーロッパまで、どの地域の村や町でも見られる伝統的な野外市場を、農民や職人が地元の消費者に作物や製品を売るプラットフォームと呼ばずして、何と呼べばよいのだろうか。ロンドンやニューヨークなどの都市で誕生した初期の株式市場も同様だ。こうした場に企業株式の売り手と買い手が集い、競りの声が飛び交うオープンな競売システムを用いて、公正な市場価格を確定させる。

このような伝統的なプラットフォーム・ビジネスと、本書で取り上げる現代的なプラットフォーム・ビジネスとの主な違いは、もちろん、デジタル技術が加わったことでプラットフォームの範囲、速度、利便性、効率性が、途方もなく拡大していくところにある（だから、ほとんどの株式取引が今や、物理的な売買立会場から、世界のどこからでもアクセスできる電子マーケットに移行したのだ）。インターネットやそれに付随するテクノロジーは、予測のつかない形で、今日のプラットフォーム・ビジネスに圧倒的な産業変革力を与えている。

ウーバーによる破壊

既に見てきたように、ウーバーはネットワーク効果を活用して有料乗車サービス市場で、タクシーとリムジン送迎サービスなどの従来型企業から大きなシェアを奪って成長し、驚くほど短期間で途方もない企業価値を築き上げた。２０１４年末には、この創業5年の企業に対する投資家の評価額は４００億ドル（ほんの6カ月前には１７０億ドルだった）となり、少なくとも名目上は、三菱、ターゲット、フェデラル・エクスプレス、ゼネラル・ダイナミックス、ソニーなど由緒ある大企業を上回ったのだ。[*1]

現在、世界の２５０以上の都市に展開するウーバーは、消費者と生産者の双方にとって、非常に簡単だが価値あるサービスを提供することで頂点を極めてきた。乗客は安い価格ですぐに車に乗れるし、運転手は大半のタクシー運転手よりも多く稼げる。しかも、従来のタクシー会社のように、営業免許取得に巨額のお金を支払う義務もない。ニューヨーク市のタクシー市場は２０１３年半ばに大いに盛り上がったが、営業権を取得したあるタクシー会社の評価額は１２０万ドル程度にすぎなかった。

このようにウーバーのプラットフォームは、オンライン上に乗客と運転手が集まる場を提供するだけで、消費者と生産者の双方にメリットをもたらしつつ、投資家にも莫大な富を構築してきた。それは誰もが勝者となる提案だ——ただし、突然雇用を脅かされる何十万人ものタクシー運転手、配車サービスやリムジン送迎サービスの従業員を除いての話だが。サンフランシスコ（ウーバーは

2010年夏から同市でサービスを始めた）のタクシードライバー協会会長のバリー・コルンゴルトが、ウーバーの経営陣を「泥棒男爵」と呼ぶのは無理もない。「奴らは規則をまるで守らず、不正競争をしているにすぎない。違法営業で大きくなったんだ。あらゆる掟を無視できるだけの金を持っていたからね」。サンフランシスコのタクシー会社の社長でもあるコルンゴルトは、15年末にはタクシー業界全体が崩壊してしまうと推測した。世界中の都市のタクシー会社の経営層も同意見だ。ニューヨーク市で正規の営業権を取得しているタクシー会社の企業価値は、1年でほぼ30万ドル減少しており、まだまだ底は見えていない。[*2]

ウーバーなどのプラットフォーム・ビジネスは、不正競争をしているのだろうか。それとも、デジタル系企業の侵入に手も足も出せないことに、昔ながらの企業がただ腹を立てているだけなのか。この問題については第11章で取り上げることにして、ここでは、プラットフォーム・ビジネスがいかに速やかに、また一見するといとも簡単に、それまで安泰だった業界に革命をもたらしているかについて、ただただ驚愕することにしよう。

注目すべきは、ウーバーによるこれまでの変化はおそらく、今後次々と起こるであろう破壊の最初の一撃であることだ。最終的には、全輸送部門が一変する可能性もある。もし、製図段階からショールームへと急速に実用化が進んでいる他の技術とプラットフォーム・モデルが結び付けば、ウーバーの既に素晴らしいビジネスモデルがさらに改善され、タクシー業界を超えて一連の連鎖的な衝撃を引き起こすだろう。ある未来学者は、何百万人もの人々が一斉に自動車を所有しなくなり、呼べばすぐに来て、1マイル約50セントで行きたい場所に運んでくれる、ウーバーの無人自動車に頼るようになると予想する。ウーバーの共同創設者兼前CEOのトラビス・カラニックは、「車を所有するより、ウーバーを使ったほうが安い状態にしたい」と語る。そして、最終的に約束するのは、「水道水と同じくらい信頼性のある輸送」である。[*3]

その意味するところは衝撃的だ。大手自動車メーカーは市場縮小による打撃を受けるだろう。自動車保険、自動車ローン、駐車場などの付随ビジネスも同様だ。他方、駐車場の需要が突然減り（無人自動車はほぼ休みなしで利用できるため）、何千万平方フィートもの開発用地が利用できるようになる。また、どの街中でも渋滞がほぼ解消され、駐車場を探してのろのろ運転することで生じる大気汚染や渋滞も大幅に減る。ウーバーの次の成長段階のビジョンが実現すれば、アメリカの景観は見分けがつかないほど変わるだろう。[*4]

それでも十分でないとすれば、カラニックが指摘する「5分で車を手配できるなら、5分で何でも届けられる」状況を考えてみてほしい。[*5] 何でも？ ウーバーの破壊的な可能性を制限するものなど、あるのだろうか。カラニックは何もないと認識しているようだ。

デジタルによる破壊の歴史

「ソフトウエアが世界を食い尽くしている」。この言葉はもともと、ネットスケープ創設者のマーク・アンドリーセンが、2011年にウォールストリート・ジャーナル紙で用いたものだ。彼はこの論説記事の中で、テクノロジー（特にインターネット）がビジネスの世界をどう転換させたかを整理している。[*6]

これまで私たちは、インターネットによって引き起こされた大破壊を、２回目撃している。

第一は、「効率的なパイプライン」が「非効率なパイプライン」を飲み込んでいった大破壊だ。１９９０年代中に、ほとんどのインターネット・アプリケーションは非常に効率的なパイプラインを創り出した。つまり、既存業界を凌駕する製品やサービスを流通させるオンライン・システムの創出に関わるものだった。従来のオフラインのパイプラインと違って、オンラインのパイプラインは流通の限界費用が安い（ときにはゼロ）というメリットを持つ。このため、はるかに小さな投資で、大きな市場を目がけてサービスを提供できたのだ。

まず苦境に陥ったのが、伝統的なメディアだった。新聞は、従来の流通コスト（印刷、輸送、小売販売、配達）をかけずに、全世界の観衆にニュースを配信するインターネットの力に屈した。非効率なパイプラインが効率的なパイプラインに飲み込まれたのだ。オンラインでより効率的にターゲット広告を配信する手法が、従来の印刷物による広告を打ち負かした。特に、新聞の目玉であったクラシファイド広告（３行広告）などの広告が切り離されたことで、新聞モデルの命綱である課金の仕組みが成り立たなくなってしまったのである。ここでも再び、非効率なパイプラインは効率的なパイプラインに飲み込まれていることがわかる。

小売業や通信販売も、次第に痛みを感じるようになった。書籍販売業におけるアマゾンの成功により、ボーダーズなどの書店は破綻せざるをえなかった。ブロックバスターがＤＶＤの流通に用いていたブリック・アンド・モルタル（店舗販売）のシステムは、ネットフリックスの流通経済性に太刀打ちできなかった。ネットフリックスは当初、オンライン上でＤＶＤを選んでもらって郵送していたが、その後、ストリーミングで動画配信するようになったからだ。ＣＤ販売が崩壊したことで音楽会社の売上げは急落し、より速く、より安いファイル・ダウンロードに代替された。だが、その多くは著作権侵害や不法共有に該当する。とはいえ、次第にインターネット流通業者の多くは、従来型パイプラインよりも優れた顧客サービスを提供しようと、消費者の選択状況の詳細データを活用するやり方を見つけていったのである。

こうしたビジネス革命は、「ソフトウエアが世界を食い尽くしている」というアンドリーセンの見方に具体的に示されているが、この見方も既に陳腐化している。「プラットフォームが世界を食い尽くす」に更新されるべきだろう。私たちは破壊物語の第二段階に入ったのだ。そこでは、今度はパイプライン自体がプラットフォームに飲み込まれていくのである。

劣勢に立たされるパイプライン

この新しい破壊段階を示す証拠はそこらじゅうにある。先述のとおり、タクシー会社（と規制当局）は、ウーバーが世界中で地元の輸送機関を席捲し続けていることを理解してきた。かつてホテル業界で冷笑されたエアビーアンドビーも、世界の宿泊供給者として急拡大を図り、毎晩の予約室数で最大規模を誇る世界的ホテルチェーンを上回るようになった。アップワークは人材紹介市場から、組織全体をクラウドで構築するインフラビジネスへと徐々に進化し、物理的な仕事場やそれに付随するコストを用意する必要もなく、遠隔地にいるフリーランスの働き手を結び付けている。アマゾンは伝統的な書籍流通への影響力を拡大し続けながら、何十種類もの小売業者の領域に割り込んでいる。伝統的なパイプライン大手として携帯電話を提供してきていたノキアとブラックベリーは、過去10年で時価総額が90％下がった。これに対し、株式市場で現在もてはやされているのは、プラットフォーム大手のアップルやグーグルだ。

こういったことが、どのような形で、なぜ起こっているのか。それについて細かく見ていこう。プラットフォームの世界では、インターネットはもはや、単に流通チャネル（パイプライン）の役割を果たすだけではない。創造を促すインフラであり、調整メカニズム機能でもあるのだ。プラットフォームはこの新しい能力を活用して、まったく新しいビジネスモデルを生み出しているのである。さらに、物理的なものとデジタルなものが急速に収斂し、インターネットが実世界においてさまざまなモノを結び付けたり、調整を可能にしたりするようになった。たとえば、スマホのアプリを使えば、遠く離れた場所から自宅の家電を操作できるようになった。つまり、プラットフォーム・ビジネスが外部のエコシステムを用いて、新たなやり方で価値創造を行うようになってきているのである。それによってさまざまな分野の境界線が再定義されつつある。[*7]

この新しい破壊段階において、パイプラインと比べてプラットフォームは、２つの重要な経済的優位性を有している。

第一に、製造や販売の限界的な経済性が優れていることだ。ご存じのとおり、ヒルトンやシェラトンなどのホテルチェーンが拡大を図ろうとする場合は、新たに部屋を増設し、何千人ものスタッフを雇用することになる。対照的に、エアビーアンドビーの場合、ネットワーク上のリストに部屋を追加する費用は最小限なので、限界費用がほぼゼロのまま拡大できる。

プラットフォームが急速に規模に対応できる力は、ネットワーク効果によってさらに増強される。正のネットワーク効果が働き始めると、生産性が高まり、それによって消費も増える。また、その逆も当てはまる。たとえば、アップワークに参加するフリーランサーが増えるほど、人材を探している企業が集まり、それによってさらに多くのフリーランサーが集まる。エッツィー（Etsy）への出品者が多彩になればなるほど集客力が向上する。同時に、買い手が増えれば増えるほど、より多くの出品者が集まる。こういった純粋なフィードバック・ループが発動して、最小コストでプラットフォームの成長が加速するのだ。

プラットフォームはネットワーク効果を活用することによって、何百人、何千人、何百万人という遠隔地の参加者を得て、オープンな電子エコシステムを構築することもできるだろう。そのようなエコシステムは、ほとんどのパイプライン型組織よりも大きく、また従来のパイプライン企業が扱っていたよりも、はるかに多くの資源にアクセスできるようになるのである。その結果、エコシステムで生まれる価値は、伝統的組織で生まれる価値よりもはるかに大きくなりうるのだ。このため、自社内部資源を基本として競争を続ける企業は、次第にプラットフォームと張り合うのが困難になっていくのである。

価値創造、価値消費、品質管理への影響

第二に、プラットフォームには、類似のパイプライン企業よりも急成長できるという経済的優位性がある。プラットフォーム・ビジネスは、フォーチュン500社の上位を占めるパイプライン企業に置き換わっていく。そのため、この現象だけでもオールド・ビジネスの重要な破壊だといえよう。とはいえ、パイプラインがプラットフォームに飲み込まれる時代は、ほかにもさまざまな形でビジネスを破壊しつつある。それは特に、プラットフォームの世界が台頭することで、価値創造、価値消費、品質管理という昔ながらのビジネスプロセスが再構成されていることに表れている。*8

「価値創造の再構成」によって新たな供給源を活用する

プラットフォームは、利用障壁を最小化することによって、ある意味セルフサービスのシステムとして成長し、市場を征服することになる。特に、プラットフォームへのユーザーの参加を妨げるハードルがなくなるたびに、価値創造は見直され、新しい供給源が広がる。

世の中の知識を把握し整理できるようにするシステムを、ボランティアの手で作ったウィキペディアは、新しい供給源を活用した最初のプラットフォームの一つである。ユーチューブもビデオカメラやスマートフォンを持っている10代の若者に参加権限を与えることで、すぐに映画スタジオやテレビ放送網と競合するようになった。

今日、さまざまな種類のプラットフォーム・ビジネスでは、価値創造の再構成という現象が見られる。シンガポールを拠点にする動画ストリーミング・プラットフォームのヴィキ（Viki）では、（従業員を雇うのではなく）熱意のある人が集まった世界的コミュニティを活用して、韓国や日本のドラマに字幕を付けて、アメリカで売り出している。爆発的な急成長を遂げた結果、ヴィキは2億ドルで楽天に買収された。フェイスブックも同じようなアプローチを使って、プロに頼らずに自社サイトの翻訳者を見つけている。

プラットフォーム・ビジネスは同様に、新しい供給源を拡大していく。それは生産者を拒むおそれのある障壁をなくすことによってもたらされる。ツイッターは、140字以内のメッセージという新しい標準フォーマットで、何百万人ものコンテンツ制作者を引き付けた。伝統的な（もっと労力や時間がかかる）ブログと比べて、ツイートはすぐに、気楽に書けるので、大勢の利用者がコンテンツ制作者になれるからだ。

同じように、エアビーアンドビーは定期的にイベントを行うことや、ベストプラクティスの例示を通じて教育するプログラムを用いて、ホストになりたい人が参入しやすくなるように敷居を低くしている。ウーバーは、加入ボーナスのような金銭的インセンティブを提供して、運転手志望者が尻込みする原因となりそうな経済的障壁を取り払おうとしている。ドリブル、スレッドレス、99デザインズなどのプラットフォームは、数年かけて設計や印刷のツールを誰もが使いやすくすることで、デザイナーたちの大きなエコシステムを構築してきた。これも、ある種のプラットフォーム・ツールの助けを借りながら、参入障壁を緩和させている例に当たる。

新しい生産技術がさらに普及していくと、新たな提供者のグループが現れるようになる。スマートフォンのカメラの登場によって、インスタグラムやヴァイン（Vine）のようなプラットフォームにおけるコンテンツの量が増大したように、3Dプリンティングの普及によって、インダストリアル・デザインのプラットフォームの幅が新たに広がる可能性がある。しかし多くの場合は、価値創造を大きく再構成する革新的なビジネス設計で、テクノロジーを支援することが求められる。たしかにワープロ、タイポグラフィ、グラフィックデザインのソフトウエアは何十年も前からあった。しかし、アマゾンによるキンドル・パブリッシングというプラットフォームで、大勢の読者に素早く簡単に作品を届けられるようになるまで、作家による新しいエコシステムはなかったのだ。

新しい形態の消費者行動を可能にして、価値消費を転換する

プラットフォームの世界が出現することによって、消費者行動にも破壊が広がりつつある。何百万もの人が数年前には想像もつかなかったやり方で、製品やサービスを使うようになってきたのである。ジャーナリストのジェイソン・タンツは、次のように記述している。

私たちは見知らぬ人の車に飛び乗り（リフト、サイドカー、ウーバー）、自宅の空部屋に見知らぬ人を迎え入れ（エアビーアンドビー）、見知らぬ人の家に犬を預け（ドッグヴァケイ、ローバー）、見知らぬ人の台所で食事をとる（フィーストリー）。見知らぬ人に自分の車（リレーライズ、ゲット

アラウンド)、船(ボートバウンド)、自宅(ホームアウェイ)、電動ツール(ズィロック)を貸し出す。私たちは赤の他人に、最も貴重な財産、個人的な経験、まさに自分の命を託している。私たちはその過程で、インターネットが可能にしたインティマシー(親密さ)という新時代に入っているのである。[*9]

つい最近まで、こうした活動をとれば、まったく危険がない場合ですら、奇特なことだと見なされただろう。今日、プラットフォーム・ビジネスが確立した信用構築メカニズムのおかげで、数百万人がこうした活動を身近に感じるようになった。「○○業界のウーバー」を自認する多数の新興プラットフォームが、ほかの領域でも消費者行動を変えようと取り組んでいる。[*10]

コミュニティ主導型キュレーションを通して品質管理を再設定する

ユーチューブ、エアビーアンドビー、ウィキペディアをはじめ、新しいプラットフォームは立ち上げの当初、ひどく非難され、嘲笑されることも多かった。というのは、初期段階なので、伝統的な競争相手ほどの品質や信頼性を提供できなかったからだ。初期のユーチューブのコンテンツはポルノまがいのものも多く、その大半が著作権を侵害していた。エアビーアンドビーの登録アパートには、乱交パーティーが行われているとの苦情を受けて、市の取締官が乗り込んできたこともあった。ウィキペディアの人物紹介では、生きている人が故人とされていることもたびたび見受けられたのである。
これは量に関わる問題だ。プラットフォームによっては、新しい供給源が登場すると品質が急降下することが多い。これは、第2章で取り上げた、負のネットワーク効果の例に当たる。

たしかに、プラットフォームのライフサイクルの初期には困難がつきものだ。しかし、時間の経過とともにキュレーション・メカニズムが機能し始めると、プラットフォーム上で生産者が生み出した適切で高品質なコンテンツ、製品、サービスを、消費者とうまくマッチングさせる能力が向上してくる。強力なキュレーションは、望ましい行動を促す一方で好ましくない行動を阻止し、最終的に取り除いてしまう。プラットフォームが高い品質を育むにつれて、幅広い顧客を引き付け始める。信頼性が構築されるからだ。そして、従来主流であった競合他社は往々にして、ある日突然、見も知らぬ成り上がり者と競い合うことになる。だが、そうした新参者は自分たちよりもはるかに、急成長に向けた準備を整えているのである。

プラットフォームが規模に対応し始めたら、キュレーション・メカニズムを崩壊させないように、着実な手を打たなくてはならない。拡大に対応してキュレーションができるプラットフォームとは、ユーザーに関するより良いデータを集め、マッチングのアルゴリズムを徐々に改善していくところである。また、手動のキュレーションを段階的に減らし、社会的に起こるフィードバック・ループに基づいた自動のキュレーション・メカニズムを、確実に機能させ始めるところだ。たとえば、質疑応答プラットフォームのクオーラは、もともと社内編集者がコンテンツのキュレーションをしていたが、参加ユーザーが十分に増加して個人の手に負えなくなったとき、主に参加者のコミュニティの判断で決まるアルゴリズムを使ったキュレーションを用いるようになった。

さらに言えば、プラットフォームの世界の台頭は、単に伝統的な既存企業と競争する新しい事業体を出現させただけではない。価値創造、価値の消費、品質管理における変化が示唆するように、新しい形態のビジネス活動も登場させたのである。

ビジネス全体への構造的な影響

プラットフォーム・ビジネスの台頭によって、ほとんど認識されてこなかった特別な形で、ビジネスの世界の様相が構造的に変貌を遂げている。こうしたプラットフォーム主導による破壊は、「価値と資産の分離」「仲介機能の再構築」「市場の集約」の3つとして説明することができる。

価値と資産の分離

この例に該当するのが、エアビーアンドビー、ウーバー、アマゾンなど最も有名なプラットフォームだ。いずれもB2Cの領域だが、B2Bのプラットフォームでも成り立つのではなかろうか。発電所、MRI（核磁気共鳴画像法）装置、広大な農地といった巨大な固定資産を保有する企業は、どのようにプラットフォームを構築すればよいのだろうか。

その答えは、創出される価値から物理的資産の所有権を切り離すことだ。そうすれば、所有者特有の用途に制限されずに、その資産を単独で売買するなど、最適な方法がとれるようになる。言い換えると、最大の経済的価値を生む使い方ができるようになるのだ。その結果、効率性と価値は劇的に向上するのである。

著者の2人（パーカーとヴァン・アルスタイン）はニューヨーク州の要請で、こうしたアプローチを用いて、州内で増加中の分散型エネルギー資源を統合するスマート市場の設計を手伝った。屋根に取り付けた太陽光発電、ストレージ・バッテリー、自家発電、建物の熱慣性を利用したストレージ仮想化などが対象だ。たとえば、建物の中であらかじめ冷暖房を効かせたり、居住者の快適性を損ねずに2～3℃ずらして温度調整したりできるシステムを導入したとしよう。これは同時に、州内の発電システムで1日の間、あるいは季節的な需要変動を調整するための情報資源となる。しかし現状は、システム全体の卸売市場から価格シグナルが発信されて集約されるため、局所的なデータが示す顕著なシグナルがわかりにくくなっていたのだ。

この問題を解決するために、そこで創出される価値（エネルギー）から物理的資産を切り離すプラットフォームをつくることを、私たちは勧めた。そうしたプラットフォームがあれば、小規模な生産者が、力の強い大規模な消費者（その後、彼らが最終消費者にエネルギーを届ける）の要求を満たせるようになる。プラットフォームを利用する者がいちいち時価を確認しなくてもよいようにシグナル生成を自動化し、プラットフォーム経由でローカル価格に自動的に対応した需要情報を配信するプログラムを、生産者の機械に組み込むのだ。

このニューヨークのシステムが実施されれば、新しい伝送、流通、発電設備への投資を遅らせたり、完全に回避したりできるので、大きな節約となる。そのうえ、このシステムは柔軟性が高く反応が速いので、需給変動への対応を大きな発電所に依存している現行システムよりも、再生可能エネルギーのさらなる発展につながる可能性がある。

価値から資産を分離すれば、MRI(1台につき300~500万ドル)などの高額医療機器も、もっと効率的に活用できるようになる。1つの病院で使うのは、MRIのキャパシティのほんの40~50%かもしれない。それならば、利用時間を細かく区切って、自前で機械を備える余裕のない他の病院や、小さな診療所向けの市場をつくればよい。価値から資産を分離すれば、利用率を70~90%に押し上げ、機械の所有者には追加の売上げが入ってくる。

さらにもう一歩踏み出すなら、地元市場を全国や地域的な市場に変えてしまう可能性もある。実際に、2015年半ばの時点で、高額医療機器のエアビーアンドビーを目指して、ボストンのコヒーロ(Cohealo)という会社がそうした試みを始めている。

価値から資産を分離するというコンセプトは、オーストラリアの農家を深刻な干ばつ被害から救出するうえで役立った。オーストラリアでは厄介なことに、カリフォルニア州と同じように水の利権がパッチワーク状になっており、個々の所有者の考え方によって水の利用が制限されていた。そこで2003年から、土地所有を水の利権から切り離すことで、このシステムの改革に乗り出した。オーストラリアは民間企業ウォーターファインド(Waterfind)の助けを借りて、水取引のプラットフォームをつくり、水利用の経済的効率性を大幅に高めようとしたのだ。たとえば、価値の低い作物しかとれない農家は、高付加価値作物がとれる農家や、輸送距離内の地方自治体の水管理当局に、自分の水を売ってもよいようにした。その結果、06年のオーストラリアの農家が受けた干ばつ被害は、同じく干ばつに見舞われたカリフォルニア州の農家と比べて、はるかに小さかった。ウォーターファインドは現在、カリフォルニア州サクラメントに子会社を設立し、アメリカの農業にも同じプラットフォームを用いたソリューションを導入しようとしている。[*11]

仲介機能の再構築

インターネットによる破壊の第一段階のころ、新しい情報通信技術が最も大きな影響を及ぼすのは、広範囲な中抜きだろうと予想するビジネス評論家が多かった。つまり、業界内の仲介業者や中間業者を省いて、生産者と消費者を直接結び付けるというものだ。消費者が仲介業者なしで航空券や保険証書を買うことを学習すれば、旅行代理店や保険ブローカーなどの伝統的ビジネスは衰退していく。それと同じ中抜きのプロセスは、やがて他の多くの業界に広がっていくと予想された。

現実はと言うと、やや違うことがわかった。多くの業界で、市場の参加者層を単に除去するよりも、新タイプの仲介者が登場し、プラットフォームが再び仲介入りの市場となる例が何度も見られたのだ。仲介機能の再構築では、一般的にスケーラビリティのない非効率な仲介業者は、プラットフォームの両サイドにいる参加者に価値ある新製品や新サービスをオンライン上で提供する、自動化ツールやシステムに代替されることが多い。

規模に対応する市場調停メカニズムを活用する能力のおかげで、ネットワーク化されたプラットフォームは、より効率的な仲介業者となる。伝統的な仲介業者が手作業に頼っているのに対し、プラットフォームの仲介業者は、迅速かつ効率的に規模に対応するアルゴリズムとソーシャル・フィードバックを用いる。さらにプラットフォームでは、徐々にデータを収集し、さらにインテリジェントなシステムにしていく能力によって、伝統的な仲介業者には不可能だったやり方で、市場における仲介機能を拡大できるのだ。

プラットフォーム・ビジネスによる仲介は産業を変えつつあり、市場参加者が以前にもまして強力かつ効率的に結び付く新しい場が生み出されている。音楽業界では、これまでタレントを集めるために大手レコード会社に在籍していたA&R（アーティスト&レパートリー）担当（訳注：音楽業界の役職で、アーティストの発掘・育成から楽曲提供まで担当する）が、今では独立したプロフェッショナルとして営業活動を行い、ユーチューブやサウンドクラウド（SoundCloud）などのプラットフォーム上でタレントを発掘するようになった。著作権エージェントは、クオーラやミディアム（Medium）などのコンテンツ・プラットフォームを使って新しい作家を発掘している。中小企業は従来の広告代理店やメディア・チャネルを使わずに、グーグルのアドワーズのプラットフォームを使って広告キャンペーンを展開する。アジアでは、従来の価格の何分の一かでアドワーズのキャンペーンを管理する、新たな仲介エージェンシーが続々と登場した。プラットフォームは、大きくて効率の悪い仲介業者に取って代わる一方で、エンドユーザー向けにプラットフォームを活用する、小規模で素早いサービス提供者に権限を与えているのだ。

仲介機能の再構築の別の形態として、生産者に関するソーシャル・フィードバックを用いた評価情報という、新しい層のサービスが生まれている。イェルプ、アンジーズ・リスト（Angie's List）、トリップアドバイザーなどのプラットフォームは、製品やサービスの提供者の品質を保証するという、まったく新規の事業を構築した。その過程で、既存業界の保証業者（旅行ガイドや消費者向け情報誌の出版社など）の一部は倒産に追い込まれている。

プラットフォームが生み出した仲介機能によって、生産者と消費者の「参加の経済（economics of participation）」も変化し、新たな勝者や敗者が生まれている。従来の書籍ビジネスでは、出版社が一般的に10～15％の著作権料を著者に支払い、書籍売上げの大部分を吸い上げる（そして消費する）やり方をとっていた。これとは対照的に、アマゾンの自費出版プラットフォーム上の著者は、通常、売上げの70％が懐に入る。ただし、既存の出版社が負担していた諸経費（編集、デザイン、広告、マーケティングなど）の大部分を自腹で賄わなければならないので、この場合は、どちらが「勝者」でどちらが「敗者」かの見極めは難しい。

アプリ開発者が支持する同様の経済面のシフトは、ｉＰｈｏｎｅとアンドロイドのアプリ・エコシステムの出現とともに始まった。参加者が新しい経済性を享受できるようになったのは、プラットフォームによって限界的コストなど、優れた経済性が実現されたからである。[*12]

市場の集約

プラットフォームは、組織化されていない市場を集約することでも、新たな効率性を生み出している。市場の集約とは、プラットフォームが中央集権的な市場を提供し、広く分散した個人や組織にサービスを行うプロセスをいう。これまでは信頼性の高い最新の市場データを使わずに、場当たり的に取引を行っていたユーザーに、プラットフォームを用いて情報や権限を提供するのだ。

たとえば、インドのバスを思い浮かべてほしい。さまざまなバスの隊列が州内や州を結ぶルートを運行している。バスの種類が多いので、価格はすぐに変わる。業界が非常に細分化され、組織化されていないので、消費者の検索コストは高くつき、諸経費の判断にも困る。[*13] 今では、赤バス(red-Bus)と呼ばれるプラットフォーム・ビジネスが、インド全域のバス会社の情報を、プラグ・アンド・プレイの中央インフラとして集約している。その結果、消費者の意思決定がより速く、より簡単に、より安価になり、長い目で見れば、インドの交通市場がより健全になっている。

成功しているプラットフォームでは、同様の市場集約機能を果たしていることが多い。アマゾン・マーケットプレイス、アリババ、エッツィーは、世界中から数千種類の品目を扱うベンダーが消費者に製品を提供できるオンライン・サイトになっている。アップワークなどのサービス・プラットフォームは、何千人もの優秀なプロフェッショナルを一つ屋根の下に連れてきて、雇用主が簡単に人材を評価、比較、雇用できるようにしている。

既存企業の反撃——プラットフォーム化するパイプライン

プラットフォーム・ビジネスは、さまざまな形で既存のビジネス・ランドスケープを破壊しつつある。一部の世界最大手企業に取って代わるだけでなく、主な産業構造はもちろんのこと、価値創造や消費者行動など、慣れ親しんできたビジネスプロセスを変えてしまうのだ。

これに、既存企業はどのように対応すればよいのだろうか。プラットフォームが業界を再構築し、最終的に乗っ取ってしまうとしたら、昔ながらのパイプラインでの運用を確立してきた企業は、唯々諾々と白旗を掲げざるをえない運命にあるのだろうか。

そうとも限らない。しかし、既存企業がプラットフォームという破壊者の力と戦うことを望むならば、既存のビジネスモデルを見直す必要がある。たとえば、すべての取引コスト、すなわちマーケティング、営業、製品配送、カスタマーサービスなどのプロセスにかかる費用を見直し、よりシームレスに結ばれた世界で、こうした費用をいかに削減したり、なくしたりできるかを想像しなければならない。現在、取引をしている個人や組織の状況をすべて調べ上げ、彼らをネットワーク化して新しい価値形態を創出する方法を、新たに構想することも必要になる。[*14]

たとえば、こんな質問をしてみるとよい。

▼社内で管理しているプロセスのうち、サプライヤーや顧客など外部パートナーに任せられるのはどれか。

▼既存顧客向けに新しい形態の価値を生む製品やサービスを開発するために、外部パートナーにどのような権限を移譲できるか。

▼顧客にとって価値ある新サービスを生み出すために、既存の競合相手とネットワーク化できるやり方があるだろうか。

▼新しいデータの流れ、対人間の結び付き、キュレーション・ツールによって、既存の製品やサービスの価値をどのように高められるだろうか。

既存企業による生き残りへの模索

ナイキは、プラットフォーム世界で生き残り、成功するための新たな方法を模索している、最も知的な既存企業の一つだ。同社が踏んだ競争のステップは、明白に見えるが、そうではない。

ナイキのようなパイプライン企業はこれまで、次の2つのやり方で規模を拡大してきた。一つは、たとえば上流のサプライヤーや下流の卸売業者などを買収して、非常に長い価値創造と流通パイプラインを保有し、統合するやり方だ。これは「垂直統合」と呼ばれる。もう一つは、パイプラインを広げてより多くの価値を推進する「水平統合」というやり方だ。消費財企業が新製品とブランドの構築によって成長するのは、水平統合の例に当たる。

ナイキは2012年1月、歩数や消費カロリーなどユーザーのフィットネス活動を追跡するウエアラブル・デバイス、フューエルバンドを発表した。ナイキは他の多くの企業と同じく、アプリ開発も行っており、新デバイスにはスポーツとフィットネス関連のアプリが搭載されている。この動きは表面上では、水平統合を目指した既存製品ラインの拡張のように見えるかもしれない。しかし実は、うまくいけばアップルのように、プラットフォーム・ビジネスによって新しい成長形態へとつながる手法をテストしているといえる。

アップルの過去10年にわたる成長の一端は、クラウドで製品やサービスを互いに結び付けてきたことにある。iTunesとiCloudの上にコンテンツとデータを同期させることによって、複数のアップル製品を持つことが特段と高い価値を生むようになり、ソニーや東芝など他のエレクトロニクス・メーカー製品を複数持つよりも、はるかに使いやすくなったのだ。データは、これらの製品やサービスをすべて連動させる、接着剤の役割を果たしている。

これが、アップルを新しい成長形態へと導いた。データを用いて複数の製品やサービスがつながり、相互作用が生じると、パイプラインはプラットフォームのように機能し始め、新しい形態の価値が生まれるのである。その結果、ユーザーにもっとインタラクションに参加するよう促すことができるのだ。

一連のアップル製品のように、フューエルバンドにつながったナイキのシューズとモバイル・アプリは、単に同じブランド名が付いた別個の製品やサービスではない。これらは絶えずインタラクションを行い、ユーザーに運動能力、フィットネス領域、健康上の目標に関して情報や助言を提供する。従来のスポーツ用品メーカーと違って、ナイキはユーザーの状況を把握するデータを用いて、ユーザーのエコシステムを構築しているのである。そのうち、ユーザーはこうしたデータを使いながら、自分によりふさわしい経験をするようになるだろう。また、相互に有益なインタラクションを行うことで、ユーザー同士を結び付けられるかもしれない。

従来型のパイプライン・ビジネスをプラットフォーム・ビジネスに変えようと、一歩を踏み出した企業はナイキだけではない。スポーツおよびカジュアルウェア市場でナイキと競合するアンダー・アーマー（Under Armour）は、いち早く、自前のフィットネス・エコシステムを構築しようとしてきた。２０１３年11月に、トレーニングとエクササイズの追跡プラットフォームでトップを走るマップマイフィットネス（MapMyFitness）を買収。15年2月には、栄養に特化したマイフィットネスパル（MyFitnessPal）と、ヨーロッパで主に消費者向けに「ポケットの中のトレーナー」を提供するエンドモンド（Endomondo）という、２つのフィットネス・プラットフォームを続けて買収した。３社の合計買収額は7億１０００万ドルにものぼった。「実に驚くのは、買収した企業はいずれも実際にデバイスを作っているのではなく、プラットフォーム、データ、そしてより重要な点として、ユーザーを中心としていることです」と、あるアナリストは指摘する。プラットフォーム・ユーザー数は、３社合わせて1億３０００万人にのぼる。[*15] アンダー・アーマーはナイキのように、業界の未来はプラットフォームに基づくことを理解し、既存ビジネスの破壊者になろうと決意しているのだ。

情報やコミュニティが付加価値を呼ぶか

同じような競争上の動きは、他の産業部門でも起こっている。ＧＥ、シーメンス、ハイアールなど業界大手は、新たに出てきたＩｏＴ（モノのインターネット）に自社の機械をつなげている。[*16] ネットワーク化された機械はデータを絶えず中央プラットフォームに送り、そこで互いにやりとりして学習することができる。[*17] このデバイス間のネットワークからデータにアクセスすれば、各機械がより有効に資源を活用し、より信頼性の高いサービスを提供するのに役立つ。

製品やサービスは、プラットフォーム・ビジネスの基礎になりうるのだろうか。その試金石となるのは、情報やコミュニティを使って自社の販売対象物に価値を付加できるかどうかだ。それができれば、現実的なプラットフォームを生み出せる潜在可能性があり、多くの企業にとって途方もない機会となる。

ハーブ、スパイス、調味料を販売する創業１２６年のマコーミック・フーズの例を考えてみよう。２０１０年まで、同社の従来の成長戦略は自然の成り行きで進んでいた。マコーミックは既に食品調味料の全分野に製品を拡大し、農場運営や食品加工を含む上流、下流のサプライチェーンで足場を固めていた。成長のタネが尽きてきたなかで、同社ＣＩＯのジェリー・ウルフは、ナイキがプラットフォームを構築しようとしている話を耳にした。そして、マコーミックでも同じようなことができないかと考えたのだ。

ウルフは、ニューヨークの大手デザイン会社Ｒ／ＧＡのパートナーであるバリー・ワックスマンに連絡を取った。同社は、ナイキがプラットフォームを設計するのを手伝った実績がある。２人は一緒に、レシピと味のプロファイルを用いて、食品をベースとしたプラットフォームを構築するアイデアを思いついた。そして、マコーミックの味覚研究所で、ミント、シトラス、フローラル、ガーリック、ミートなど36種類の基本フレーバーを調合してみた。これらのフレーバーは、ほぼどのレシピの表現にも使えるものだった。このシステムを使えば、個人の嗜好に基づいて、その人が好みそうな味の新しいレシピを予測できる。プラットフォーム上のコミュニティ・メンバーは、レシピを修正したり、新レシピをお互いに紹介したりすることが可能だ。その後、フレーバーのオプションが次々と増え、新しい食品のトレンドを特定しやすくなった。そして今では、プラットフォームのユーザーだけでなく、食料品店、食品メーカー、レストランの経営者にも役立つ情報源となっている。*[18]

こうした例が示しているように、プラットフォームの活用能力はもはや、シリコンバレーのインターネット・ベンチャーだけのものではない。また、既存企業によるプラットフォームの破壊力への対応策は、単にプラットフォームの勢力拡大に反撃を試みているだけではないのだ。業界が植民地化されてしまってから、急いで模倣プラットフォームを構築しようとしても、たいていは失敗に終わってしまうのである。

新しいビジネスモデルを理解している既存企業のリーダーは、既存資産を活用するだけでなく、それを強化し、補強する形で、明日のプラットフォームの構築に着手できるのである。

破壊の主因は技術ではない

以上からもわかるように、プラットフォームは世界を飲み込みつつある。プラットフォームが推し進める破壊は、一度に特定業界内の複数企業に影響を及ぼし、ある時点でほぼすべての情報集約型産業に打撃を与えかねない。これは、メディアと電気通信の業界で既に起こってきたことだ。現在、攻撃にさらされているのは小売り、都市交通、ホスピタリティであり、近々、銀行、教育、ヘルスケアもプレッシャーを感じるようになると、私たちは予想している。

こうした産業は非常に情報集約型だが、これまではリスク感度の高い規制当局と消費者保護の壁に守られて、プラットフォームによる破壊に抵抗してきた。仮にユーチューブが著作権侵害や悪趣味な動画をユーザーに提供したとしても、キュレーションが不十分な金融プラットフォームが借り手を高利貸しと結び付けたり、教育プラットフォームが数学や科学で誤った情報を大学生に提供したり、医療プラットフォームが患者を無能な医者とマッチングさせたりすることと比べれば、それほど深刻な被害ではない。とはいえ、レンディング・クラブ（Lending Club）、ユーデミー（Udemy）、ジョーボーン（Jawbone）は金融、医療、教育といった市場に食い込もうとしている。

結局のところ、さまざまな産業にプラットフォームによる破壊で殴り込みをかけることは、主として技術的な課題ではない。新たな素晴らしい未来のプラットフォームを創りたいと思うイノベーターは、攻略する市場でコア・インタラクションに特化して、自分たちの活動を阻む障壁を分析してみることだ。その障壁を克服すれば、その市場でプラットフォーム・ベースのエコシステムが構築できるようになる。このテーマは最終章でさらに詳しく取り上げ、プラットフォームの世界の今後について、私たちの見通しを紹介したい。

POINT

・プラットフォームは優れた限界的な経済性と正のネットワーク効果による価値のおかげで、パイプラインを打ち負かすことができる。その結果、プラットフォームはパイプラインよりも速く成長し、これまでパイプラインが牛耳っていた業界でリーダーのポジションを取ることができる。
・プラットフォームの台頭によって、他の形でもビジネスに破壊が及ぶ。価値創造の再構成により、新しい供給源を活用できるようになりつつある。新しい形態の消費者行動が可能になると、価値の消費が再定義され、コミュニティ主導型のキュレーションを通じて品質管理が再構成される。
・プラットフォームの台頭によって、多くの業界で、「仲介機能の再構築」「所有とコントロールの分離」「市場の集約」という現象を通じた構造変化が起こっている。
・既存企業はプラットフォームのレンズを通して所属業界を研究し、ナイキやGEが行っているように、自社独自の価値創造エコシステムを構築し始めれば、プラットフォームによる破壊に対抗することができる。

CHAPTER 5

LAUNCH

市場導入

8つの立ち上げ戦略

ペイパル創業者たちの初期の挫折

1998年秋、ビジネスの世界は目まぐるしく動いた。インターネットの驚くべき成長にたきつけられて技術系企業が雨後の筍のごとく誕生し、その実際の売上げ（最小レベルの場合が多い）や利益（ゼロの場合が多い）とはまったく不釣り合いな賞賛や、うなぎ登りの評価を享受したのだ。AOLやアマゾンなどの初期の経験に刺激されて、ハイテク起業家や彼らをメディアで応援する人々は、長期的成功の鍵は何といっても成長にあると決め込み、その多くが成長を追い求めて何百万ドルもの資金をあっというまに使い果たした。数え切れないほどの20代や30代前半の野心的なオタクたちが、巨万の富を稼いでいた——少なくとも紙の上では。

この喧噪の中で、2人組の若い起業家が急拡大するインターネットの世界に参入した。31歳のピーター・ティールはドイツで生まれ、カリフォルニアで育った。アメリカ国内でトップクラスの若手チェス・プレーヤーとなり、スタンフォード大学では哲学と法律を学んだ。自由主義者を自認するティールだが、学内を支配するリベラルな文化に疑問を呈する保守的な新聞、スタンフォード・レビューの創設を手伝った。

23歳のマックス・レブチンはウクライナで生まれ、政治亡命が認められて家族と共にアメリカに移住した。彼はシカゴで育ち、イリノイ大学アーバナ・シャンペーン校でコンピュータ・サイエンスを学ぶ。そこで、暗号というコードの作成や解読を行うサイエンスに情熱を傾けるようになったのだ。1998年までに、レブチンは安全な形でコンピュータ化された通信を開発する能力を習得した。ビジネスの世界でその才を発揮するにあたっての機は熟していた。

ティールとレブチンは、3人目のパートナーのジョン・バーナード・パワーズ（すぐに退職した）と一緒に、コンフィニティ（Confinity）を立ち上げた。パームパイロットなど赤外線ポートを装備したパーソナル携帯情報機器（ＰＤＡ）での送金を可能にする、サービスを提供しようとしたのだ。当時、パームパイロットは採用率の増加が見込まれ、非常に人気のあるモバイル機器だった。人々があらゆる場所に持ち歩けるモバイル機器を使った決済システムを市場に投入する試みには、納得感がある。コンフィニティの背後にあるビジネス・ロジックにも、疑問の余地はないと思われた。政府が保証する通貨に依存する状況から、何百万人もの人々が解放される可能性を秘めた決済の仕組みである。そのコンセプトは、理想主義に燃えるティールの自由主義の琴線にも触れた。それから10年後に、やはり野心的なオンライン支払いプラットフォームであるビットコインが、自由主義論者の想像力に火をつけたのと同じである。

にもかかわらず、コンフィニティはろくにユーザーを集められなかった。2年を経ても登録者はわずか1万人にすぎず、レブチンとティールは同サービスから撤退した。

しかしその過程で、はるかに有望なビジネスの可能性が見つかった。99年10月に、コンフィニティのエンジニアがeメールで決済できるオンライン・デモを作成したが、この副業的なプロジェクトによって決済処理が大きく改善される可能性が出てきたのだ。従前のオンライン決済システムとは違って、1つの預金口座から別の口座に資金移動をする際に、扱いにくいシステムを使わなくても、世界中の誰もがオンラインでお金を受け取れる。この新形態のオンライン決済は、それ自体で重要なビジネスになる――それも何百万人もの消費者や、彼らがひいきにするオンライン企業に役立つビジネスになりそうだと、レブチンとティールは気づいたのである。

ペイパルの「ニワトリが先か、卵が先か」問題

2人はこのサービスに「ペイパル」という名称を思いつき、これを中心に会社を作り始めた。このようなサービスを立ち上げるタイミングとして、当時は景気の先行きが暗くなりそうな時期だった。ハイテク産業では、いわゆるインターネット・バブルの崩壊を予感させる空気が漂っていたのである。2～3カ月後にはNASDAQ指数が急落。ドット・コム・バブルがはじけたことが世間に知られるようになった。プレッシャーが増すなかで、ティールとレブチンはペイパルを急いで成功させなくてはならないと覚悟した。2人はこのビジネスに月1000万ドルほどかけていたからだ。通常はさほど巨額の設備投資を必要としないプラットフォームの世界で、これはかなりの額である。[*1]

2人は、市場の両サイドにサービスを行うビジネスを立ち上げるときにつきまとう難題も、克服しなくてはならなかった。それは、ニワトリが先か卵が先かという問題である。両サイドが等しく重要なツーサイドの市場を構築しようとする場合、どちらを最初に固めるべきなのだろうか。また、片方がない状態で、もう一方をどのように引き付けられるのだろうか。

新しい決済の仕組みでは、ニワトリと卵の問題はとりわけ明白で、かつ深刻だった。新しい決済

形態を積極的に受け入れてくれる出品者（生産者）がいなければ、消費者は採用しようとは思わない。しかし、消費者が新しい決済形態を採用しなければ、出品者は時間、労力、資金を投じてまで、それを受け入れようとはしない。出品者も消費者もいない状態で、ゼロから新しい支払いプラットフォームをどうスタートさせればよいのか。最初にどちらかのサイドに参加者がいない限り、もう片方にも参加する理由はないのである。

単純なロジックでは、ニワトリと卵の問題は解決不能に見えるかもしれない。だが、ペイパルは一連の独創的な戦略でこの問題を克服した。

ペイパルは最初に、オンラインで支払いをする際の煩わしさを減らそうとした。ユーザーに必要なのはメールアドレスとクレジットカードのみ。このシンプルさは、従前のオンライン決済メカニズムとはまったく対照的だった。従前のシステムでは、アカウントを設定するまでに何回も照合作業が求められ、初期のユーザーはその面倒臭さにウンザリしていたのである。ペイパルのユーザーフレンドリーで、煩わしさをほとんど感じさせないシステムは、最初に消費者を引き付けることになった。ただし、それだけではオンラインの生産者にとって、魅力的なプラットフォームとしては不十分だった。

ピーター・ティールは後日、スタンフォード大学で行った講演で、次の展開についてこう説明している。

ペイパルの大きな課題は新規顧客の獲得でした。広告を試したのですが、費用がかかりすぎま

した。大手銀行との事業開発契約を試みたところ、官僚主義的なバカ騒ぎが起こり、事業開発契約はうまくいかないという重要な結論に達しました。必要なのは、バイラリティで広がる有機的成長だったのです。それには、人々にお金をばらまく必要がありました。

そこで、そのとおりのことを実践しました。新規顧客は登録すると10ドル、既存顧客は友人を紹介すると10ドルもらえることにしたのです。ペイパルは指数関数的な成長を遂げましたが、新規顧客1人につき20ドルかかりました。うまくいっているような、そうでもないような状況だったのです。毎日7〜10%成長し、1億人のユーザーを獲得したまではよいとしても、売上げゼロのまま指数関数的に増える費用構造は心配で、いかにも不安定だったのです。しかし、ペイパルにはクチコミが必要だったので、さらに多くの資金を調達し、このやり方を継続しました。(最終的にこれは功を奏したが、それは企業経営として最善方法であることを意味するわけではない。実際には、おそらく違うだろう)。[*2]

ティールの説明から、当時の必死な様子と、ペイパルを順調にスタートさせるために手当たり次第に実験を行ったことがわかる。結果として、この戦略は成功だった。新規登録のインセンティブを提供することで、ペイパルの消費者ベースは大幅に増えていった。

最も重要な点は、ユーザー登録を増やすだけでは十分でないことを、ペイパルが理解していたことだ。実際に決済サービスを試して、その価値を実感し、定期利用者になってもらわなければならない。言い換えると、ユーザーを「獲得」することよりも、ユーザーに「コミットメント」してもらうことのほうが重要だったのだ。そこでペイパルは、新規顧客を活発な利用者にするためのインセンティブを設計した。この策により、ペイパルに参加することはリスクがなく、魅力的だと感じさせることに成功したうえ、新規ユーザーはほぼ間違いなくこの決済方法を使い始めた。つまり、インセンティブとして受け取った10ドルが自分の口座に貯まっているので、それを使うだけでよかったのだ。

イーベイ上でのペイパル人気の発見

爆発的な成長によって、いくつかの正のフィードバック・ループが生まれた。ひとたびペイパルを使ってその利便性を実感したユーザーは、オンラインで買い物をするときにこの決済方法を希望することが多く、出品者に登録を促す効果があった。新規ユーザーは幅広いクチコミで、友人にペイパルの利用を勧めた。その後、出品者はペイパルのロゴを自社の製品ページに載せて、このオンライン決済方法を受け付けていることを消費者に知らせるようになったのだ。このロゴを目にすることで、より多くの消費者がペイパルの存在を知り、登録に向けて背中を押された。ペイパルは出品者にも紹介料を導入し、さらに多くの出品者と消費者を引き入れようとした。これらのフィードバック・ループを通じて、ペイパルのネットワークはそれ自身のために機能し始めた。ユーザー(消費者と出品者)のニーズを満たしつつ、自らも成長を加速させていったのだ。

しかし、同社のリーダーたちは、正のフィードバック・ループに頼りきって傍観していたのではない。自ら成長に向けてあらゆる手を尽くした。成長率をさらに押し上げる機会を探していたのだ。

2000年前半になると、最も人気があるオンライン・オークションサイトのイーベイで、ペイパル人気が高まっていることに気づいた。イーベイの出品者の大部分はフルタイムの商売人ではなく、クレジットカードや他の形態のオンライン決済には対応できない普通の人たちだ。そのため、おのずとペイパルは決済にふさわしい場となっていたのである。

ペイパルのマーケティング・チームは好機を狙って、イーベイ上で決済できるようにするべく取り組んだ。特に、サイト上で製品を購入した後はペイパルで決済するよう求めるボット（オートメーション化したソフトウエア・ツール）を開発し、消費者の需要を喚起したのである。すると、多くのイーベイ出品者は、ペイパルを入れればどうも需要が伸びそうだと気づき、同社のサービスに登録した。それによってペイパルはさらに目立つようになり、消費者にとっての魅力も増した。出品者は自分のサイトにペイパルのアイコンを掲示し始め、消費者はマウスをワンクリックするだけでペイパルの決済システムにアクセスでき、煩わしさが軽減されたのだ。[*3]

こうして3カ月もしないうちに、ペイパルのユーザーベースは10万人から100万人に伸びたのである。

イーベイによる買収

イーベイのリーダーたちは、ペイパルが一部イーベイの背中に乗っかる形で、独自のプラットフォーム・ビジネスを構築していることに気づいた。そこでイーベイ側は、自社の顧客と別個に関係を築いた（そして、イーベイの取引から売上げの一部を吸い上げてきた）他社が競争上の脅威になりうることを懸念して、反撃に出ようとした。ウェルズ・ファーゴ銀行と提携し、自前の決済システム「ビルポイント」を導入したのだ。イーベイはビルポイントを大々的に宣伝し、一時期、ビルポイントとペイパルの両方を使っている出品者には、ページ上でビルポイントが目立つように、より大きなアイコンを置いてもらったこともある。しかし、そうした努力のかいなく、ビルポイントはイーベイの利用者を引き込めなかった。一つには導入が遅れたせいだ。もう一つには、出品者に対し、イーベイ以外ではビルポイントの利用を制限するなど、あまり賢くない方策をとったためであった。

ペイパルは成長を続けた。2000年後半にコンフィニティがパームパイロットの事業を終了するころまでに、その子孫であるペイパルは既に300万口座を獲得していた。これは親会社が達成した数字の300倍だ。新しい決済手段がこれほど迅速に世界的に採用されるようになったのは、最初のクレジットカードとなったダイナースクラブが市場に投入されて以来だろう。02年2月、ペイパルは株式公開を果たした。

02年10月、イーベイはついにビルポイントを断念し、14億ドルの株式交換によりペイパルを買収した。これは今日の標準では妥当な金額だが、当時としてはかなりの高額だった。買収した時点で、イーベイ・オークション全体の70％がペイパルを受け入れており、競り落とした購入品の約25％がペイパルの決済サービス経由で処理されていた。今日、ペイパルはイーベイでかなりの売上げや利益を占めるようになり、何十万もの小規模の商店主は以前よりも簡単かつ効率的に、収益性の高いオンライン・ビジネスを展開できるようになっている。

プル型マーケティング――バイラリティの拡大

ペイパルのストーリーが示すように、プラットフォーム・ビジネスを構築することは、従来の製品やパイプライン系のマーケティングとはいくつかの点で異なっている。まず、プラットフォーム・マーケティングの世界では、「プル戦略」が「プッシュ戦略」よりもはるかに効果的で、重要性が高い。

Ｂ２Ｂのパイプラインの世界では、プッシュ戦略が重点的に用いられている。顧客へのアクセスは、企業が保有しているか、もしくは利用契約を結んだ特定のマーケティングやコミュニケーションのチャネルを通じて行う。パイプライン型では希少性の世界となるので、選択肢は限られている。そのため、話を聞いてもらうことさえできれば、マーケターが顧客に会ったり、メッセージを届けたりするのに十分なケースが多かった。このような環境では、伝統的な広告やＰＲ業界は、認知を高めることだけにほぼ注力する――潜在顧客の意識に製品やサービスを「プッシュする（押し込む）」典型的なテクニックだ。

しかしながら、このマーケティング・モデルは、マーケティングやコミュニケーションのチャネルへのアクセスが民主化されているネットワークの世界では、行き詰まってしまう。新しい世界では、たとえば韓国人ミュージシャン、PSYの「江南スタイル」や、アメリカのレベッカ・ブラックの「フライデー」など、ユーチューブの動画がバイラリティで広がり、世界的に人気を博するような事態が起こる。このような情報が氾濫する世界では、製品にもそれに関するメッセージにも、ヴァーチャルには際限がない。競合する無数の選択肢はワンクリックで選べたり、ワン・スワイプで消せたりするので、人々は注意散漫になるのだ。認知されるだけでは採用や使用を促せないし、顧客に製品やサービスをプッシュするやり方は、もはや成功の鍵ではなくなった。それよりも、製品やサービスを設計する際に、顧客を自社のプラットフォームの世界観に自然に引き込む魅力を持たせなければならないのだ。

さらに、プラットフォーム・ビジネスにとって、ユーザーの登録や購入ではなく、ユーザーの参加や積極的利用が、顧客獲得の真の指標となる。したがって、プラットフォームは参加を促すインセンティブを構築してユーザーを引き入れようとするが、より望ましいのは、インタラクションに有機的に結び付けることだ。そこで、プラットフォーム上で可能になるようなインセンティブが必要になる。伝統的マーケティング機能は製品とは分離しているものだが、ネットワーク・ビジネスでは、マーケティングをプラットフォーム内にしっかりと組み込まなくてはならないのである。

この新しいマーケティングの考え方は、ペイパルのリーダーたちが自社のプラットフォームを成功させるために用いた戦略にも反映されていた。ユーザーに意識してもらうように、テレビCM、チラシ広告、eメール攻勢などでペイパルをプッシュするよりも、ペイパルのサービスを簡素化し、新規登録者を連れてきた人に金銭的報酬を与えるというように、プラットフォームそのものの中でプル型のインセンティブを設けているのだ。消費者の間でペイパルのサービス需要を生み出すとともに、イーベイ・ショッピングのコンピュータ・プログラムで需要のシミュレーションを行い、出品者をプラットフォームに呼び込んだ。登録ユーザーが増えるにつれ、ペイパルの魅力は高まり続け、最終的に競合する決済サービスは一掃された。こうしてプルの威力が証明されたのである。

たしかにプラットフォームの世界でも、従来のプッシュ戦略の妥当性が当てはまることもある。たとえばインスタグラムは、パイプライン企業が何十年も使ってきたプッシュ戦略を用いて、アップルのiTunesストアでナンバーワン・アプリだと宣伝したところ、サービス開始日のダウンロード数は数万件にも達した。後述するように、ツイッターは大々的なPRイベントの成功によって華々しいスタートを切ったが、これもプッシュ戦略に当たる。

とはいえ、プラットフォームの世界では、迅速にスケーラブルかつ持続可能な形でユーザー数を伸ばしていくには、プル戦略のプロセスが往々にして有効なのだ。

既存企業の優位性——現実か幻想か

ニワトリと卵の問題や、大きなユーザーベースを引き付けるという課題のせいで、次のような疑問が湧いてくるかもしれない。既存企業はなぜ、現在保有する巨大な既存顧客ベースを、プラットフォームの世界にそのまま引き継げないのか、と。ウォルマート、サムスン、GEなどの企業が有利なスタートを切って競争に圧勝するようになるのは、おそらく時間の問題にすぎないのだろう。

プラットフォーム企業を立ち上げる際に、大企業にはいくつかの強みがある。既存のバリューチェーン、他社との強力なアライアンスやパートナーシップ、人材プール、ロイヤルカスタマー層など、膨大な資源を持っていることだ。

しかし、これらの強みのせいで、かえって自己満足に陥りやすい。製品やパイプラインで優勢に立ってきた従来型ビジネスの世界では、通常、外部における競争の進展を観察し、解決策を講じるための時間的猶予がある。ほとんどの大企業はこの比較的遅いペースでの変化を前提にして、新陳代謝を進めてきた。戦略計画、目標設定、自己評価、軌道修正のプロセスは1年ごと、あるいはせいぜい四半期ごとのチェックポイントで、のんびりとスケジュールが組まれる。しかし、予測不能な形で素早くインタラクションが行われるプラットフォームの世界では、市場は急変することがあり、顧客の期待の変化はさらに速かったりする。それに応じて管理システムを変えなくてはならないのだ。

既存企業がプラットフォームの世界に対応して自己改革できれば、柔軟で動きの速い新興企業と同じ土俵に立てる。民主化されたネットワークでのアクセスやプル型マーケティングでは、規模、経験、リソースから生じていた強みがさほど重要ではなくなっているのだ。

起業家や自称起業家、あるいは、中小企業でプラットフォーム・ビジネスの機会に注目している人は、巨大な競争相手が自社の領域を侵食しそうだとしても、怖気づくことはない。成長に向けたゲームのルールが変わった。新しいルールを理解し、習得すれば、誰にでも平等に生き残って成功するチャンスはあるのだ。

多種多様なプラットフォームの立ち上げ方

プラットフォームAで有効だった立ち上げ戦略なら、プラットフォームBでもうまくいくと、つい思いたくなるものだ。しかし過去の歴史を見れば、そうでもないことがわかる。実際に、直接競合するプラットフォームでさえ、市場で強力な独自ポジションを切り開くために、異なる立ち上げ戦略をとらざるをえない。そのことは、競合するオンライン動画共有プラットフォームの3社（ユーチューブ、メガアップロード、ヴィメオ）を見れば、歴然としている。

ユーチューブは最初の民主的な（誰でもアップロードできる）動画共有プラットフォームであり、大きな牽引力を獲得した。これは、コンテンツの制作者に完全に特化することで達成されたものだ。初期にはコンテストを行って、コンテンツの制作者に動画のアップロードを促した。さらに、コンテンツの制作者が各自の動画をプラットフォームから削除できるようにすると、ユーチューブに関するクチコミが一気に広まった。すると、この新しい場の大きな魅力に気づくユーザーが出てきたのだ。たとえば、人気を呼んでいたソーシャル・ネットワークのマイスペースへの参加者には、インディーズバンド絡みの面々が多かった。フラッシュを使ってワンクリックで動画を体験できるユーチューブの機能を使えば、マイスペースでのサービスが改善され、バンドメンバーは各自の音楽ビデオをアップロードしやすくなる。こうしてユーチューブのコンテンツが最初に蓄積され、それと同時に、制作者を活用して視聴者を呼び込むこととなった。その後、視聴者の中から制作者になる人も出現した。ユーチューブは制作者向けに重点策をとり、上位のコンテンツの制作者をパートナーの地位に昇格させ、広告収入の一部を受け取る権利を与えた。

ユーチューブがとにかく制作者対策に集中したことは、4つの点で役立った。第一に、プラットフォームにコンテンツで種蒔きができた。第二に、視聴者に動画上でサムズアップ（いいね）とサムズダウン（だめ）の投票をしてもらうことで高品質なコンテンツが特定され、キュレーションの流れが生まれた。それによって、視聴者を引き入れるように制作者が刺激されたのが第三の点だ。最後に、最も重要な点として、コンテンツの制作者がこのプラットフォームに力を入れて、フォローしてくれる視聴者を持つことで、そうやすやすと別のプラットフォームに浮気しようと思わなくなったのだ。

他方、メガアップロード（Megaupload）は、後発参入では典型的な問題に直面した。同社がサービスを始めた2005年までに、大半のコンテンツの制作者は既にユーチューブ上で積極的に活動しており、視聴者の少ない新しいプラットフォームに参加しようとは思わなかったのだ。2番目に参入したメガアップロードには、市場開拓者が用いたユーザー獲得戦略に追随して、真っ向勝負を挑むことはできなかった。そこで、別の立ち上げ戦略をとることにした。消費者（視聴者）のみに注力し、プラットフォームに内輪向けのコンテンツ、特に海賊版ビデオやポルノなど、ユーチューブ上で取り締まりが厳しくなっていたカテゴリーのコンテンツで種を蒔いたのだ。一見すると未充足のニーズに対処することで、メガアップロードはかなりの集客力を得たが、その過程で、訴訟沙汰になったり、否定的なパブリシティを浴びせられたりもした。

3番手として後発参入したヴィメオ（Vimeo：04年11月にサービス開始）は、ユーチューブと直接競合するものの、制作者優先の戦略で追随した。ポイントは、一連のより高品質のツールを用意して、ユーチューブでは無視されがちと感じている特定ユーザー層に訴求したことだ。

初期のころ、ユーチューブのホスティングと帯域幅のインフラは、埋め込み式の再生プレーヤーと組み合わさって、制作者にとって非常に魅力的な価値提案となった。しかし、ユーチューブが制作者の間でうまく回り始めると、プラットフォームの中心は動画共有インフラの改善（制作者にとっての価値提案）から、視聴者と動画のマッチングの向上（動画検索や動画共有への注力）へと移行していった。

ヴィメオはこのユーチューブの動きに対応して、自社のプラットフォームでは、高解像度の動画再生サポート機能や、ブログに添付できる内蔵プレーヤーなど、優れたインフラを整備した。このような制作者重視策により、持続的に動画がアップされる状態にすることで、ユーチューブとの競争で優位に立てるようにしたのである。

これらのさまざまな例が示すように、プラットフォームを立ち上げ、どのような価値を提供するかを検討する際には、競争相手の価値提案を知ることが役立つ。表面的には基本的な価値単位が似ているように見えたとしても、手つかずのニッチ市場を獲得することは可能なのだ。

ニワトリと卵のジレンマを打破する8つの戦略

競合のビジネスデザインを理解、分析して対応するだけでなく、プラットフォーム市場におけるプル型マーケティングの重要性を理解することは、立ち上げ戦略では重要なことだ。とはいえ、依然としてニワトリと卵の問題のジレンマが立ちはだかる。一方のサイドが存在しなければ、もう片方のサイドも成り立たないツーサイド市場において、どのようにユーザーベースの構築を始めればよいのだろうか。

この難問に対処する一つの方法は、既存のパイプラインや製品事業を土台にプラットフォーム・ビジネスを構築して、ニワトリと卵の問題を全面的に回避することだ。よく知られているアプローチを紹介しよう。

①フォロー・ザ・ラビット戦略

プラットフォーム以外のデモンストレーション・プロジェクトを用いて成功モデルを作り、プラットフォームに有効性が実証されたインフラを構築し、消費者と生産者の両方を呼び込む。

たとえばアマゾンは、ニワトリと卵の問題にはまったく直面しなかった。オンライン小売業として成功するまでに、同社は効果的なパイプライン事業を運営しており、オンライン製品リストで消費者を呼び込めたからだ。消費者ベースの拡大に伴い、アマゾンはただ自前のシステムを外部の生産者に開放するだけで、プラットフォーム・ビジネスへの転換を果たせた。その結果がアマゾン・マーケットプレイスだ。そこでは、何千人もの生産者が何百万人もの消費者に商品を販売でき、アマゾンは全取引の売上げの一部を享受している。

B2Bの場では、インテルがワイヤレス（無線）技術の価値を示そうとしたときに、同じ難問に直面したことがある。プロバイダがワイヤレス・サービスを行わなければ、誰もワイヤレス・ノートパソコンを欲しがらない。ユーザーからの要望がなければ、プロバイダはワイヤレス・ルータにお金をかけようとしない。インテルは日本のNTTと共同で、市場が存在することを証明しようとした。NTTがこの市場向けのサービスで収益を上げるようになると、何十もの企業が追随した。実際に、インテルはこの戦略を定義するために「フォロー・ザ・ラビット（ウサギを追う）」戦略という言葉をつくった。

フォロー・ザ・ラビット戦略はいつも利用できるわけではない。ときにはゼロからプラットフォームを始める必要があり、市場の両サイドのユーザー層を引き込む方法を見つけることは不可避の課題なのだ。[*4] ニワトリと卵の問題の解決に向けて、効果が実証されている具体的な戦略もいくつかあるが、そこでは総じて次の3つのテクニックが用いられている。

価値創造の足場を作る

複数サイドのユーザー層を引き付け、プラットフォームに参加することの便益を示すような価値単位が創り出せる環境を整備する。[*5] 最初に参加したユーザーがより多くの価値単位を創れば、さらに他のユーザーを引き付け、継続的な成長につながる正のフィードバック・ループができる。*6 ハフィントン・ポスト紙はこの戦略を使って、ライターを雇って最初に多数の高品質なブログを掲載し、それによって読者を呼び込んだ。やがて一部の読者は自らブログを投稿して、コンテンツ作成者ネットワークの幅が段階的に広がり、さらに多くの読者が集まるようになったのである。

ワンサイドのユーザー層を引き付けるプラットフォームを設計する

消費者か生産者か、どちらかワンサイドを引き付けるツール、製品、サービス、他の便益を提供するプラットフォームを設計する。ワンサイドのユーザー層がクリティカルマスに達すると、反対側のユーザー層が引き付けられ、正のフィードバック・ループにつながっていく。後で詳しく解説するが、レストラン予約プラットフォームであるオープンテーブル（OpenTable）はこの戦略を使って、レストラン側の役に立つ電子ツールを考案した。サイト上に多数のレストランが掲載されるようになると、消費者が同サイトを見つけて、外食プランを立てるときに使い始めるようになったのだ。

同時にオンボーディングさせる

オンボーディングとは、新規参加者がうまく適応して慣れるようにするために、ネットワークの規模がまだ小さいときでも、ユーザーにとって関連性のある価値単位を創れる状況をプラットフォーム上に用意することである。その後、十分な数の消費者と生産者を同時に集める施策に力を入れ、より多くの価値単位と、その価値につながるインタラクションを生み出し、それによってネットワーク効果が働くようにする。本章の後半で紹介するフェイスブックは、この戦略を使った。潜在的メンバーがまだ少なく限定的で、ある大学の学生たちにすぎなかったときでも、生まれたてのソーシャル・ネットワークがユーザーにとって魅力あるものにしようとしたのだ。

これら3つのテクニックは個別に使ってもよいし、組み合わせてもかまわない。さまざまな組み合わせがうまく機能する場合もあるだろう。これから述べることは、ここまでに見てきたことの具体的なバリエーションだ。新しいプラットフォームを開発したい、立ち上げたいと思っているなら、いずれかがニワトリと卵の問題を解決する糸口になるだろう。

②便乗戦略

異なるプラットフォームのユーザーベースを結び付けて、価値単位の創造の準備を整えることもある。つまり、他のプラットフォームのユーザーが、自分のプラットフォームへ参加してくれるように促すのだ。これは、多くのプラットフォームが立ち上げ時に用いて成功してきた典型的な戦略である。ペイパルがイーベイのオンライン・オークションのプラットフォームに便乗したのもこれに当たる。

ジャストダイアル（Justdial）はインド最大のローカル商取引市場で、４００万以上の中小事業者と消費者取引ができる。同社は最初のデータベースを作るために、既存のイエローページ（職業別電話帳）のリストを借りるとともに、人を雇って1軒1軒訪ねてはビジネス情報を収集するという足で稼ぐ手法をとった。ジャストダイアルはこのデータをもとに、電話ディレクトリ・サービスを立ち上げた。たとえば、結婚披露宴のケータリング業者などのサービス提供者を探そうと電話をかけると、ジャストダイアルは電話をかけた人の近くで営業活動を行っている適切なケータリング業者につないでくれるのだ。こうした仲介サービスにメリットを感じた一部のサービス提供者は、ジャストダイアルの加入者になっていった。ジャストダイアルは、これまでオンライ上のどこにも名前が出てこなかった地元の事業者にも積極的に参加してもらおうと、営業マンの活動、電話、テキスト・メッセージ発信を通じて、同社のプラットフォームに簡単に参加できるようにした。

ジャストダイアルは2013年5月に順調に株式公開を果たした後、インドのローカル商取引の現場で引き続き有力なプラットフォームとなっている。その起源は、既存のプラットフォーム（地方の電話帳）から「借りた」ビジネスリストという、慎ましいものだった。

アメリカでは、新興企業がクレイグズリストに便乗して、同じような戦略をとっている。新興プラットフォームはまず、事業者とサービス提供者に関する情報を得るために、オートメーション化したデータ収集ソフトウエア・ツールを用いて、クレイグズリストをスクレイピング（情報を抽出）する。その後、自前のプラットフォームにその情報を表示し、これらの事業者が実際に参加しているような印象を消費者に与えるのだ。消費者が特定のサービス提供者にリクエストを出すと、プラットフォーム上で相手に見込み客を紹介しつつ、その事業者に参加を呼びかけていく。

先に挙げたユーチューブは、便乗戦略の最たる例だ。ソーシャル・ネットワークのマイスペースの成長に乗じて、マイスペースの会員であるインディーズバンドを引き付けようと、強力な動画ツールを提供した。何百万人ものマイスペース会員に露出したことで、ユーチューブの採用率はクチコミで伸びていったのである。２００６年までに、ユーチューブのリーチ（到達範囲）はマイスペースをしのぐようになり、その後の採用率のグラフではさらに差を広げ続けた。

③種蒔き戦略

少なくともワンサイドの潜在的なユーザー層に関連性のある価値単位を創る。これらのユーザーがプラットフォームに引き付けられると、インタラクションに加わりたい他のサイドのユーザー層が後に続く。

多くの場合、プラットフォーム企業が最初に生産者となって活動し、価値創造の課題を自ら引き受ける。この戦略によって、プラットフォームに弾みがつくだけでなく、プラットフォーム保有者《オーナー》がプラットフォーム上で見たい価値単位の種類や品質を見極めることができ、その後の生産者の間に、高い品質で貢献しようとする文化が醸成されるのだ。[*7]

グーグルがアップルと競争するために、スマートフォン用ＯＳのアンドロイドを開発したときも同様だった。グーグルは、ゲーム、生産性、ソーシャル・ネットワーキング、エンタテインメントなど10カテゴリーの各々で最高のアプリを用意した開発者に、賞金５００万ドルを贈呈するやり方をとった。すなわち、市場に種を蒔いたのだ。勝った開発者は賞金を受け取っただけでなく、そのカテゴリーのマーケットリーダーとなり、結果的に大勢の顧客も呼び込むこととなったのである。

価値単位は、プラットフォーム開発者がゼロから創るばかりではなく、別のソースから「借りて」くる場合もある。アドビは、今では誰もが使うようになった文書ファイル形式のＰＤＦを市場投入したときに、連邦税の申告書をすべてオンラインで作成できるように手配した。この当座の市場規模は巨大であり、アメリカで納税義務のある個人や事業者がすべて含まれる。アドビは印刷代と送料が何百万ドルも節約できるとして、ＩＲＳ（米内国歳入庁）に協力を呼びかけた。その後、どんな納税者であっても、少なくとも年に一度は必要とする文書を、手軽に素早く入手できるようになったのだ。この提供価値に感銘を受けた納税者の多くは、文書プラットフォームを選ぶ際にアドビを採用したのである。

さらに、模擬的な（偽の）価値単位を通じて種蒔きをするケースもある。既に見てきたように、ペイパルはこの戦略を使って、イーベイでの購入に対応したボットを作り、ペイパルのプラットフォームに出品者を引き付けた。これは、とりわけ賢いやり方だった。というのも、ボットはその後、買ったばかりの品目を売り出し用リストに転換してサイトに掲載したのである。つまり、自動的にツーサイド市場の両サイドをカバーしたのだ。ペイパルが自ら各品目を倉庫に格納したり、配送したりする必要は一切なかったのである。

出会い系サービスは、まず偽のプロフィールと会話を作成して、集客力があるように装うことが多い。多くの場合、男性をプラットフォームに引き付けようと、プロフィールを歪めて魅力的な女性を表示する。サイトを訪問したユーザーはそれを見て、会員になろうと思うのである。

レディットは非常に人気の高いリンク共有コミュニティで、膨大な量のインターネット・コンテンツを流通させている。同サイトは立ち上げ当初、偽のプロフィールで種を蒔き、創設者たちがサイト上にあってほしいと思ったコンテンツのリンクを徐々に掲示していった。最初のコンテンツは、類似のコンテンツに興味を持つ人々を引き付け、コミュニティに対して高い品質をもたらそうとする文化が生み出された。メンバーたちはやがて学習を積み、精細に調べる価値のあるものとないものについて、お互いにアドバイスをしあうようになった（レディットが立ち上げと拡大に成功したのは当然ながら、論争が起こらないようにしたからではない。それは2015年に、同サイト上の人種差別的で頑迷なコンテンツをめぐって舌戦が繰り広げられたことからも明らかだ）。

同様に、クオーラは発足当初、編集者が質問を投稿し、それに自ら答える形で、プラットフォーム上で活動が行われているように装った。ひとたびユーザーが質問してくるようになると、編集者がそれに答え続け、このプラットフォームの仕組みを示したのだ。最終的に、ユーザーがそのプロセスを引き継ぐようになり、クオーラのスタッフによる「呼び水」作戦を終えることができた。

④看板戦略

重要なユーザー層を引き付け、プラットフォームに参加したくなるインセンティブを提供する。多くの場合、その人たちが参加するかどうかでプラットフォームの成否が決まってしまうほど、重要性の高いユーザー層が存在するものだ。したがって、キャッシュ・プレゼントなどの特典を使って、こうしたユーザーの参加を促すことが適切かもしれない。

電子ゲームの世界では、マイクロソフト（XBox）、ソニー（プレイステーション）、任天堂（Wii）などの企業が、消費者をゲーム開発者が作成するコンテンツと結び付けるプラットフォームとなる装置を製造している。有力なスポーツ・ゲーム開発者は、エレクトロニック・アーツ（EA）だ。NFL（アメリカン・フットボール・リーグ）、NBA（バスケットボール・リーグ）、NHL（ホッケー・リーグ）、タイガーウッズのプロゴルフ・ツアーなどのスポーツを模した同社のゲームは、毎年更新され、ライセンス契約による売上高で、競合他社に大きく水を開けている。ゲーム機器の開発企業は、EAが提供する一連の魅力的なゲームを自社のプラットフォーム上で利用できるようにしておかなければ、生き残りは望めない。このため、マイクロソフト、ソニー、任天堂はいずれもEAをくどいて、自社の新プラットフォームの開設と同時にリリースできるようにゲーム開発で対応してもらおうと、特別に優遇したパートナーシップ契約を提供しようと懸命だった。

この戦略の変形版もある。排他的にシーズにアクセスするために、看板となる参加者をお金で買うのだ。ソフトウエア開発のバンジー（Bungie）は、人気ゲーム「マラソン」をはじめとして、アップル・コンピュータで利用できるゲームに長年特化していた。Xboxの発売が間近となった2000年、マイクロソフトはバンジーを買収し、同社のゲームを作り変えて、Xbox専用ゲーム「ヘイロー コンバットエボルヴ」を開発した。このゲームは人気アプリとなり、それ自体で10億ドルの営業販売料が入っただけでなく、何十万台ものXboxのゲーム機が飛ぶように売れた。

プラットフォームの成功にとって参加が欠かせないプレイヤーが、生産者ではなく消費者ということもある。ペイパルの場合がまさにそうで、だからこそ現金のインセンティブを用いて、買い物客に自社のオンライン決済の仕組みを採用してもらおうとしたのだ。

スイスの郵便局、スイスポストは2009年に、シアトル拠点のアース・クラス・メールが提供するスキャニングとアーカイブの技術を用いて、デジタル・メッセージ配信プラットフォームに転身するという意思決定を下した。[*8] スイスポストはすぐに、これまでの郵便配達に馴染んできた何千人もの顧客の認識を変えることが重要だと気づいた。拒絶感を示す人々を引き付けるために、遠隔地の世帯に何千台ものiPadを配ったのである。その過程で、田舎に住むスイス人家族に、物理的な郵便物から電子メッセージへと切り替えるよう促し、郵便物を手渡しするために割いていた資源も大幅に削減できた。スイスポストが同国最大の「アップル製品の販売業者」という地位を獲得したのは偶然ではない。これは同社にとって重要な、副次的なメリットをもたらした。[*9]

⑤シングルサイド戦略

一方のユーザー層に役立つ製品やサービスを中心にビジネスを創出した後で、そのユーザーとのインタラクションに関わりたいと思っているもう一方のサイドのユーザー層を引き付けて、最初のビジネスをプラットフォーム・ビジネスに転換させることもある。レストラン予約システムのオープンテーブルなどのサービス予約用プラットフォームを立ち上げる場合、典型的なニワトリと卵の問題が起こる。参加するレストランの数が少なければ、利用客にはオープンテーブルのサイトを訪問すべき理由がないし、利用客が少なければレストランも参加しようとは思わない。そこで、オープンテーブルはまずレストランに、席数の管理に役立つ予約管理ソフトウエアを配布した。プラットフォームに十分な数のレストランが集まると、次に消費者サイドを構築していった。そして消費者が席の予約をするようになると、レストランから見込み客の紹介料を徴収できるようになったのである。

インドのバス予約プラットフォームのレッドバス（redBus）も、同じやり方で牽引力を獲得した。バス運行会社に座席管理システムを提供し、そのソフトウエアが使われるようになってから、プラットフォームを消費者に開放したのだ。

デリシャス（Delicious）は、ユーザーがウェブのブックマーク（何度も訪問したいお気に入りのインターネット・コンテンツにつなげるリンクを張るための目印）のリストを共有できるようにする、ソーシャル・ネットワーキング・サイトだ。使い始めのユーザーが、個人的利用のためにクラウドでブラウザのブックマーク・リストを蓄積できる、デリシャスの機能を用いられるようにした。それによって、価値あるコンテンツを自分仕様でパソコンやスマホ上に作れるようにしたのである。これによって、まずこのプラットフォームが、多くの人を引き付けることができた。ユーザーベースが十分に大きくなったとき、ソーシャル・ブックマーキング機能が利用されるようになった。また、ユーザー数の増加に伴い、ネットワークの価値が急拡大したのである。デリシャスは今では、ブックマーク・リストを共有することで、インターネット・ミーム（訳注：ミームは文化的遺伝子と呼ばれるもの。この場合、インターネットを通じて人づてに広がる共通な行動や概念をもたらす文化を指す）やトレンドを普及させる人気ツールとなっている。

⑥生産者エバンジェリズム戦略

生産者が自分の顧客に対し、プラットフォームのユーザーになるよう働きかけてくれるように、プラットフォームを設計するやり方もある。

企業にＣＲＭ（顧客関係管理）ツールを提供するプラットフォームは、多くの場合、片方のユーザー層（生産者）を引き付けるだけで、ニワトリと卵の問題を解決できる。生産者が自分の顧客ベースから、反対側のユーザー層（消費者）を連れてくるからである。プラットフォームは、生産者が自らの既存顧客をケアするのを助ける。そして、ネットワーク上の他の消費者が、生産者の提供する製品やサービスに興味を持つようになると、生産者はデータ主導の相互作用による恩恵にあずかれるのだ。

インディーゴーゴー（Indiegogo）やキックスターター（Kickstarter）などの成功しているクラウドファンディング・プラットフォームは、資金提供を必要とするクリエーターを対象に、資金調達キャンペーンを主宰し、管理できるインフラを提供している。そこでは各自の顧客ベースを、効果的に引き付けやすくしているのである。スキルシェア（Skillshare）やユーデミー（Udemy）などの教育プラットフォームも、生産者をエバンジェリスト（伝道師）にすることで成長してきた。有力な教師と契約し、簡単にオンライン講座を開設できるようにすれば、プラットフォーム上に受講者を集めてもらえるからだ。

専門家市場も同様だ。生産者が提供する顧客リストから始めていけば、消費者ベースを構築できる。たとえば、専門家によるアドバイスを起業家に提供するオンライン市場を訴求しているクラリティ（Clarity）では、有料電話相談の予約を受け付けるクラリティのガジェット経由で依頼してきた人に、ブロガーや他の専門家が課金できるようにしている。生産者は、電話が来るたびに新規顧客が登録されるので、クラリティを支援することになるのだ。登録客はその後、他の生産者に相談することもある。

ドイツの法人向け電力供給プラットフォーム、メルカテオ（Mercateo）は、この戦略にさらにひとひねりを加えている。生産者に、「皆様の顧客を連れてきてくだされば、どんな入札競争でも最終決定権を持てるようになります。ただし、あなたが連れてくる顧客に限られますが」と抜け目なく持ちかけるのだ。かくして、競合他社が入札で最終提案する権利を得て有利になってしまう前に、入札業者は自社の顧客に対して、なるべく速やかにメルカテオに参加するよう呼びかけるようになるのである。

⑦ビッグバン適応戦略

プラットフォームに膨大な量の関心や注目を集めるために、複数の伝統的なプッシュ型のマーケティング戦略を使うこともある。それにより同時に前述のオンボーディング効果が生じて、ほぼ完成されたネットワークを直ちに創り出すことができる。

ご存じのとおり、今日のように複雑にネットワーク化された熾烈な競争状況においては、企業が迅速に規模を拡大するために用いるプッシュ戦略の効果は、ますます薄れてきている。しかしながら例外もある。映画、音楽、技術のインタラクティブなフェスティバル「サウス・バイ・サウスウエスト（SXSW）2007」で、ツイッターにブレークの瞬間が訪れた。その9カ月前にツイッターはサービスを始めたが、それほど利用者は多くなかった。ジャック・ドーシーら創設者たちは、ツイッターのプラットフォーム上でユーザーが十分に増える方法を探していた。そして、ツイッター上の活動でリアルタイム性を強めれば、スペースだけでなく時間的にも集中させることできることに気づいたのである。

ツイッターは、SXSWで1万1000ドルを投じて、街中の主要な通路に巨大なフラットパネル・スクリーンを設置した。ユーザーがツイッターのSMSのコード番号「40404」に「SXSWに参加しよう」とテキストを打つと、すぐにそのツイートがスクリーンに映し出されるのだ。大きなスクリーン上で、リアルタイムでフィードバックが出てくる様子を見た人たちは大騒ぎし、何千人もの人々が新規ユーザーとして参加を始めたのである。これによってツイッターは大いに盛り上がり、サイバースペースで最もホットなネットワーク・サイトになった。フェスティバルのウェブ部門で、その年の最高のオンライン・イノベーションとして表彰されたのもツイッターである。SXSWが終わるころには、1日2万ツイートから、6万ツイートへと、ツイッターの利用状況は

3倍になっていた。

ツイッターにならって、他のネットワークもそれぞれブレークアウトしようと戦略を練った。ブログのプラットフォームであるフォースクエア（Foursquare）は2年後に、SXSW2009のイベントで同じようなブレークスルーを成し遂げた。2012年には、場所情報を用いた出会い系アプリのティンダー（Tinder）が、南カリフォルニア大学の社交パーティー中にサービスを提供して大ブレークした。このような場所は、そもそも交際相手を探している若い男女が集まってくるものだ。ティンダーは出会いを容易にできるようにした。小さな内輪の場で気の利いたパーティーを開けるようにしたところ、十分な参加者数を達成したのである。

もちろん、すべてのプラットフォームが、ツイッターやフォースクエア、ティンダーと同じように、ビッグバン適応戦略を使えるわけではない。SXSWが成長するにつれて、プラットフォームの打ち上げロケットとして同イベントを使おうとする企業が増えると、耳を傾けてもらう効果は薄れた。[*10] 何千人もの潜在的ユーザーの関心を引き、リアルタイムのパブリシティが急増する絶好の機会はそうそうない。ただし、そうした機会が見つかれば、ティンダーと同じく、賢いプラットフォームは見逃さないだろう。

⑧マイクロ市場戦略

既にメンバーが交流している極小市場をターゲットにすることから始める戦略もある。これにより、プラットフォームが成長段階のごく初期であっても、大きな市場のように効果的なマッチング機能を提供できるようになるのだ。

フェイスブックは当初、ひどく低迷していた。フレンドスター（Friendster）は2002年に開始して以来、2～3カ月で300万人以上のユーザーを集め、マイスペース（Myspace）も急成長を遂げていた。プラットフォーム・ビジネスの中でも、後発参入者がつけ入る隙が最も小さいのは、おそらくソーシャル・ネットワークの分野だろう。顕著な違いでもない限り、ユーザーは新しいソーシャル・ネットワークにすぐに移ることはない。ネットワーク効果の力とはそういうものなのである。

しかも、ソーシャル・ネットワークの価値はネットワーク効果が基本だ。だから十分に多数の参加者（クリティカルマス）を得ることが、特に重要になる。フェイスブックが世界中でサービスを始め、すぐに登録してくれたのが数百人だとすれば（あるいは数千人でも）、軌道に乗らなかっただろう。というのは、ユーザーが広く分散し、出入りも不規則な状況では、インタラクションそのものが起こらないからだ。

そこでフェイスブックは、ハーバード大学という閉鎖的コミュニティで始めることにした。それは、とりあえず手近で始めたということではない。ニワトリと卵の問題を解決する巧妙な技だったのだ。ハーバード大学という地理的、社会的に集中度の高い場所で、最初の500人のユーザーを得た。それによって、サービス開始時点で既に、確実に活発なコミュニティを作ることができたのである。フェイスブックはハーバードを既存のマイクロ市場と見なした。メンバー間でどのようにインタラクションを高められるか、その品質を改善しながら、牽引力を獲得したのである。マイクロ市場に集中すれば、インタラクションを始めるのに必要十分な数の参加者（クリティカルマス）が少なくてすみ、マッチングははるかに簡単になる。

フェイスブックがハーバード大学を越えて他の大学に拡大しようとしたとき、そこではそれぞれに、新たなユーザーベースを構築しなくてはならなかった。また、既存の学内ネットワークと競い合うことも多かった。これらの大学は最初のうちは、フェイスブックのネットワーク上でつながっていなかったのだ。しかしながら、いったん学校間にまたがって友達がつながり始めると、飛躍的な成長が始まったのである。その結果、どの大学でもニワトリと卵の問題に悩まされなくなった。このネットワークを訪れた新しい大学のユーザーは、他大学にまたがる既存の友達リストを使って参加を続けながら、所属大学の他の学生が加わるのを待ちわびるようになったのである。

地理的に集中することだけがマイクロ市場を定義する方法ではない。スタック・オーバーフロー（Stack Overflow）は、プログラミングに関する質疑応答コミュニティとして始まった（カテゴリーに集中）。その後、ユーザーの要望が多かった第二カテゴリーの料理にも拡大した。スタック・オーバーフローには現在、コミュニティが興味のあるトピックを選べる投票制度を装備している。

ユーザー・ツー・ユーザーの立ち上げメカニズム

プラットフォームの成長を加速させる最も強力な方法の一つが「バイラリティの拡大」だ。これは、これまでに挙げたどの立ち上げ戦略をも、補完して使うことができる。

バイラリティの拡大とは、ユーザーに、他の潜在的ユーザーにプラットフォームに関する話を広めてもらう、プル型のプロセスである。ユーザー自身が他の人々にネットワークへの参加を呼びかければ、ネットワークが自己成長をしていくドライバーになるのだ。

これは言うまでもなく比喩表現だが、プラットフォームの成長をウイルスや感染症が蔓延していく様子になぞらえてみよう。病気の場合、宿主（ホスト）、細菌、媒介、受容体（レシピエント）という4つの要素の相互作用によって広がっていく。宿主がくしゃみなどで細菌をまき散らし、細菌は空気などを媒介にして環境内に拡散する。その細菌を吸い込んだり、取り込んだり、吸収したりした受容体が、次々と感染していく。すると今度は、受容体が宿主となってこのサイクルが繰り返されるのだ。これがそれなりの頻度で起こると、大流行に至るのである。

同じように、プラットフォーム・ビジネスの場合、バイラリティ拡大のプロセスを始めるために必要になるのが、「送り手」「価値単位」「外部ネットワーク」「受け手」という4つの主要な要素だ。インスタグラムのバイラリティ拡大を例に考えてみよう。

送り手　ユーザーは、たった今撮影したばかりの写真をインスタグラムで共有する。ここからサイクルが始まり、最終的に新しいユーザーを引き入れることになる。

価値単位　インスタグラムの価値単位は、ユーザーが友人と共有する写真である。

外部ネットワーク　インスタグラムにとって、フェイスブックは非常に効果的な外部ネットワークの役割を果たし、価値単位（写真）を広めて潜在的ユーザーに露出することができる。

受け手　最終的に、フェイスブックのユーザーは、写真に興味を持ってインスタグラムを訪れることになる。こうしたユーザーが自ら写真を撮って載せると、新たなサイクルが始まる可能性がある。受け手が今度は送り手の役割を果たすようになるのだ。

2年も経たないうちにアクティブ・ユーザーが1億人を超えたインスタグラムの急成長ぶりは、誰もが知るところだ。２０１２年4月にフェイスブックが10億ドルで買収した。実はあまり知られていないことだが、インスタグラムは従来型のマーケティング・マネジャーを1人も雇わずに、この急成長を成し遂げたのである。それは、同社のプラットフォームでバイラリティ拡大が有機的にほぼ必ず起こるように、慎重に設計されていたからである。

インスタグラムはライバルのヒプスタマティック（Hipstamatic）と違って、ただユーザーが写真を保存、整理、伝送できるようにしただけではない。さらに、フェイスブックなど外部ネットワークで写真を共有することを奨励し、たった1人のユーザー（シングルユーザー）の活動を、社会的なマルチユーザーの活動へと変えたのだ。ユーザーはアプリを使うたびに自分が撮った写真を共有し、どのアプリ活用ポイントであってもアプリ・マーケティングが行われるようにしたのである。

すなわち、インスタグラムはすべてのユーザーをマーケターに変えたのである。

バイラリティ拡大のサイクルは、パイプライン型業界やハードウエアの経済では不可能だった成長形態だ。プラットフォーム型スタートアップの成功の多くは、これによって説明できる。エアビーアンドビーは、貸し出せる部屋を持つユーザー（送り手）に、その提供物（価値単位）をクレイグズリスト（外部ネットワーク）に挙げるよう奨励した。掲載情報を見た人（受け手）はその部屋を借りようと思って、エアビーアンドビーのユーザーになった。その多くが後日、自分の部屋も貸し出すようになり、プラットフォームの成長を加速させた。オープンテーブルも同じように、食事をする人（送り手）に、夕食の予約したことを（価値単位）eメールやフェイスブック（外部ネットワーク）で、参加する友人や同僚（受け手）に連絡するよう奨励した。

自分のプラットフォームで、インスタグラム、エアビーアンドビー、オープンテーブルと同じようなバイラリティ拡大を実現させたいならば、そのサイクルを活性化するルールやツールを設計する必要がある。目指すのは、送り手が外部ネットワークを通じて多数の受け手に価値単位を移転したくなり、最終的に受け手の多くがプラットフォームを利用するようになるエコシステムを設計することだ。

この4つの要素をもっと詳しく見ていこう。

送り手

送り手に価値単位を広めてもらうことは、従来のマーケティングの常套戦術であるクチコミと同義ではない。クチコミが生じるのは、ユーザーがそのプラットフォームをいたく気に入り、どうしても誰かに話したくなったときだ。ユーザーが送り手となって価値単位を広める際には、そのプラットフォームについて話をするわけではない。あくまでも自分が作ったものを広めているのであって、プラットフォームへの意識や関心は間接的な形をとる。

一般に、ユーザーは社会的フィードバックを求めて、自ら創出した価値単位を広めていく。そうすれば、楽しさ、名声、充実感、幸運などの見返りが得られるかもしれないからだ。ユーチューブのチャネル保有者は、視聴者を獲得しようと、複数の外部ネットワーク上で自分の動画に関するクチコミをしていく。サーベイ・モンキー（Survey-Monkey）の調査設計者は、反応を求めて、eメール、ブログ、ソーシャル・ネットワークで調査票を配布し、質問事項に関する洞察を得ようとする。キックスターターで資金提供者を募るクリエーターは、プロジェクト・ページをソーシャル・ネットワークに広めて、製品を完成させるのに必要な資金だけでなく、完成品を評価してくれる聴衆をも引き付けようとしている。

こうした例から、優れた設計のプラットフォームでは、ユーザーが自然に共有したくなるようなインセンティブを設けていることがわかる。プラットフォームを設計する際には、原則として、価値単位の普及を妨げてはならない。フェイスブックなどの外部ネットワークにこうした価値単位を伝える行動によって、生産者の気持ちを当該プラットフォームから離れさせてはいけない。それよりも、プラットフォームのワークフローと一体化させなくてはならないのだ。プラットフォームの主な使い方と足並みがそろっているほど、バイラリティが拡大する可能性は高まる。

プラットフォームは、価値を拡散する行動を促す無機的な（人工的な）インセンティブを提供するだけでなく、その構成を慎重に考える必要がある。実は、バイラリティの拡大が起これば、プラットフォームが提供する金銭的インセンティブは、企業のキャッシュフローに影響を与えるのだ。データファイルの保存や共有で人気のクラウド・サービスのドロップボックス（Dropbox）は、無機的なインセンティブをうまく構築している。送り手とユーザー登録した受け手にも、無料で保存スペースを提供しているのだ。このため、ドロップボックスの拡散は、キャッシュの支払い等による会社の財源の減少になることではなく、ドロップボックスのサービスをもっと使ってもらう機会なのである。これによってさらなる成長を刺激し、ユーザーがこれまで以上に同プラットフォームを利用するようにしているのである。

価値単位

これはバイラリティの基本単位だ。プラットフォームの具体的な使い方を示し、外部ネットワーク上で拡散することを通じて、そのプラットフォームの価値を示すことができる。しかし、プラットフォーム上のすべての価値単位が、同じように広げられればよいというわけではない。たとえば、企業のパートナー間で社外秘とされた文書を交換できるビジネス・プラットフォームのユーザーは、インスタグラムのユーザーが写真を共有するようなやり方で、機密情報を広めてほしくはないはずだ。したがって、拡散可能な価値単位を設計することが、まずはバイラリティの重要なステップとなる。

拡散可能な価値単位によって、外部ネットワーク上でのインタラクションが起こりやすくなるかもしれない。インスタグラムに載せられた写真をきっかけに、その写真を見て興味を覚えたユーザー同士が、フェイスブックで会話を始める場合がそういった例になる。あるいは、不完全なインタラクションを完成させる機会となるかもしれない。クオーラで未回答の質問に対して、答えの形で社会的フィードバックを求めたり、サーベイ・モンキーに新しいアンケートを載せて回答を求める場合がそうだ。ユーザーが拡散可能な価値単位を簡単に作って広められるようにすれば、高成長と高関与のプラットフォームを構築しやすくなる。

もちろん、機密文書を交換するためのビジネス・プラットフォームの例が示すように、すべての価値単位が拡散できるとは限らない。拡散可能な価値単位の創出に役立たないプラットフォームでは、バイラリティは起こりそうもないので、他のやり方で成長を実現させなくてはならないだろう。

外部ネットワーク

多くのプラットフォームは、他のネットワーク上で成長する。インスタグラム、ツイッター、ジンガ（Zynga）、スライド（Slide）などは、フェイスブックを基本ネットワークとして活用することで、バイラリティを拡大させていった。エアビーアンドビーはクレイグズリストで広まったし、オープンテーブルはeメールで広まった。

ただし、外部ネットワークを活用するといっても、「フェイスブックで共有」というボタンを付けて、100万人のユーザーが現れるのをただ待っていればよいというほど、事は単純ではない。成長だけを目的として外部ネットワークを利用するアプリケーションが増えるにつれて、規制が導入されることも少なくない。たとえばフェイスブックでは、外部企業がゲームアプリをユーザーに提供することに制約をかけるようにした。外部の生産者が製品やサービスを試すように盛んにせっついて、招待状をひっきりなしに送り付けるなんてことを続ければ、いったいどうなるだろう。ユーザーは悲鳴を上げ、次第に疲れ果て、最後には何も反応しなくなってしまうだろう。そういう結果にならないように、プラットフォーム型スタートアップは、戦略的に、成長に向けて活用できる外部ネットワークを見定めて、創造的かつ付加価値の高い形で、新規ユーザーとつながる方法を見出していかなくてはならないのだ。

リンクトインが2003年にサービスを始めたとき、ほとんどのソーシャル・ネットワークは新規ユーザーが持っているホットメールかヤフーの連絡先リストを取り込み、eメールでプラットフォームへの参加を呼びかけることで牽引力を得るようにしていた。もともとマイケル・バーチ（短命に終わったソーシャル・ネットワーク、ビーボの共同創設者として最もよく知られている）が考え出したこの単純な仕掛けは、多くの初期のソーシャル・ネットワークの成長促進に役立ったものだ。だが、これに対して、リンクトインは技術的には難しかったものの、同社がアクセスしたいビジネス上の人脈情報を得られるソフトウエアと統合を図ることにしたのである。すなわち、マイクロソフト・アウトルックだ。統合には時間やコストがかかったが、最初のビジネス用ソーシャル・ネットワークとしてリンクトインを確立していくのに役立った。

受け手

プラットフォームのユーザーが、自分の友人や知人に価値単位を送ったとしよう。受け手がその価値単位に、自分との関連性や興味が湧くことを見出すか、何か役立つ、楽しめるといった価値に気づけば、反応するだろう。十分に興味をそそられる価値単位であれば、受け手はより遠くまでクチコミを広めてくれるから、ときには別のネットワーク上で新たなインタラクションを始めるかもしれない。アップワーシー（Upworthy）やバズフィード（BuzzFeed）などのメディア企業は、消費者主導型でクチコミを拡散させることを武器に、概ね成長を遂げてきた。

残念ながら、価値単位自体はユーザーが創るので、プラットフォームがそれらをコントロールできる部分は限られている。インスタグラムは写真を選別したり、魅力を高めるために加工したりすることはしない。ユーチューブはユーザーの動画を監督しないし、編集もしない。フェイスブックはメンバーの投稿をキュレーションし、退屈なものを除去するなんてことは行わない。しかしながら、ときには、受け手にとってより魅力的なネタという形で、プラットフォームがユーザーに働きかけることは可能だ。たとえば、インスタグラムはフォト編集ツールを提供し、ユーザーの投稿画像の魅力度を高めるための支援を行ったり、個々の写真に関連するハッシュタグを添えてタイトルを付けるように促す、といったことを行っている。たとえば、フォルクスワーゲンの小型トラックの写真には「#vwbus」、もっと一般的な小型トラックには「#van」、いかにもベタな表現だが読んで字のごとく「#photo」といった具合だ。[*11]

さらに、プラットフォームは価値単位を、ユーザーが行動を起こすきっかけに結び付けることもできる。つまり、受け手が、その価値単位を送ってきたプラットフォームの存在に確実に気づくようにして、自分もそのプラットフォームに参加できることがわかるようなメッセージを使うのである。コミュニケーション・プラットフォームであるホットメールが最初にクチコミに乗ったのは、「追伸、愛しています。ホットメールで無料のeメールを受信してください」というメッセージを、すべてのメールの最後に添付したときだった。当時は無料のeメールが斬新で魅力的だったので、このような単純なメッセージであっても、それに魅力を感じて、何千人ものユーザーがホットメールを使うようになったのである。

たしかに、すべての新しいプラットフォームに、バイラリティ拡大の機会があるとは限らない。しかしながら、それが実現すれば、ゆっくりと着実に拡大するのではなく、飛躍的成長へと変わることができるかもしれない。そのプラットフォームは、全国的あるいは世界的な現象になり、その後何年にもわたって市場を席捲するかもしれないのである。

POINT

・プラットフォーム型企業と従来型パイプライン企業の違いの一つとして、プラットフォームの世界ではクチコミを仕掛けるプル戦略が、従来のマーケティングで用いられるプッシュ戦略（広告や広報など）よりも重要なことが挙げられる。

・成功しているプラットフォームは、効果が実証されている8つの戦略（フォロー・ザ・ラビット戦略、便乗戦略、種蒔き戦略、看板戦略、シングルサイド戦略、生産者エバンジェリズム戦略、ビッグバン適応戦略、マイクロ市場戦略）のいずれかを用いて、ニワトリが先か卵が先か、という問題の解決を図っている。

・プラットフォームの拡大速度は、バイラリティ拡大を通じて加速させることができる。これは、送り手、価値単位、外部ネットワーク、受け手という4つの主要な要素に左右される。

CHAPTER 6

MONETIZATION

収益化

価値を求めてネットワーク効果を強化する

あるプラットフォーム起業家の収益化計画

著者の1人であるヴァン・アルスタインが先日、ベンチャー・キャピタリストとの打ち合わせに行く途中で、2人の起業家に呼び止められた。2人は新しいプラットフォーム・ビジネス「アドワールド」(仮名)を創設したばかり。集まったベンチャー・キャピタリストに、周到な事業計画で感銘を与え、多額の資金を引き出したいと思っていると言う。

1人がこう切り出した。「私たちは、広告代理店を探している企業向けに、新しいプラットフォームのアドワールドで、リスティング広告サービスを行おうと考えています。新しい広告キャンペーンを準備中の企業が簡単に入札募集をかけられ、広告代理店は提案や条件を示して企業側に検討してもらえるようにする、といった仕掛けです。アート関係のプロジェクトの支援を求めている消費者とグラフィック・アーティストとをつなげる99デザインズのようなものですが、私たちはB2Cではなく、B2B領域に特化したいのです」

「なるほど、アイデアはわかりました。で、どのようなご質問でしょうか?」と、ヴァン・アルスタインは言った。

「アドワールドがユーザーに価値を提供し、適正な量の注目を集められる自信はかなりあるのですが、どのように収益を確保すればよいかがわかりません。プラットフォームに参加してプロファイルを載せた広告代理店に課金すべきか。あるいはサービスを求めている企業に課金すべきか。個々のプロジェクトの登録料を取るべきか。それとも、3つすべてを実施すべきでしょうか」と1人が言い、もう1人が「その答えがすぐに欲しいのです。戦略を明確にして、ベンチャー・キャピタルに向けて、私たちのビジネスを数字に基づいて論理的に説明しなくてはならないので」と言い添えた。

この野心的なプラットフォームを立ち上げようという2人があまりにも真剣な目をしていたので、彼らを幻滅させるのはためらわれた。しかし、それは避けられない。ヴァン・アルスタインはできるだけ穏やかな口調で、こう答えた。

「アドワールドの収益化を可能にする方法を3つ挙げて、そのうち1つか、3つ全部を選んでほしいとおっしゃっていますが、私の答えは、そのいずれでもありませんよ」

2人の起業家は、賢く有能で思慮深いビジネスリーダーの素質を持っていた。また、プラットフォームのエコシステムの性質に関して、よく下調べをしていた。プラットフォーム・ビジネスがどのように機能すれば、強力なインタラクションを生み出すために市場の両サイドを引き付けられるかという課題について、一般的な形で理解していた。しかし、収益化については、そもそも問いそのものが間違っていたのだ。

プラットフォームに参加登録したどちらのサイドに対しても、課金すべきではない。そんなことをすれば、エコシステムに参加することに強い抵抗感が生じ、多くの潜在的利用者が参加を思いとどまってしまうだろう。取引情報の掲載に課金すれば掲載数が減るだけなので、うまいやり方ではない。起こりえたはずのインタラクションの量が減ってしまい、実現するインタラクションはなおさら少なくなる。その結果、プラットフォームで利用可能なデータ量も減少する。そうしたデータは、プラットフォーム上での消費者と生産者の強力なマッチングに絶対に欠かせないから、増やすべきものなのだ。

考えもしなかった戦略

実際に、参加するユーザーに課金するよりも、むしろ参加しやすくなる助成策をとったほうがよい。たとえば、簡単に素早く、効果的にプロファイルを完成できるツールやサービスを提供する、といったやり方だ。

起業家たちにとって、このアドバイスは寝耳に水でもなかったようだ。彼らがユーザー・プロファイルを作成する際に使った「スクレーパー」(インターネットから自動的にデータ収集をするソフトウエア・ツール)に基づく事実をヴァン・アルスタインが引き合いに出したので、半ば直感的に察したのだろう。ユーザーベースの構築が最初の最も大きな課題なので、課金することによって構築プロセスに抵抗が生じてしまうのはまずいと、理解したのだ。

それでは、彼らのプラットフォーム案を収益化するには、どうすればよいのだろうか。その答えは何か。エコシステムから引き出す価値に対してユーザーに課金するにせよ、実際にお金をもらうのは、情報を掲載するときよりも、取引が完了したときのほうがよい。企業が必要とするものを得たときにのみ料金を請求することにして、リスクフリーの状態で取引情報を投稿できるようにするのだ。つまり、料金は成果報酬型課金を基本とするのである。進行中の取引の上澄みをほんの少しもらうだけなので、投稿サイドはとりたてて負担には感じないはずだ。

さらに、最善の戦略は、起業家たちが考えもしなかったかもしれないことだ。取引が成立しなかった理由を探る事後分析の支援サービスを行い、それで広告代理店に課金をするのである。こうした料金は、取引における軋轢を生まないだけでなく、フィードバック価値をもたらすものだ。一度限りの売上げではなく、繰り返し生じる売上げを得ることにつながるからである。広告代理店がサービス品質を向上できるよう支援し、それによって次第にインタラクションの価値が高まっていくだろう。

こうした未熟なプラットフォームと戦略課題の実例から、プラットフォーム・ビジネスの複雑さが垣間見えてくる。同時に、プラットフォームを運営していく際には、エコシステムの中で可能な価値創造をフルに実現するために、創造的思考力を持ちつつ、実践を積んでいくことが必要であることがわかる。実際、収益化問題は最も難解だ。だが興味の尽きない問題でもあり、どのプラットフォーム企業も避けては通れないことである。

価値創造と収益化の課題

ここまで説明してきたように、プラットフォーム・ビジネス本来の価値は、主としてそこから生まれるネットワーク効果にある。しかし、ネットワーク効果を収益化することには独特の難しさがある。多くの場合、管理する側が最小の努力や投資をすればネットワーク効果が働き、ユーザーベースを成長させる自己補強型のフィードバック・ループが生まれ、プラットフォームの魅力が高まる。つまり、プラットフォーム上で生産者自身がより高い価値創造を行うほど、より多くの消費者が集まり、それによってより多くの生産者が引き付けられ、価値創造がさらに増加していくようになるのだ。

しかし皮肉にも、この強力な正の成長ダイナミクスのせいで、収益化は一筋縄ではいかない。ユーザーから少しでも参加料を取ろうとすれば、ユーザーは参加をためらうだろう。アクセス料金を課せば、そのプラットフォームを避けるようになるかもしれない。また、利用状況に応じて課金すれば、参加頻度が落ちるおそれがある。生産活動に課金すれば、価値創造が減って消費者にとっての魅力が薄れる。消費に対して課金すれば、消費が減り、生産者にとって魅力の乏しいプラットフォームになる。アドワールドの創業者たちはこうしたジレンマに直面していたのである。

ネットワーク効果を損なわない収益化の道

では、必死で生み出そうとしてきたネットワーク効果を損なったり、破壊したりすることなく、プラットフォームを収益化するにはどうすればよいのだろうか。

プラットフォーム・ビジネスの授業で議論をすると、インターネット上では価値創造が協働的になされることから、オンライン上で流通する製品やサービスの価格そのものはゼロにすべきだと、安易に考えてしまう学生もいる。しかし当然ながら、便益を無料で提供するビジネスが長期的に存続する可能性は低い。また、ビジネスの維持や強化に必要なリソースが生産されないので、投資家は成長のために必要な投資を行う動機を持てないだろう。

しかしながら、無料化というものは、ある意味でプラットフォーム・ビジネスのネットワーク効果の構築に役立つこともある。ただし、そうした「部分的な」無料化が成長の原動力になるのはどのタイプのモデルであるかを、理解することが大切だ。経営学部の学生なら決まって教わることだが、起業家キング・ジレットが1901年に始めた安全カミソリ事業の背後には、カミソリ本体は無料もしくは激安価格で配布する一方で、カミソリの替え刃という消耗品には課金するという収益モデルがあった。

奇しくも、シカゴ大学ロースクールのランダル・C・ピッカーの研究は、ジレットとカミソリと替え刃をめぐる価格戦略の従来のストーリーに疑問を投げかけるものだ。ジレットがカミソリと替え刃に課金するタイミングと、ジレット独自のカミソリ設計関連特許の有効期限を見ると、一般に理解されているようなカミソリと替え刃の戦略を同社が用いていたとする考え方がやや弱くなることを、ピッカーは発見した。[*1] とはいえ、このおなじみのストーリーはいまだに、プリンター市場など多数の市場で採用されてきた有益な戦略の事例とされている。プリンター市場では、高価なトナーカートリッジの売上げのほうが、比較的安いプリンター自体の売上げより、はるかに多くの利益をもたらしているのである。

この戦略に近いのが、無料サービスでユーザーを引き付け、最終的に上位バージョンで支払ってもらおうという、フリーミアム・モデルだ。ドロップボックスやメイルチンプ（MailChimp）など多数のオンラインサービスはこの方法をとっている。カミソリと替え刃のモデルとフリーミアム・モデルはどちらも、同じユーザーベース、またはその一部で収益化を図っている点が共通している。

ユーザーベースに無料や格安価格でサービスを提供しつつ、まったく異なるユーザーベースに全額を課金するプラットフォームもあるかもしれない。この収益モデルは、より複雑な設計を必要とする。プラットフォームとしては、片方に渡す価値を使って、他方で価値獲得（バリュー・キャプチャー）を確実に行わなくてはならないからだ。この分野で重要な学術研究が行われてきた。著者のパーカーとヴァン・アルスタインは、ツーサイド市場の価格戦略理論をいち早く明らかにした。[*2] この理論は、同じくツーサイド市場の経済学を提唱し、2014年にノーベル経済学賞を受賞したジャン・ティロールも引用している。[*3]

ツーサイド市場の価格戦略をめぐる複雑な要因間で適切なバランスを取るのは簡単ではない。インターネット時代のパイオニア企業のネットスケープは、ウェブサーバーを販売しようと、ブラウザを無料で提供した。残念ながら、ブラウザとサーバーの間に独自のすり合わせ関係を設定したわけではなかったので、ネットスケープはこのビジネスを確実にコントロールすることができなかった。誰でも簡単にマイクロソフトや、無料のアパッチなどのウェブサーバーを使うことができたのだ。つまり、ネットスケープとしては、無料ブラウザ事業の片方をうまく収益化できなかったことを意味する。この例が示すように、戦略の一部として無料の価格戦略を使おうとする場合は、必ず、自分たちが創出し、それによって最終的に収益化しようとする価値を、プラットフォームが完全にコントロールしなければならないのである。

プラットフォームが生み出す価値の4形態

収益化という課題を達成するには、プラットフォームで創出される価値の分析から始めなければならない。パイプライン型ビジネスは、創出した価値を製品やサービスの形にして顧客に届ける。ワールプールが食洗器を販売するように、その製品を所有することに対して課金することもあれば、GEの航空部門が航空機のエンジンの設置と定期サービスに課金するように、製品を利用することに対して課金することもある。

ワールプールやGEと同じように、プラットフォーム企業も、技術の設計と構築に取り組む。ただし、料金と引き換えに顧客の手に技術を渡すよりも、ユーザーに参加を呼びかけ、その後、プラットフォームの技術が生み出すユーザー向けの価値に対して課金することで収益化を図ろうとするのだ。この価値は大きく4つのカテゴリーに分けることができる。

消費者向け：プラットフォームで創出される価値へのアクセス

動画視聴者はユーチューブの動画に価値を見出し、アンドロイド・ユーザーはアプリを使って可能になる諸活動に価値を見出す。スキルシェアの学生は同じサイトで利用できる教育講座に価値を感じている。

生産者や第三者のプロバイダ向け：コミュニティや市場へのアクセス

エアビーアンドビーは旅行者のグローバル市場にアクセスできるので、ホストにとって価値がある。企業のリクルーターは求職者候補と接点を持てるのでリンクトインに価値を見出す。販売者は世界中の顧客に製品を売ることができるので、アリババに価値を見出すのだ。

消費者と生産者の両方向け：インタラクションを促進するツールとサービスへのアクセス

生産者と消費者のインタラクションを阻害する摩擦や障壁を減らすことで、価値が生じる。キックスターターは、創造的な起業家が新規プロジェクトの資金を調達するのを支援する。イーベイはペイパルと組んで、世界のどこでも誰でもオンラインストアを始め、顧客にサービスを提供できるようにしている。ミュージシャンはユーチューブのおかげで、物理的な製品（ＣＤやＤＶＤ）を作らなくても、ファンに高品質な動画を提供でき、小売業者を通じてそれらを販売する必要もない。

消費者と生産者の両方向け：インタラクションの品質を高めるキュレーションの仕掛け（メカニズム）へのアクセス

消費者は自分の具体的なニーズや興味を満たす高品質の製品やサービスにアクセスできることを評価するのに対し、生産者は、自分の製品やサービスを欲しいと感じ、かつ適正な価格を払ってもよいと考える消費者にアクセスできることを評価する。うまく運営されているプラットフォームでは、適切な消費者を適切な生産者に迅速かつ容易に結び付けるキュレーションのシステムが構築され、維持されている。

これら4形態の価値は、プラットフォーム抜きには成り立たない。したがって、これらはプラットフォームが生み出す「余剰価値の源泉」だと説明してもよいかもしれない。うまく設計されたプラットフォームの多くは、直接的な価値よりもはるかに多くの価値を生み出しており、それが多くのユーザーを引き付ける理由となっている。ユーザーは「無料」部分の価値を存分に享受しようと思うものだ。賢い収益化戦略は、この4つの価値形態から検討を始めた後、ネットワーク効果の継続的成長を邪魔することなく、活用できる余剰価値の源泉を見極めていくことになる。

価値の発見——数字だけでは不十分

イーサン・ストックが2005年に創設したズィーヴェンツ（Zvent）は、もともとサンフランシスコのベイエリアで開かれる地元イベントのオンラインガイドだった。急成長した同社はカリフォルニア州を越えて拡大し、この種のサイトでは最大級となった。数百もの市場にサービスを提供し、毎月1400万人以上の利用者を引き付けた。また、生産者にも消費者にも好評を博していた。この場合、サイト上にコンサート、ショー、フェア、フェスティバルなどの活動情報を掲載するのが生産者であり、仕事の後や週末に何か楽しいことがないかと探すためにズィーヴェンツにログオンするのが消費者となる。

ストックは、シリコンバレーの誰もがあこがれる夢の体現者のように見えた。何百万人もの人々に頼りにされるプラットフォームを構築した彼に、唯一の残された課題は、これを収益化することだった。しかし、それは決して簡単なことではなかった。

「クリティカルマスに達し、マーケットリーダーになっていたのは明らかでした。私たちはイベント主催者がお金を払い始めてくれるだろうと期待していました……。しかし、ビジネスによっては、稼ぐ能力を妨げる致命的な欠点が内在しているものです。それは何かというと、完璧なものを提供しろ、という期待なんです」と、ストックは振り返る。

問題は、ズィーヴェンツのサイトを訪れた消費者が期待するのは、地元開催のイベントを網羅した完璧な情報提供だったことだ。掲載情報が少なすぎると、ユーザーの関心はすぐに失われてしまう。また、そのことは、お金を払ってもらいたいイベント主催者に対して、ズィーヴェンツがあまり影響力を持てないことを意味する。ズィーヴェンツのサイトが持つ価値は、掲載リストが完備されていることにあるので、主催者に対して「掲載リストから除外するぞ」と脅したところで、効果はない。つまり、情報アクセスについて生産者に課金する方法も、うまくいかないだろう。

そこでズィーヴェンツは、本章の後半で取り上げる別の収益化テクニックを使ってみることにした。それは、アクセス機能を強化した増強版を作り、それに関して生産者に課金する方法だ。どうにか少数の主催者が増強版のリストにお金を払ってくれたが、参加情報やチケット販売情報に関する増強版の価値は小さいことが判明した。ズィーヴェンツが期待していたように、湯水のごとく潤沢な収益が湧いてくるどころか、ほんの小さな滴りを得ただけだったのだ。2013年6月、グーグルやフェイスブックに比肩しうる収益性の高いプラットフォーム帝国をつくるというストックの希望は打ち砕かれ、イーベイに同事業を売却した。

では、イーベイはこの事業をどのようにしたのだろうか。今は、チケット再販プラットフォームのスタブハブ（StubHub）と連係させて、アートとエンタテインメントのイベントの掲示板としてズィーヴェンツを使っているのである。

ここから得られる教訓はどのようなものだろうか。それは、訪問者数のみで測定したネットワーク効果には、プラットフォームの金銭的価値が必ずしも反映されないということだ。ネットワーク効果に悪影響を与えずにインタラクションを促進し、余剰価値を大量に生み出し、プラットフォームがそれを獲得できるようにしなくてはならないのである。それができない場合は、収益化は無理なのだ。

負のネットワーク効果下での収益化

ネットワークの規模と収益化の可能性との逆説的関係は、それだけでない。ときには、ユーザー数が減ったほうが、実はプラットフォームの収益力が大幅に増える、ということもある。プラットフォームの価値に影響する「負の」ネットワーク効果の力が働いている場合に、こうしたことが起こる。

ミートアップ（Meetup）は２００２年に、人々がオンラインでつながってグループを作り、オフライン・ミーティングを開くための手法として創設された。共同創設者のスコット・ハイファーマンによると、アメリカの同時多発テロの後で、ニューヨークの人々が集まってコミュニティを形成したことからひらめいたのだという。

ミートアップは無料プラットフォームとして牽引力を獲得したものの、1990年代後半にドット・コム・バブルが崩壊したことを受けて、経営者たちは信頼性の高い収益モデルを開発する必要があると感じていた。最初に、リードジェネレーション（見込み客を生み出すこと）を活用して収入にしようと、レストランやバーなどオフラインの場を対象に、オフ会に集まったユーザー数に応じた課金を行った。しかし、スマートフォンが普及する前の世の中では、この収益モデルはあまりうまくいかなかった。イベントに実際に足を運んだ人数は、登録者数とは一致しなかったのだ。だが、ミートアップには、適切な料金を決定するために正確な参加人数を知る術がなかった。

ミートアップはリードジェネレーション・モデルをあきらめ、別の収益化の手法を試してみた。広告モデルを使ってみたが、それほど多くの広告主を集められなかった。ミートアップ・プラスという高級版のサービスを提供してみたが、そうした付加価値への関心は低かった（これは無理もない。ハイファーマンは数年後に行われたインタビューの中で、ミートアップ・プラスで追加したサービスについて説明を求められたときに、笑いながら「まいったな。どんなものだったかも覚えていません。何かができる機能だったはずですが、すっかり忘れてしまいました」と答えている）。伸びていたユーザー・セグメントの政治団体に課金することも試してみたが、ごくささやかな収益にとどまった。ここで、ミートアップの選択肢は尽きてしまったのだ。

その一方で、別の問題も浮上していた。負のネットワーク効果が高まっていたのである。プラットフォームが成長し、オフ会を企画する障壁が下がると、明確な目的や十分な計画なしに、多くのオフ会が行われるようになったのだ。プラットフォーム上はノイズだらけで、ユーザーはオフ会に登録しても実際の出席者は少なく、満足できるような活動にはならずに、参加しても失望させられるだけだった。逆説的だが、なんとこれが、同社にとって救いの手となったのである。

ミートアップのリーダーは、オフ会の主催者に課金を始めるという、大胆な決断を下した。この方策は、プラットフォームの規模を大幅に縮小させ、ネットワーク効果を弱めてしまいかねない。しかし、主催者に課金すれば、収益化問題の解決に役立つとともに、真剣な目的を持たない主催者は淘汰されるだろうと考えたのだ。そこで、すべての主催者に通知を送り、これ以降もミートアップのサービスを使い続けるならば、月額19ドルの支払いを求めると告げたのである。

これは猛反発を食らった。ビジネスウィーク誌がミートアップの新戦略に関する記事を載せると、eメールが山のように殺到したのである。このサービスもこれで終わりだというコメントばかりだった。ロンドン在住のあるユーザーは、こう書いている。「ほとんどの主催者がショックを受けたと言ってもよいでしょう。私が話をした人の大半が、会を主催するのをやめるまでだと言っていましたよ。（中略）ミートアップが最近やっていることは、ユーザーが自分でもっと効果的にやれないことではないし、ウェブサイト作成用のオープンソース・ソフトウエアは豊富にありますから」[*4]

しかし、こうした反発があったにもかかわらず、この戦略はうまくいったのである。同サイト上で告知されるオフ会の数は激減したが、その品質は大幅に向上し、有意義なインタラクションが行われるようになったのだ。ハイファーマンは5年後のインタビューで、次のように説明した。「私たちが無料から有料に移行したことを記事にするなら、こう書いてください『たしかに活動は95%減ったが、今のほうがはるかに順調だ。オフ会の成功率は1～2%ではなく、なんと半分も成功している』とね」[*5]

先述したとおり、プラットフォームの目的は、参加者とインタラクションの数をただ膨らませることではない。望ましいインタラクションを促すとともに、望ましくないインタラクションを妨げる措置も求められるのである。ミートアップの収益モデルは、まさにそのとおりになった。価格戦略のおかげで、真剣な目的を持たない主催者が利用しなくなり、プラットフォーム上に品質重視の文化が生まれたのである。

単にユーザーへの課金を控えれば、ネットワーク効果が常に最適化されると思い込んではいけない。収益化問題を分析する際に役立つのは、次のような問いだ。すなわち、正のネットワーク効果を減らさずに、どうすれば収益を生み出せるのだろうか。負のネットワーク効果を減らしながら、正のネットワーク効果を強化する価格戦略を考え出せるだろうか。望ましいインタラクションを促し、望ましくないインタラクションを抑制する戦略を策定できるだろうか。

収益化策① 取引手数料を取る

効果的な収益化戦略の開発方法を探っていくために、プラットフォームで創出される4つの形態の余剰価値（価値創造、市場、ツール、キュレーションへのアクセス）を振り返ってみよう。いずれも最終的に何らかのインタラクションを生じさせ、そこでは金銭の交換が含まれることも少なくない。

ウーバーの顧客は車に乗せてくれた運転手にお金を払い、イーベイで買い物をした人は売り手にお金を払う。アップワークを使っている企業は、プロジェクトが完了するとフリーランサーに報酬を払う。こうした金銭的取引を手助けするプラットフォームは、取引価格の何%、もしくは取引ごとの固定料金などの形で手数料を請求する。それによって創出された価値を収益化できるのだ。固定料金の場合は管理者にとって単純明快であり、取引規模に大きな差がなく、高い頻度で取引が行われることが見込まれるときは特に魅力的だ。

取引手数料を請求するやり方は、ネットワーク効果の成長を妨げることなく、プラットフォームで創出される価値を収益化する強力な手段となる。実際に取引が成立したときにのみ課金されるため、買い手や売り手はプラットフォームに登録してネットワークに参加するのをやめようとは思わない。もちろん、料金が高すぎれば取引の妨げになるので、さまざまなレベルの料金で実験し、ユーザーの離反を起こさずに適度に価値を獲得する手数料の比率を見つける必要があるかもしれない。

最も真剣に検討すべき課題は、どうすればプラットフォームが促進したインタラクションをすべてプラットフォーム内に留めておけるか、ということだ。プラットフォーム上で出会った買い手や売り手は、取引手数料を支払わなくて済むように、できればプラットフォーム外でインタラクションをしたいと、自然に思うものだからである。

この問題は、特にサービス提供者を消費者とつなぐプラットフォームで慢性的に発生している。フリーランサー経済が出てきてオンライン共有経済が広がったことで、エアビーアンドビーやウーバー、タスクラビット（TaskRabbit）、アップワークなどのプラットフォーム・ビジネスが、インタラクションを促進しようと登場した。しかし、そのほとんどが、インタラクションをプラットフォームから逃さないためにどうすればよいか、という課題に直面している。インタラクションが起こる場合の多くは、生産者（この場合はサービス提供者）と消費者（サービス購入者）がサービス条件に同意した後であり、その際には通常、双方が直接やりとりする必要が出てくる。また、実際の金銭の交換はサービスが届けられた後に行われることが多く、そこでも両者が直接やりとりしなくてはならない。こうした直接的なインタラクションによってプラットフォーム外で取引する機会が生じると、プラットフォーム自体の価値獲得力は弱まってしまう。取引手数料がなくなれば、結果的に消費者はサービスを割引で利用でき、サービス提供者も全体のサービス収入が増える。唯一の敗者はプラットフォーム企業だけ、ということになってしまう。

ファイバー（Fiverr）、グルーポン（Groupon）、エアビーアンドビーなどのプラットフォームは、消費者と生産者の間のつながりを一時的に断つようにして、この問題を解決している。これらのプラットフォームは、消費者を生産者と直接つなげずに、消費者がインタラクションすべきか否かを判断するために必要な情報を提供するようにしている。グルーポンは概ね標準化されたサービスでこれを行っているのに対し、それほど標準化されていないエアビーアンドビーやファイバーは、評価メカニズムなど社会的な評価指標を導入することでサービス提供者の信頼性を表し、当事者が直接接接触しなくても済むようにしている。

コミュニケーションをコントロールしきれない場合

とはいえ、ときにはこうした戦略だけでは不十分なこともある。特に、専門的なサービス市場をつくっているプラットフォームでは、サービス提供の前であっても途中であっても、議論、意見交換、業務フロー管理が必要になることが多い。そのため、プラットフォームが、生産者と消費者の間のコミュニケーションをすべてコントロールし続けることができなくなるので、インタラクションに先立って消費者に課金するという選択肢をとりにくくなる。

このような場合、より多くの価値創出活動が含まれるインタラクションを活性化するファシリテーターとしても機能するように、プラットフォームはその役割を広げなくてはならない。たとえば、アップワークはサービス提供者を遠隔でモニターするツールを用意している。こうすれば、専門サービスの消費者がプロジェクトをモニターすることができ、実際の作業状況に基づいて支払いをすることが可能になるからだ。

専門家とその助言を求める人をつなぐクラリティのプラットフォームは、似たような仕組みでインタラクションをコントロールできるようにしている。以前の専門家マッチング・プラットフォームでは、両サイドをつないで、立ち上げの際の料金（リードジェネレーション料金）を取り、実際の取引はプラットフォームの外で行われるようになっていた。クラリティは電話管理や請求書発行などの追加機能を提供して、プラットフォーム上でインタラクションを起こせるようにして、それらの活動をプラットフォーム上に留めようとしている。支払いや請求業務をまとめるサービスにより、アドバイス提供者は単発の小型案件からの収入も、簡単に処理できるようになった。消費者に対しては電話管理ソフトウエアで分単位の請求額を示し、その電話が役立たないとわかったらすぐにやめる選択ができるようにしている。どちらのサイドも、クラリティとつながり続ければ十分な付加価値を得ることができるようになったので、プラットフォーム外でインタラクションしようと思わなくなるのだ。

こうした例が示すように、インタラクションの価値獲得で収益化を図ろうと思うならば、摩擦を取り除き、リスクを減らしてインタラクションを促進するようにしなければならない。そうすれば、両サイドに役立つツールやサービスを作れるだろう。

とはいえ、このような追加の便益を仕掛ければ、すべてのプラットフォームが成功するとは限らない。配管や住宅塗装など比較的単純なサービスを消費者と結び付ける地域サービスは、インタラクションをプラットフォーム上に保持しようとして苦戦を続けている。プロのフリーランサーを雇うときより、この手のインタラクションに関わるほうが、リスクは小さい。サービスの提供者と消費者が直接会う機会もあるし、手続きはより単純明快で、サービス品質のばらつきも少ない。作業自体がたいていプラットフォームの外のリアルな場で行われるので、消費者が直接監督できる。つまり、消費者はソフトウエア・ツールに頼らなくても、サービス提供者の仕事ぶりを監視できるのである。こうした地域サービスのプラットフォームでは、後述する「アクセス強化」という収益モデルに移行したほうがよいかもしれない。

収益化策② アクセスに課金する

生産者とのインタラクションのためではなく、別の理由でプラットフォームに参加しているユーザーのコミュニティへアクセスするような場合には、生産者側に課金するとよいかもしれない。そうすれば、プラットフォームの収益化が可能になる。

ドリブル（Dribbble）は、デザイナー（アーティスト、イラストレーター、ロゴ・デザイナー、グラフィック・デザイナー、タイポグラファーなど）が自分の作品を展示できるプラットフォームだ。露出度と信頼性が高く、仲間からの貴重なフィードバックが得られる高品質なプラットフォームとして、デザイン関係者の間で急速に注目を集めるようになった。ドリブルのユーザーはバスケットボールの用語を使っている。新しい画像を「シュート」、画像グループを「バケツ（得点量産）」、気に入った画像のリポスト（再投稿）を「リバウンド」と呼ぶ。この独特な言い回しは、今日のトップクラスのデザイナーを多数引き付けるのに役立った。

ドリブルの経営陣はこの専門家のコミュニティの価値を長期的に守りたいと思っているので、プラットフォームへのアクセスについてはメンバーに課金しない。課金するとネットワーク効果を弱めかねないからだ。また、アクセス強化（たとえば、ユーザーのホームページ上で勝手にポップアップが開くようにする）機能が働くスポンサー付きのコンテンツの掲載も許可していない。このサイトの人気や、ユーザーが感じ取る価値が低減してしまうからだ（アクセス強化戦略については後述する）。だが、ドリブルはサイトを収益化するために、第三者にはコミュニティへのアクセス料を求めたのである。たとえば、デザイナーを探している企業が料金を払うと、同サイトの求人掲示板に求人情報を掲載できるといった具合だ。

このような形の収益化ならば、プラットフォームの両サイドのどちらにも役立つインタラクションが生まれる。新しい仕事につながるリードジェネレーションになりたいので、デザイナーはこぞってドリブルに自分の最高傑作を載せようとする。他方、企業は創造的なコミュニティによって既に選択・選別された作品集を見ながら、一流デザイナーにコンタクトできるのだ。

ドリブルの収益化の手法は、単純な短期的「広告モデル」としても説明できるだろう。だが大部分の広告と違って、ドリブルの場合は、ターゲットが絞り込まれた求人リストを用いることによって、プラットフォーム上のコミュニティにとっての価値が生み出され、コア・インタラクションが強化されている。注目してほしいのは、ノイズが増えてプラットフォームの価値が低下するよりも、むしろネットワーク効果が増強されている点である。

リンクトインも同様だ。リクルーターがプラットフォーム上のコミュニティ・メンバーに求人案内を提示すると、企業がメンバーの履歴書や専門家としてのブランドに基づいてプロフェッショナル人材を比較し、アプローチできるようにしているのだ。リンクトインは採用プラットフォームとして効力を持つようになったので、ユーザーは頻繁にプロフィールを更新しようとする。それによってプラットフォームは活性化し、かつ健全性が保たれるのだ。

この章を通じて述べてきたように、ネットワーク効果を（弱めるのではなく）強めていく場合にのみ、収益モデルは持続可能となる。コミュニティへのアクセスに対して第三者の生産者に課金することは、新たに追加されたコンテンツ（たとえば、ドリブル上の求人情報）によって、ユーザーにとってプラットフォームの価値が高まる場合に限り、有効なのである。

収益化策③　アクセス強化策に課金する

金銭的な取引を促進するプラットフォーム自身は、取引に携われない。なので、自ら収益化を図れないことがある。その場合は、代わりに消費者へのアクセス機能を強化することで、生産者サイドに課金できるかもしれない。たとえば、競争相手が多く、消費者の注意を引こうと熾烈な競争が行われている場合、ツーサイド・プラットフォーム上で生産者が目立つことによって認知を獲得できるようなツールを提供すればよい。きちんとターゲット化されたメッセージ、より魅力的な見せ方、特に重要なユーザーとのインタラクションに対して生産者に課金する場合に、アクセス強化策という収益化テクニックを用いるのである。

アクセス強化策による収益化は、通常、ネットワーク効果を阻害することはない。というのは、生産者と消費者は誰でも、オープンで強化策がとられていないプラットフォームへの参加が許されているからだ。しかし、アクセス強化策という付加価値を特に重視する人は、その余剰価値にお金を払ってくれる可能性があり、プラットフォーム・ビジネスはその価値の一部を獲得できるようになる。

たとえば、掲示欄のような従来の一般的な広告掲載の仕方は、何十年もの間、有料の商業広告として地方紙を支えてきたモデルである。今日、オンライン・プラットフォームは同じようなモデルを用いて、目立つ場所にメッセージを掲載することで、生産者に対価を払ってもらおうとしている。イェルプは検索結果で上位に配置することに課金して、プラットフォーム上でレストランを目立たせ、ブランド構築に役立つサービスにしている。レストランは、最も大切な見込み客の注意を引きやすくなるので、こうしたサービスに対価を払うのだ。

グーグル検索についても、似たような見方ができるかもしれない。広告主は誰でも、グーグルにまったく収益をもたらさない検索エンジンの最適化、自己管理されたウェブサイト設計、コーディング・プロセスなどを通じて、グーグルのサイト上でより上位に配置させることが可能だ。しかしなかには、グーグル・アドワーズを通じて、有料で目立つ場所に配置させる方法をとる広告主もいる。同じように、2013年にヤフーが買収したマイクロ・ブログ・プラットフォームのタンブル(Tumblr)は、ユーザーが料金を払って、より多くの視聴者に自分の投稿を宣伝できるようにしている。ツイッターもフィードのトップでスポンサー付きのコンテンツの宣伝を行っている。

アクセス強化策に課金する別の方法もある。ともするとユーザー間にできてしまうかもしれない障壁を引き下げることで、ユーザーに課金するやり方だ。たとえば、出会い系ウェブサイトでは、男性は女性のプロフィールを見ることができるが、個人を特定する詳細情報はわからない場合が多い。しかし、会費を払っているユーザーは追加情報にアクセスして、興味を持った相手と直接つながることができる。

アクセス強化策での収益化の留意点

ただし、アクセス強化策で収益化を図るときは、注意深く行うべきである。第2章で説明したように、適切に行わないとプラットフォーム上でノイズが増え、消費者にとってコンテンツの関連性が薄れてしまい、負のネットワーク効果を招いてしまうからだ。

重要な原則の一つは、有料アクセス・プログラムのおかげで順位が上がったり、強調されたりしたコンテンツなのか、もともと目立っているから自然にランキングの上位に来たコンテンツなのかを、消費者がすぐに見分けられるようにすることだ。イェルプのプレミアム・リスティングや、グーグルの検索結果と関連した広告は、自然に出てくる結果とは異なる見え方にしてある。つまり、透明性の感覚を打ち出すことで、ユーザーの信用を高めようとしているのだ。グーグル以前の検索エンジンのほとんどは、この原則に従わなかったため、ユーザーが混乱したり、あるいはやらせに不満を抱いたりしたのである。その結果、プラットフォームの価値が損なわれてしまった。インターネット上で無料コンテンツと似せたつくりの有料コンテンツを載せる、いわゆるネイティブ広告のテクニックは、人を欺いているように見えてしまうものだ。つまり、ユーザーを遠ざけるリスクを冒していることを知るべきである。

アクセス強化策での収益化では、ユーザーのアクセスが制限されているという印象を与えないように配慮することも必要になる。フェイスブックは世界最大のソーシャル・ネットワークなので、既存顧客や潜在顧客を巻き込みたいブランドにとって多大な価値を創出している。たしかに一部の消費財ブランドは、フェイスブック上で大きなフォロワーを獲得してきた。しかし、フェイスブックは2014〜15年にかけてプラットフォーム上のキュレーション（選択選別方法）を変更し、追加料金を払ってより広範なユーザーにアクセスしようとするブランドを除いて、ブランドが読み手にリーチすることを制限しているとして、大々的に非難を浴びた。フェイスブックは収益を獲得するために、参加者が利用できるサービスを減らしたと受け止められてしまったのだ。フェイスブックは大規模で強力なネットワーク効果を持つので、少なくともこれまでのところは、そうした不満をなんとかあしらうことができた。しかし、同様の行動をとってうまくやりすごせるプラットフォームは、そう多くはないだろう。

最後に、アクセス強化料を支払ってくれる生産者のコンテンツについても、通常のキュレーション原則を厳格に適用すべきである。フェイスブックは、ニュース・フィードに関連性があるから、その価値が生まれているのだ。関連性のないスポンサー付き投稿を次々と行えば、最終的に消費者をプラットフォームから離反させることになりかねない。

収益化策④ キュレーション強化策に課金する

ネットワーク効果は大きいほどよいものだ、と私たちは思いがちだ。しかし、第2章や第3章にあったように、正のネットワーク効果は量だけでなく、品質によっても促進される。プラットフォーム上のコンテンツの量が膨大になると、自分の欲しい高品質のコンテンツを見つけにくくなったと、消費者は徐々に感じ始めるだろう。そうするとプラットフォームの価値が半減するかもしれない。こうしたことが起こると、品質が担保された形でアクセスできること、つまりキュレーション強化に対して、消費者はお金を支払ってもよいと思う可能性がある。

先に紹介したシッターシティは、プラットフォームにアクセスする親たちに課金する。そのプラットフォームにアクセスするベビーシッターに対し、厳しいキュレーションとスクリーニング（ふるい分け）を行って、品質と選択肢を保証しているのだ。これは子どもの幸せを気にかける親にとって、大きな付加価値の源泉となる。この付加価値があるため、サービス提供プラットフォームでは一般的な取引手数料を取る代わりに、シッターシティは消費者である親たちにサブスクリプション（会費）を請求することができるのである。

著者の1人であるチョーダリーは、教育プラットフォームのスキルシェアのアドバイザーとして、従来の取引手数料のみのモデルから、付加価値を提供してサブスクリプションを取るモデルへの移行を支援した。スキルシェアでは、学生は受講するコースごとに個別に料金を支払うことができる。さらに、キュレーションを行って多数のコースの質を高めた後で、月会費を払った学生には、複数コースにアクセスできる仕組みを導入した。講師は自分のコースにサブスクリプション・モデルの受講生が受講登録すると、その人数に基づいて「ロイヤルティ」をもらえる。この料金モデルを選ぶ学生の数が増えれば、各コースの価値が高まるだけでなく、プラットフォームにも経常的な収益が入ってくるのだ。

課金対象を誰にすべきか

典型的なプラットフォームは、複数の役割を果たすマルチタイプのユーザーを支援している。ユーザーによって、経済状態、動機、目的、インセンティブ、プラットフォームから得られる価値の形態や量に違いがあるので、誰に課金すべきか、誰に対して複雑にしてはいけないかを判断しなくてはならない。特に、あるユーザー・カテゴリーについて意思決定をするたびに、はっきりとはわからない形ではあっても、他のユーザー・カテゴリーに影響が及ぶからである。

しかし、これまで成功してきたプラットフォーム・ビジネスを観察してきた結果を加味して考えると、すべての参加者に価値をもたらす正のインタラクションを促進するという一般的な目的にとっては、特定の価格設定が適切な場合とそうではない場合について、いくつかの有益な経験則を引き出すことができる。

全ユーザーに課金する

先述したとおり、全ユーザーに課金することは、パイプライン型企業が一般的に行っているやり方だ。プラットフォーム・ビジネスではめったにやらない。全ユーザーに課金すると、往々にして参加者が遠のき、ネットワーク効果が減少もしくは崩壊してしまうからである。

しかしながら、ごく少数だが、実際に全ユーザーに課金することでネットワーク効果が強化される場合もある。たとえばオフラインの世界では、カントリークラブのような名門の会員制組織は、全メンバーに課金している。高額の会費は（既存会員からの推薦を必要とするなどの審査プロセスとともに）、会員の品質を保証するキュレーション・テクニックとして役立つ。ニューヨーク市の億万長者向け居住者プラットフォームのカーボンＮＹＣなど、一部のオンライン・プラットフォームもこのモデルを用いている。しかし、多くの社会やビジネス環境では、「支払い意向」と「品質」は決して同義でないので、このプライシング・システムは非常に慎重に、かつ特別な場合にのみ使われなければならない。

一方のサイドに課金し、もう一方のサイドには奨励金を出す

ユーザーのカテゴリーＡに課金し、カテゴリーＢには参加を無料にするか、奨励金などのインセンティブを提供するといった方法をとっているプラットフォームもある。これはカテゴリーＡのユーザーが、カテゴリーＢのユーザーと接点を持つ機会を重視する場合に成り立つ。だが、ＢがＡと同様の感覚を持っているとは限らない。先述したとおり、オフラインの世界のバーやパブは、この戦略を長く使用している。たとえば、レディース・ナイトと称して女性に無料や割引価格で飲物を出してきた。多くの出会い系サイトが似た戦略をとっている。男性会員を引き付ける方法として用いられており、女性会員にはインセンティブを設定し、男性がそれを全額負担する形をとる。

大半のユーザーに課金し、一部のスターには奨励金を出す

スターに奨励金などのインセンティブを与える方法をとっているプラットフォームもある。スターとは、その存在によって他のユーザーを大勢引き付けられるスーパーユーザーのことだ。オフラインのビジネスでは、ショッピングモールが人気の大規模小売店を招くために、魅力的なリース契

約を提供することが知られている。こうした店があれば集客が保証され、他の出店者がプレミアム料金をすぐに払ってくれるのだ。同様のやり方として、スキルシェアやインディゴーゴーなどのオンライン・プラットフォームも、有名な教員やキャンペーン・クリエーターを口説き落とすために、いかなる労力も厭わない。そうしたスターの力で、他の生産者や大勢の好奇心の強い消費者を引き付けているのだ。

マイクロソフトは、Ｘｂｏｘのゲーム・プラットフォームを立ち上げる際に、この教訓を学ぶこととなった。当初の収益化戦略では、ゲーム開発者（生産者）に買い取り料金を払い、消費者から徴収した料金はマイクロソフトに行くようにした。しかし、スーパースターであるゲーム開発者のエレクトロニック・アーツは、こうした条件下で仕事をすることを拒んだ。そして別の支払い方法を求め、合意しなければソニー向けに開発するぞと脅しをかけたのだ。マイクロソフトは最終的に屈服し、同社向けの特別契約に同意せざるをえなかったという。ただし、その詳細については公表されていない。

一部のユーザーに全額を課金し、価格に敏感なユーザーには奨励金を出す

価格に最も敏感なユーザータイプは、課金されればプラットフォームを離脱する可能性が高い。そうするとネットワーク効果が失われてしまう。そのため一般的に、他の人に全額を負担してもらいながら、価格に敏感なユーザーには割引や奨励金を与えることが妥当とされている。実世界の経験から言うと、プラットフォーム市場のどのサイドのユーザーが価格により敏感かということは、予測しにくいものだ。

1990年代、デンバーの不動産市場は供給過剰に陥り、不動産保有者は喉から手が出るほど借り手を求めていた。そのため、不動産業者は所有者に対して仲介料を請求するが、入居者には一切請求しなかった。これとは対照的に、ボストンでは同時期に空き部屋がひっ迫し、賃借人は住む場所を切望していた。不動産業者は入居を決めた人に仲介料を請求し、保有者は料金を支払わずに募集案内をかけられるようになっていた。

ここからわかるように、誰を課金対象にするかの判断には、微妙なバランス感覚が求められる。プラットフォームを収益化する必要性と、課金によって常に生じる摩擦とのバランスを、慎重に比較検討しなくてはならない。システムの一部で摩擦が生じても問題がないのはどの部分なのか。ネットワーク効果の成長を妨げずにどれだけの摩擦に耐えられるか。それを正確に判断するのは簡単なことではない。

ときには、それほど最適ではない収益化戦略でも、創意工夫によってうまくいくことがある。イーベイとアマゾンを合わせたような中国の電子商取引プラットフォーム企業のアリババは、初期のころ、当初用いていたソフトウエアでは一連のオンライン取引をうまく追跡できなかったため、取引手数料を課金できずにいた。CEOのジャック・マー（馬雲）は、代わりに会員費を請求せざるをえなかった。これはユーザーの参加を妨げるので、なるべく回避したい選択肢だった。アリババはプラットフォームに登録した会員数に応じて販売員に多額のコミッションを提供することで、何とかこの問題を解決することができた。うわさによると、100万元（10万ドルに相当）を上回る歩合いを稼いだ販売代理人も、なかにはいたという。かくして、会員費が引き起こす摩擦があったにもかかわらず、会員登録の動きはトップギアで進んでいった。アリババは今日まで取引手数料を請求しておらず、広告収入で収益化を図ってきた。これはまるでアマゾンやイーベイのように取引促進を行う企業が、グーグルのように広告販売で利益を生み出しているような事例である。

無料から有料への移行

本章で述べてきた事例の多くが示唆するように、また、多くの見慣れた現実世界の事例が示すように、ネットワーク効果を生み出して発展させるために、プラットフォーム上では、やむをえず無料でサービス提供を始める創設者も多い。ユーザーのために価値を生み出しつつ、その見返りを求めなければ、往々にしてメンバーを引き付けて参加を促す絶好の方法となるからだ。これは「ユーザーが先、収益化は後」というスローガンに沿っている。あるいは、中国のハイアール・グループのプラットフォーム戦略担当役員が言う、「最初にお金は要りません」という言葉も似たようなものだ。言い換えると、価値単位が生み出され、生産者と消費者の双方に満足のいく交換が行われた後で、ようやくプラットフォーム・ビジネス自体がその価値の取り分を獲得すべき、ということだ。

このルールを無視して、時期尚早なのに製品やサービスを収益化しようと焦ったがために、非常に有望なプラットフォームが失敗に終わったケースもある。その一つがソーシャル・ネットワークのマイスペースだ。同社の前オンライン・マーケティング担当バイスプレジデントのショーン・パーシバルは、財務的な問題に直面してルパート・マードックのニューズ・コーポレーションに買収された当時を振り返っている。「とどめを刺した」一撃は、証券アナリスト向けの収支報告会で、マイスペースの売上高がその年に10億ドルになるだろうとマードックが約束したときだったと、パーシバルは言う。当時、実際の売上高はその10分の1だった。その結果、マイスペースのマネジャーたちは争うように、雇ってくれるプログラムやサービスなら所構わず転職していった――それがいかに愚かで、腹立たしいことだったとしてもだ。これはユーザーが最終的にフェイスブックに賛同し、マイスペースを捨てた要因の一つとなった。[*6]

これまで見てきたように、プラットフォーム・ビジネスが創出した価値の一部を獲得する収益モデルへと、後から移行する方法はいろいろとある。しかし、そうした移行は往々にして困難に満ちている。こうしたプラットフォーム設計の重要な原則は、先述のミートアップのハイファーマンが行ったように、無料から有料への収益化の移行をうまく管理していくうえで役立つだろう。

できる限り、ユーザーがこれまで無料で受け取れた価値に課金しないようにする

ミートアップの事例がそうだったように、人は過去に無料で受け取っていた製品やサービスが有料になると聞かされれば、憤慨するのは当然だ。すべてのプラットフォーム企業が、必ずしもミートアップのようにうまく移行できるわけではない。ズィーヴェンツのように、廃業したり、製品やサービスの性質を大幅に変えたりせざるをえない企業もある。

ユーザーが受け取ることにすっかり慣れてしまった価値を目減りさせないようにする

ご存じのとおり、フェイスブックは無料で多大な価値を提供してきたが、生産者がお金を払うとプレミアム・コンテンツを宣伝できるようにしたので、従来の有機的な価値が実際に減ってしまった。このため、生産者と消費者の双方が不満を抱いた。フェイスブックには巨大なネットワーク効果があったので、このような軌道修正をしても生き残れたが、もっと小さなプラットフォームであれば致命傷となったかもしれない。

無料から有料へと移行する際に、課金を正当化できる新しい付加価値を創り出す

当然ながら、品質を高めて課金する場合は、確実に品質を管理し、保証しなくてはならない。ウーバーは運転手の身元調査などの安全対策にセーフ・ライド料金を請求しているのに、明らかに同じステップの手抜きだとして、批判にさらされた。

最初に設計する時点で、とりうる収益化戦略を検討しておく

プラットフォームは立ち上げ時から、収益化の源泉となりそうなものをコントロールする余地を残して設計すべきだ。これはプラットフォームをどのくらいオープンにするか、クローズドにするかの判断に直接影響を与える。たとえば、取引手数料で収益化したいならば、きちんと取引のコントロール権が持てるプラットフォームを設計する必要がある。ユーザーベースのアクセスに課金したいならば、コンテンツがユーザーに届き、ユーザー関連データも入ってくる手段を講じたプラットフォームを設計しなくてはならない。

収益化は複雑な課題であり、プラットフォームの最終的な生存能力を決定づけてしまうこともあ

る。成功するプラットフォームを始めたい人には、ネットワーク効果が確立されるまで、収益化をめぐる問題を無視したり、検討するのを後回しにしたりする猶予はないのだ。初日から可能性のある収益化戦略について考え、多くの収益化の選択肢をなるべく長い間オープンにとれるように、設計上の意思決定をする算段をしておかなくてはならない。

POINT

・管理の行き届いたプラットフォームは、価値創造へのアクセス、市場へのアクセス、ツールへのアクセス、キュレーションという4つの形で余剰価値を創出できる。収益化とは余剰価値の一部を獲得することだ。

・プラットフォームの収益化テクニックとして、取引手数料を徴収する、アクセス強化策を通じてユーザーに課金する、コミュニティへのアクセスに対して第三者の生産者に課金する、キュレーション強化策に対してサブスクリプション型の料金を請求する、といったやり方がある。

・収益化における最も重要な選択の一つは、誰に課金するかの判断だ。というのは、プラットフォームではユーザーによって果たす役割に違いがあり、課金によって大きく異なるネットワーク効果が生じることもあるからだ。

・収益化の問題は複雑なので、プラットフォーム設計上の意思決定の際には必ず、可能性のある収益化戦略を考慮に入れておかなければならない。

CHAPTER 7

OPENNESS

オープン性

プラットフォームの利用範囲を規定する

ウィキペディアのトラブル

オープンソースの百科事典ウィキペディアは、プラットフォーム世界の奇跡である。ほんの2、3年で、従来の情報提供者を追い抜き、世界で最も人気のあるリファレンス・サイトになったのだ。幅広くアクセスでき、有益で、非常に信頼性の高い、ほぼ無限のデータソースとして、何百万人もの人々がウィキペディアを頼りにしている。もっとも、情報が間違っているときは、悲惨な結果になりかねないが。

ウィキペディアのサイト上に出てくる奇妙で誤った情報について、お気に入りの話を披露できる、というユーザーも多いのではないだろうか。おそらく最も有名なのが、「メレディス・カーチャーの殺人」という項目だ。2007年に、アメリカ人学生のアマンダ・ノックスと彼女のイタリア人のボーイフレンド、ラファエレ・ソッレチートの2人に殺人容疑がかけられた。ウィキペディアはあらゆる利害関係者に概ねオープンにするという編集方針をとっているので、この項目はこれまでに1000人以上の手で、延べ8000回以上編集されてきた。彼らの大半は、犯罪が起こって以降、ノックスとソッレチートは有罪だと信じてきた。2人の容疑者にとっては、複雑でつらい裁判が続いていた。第2審で覆された判決も含めて次々と判決が出てくるたびに、自称編集者たちは継続的にページを更新し、無罪の証拠となりそうなものを除去しては有罪の可能性を強調した。

この項目をめぐってあまりにも激しい論争が起こったため、ウィキペディアを創設したジミー・ウェールズも自ら乗り出すことになった。ウェールズはこの問題を調査し、「私はすべての記事を上から下まで読みましたが、当該裁判に関する信頼できる情報源からの重大な批判のほとんどが、否定的な形で表示されたり、除外されたりしていることを憂慮しています」と述べたうえで、「この問題を提起して以来、私までもが『陰謀説を唱える人物』として叩かれたことに関しても懸念しています」と続けている。おそらく最も憂慮すべきは、カーチャーのページを偏った内容にした一部の編集者たちが、アマンダ・ノックスへの「憎悪」をかき立てる他のウェブサイトにも投稿していることが判明し、「ウィキペディアの記事には客観性がある」という幻想が打ち砕かれたことだろう。[*1]

高品質を維持しつつ、コンテンツに貢献したいと思うすべてのユーザーが全面的にアクセスできるようにしようとしているウィキペディアが直面した問題は、オープン型プラットフォーム・モデルの管理につきものの問題だ。たしかに、そういうモデルをやめて参加を厳しく制限するのが自明の解決策ではあろうが、そこには非常に大きなデメリットがある。どのプラットフォームでも積極的に活用しようとすれば摩擦が増え、必然的に参加が減り、価値創造の可能性までも破壊しかねないのである。

オープン化とクローズド化の綱渡り

２００９年に時を戻してみよう。プラットフォームのオープン性（オープンネス）をめぐる初期の議論において、著者の2人（パーカーとアルスタイン）はトーマス・アイゼマンと協力して、オープン性に関する基本的な定義を作った。

プラットフォームは、(1)その開発、商業化、利用に参加制限が設けられていないこと、(2)あらゆる規制（たとえば、技術規格の順守や、ライセンス料の支払いが求められること）に合理性があり、差別的ではないこと、である――すなわち、すべての潜在的プラットフォーム参加者に一様に適用される範囲においては「オープン」と呼ぶ。[*2]

クローズド化は単に、プラットフォームへの外部からの参加を完全に受け付けないようにするという問題ではない。自称ユーザーが落胆するような面倒な参加規則を設けたり、法外な料金（経済学の「レント」）を請求して参加が持続不能なレベルになったりすることも含まれている。[*3] オープン化とクローズド化をめぐる選択は、白黒に分かれる選択肢ではない。2つはスペクトルの両極なのである。

オープン性を適切なレベルで調整することは、間違いなく、プラットフォーム・ビジネスにおける最も複雑かつ重要な意思決定の一つである。[*4] それ次第で、利用、開発者の参加、収益化、規制にも影響が及ぶからだ。これは、スティーブ・ジョブズがそのキャリアを通じて苦労させられた問題でもあった。ジョブズは1980年代に、アップルのマッキントッシュ・パソコンをクローズドなシステムにし続けるというミスを犯した。競争相手のマイクロソフトは、さほど洗練されていないオペレーティング・システム（ＯＳ）を外部の開発者に開放し、多数のコンピュータ・メーカーにライセンスを与えた。その結果、膨大な数のイノベーションが起こり、ウインドウズはパソコン市場のシェアを奪い、アップルのシェアは縮小したのである。２０００年代になると、ジョブズはうまくバランスをとった。ｉＰｈｏｎｅのＯＳを開放し、ｉＴｕｎｅｓをウインドウズで利用できるようにし、ノキアとブラックベリーのようなライバルからスマートフォン市場の最大のシェアを獲得したのだ。[*5]

オープン化とクローズド化のジレンマについて、「細分化」と「統合」間の選択として言い換えることをジョブズは好んだ。ただし、これはコントロールされた閉鎖的なシステムを支持して議論を微妙に歪める言い回しだ。もちろん、ジョブズが完全に間違っているわけではない。システムがオープンになるほど細分化が進むのは、本当だ。オープン・システムは作成者にとって収益化を図りにくく、それを規定する知的所有権の支配もしにくい。しかし、オープン化を行うことには、イノベーションを促進するという側面もあるのだ。

これは克服しがたいトレードオフといえる。例えばマイスペースに見られたソーシャル・ネットワークの盛衰のように、どの方向であれ間違ったレベルでオープンにしてしまうと、厳しい結果を招きかねない。

フェイスブックとマイスペースの異なる選択

もはや過去のことなので忘れてしまっているかもしれないが、２００４年にフェイスブックが出てくるまで、マイスペースが主力ソーシャル・ネットワークで、08年までその状態が続いていた。マイスペースには初期のころから、今日のソーシャル・ネットワークのユーザーにおなじみの機能が、多く備わっていたのだ。インスタント・メッセージ、クラシファイド広告、ビデオ・プレイバック、カラオケ、簡単なオンライン・メニューを使って簡単に購入できる「セルフサービスの広告」など、多種多様な機能が内製されていた。

しかし、エンジニアリングのリソースが限られていたため、こうした機能にはバグが多く、ユーザーが悲惨な経験をすることも少なくなかった。[*6] また、同サイトを外部の開発者に開放せずにクローズド化するという、配慮に欠ける意思決定のせいで、問題解決はほぼ難しくなってしまっていたのである。マイスペースの共同創設者であるクリス・デウォルフは、11年のインタビューで当時を振り返って、そうした考え方には不備があったとしている。「私たちは世の中にあらゆる機能を創り出そうとし、『大丈夫。我々ならできる。なぜ［オープンにして］第三者にやらせるべきなのか』と言ったものです。私たちは5～10個の重要な機能を選定して、それに完全に特化し、それ以外のイノベーションは他の人に任せるべきでした」

フェイスブックは同じ轍を踏まなかった。マイスペースと同じく、フェイスブックも当初は外部のイノベーターに対して閉鎖的だった。利用者であるドット・コム企業に開放したのは２００６年

図7-1 2006〜2007年前半、マイスペースとフェイスブックの市場シェア

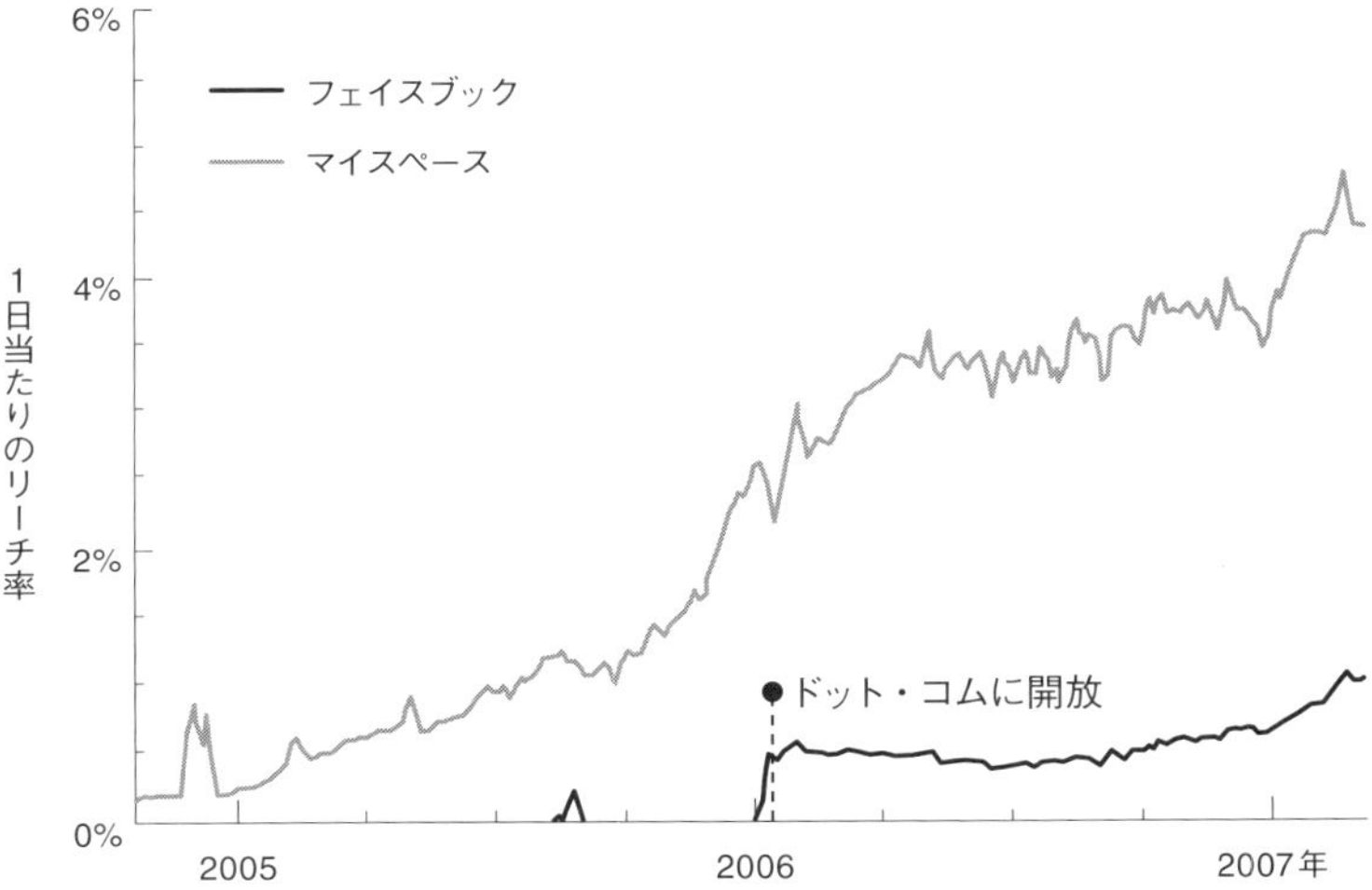

© 2015, Alexa Internet (www.alexa.com).

だったが、これはマイスペースとの競争に向けて、ゆっくりと立ち上げていくのに役立った。そのトレンドは図**7-1**に表れている。このグラフは、マイスペースが依然として王様として君臨していた06年から07年前半の間に、インターネット利用者の比率に関して、2つのプラットフォームの1日当たりの平均リーチ率を示したものだ。

フェイスブックが07年5月に、開発者がアプリを作成できるプラットフォームを立ち上げると、大きなシフトが始まった。フェイスブックの能力拡大に前向きなパートナーのエコシステムが、すぐに形成されたのである。[*7] 07年11月までに、同サイトの外部アプリケーションは7000個を数えるようになった。[*8] 新アプリが殺到して競合相手

図7-2　2007年5月にプラットフォームを開発者に開放した後、フェイスブックはマイスペースをすぐに追い抜いた。

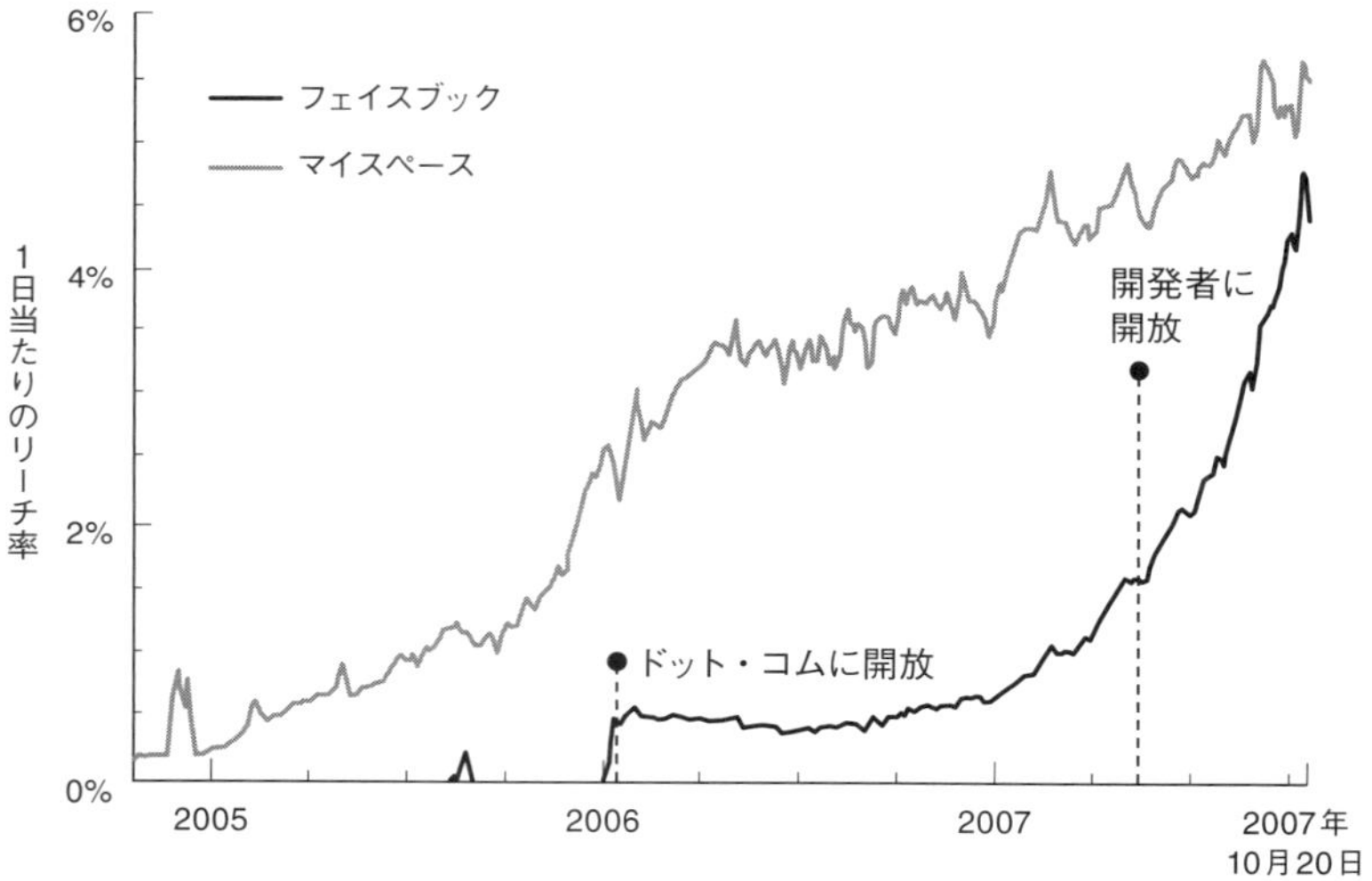

© 2015, Alexa Internet (www.alexa.com).

の訴求力が強くなったことに気づいたマイスペースは、08年2月に開発者にソースを開放して対応した。しかし、**図7-2**が示すように、既に潮目は変わっていたのである。フェイスブックは08年4月にマイスペースを追い抜き、今日ではソーシャル・ネットワーキング領域で絶対的な支配権を握っている。

マイスペースがもっと早くにオープン化し、より広範な外部開発者コミュニティの力を借りていれば、クラシファイド広告、効果的なスパム・フィルタ、ユーザー・フレンドリーなコミュニケーション・ツールなど、特にマイスペースが構築したいと思っていた特定機能に関して、世界レベルの技術が適用されたであろう。そして、その結果、より強固な製品やサービスを持つようになっていたかもしれない。そうなっていれば、おそらく今日でも、マイスペースとフェイスブックはほぼ対等な立場で競争していただろう。

一見すると、マイスペースの問題はウィキペディアの問題とは真逆の方向から生じたように見える。コラボレーション型百科事典は、過度にオープン化を行った結果、苦しんだ。それに対しマイスペースは、オープン性が小さすぎたせいでつまずいたのだと。たしかにある程度はそうなのだが、話はもっと複雑だ。他の重要な局面においては、実はマイスペースは開放しすぎていたのだ。たとえば、マイスペースのセルフサービス型広告の機能によって、大量の不適切なコンテンツに誰でもアクセスしやすくなり、プラットフォーム・ユーザーなら年齢を問わず、ポルノ画像が入手できるような状況になっていた。こうした素材をコントロールできなかったため、マイスペースの魅力が薄れてしまい、何件かの事件では州検事総長の査察が入ることにまでなったのだ。外部アプリ開発者の受け入れが遅れたことも重なり、コンテンツを十分にキュレーションしきれず、同プラットフォームの競争力低下にいっそう拍車がかかったのである。

1つのプラットフォームで過度な閉鎖と過度な開放が同時に見られることはありえないと思うかもしれないが、マイスペースはそんな器用なことをやってしまっていたのだ。

エコシステムとオープン性の種類

プラットフォームにおけるオープン性に関する意思決定について、どのように理解すればよいのだろうか。第3章で論じた、プラットフォームの鍵となる要素を思い出してみると役立つ。先述したとおり、プラットフォームは基本的に、価値の生産者と消費者の間でインタラクションが促進されるように設計されたインフラだ。この2つの基本タイプの参加者はプラットフォームを使って互いにつながり、交換に参加する。最初に情報を交換し、次に、必要に応じて、何らかの通貨と引き換えに財やサービスを交換するのだ。これらの参加者はプラットフォームに集まってきて、価値創造というミッションの中心を成す中核的なインタラクションを行う。やがて、他の種類のインタラクションがプラットフォーム上で階層化されると、有用性が増していく。それが他の参加者を引き込むようになることもある。

この基本設計を考えると、力強く健全なプラットフォームが、外部パートナーの生み出す価値に左右されることは明らかだ。プラットフォームがあまりにも閉鎖的だと、パートナーたちは相互に有益な交換にするために必要な価値創出に貢献できなかったり、その意志を持たなかったりする。[*9]

グーグル傘下のユーチューブについて考えてみてほしい。ユーチューブのシステムは非常にオープンなので、アマチュアの動画だけでなく商業的な動画も存続可能な販路となっている。くだらないものもあれば、実用的なもの、政治的なもの、インスピレーションを与えるものまで、幅広いコンテンツが届けられている。ユーザーが供給する大量のコンテンツがなかったら、ユーチューブは

1つか少数の企業の動画素材に頼っていただろう。それは時間とともに、真のプラットフォームというよりも、動画配信サービスのフールー（Hulu）のような流通システムへと進化していった可能性が高い。

しかし、ウィキペディアとマイスペースの例が示すように、オープン性は白黒に分かれる領域ではない。重要なのはオープン性の程度と種類である。それを判断することが重要なのだが、これが往々にして難しいのだ。

プラットフォームの設計や管理の際に取り組まなくてはいけないオープン性をめぐる意思決定には、以下の3タイプがある。

▼管理者とスポンサーの参加に関する決定
▼開発者の参加に関する決定
▼ユーザーの参加に関する決定

各タイプの決定には、独自の結果と意味合いがある。順番に見ていこう。

管理者とスポンサーの参加形態

どのプラットフォームの背後にも、その構造と運営責任を担う2つの組織があるものだ。1つはプラットフォームを管理して直接ユーザーに接する企業であり、もう1つはプラットフォームのスポンサーとして、そこで使われている技術に関する法的支配権を持つ企業だ。この2つの役割を同一企業が担うことも多い。フェイスブック、ウーバー、イーベイ、エアビーアンドビー、アリババといった企業は、プラットフォームの管理者であるとともにスポンサーでもある。この場合、オープン性の度合いに関する決定を含めてプラットフォームのコントロールは、管理者兼スポンサー企業に完全に委ねられている。

他方、プラットフォームの管理者とスポンサーが同一でない場合もある。一般論として、プラットフォームの管理者は生産者と消費者のインタラクションを取りまとめ、コントロールするのに対し、スポンサーはプラットフォーム全体のアーキテクチャ、その背後にある知的所有権（たとえば、活動を統制するソフトウエア・コード）などの権利の使用についてコントロールを行う。管理者とスポンサーが別々であれば、管理者はプラットフォームに貢献しうる外部開発者に近いのみならず、消費者／生産者との関係性に関しても最も近い立場にあり、プラットフォームの日々の活動に大きな影響力を及ぼす。だが一般的に言って、スポンサーはプラットフォームに対してより大きな法的、経済的支配力を持つので、長期戦略にはそれなりの大きな権限を持っているものだ。

図7-3 プラットフォームの管理とスポンサーシップの4つのモデル

		プラットフォームの管理	
		単一企業	複数企業群
プラットフォームのスポンサーシップ	単一企業	専有モデル 例：マッキントッシュ、プレイステーション、モンスター・コム、フェデラルエクスプレス、VISA（2007年以降）	ライセンス・モデル 例：マイクロソフト・ウィンドウズ、グーグル・アンドロイド、パームOS、アメックス・ブランドのNBNAカード、サイエンティフィック・アトランタ・セットトップ、クアルコムの無線通信規格
	複数企業群	合弁事業モデル 例：キャリアビルダー、オービッツ、VISA（2007年より前）	共有モデル 例：アンドロイドOS、リナックス、DVD、UPCバーコード、FRID標準の在庫管理

トーマス・アイゼマン、ジェフリー・パーカー、マーシャル・ヴァン・アルスタインの共著論文“Opening Platforms: How, When and Why”の内容に編集を加えた＊11

管理とスポンサーシップの4つのモデル

また、プラットフォームの管理者とスポンサーがいずれも単一企業のこともあれば、複数の企業群のこともある。これもコントロールとオープン性の問題に影響を及ぼす点だ。[*10]

図7-3は、プラットフォームの管理とスポンサーシップの4つのモデルを示したものである。単一企業が管理者兼スポンサーになる場合を、我々は「専有モデル」と呼んでいる。たとえば、マッキントッシュOSとモバイル・iOSのハードウエア、ソフトウエア、基本的な技術規格をすべてアップルがコントロールしているような場合がそれに当たる。

あるいは、複数の企業群がプラットフォームを管理し、単一企業がスポンサーとなることもある。これは「ライセンス・モデル」だ。たとえば、グーグルはアンドロイドの基本OSをサポートしている。しかし、多数のハードウエア企業がデバイスを供給し、消費者を同プラットフォームにつなげるように奨励する。サムスン、ソニー、LG、モトローラ、ファーウェイ、アマゾンなどのデバイス・メーカーは、グーグルからライセンス許諾を受け、生産者と消費者の間のインターフェースを管理している。

さらに、単一企業がプラットフォームを管理し、複数の企業群がスポンサーとなる「合弁事業モデル」もある。旅行予約プラットフォームのオービッツは、新興のトラベロシティ（Travelocity）と競争するために、主要な航空会社をスポンサーとした合弁事業として2001年からサービスを開始した。同じく、求職情報プラットフォームのキャリアビルダー（CareerBuilder、旧名称はネットスタート）は3つの新聞社が集まって1995年に立ち上げた求人広告のプラットフォームだ。

最後に、ある企業群がプラットフォームを管理し、別の企業群がスポンサーとなる「共有モデル」もある。たとえばオープンソースのOSであるリナックスの場合、管理者もスポンサーも多数にのぼる。マックやiOSのように、リナックスはアプリ開発者をはじめとする生産者を何百万人もの消費者につなげるプラットフォームの役目を果たしているのだ。そのスポンサー企業は、IBM、インテル、HP、富士通、NEC、オラクル、サムスンなど多数にのぼり、管理する企業としてティーボ、ルンバ、ウブンツ、クアルコムなど何十社ものデバイス・メーカーが名を連ねている。

ビジネスの需要と市場構造が進化して、あるモデルから別のモデルへとプラットフォームが移行することもある。たとえば、クレジットカードを運営するVISAカードについて考えてみよう。これは、小売店と消費者が互いに決済業務を行えるプラットフォームだが、もともとは1958年にバンク・オブ・アメリカを管理者兼スポンサーとして、「バンカメリカード」という専有モデルのプラットフォームとして始まった。70年代にVISAというブランドとなり、管理はバンク・オブ・アメリカが独立して行うが、多数の銀行がスポンサーとなる合弁事業へと変貌を遂げた。2007年にVISAは独立企業となり、専有モデルに戻った。今は外部機関ではなく、自らがスポンサーとなっている。

4つのモデルのどれが最大の利益を生み出すか

見てのとおり、管理者とスポンサーの参加に関するこれら4つのモデルは、事実上、オープン性の変形パターンといえる。専有モデルではコントロールが最大となり、最も閉鎖的な運営システムを促進する。アップルがマックOSを管理するような場合がそれに該当する。ライセンス・モデルと合弁事業モデルは、実質的に一方がオープンで、一方がクローズドの形になっている。共有モデルは、リナックスに代表されるように両方ともオープンで、多様なスポンサーと多様な管理者を持つプラットフォームとなる。

このうち勝者や敗者になるのは誰なのか。4つのモデルのどれが、プラットフォームのスポンサーにとって最も有利になるのか。どれがプラットフォームの管理者に最も役立つのか。どれが先行きを見通し、コントロールしうる最大の利益フローを生み出すのだろうか。こうした質問に対する決定的で汎用的な答えが提供できればよいのだが、ビジネスでは常にそうであるように、「場合によりけり」という答えになってしまうのだ。

アップルが用いて大成功した専有モデルは、あらゆるプラットフォーム企業にとって夢のように見えるかもしれない。結局のところ、このモデルをとれば市場全体を手中に収め、生み出される利益をすべて獲得できる。これを達成する論理的なやり方は、新しい技術規格を開発し、その単独支配を維持することだ。これは不可能ではないが、現実の世界では必ずしも、長続きする経済的な収益が生じるとは限らない。

その典型例が、1970年代と80年代のいわゆるＶＣＲ戦争だ。ビデオテープの標準をめぐって、ソニーがスポンサーであったベータマックスと、ＪＶＣがスポンサーであったＶＨＳという2つの技術プラットフォームが競い合った。今日の大半のプラットフォームとは違って、インターネット以前の時代の規格では、生産者と消費者が集まって一緒にインタラクションを実行できるようなオンラインの場は生まれなかった。しかし、複数の生産者（主に映画会社やテレビ会社）が製品を消費者に販売できる技術システムを確立したので、プラットフォームと見なすことができる。このため、今日のインターネット・ベースのプラットフォームが直面するのと同種の、戦略課題の多くが立ちはだかっていたのだ。

技術上の品質の観点では、ベータマックスのプラットフォームがやや勝っていた。画像はより鮮明で、録画時間も長かった。しかし戦いの行方は、ライバルが選んださまざまなスポンサー／管理者に関する戦略によって決まった。

ソニーは、長い目で見れば品質の良いほうが市場で勝ち残るという理屈に基づいて、ベータマックス規格のコントロールを維持する専有モデルのプラットフォームを選択した。しかし、この理屈は通らなかった。ＪＶＣはライセンス・モデルをとり、ＶＨＳのレコーダーとプレーヤーを製造するよう多数のメーカーに協力を求めたのだ。製造量が増えるにつれて価格が下がれば、消費者にとってＶＨＳ製品の魅力は高まる。ＶＨＳ規格を支持するデバイス・メーカーが増え、ＶＨＳプレーヤーを所有する消費者がより多くなれば、映画会社などのコンテンツ提供者もベータマックスよりもＶＨＳ規格でより多くの作品を発売する。こうしたフィードバック・ループが生まれ、ＶＨＳはベータマックスよりも大きく、着実に成長していったのだ。1980年代半ばには、VHS規格を受け入れたメーカー群がホームビデオ市場を圧倒するようになったのである。しかし皮肉にも、JVC自体がこの勝利から得た利益はそれなりにとどまった。最初のVHS技術を開発したものの、長続きするような大きな収益にはつながらなかったのである。

それから数年後、ソニーは新たな規格戦争に巻き込まれた。ただし、前回と違ってソニーにとり、長い目で見れば申し分ない競争だった。2000年代半ばに、ビデオテープがデジタル・ビデオディスク（DVD）に置き換わった際に、ソニーの高解像度のビデオ標準であるブルーレイは、東芝が先駆けて開発したHD－DVD標準規格と競い合うこととなった。ベータマックスのときと同じく、単独で専有モデルを追求したが、今回は主にゲーム機器のプレイステーション3がヒットしていたおかげで、勝利を得ることができた。同社のゲーム機器にはブルーレイが用いられたが、そのときには既に何百万人もの消費者が、すぐに利用できる状況にあったからだ。

ソニーにとって残念なのは、この勝利が短命に終わったことだろう。ブルーレイの勝利から2、3年後には、DVDからストリーミングへの消費者の移行がかなり進み、ブルーレイ自体の優勢が次第に薄れたからだ。ここから得られる教訓は何だろうか。ソニーのように、標準規格争いで市場を専有し、支配する道を選んだならば、勝つに越したことはない。だが、次のビッグな技術がその独占したい技術に取って代わる前に、速やかに勝たなければならないのである。

複数スポンサーの意思決定がはらむ問題

デジタル化以前の時代に始まった別のプラットフォーム、VISAのストーリーは、異なる管理者とスポンサーのモデルが直面した別の問題を例示している。大手銀行のコンソーシアムが長年スポンサーをしている間、VISAは主要なクレジットカード会社として素晴らしい成功を収めたが、徐々にその経営モデルには問題があるとわかった。複数企業がプラットフォームのスポンサーになっている（所有している）場合、重要な意思決定の際に、目標も好みも異なるオーナーたちの委員会の承認を得なくてはならないのだ。これは本質的に、効率の悪い経営のやり方だといえる。このため、VISAの所有者たちは結局、同事業をスピンオフして自己完結型組織となり、競争上の動きを機敏に取れるようにすることで合意を得たのである。

複数スポンサーによる意思決定はぎこちないものだ。そのため、ノウハウを洗練させたり、良い意味での単純化を行ったり、使いやすさを追求したりすることに悪影響を及ぼしかねない。アップルの専有モデルとマイクロソフト（とインテルによる）のいわゆるウィンテル標準との、パソコン戦争の長い歴史を見てみよう。明らかに、統一された美意識と技術的ビジョンを持つ単一企業がコントロールするほうが、それぞれ自前のデザイン・アプローチを持つ競合企業の集合体よりも、魅力的で直感的にわかりやすいツールやサービスを生み出せることを示しているだろう。ウィンテルの世界に属するどの単体企業よりも、アップルははるかに収益性や時価総額が高くなったのだ。アップルのコンピュータ販売の市場シェアは、決して大きくなかったにもかかわらず、である。

同じく、アップルのｉＰｈｏｎｅは概して、コントロールの緩いグーグルのアンドロイド標準を搭載したスマートフォンよりも、洗練度が高く、ユーザー・フレンドリーだと見なされている。これは特に今日、参加企業がそれぞれ実験や変更をすることができるアンドロイド・オープンソース・プラットフォーム（ＡＯＳＰ）において言えることだ。ＡＯＳＰは、アマゾンのキンドル・ファイアや中国の小米科技（シャオミ）の携帯電話で用いられているプラットフォームである。

だからといって、アップルの専有モデルのｉＰｈｏｎｅ戦略が、グーグルのオープン戦略よりも「優れている」という意味ではない。実際はひどく込み入った話になる。たとえｉＰｈｏｎｅの洗練度が競合するアンドロイド携帯よりも引き続き上回っているとしても、２０１４年までに複数の電話機メーカーのオープン・イノベーションによって、スマートフォン市場の約80％はアンドロイドが獲得し、アップルのシェアは15％にすぎないのである。[*12]

では、グーグルにとって大きな勝利なのかというと、そうでもない。ＡＯＳＰのＯＳはユーザー・トラフィックをグーグル・オンラインサービスに自動的に導くことはない。つまり、グーグルはアンドロイドの生みの親であるにもかかわらず、ＡＯＳＰのデバイスから収益やデータフローが（必ずしも）得られないということだ。これを受けてグーグルは路線変更し、同システムの支配権を再び主張するために、アンドロイドをクローズド化した（この話については後述する）。[*13]

結局、スポンサー／管理者モデルの選択は当然ながら、プラットフォームの開発目的や設計目的に左右される。たとえば、ＲＦＩＤ（無線自動認識技術）は何百万にものぼる製品の、在庫管理用スマートタグの生産に用いられている。ＲＦＩＤシステムは事実上、小売業者がアクセスして流通させる製品のやりとりに使える、目録管理のプラットフォームといえる。

ＲＦＩＤプラットフォームは小売業者の巨大なコンソーシアムがスポンサーで、タグ自体は現在、価格とデザインで競争する複数の企業が製造している。このスポンサーと管理者の共有モデルは、ＲＦＩＤ技術そのものが誰にでも巨大な利益を約束するものではないことを意味している。タグは1個当たり数セントにすぎない。しかし、これはスポンサーにとってはきわめて都合がよいのだ。というのは、最初からこの技術をできるだけシンプルにして、アクセスや利用を容易にすることが目的だったからである。

開発者を参加させる

これまで見てきたように、一般的にプラットフォームの設計や構築はコア・インタラクションから始まる。しかし、時間とともに多くのプラットフォームは拡大し、種類の異なるインタラクションが出てきて、そこからユーザーにとってさらなる価値が生まれ、新たなタイプの参加者を引き付けるようになる。この新しいインタラクションを生み出すのは、プラットフォームとそのインフラに概ねオープン・アクセスを許されている開発者たちだ。それは「コア開発者」「拡張開発者」「データ・アグリゲーター」という3タイプに分類できる。

コア開発者は、参加者に価値を提供するための中核機能を作り出す。こうした開発者はたいてい、プラットフォームの管理企業が雇用している。プラットフォームをユーザーの手に渡し、価値を届けるために、コア・インタラクションを簡単で、お互いに満足できるものにするためのツールやルールを整備することが、彼らの主な仕事だ。

このようなコア開発者は、プラットフォームの基本的なケイパビリティについて責任を負う。エアビーアンドビーの場合、宿泊客とホストがシステムのリソースを用いて、互いにインタラクションできるようなインフラを提供する。そのリソースには、宿泊客が魅力的な特徴を探し出せる検索機能やデータ・サービス、取引締結に必要な決済の仕組みなどが含まれている。さらに、宿泊客とホスト向けに、取引コストを下げる裏方の機能も管理している。たとえば、両サイドにデフォルトの保険契約を提供しており、事故や犯罪が起こったときには宿泊客を、不注意な宿泊客の行動についてはホストを保護する（ただし、第11章で取り上げるように、この保険の対象範囲には問題もある）。また、評価システムがユーザーにとって有意義な尺度になるよう、参加者の身元確認も行っている。このようにシステムの設計、微調整、維持、たゆまぬ改善を行うことが、エアビーアンドビーのコア開発者の業務全般なのだ。

拡張開発者の参加の成否はオープン化の度合いで決まる

拡張開発者は、プラットフォームに特徴や価値を付加し、その機能を強化する。彼らはたいてい、プラットフォームの管理企業に雇われていない、外部の第三者だ。管理企業は、彼らが生み出す価値の一部を引き出し、その便益から利益を獲得する方法を探そうとする。拡張開発者の例としては、iTunesストア経由で販売するアプリ（ゲーム、情報、生産性向上ツール、活動促進ツールなど）を開発している個人や企業が挙げられる。プラットフォーム管理者がすべき重要な意思決定の一つは（しばしば市場の進化とともに見直しを求められるが）、プラットフォームをどの程度まで拡張開発者にオープンにするか、である。

多くの拡張開発者が、エアビーアンドビーのプラットフォームの価値を強化してきた。たとえば、エアビーアンドビー自身の調査で、プロ級の品質の写真で紹介される部屋は、低品質の画像の部屋よりも、借り手候補者による閲覧頻度が2倍になることがわかった。それを踏まえて、拡張開発者は今や「エアビーアンドビー写真撮影サービス」という看板を掲げて、ホストが魅力的な画像を作成して成功確率を高められるように、専門サポートを提供している。

拡張開発者であるピロー（Pillow）は、情報掲載、チェックイン、掃除、リネン配達を簡便にするツールを提供することで、エアビーアンドビーのホストを支援している。アーバン・ベルホップ（Urban Bellhop）やゲストホップ（Guesthop）などの開発者は、宿泊客向けにレストラン予約やベビーシッター・サービスなどの手配を行っている。エアビーアンドビーのホストはこうした外部企業の助けを借りて、フルサービスのホテルに匹敵するような一連のサービスを提供することができるのだ。

プラットフォームの機能拡張を推進するために、エアビーアンドビーはオープン化を進めて拡張開発者が参加できるようにしなくてはならない。しかし、どの程度オープンにすべきかという調整は難しい問題だ。プラットフォームが過度に閉鎖的で、拡張開発者がサイト上で製品やサービスを売るのが面倒になりすぎるようでは、付加価値のあるサービスをユーザーに提供する機会を逃し、おそらくプロセスに参加する人を遠ざけてしまうだろう。しかし、オープンにしすぎると、拡張開発者が安易にサイトに出没するようになってしまう。つまり、質の悪いサービス提供者がプラットフォームに出入りするようになるので、他の開発者やエアビーアンドビー自体の評判を損ねてしまうかもしれない。さらに、オープンにしすぎると、類似サービスの提供者が増えすぎてしまいかねない。そうなれば、サービス提供者1人当たりが獲得する利益が目減りし、ユーザー向けにサービスのカスタマイズをしようと思わなくなってしまうだろう。

高いレベルのオープン性を認めることで拡張開発者を盛り立てようとするプラットフォームは、たいていアプリケーション・プログラミング・インターフェース（ＡＰＩ）を作成する。これは、管理者がシステムをどこまでオープンにするかを制御するコントロール機能の一つだ。ＡＰＩは標準化されたルーチン、プロトコル、ソフトウエア・アプリケーション構築用のツールであり、外部プログラマーがプラットフォームのインフラにスムーズにつながるコードを簡単に書けるようにするものである。

エアビーアンドビーはＡＰＩを開発してきたが、今のところ、同プラットフォームにつながりたいと思っている開発者全員に、すべてオープンにしているわけではない。外部の開発者の参加については、プラットフォーム管理者が導いていきたい方向を示すにとどめている。

一部の企業は、プラットフォームのコンテンツの品質を守るだけでなく、そこから得られる収益の流れをコントロールし続けるために、拡張開発者に対して厳しい障壁を築こうとする。この戦略がマイスペースで裏目に出てしまったことは既に見てきた。最近の例で言うと、人気のコーヒーメーカーのキューリグ（Keurig）が、同じ運命をたどるかもしれない。同社は温かい飲み物を提供する専用プラットフォームと見なすことができる（同社の事例は第8章で詳しく見ていく）。

ガーディアンの3レベルのオープン化

イギリスの日刊紙ガーディアンは、反対方向に進んだ。同紙のウェブサイトは国際的な読者がかなり多く、常にオープンで、同紙のスタッフが執筆・編集したコンテンツを読めるようになっている。しかし以前は、拡張開発者に対して閉鎖的だった。同社経営陣は、ガーディアンで膨大な情報やアイデアを探すことの価値と、同紙ウェブサイトをオープン・プラットフォームに変えることで、便益が得られるかもしれないことに気づいた。そこで数カ月かけて戦略的に予行演習を重ね、オープン化の意義を検討・分析した。想定されるリスクと得られる便益を調査した後、自社サイトに外部からより多くのデータやアプリケーションを取り込む「オープン・イン（中に開く）」にすることと、協力してくれる企業などがガーディアンのコンテンツやサービスを他のデジタル・プラットフォーム上で利用して製品を作れるようにする「オープン・アウト（外に開く）」の両方の策をとることにした。

ガーディアンは「オープン・アウト」に取り組むために、外部の人々が簡単にコンテンツを利用できるようにするAPIを作成した。このAPIというインターフェースへのアクセスには、3つの異なるレベルが設定された。最も低いレベルのアクセスは「キーレス」と呼ばれ、誰でもガーディアンの見出し、メタデータ、情報構造（つまり、ガーディアンのデータを構築し、そこに簡単にアクセス、分析、利用できるようにするソフトウエアと設計要素）を用いることができた。その場合、事前の許可を求めたり、獲得した収益を共有する必要もないようにした。次のレベルは「承認」である。特定の時間と使用制限の中で、登録済み開発者がガーディアンの記事全体を再使用できるようにした。この場合、広告収益は同紙と開発者で分け合うことにした。そして最も高いレベルは「特注」である。これは、ガーディアンのコンテンツを無制限に使用してカスタマイズができるような支援パッケージだ。これは有料にした。

ガーディアンの新しいオープン・プラットフォーム・モデル下で発表された最初の製品の中には、コンテンツAPI（100万以上の記事にアクセスできる）、政治API（選挙結果と候補者情報を提供する）、データ・ストア（国別に死刑関連法案や執行状況をまとめた表から、テレビのSFドラマの主人公ドクター・フーの時間旅行の全容がわかるカラフルなグラフに至るまで、データセットやビジュアル・コンテンツにアクセスできる）、アプリ・フレームワーク（システム上で簡単に実験やアプリ構築ができるようにする目的で、アプリ開発を促進する）などが含まれる。それに応じて、最初の12カ月間で2000人以上の拡張開発者が登録した。

拡張開発者と彼らが生み出す価値を引き付けるAPIの力は巨大だ。従来型の巨大企業のウォルマートと、オンライン・プラットフォームのアマゾンという、2つの大手小売業者の決算結果を比較してほしい。アマゾンには約33のオープンなＡＰＩと、３００以上のＡＰＩ「マッシュアップ」（複数のＡＰＩを組み合わせるツール）があり、電子商取引、クラウド・コンピューティング、メッセージ発信、検索エンジンの最適化、決済などができるようになっている。対照的に、ウォルマートのＡＰＩは電子商取引ツールの１つきりしかない。[*14] ある意味、この差が影響したのであろう、２０１５年６月に初めて、アマゾンは時価総額でウォルマートを超えたのだ。このことには、アマゾンの将来の成長予想に対する、ウォール街の強気な見方が投影されているといえる。[*15]

他のプラットフォーム・ビジネスも、ＡＰＩから同じような恩恵を獲得してきた。クラウド・コンピューティングとコンピュータ・サービスを手掛けるセールスフォースは、ＡＰＩを通じて売上げの50％を、旅行プラットフォームのエクスペディア（Expedia）は90％を生み出している。[*16]

データ・アグリゲーターが生み出す価値

プラットフォーム上のインタラクションに価値を付加する第３のカテゴリーの開発者は、データ・アグリゲーターだ。データ・アグリゲーターは複数の情報源からデータを付加することで、プラットフォームのマッチング機能を強化する。彼らは管理者の許可を得て、ユーザー関連データと、ユーザーが参加するインタラクションを「吸い上げ」て、通常はプレースメント広告のために他企業に再販する。その利益の一部を、データの情報源であるプラットフォームに渡す。

データ・アグリゲーターのサービス設計が優れていれば、ユーザーが興味を持ち、価値のありそうな製品やサービスの生産者とのマッチングが可能になる。たとえば、フェイスブックのユーザーがフランスでの休暇プランについて情報を投稿したら、データ・アグリゲーターがそのデータを広告代理店に販売し、その広告代理店が今度はパリのホテル、ツアーガイド、割引航空運賃、他の興味を持ちそうなテーマに関するメッセージを送ったりするかもしれない。

データ集約は現在、デジタル・プラットフォーム内外で多様な企業が行っている。うまくいけば、消費者は快適な経験をすることができて、嬉しさのあまり小躍りするかもしれない。「私がまさにその色味の、ブルーのキッチン・タイルを探していたのが、どうしてわかったのだろうか！」というように。しかし出来が悪いと（そういうケースが非常に多いのだが）、押しつけがましく、不気味にすら感じる結果となる。

ジャーナリストのチャールズ・デュヒッグがニューヨークタイムズ紙に載せたストーリー（おそらく作り話）には、10代の少女の父親が腹を立てて、量販店チェーンのターゲットの店舗に乗り込み、なぜ自分の娘が赤ちゃん用品のクーポンを受け取っているのかと詰問したとある。「娘に妊娠を奨励しようとしているのか」と、父親は問いただした。店長は謝罪したが、2、3日してからその家族にもう一度電話をしたところ、父親がきまり悪そうに「娘と話をしたのですが、8月に出産予定だそうです」と詫びたという。

少女の家族が知る前に、どうしてターゲットが彼女の妊娠を「知っていた」のだろうか。デュヒッグの説明では、ターゲットのシステムは将来のニーズと購買行動を予想するために、顧客の行動分析を行う。たとえば女性消費者が地元のターゲットに来て、カカオバター・ローション、マザーズバッグ、亜鉛とマグネシウムのサプリメント、明るいブルーの敷物を買ったとする。ターゲットのアルゴリズムは、彼女が妊娠している確率は83％だと割り出す。そしてこれが、ベビー服のクーポンを配るきっかけとなるのだ。[*17]

アクセスを提供するプラットフォーム・ビジネスは、このようなデータ集約システムについてあまり話題にしないが、それにはおそらく明白な理由があるのだろう。個人的行動がどのくらいモニターされているかを知れば、多くの消費者が不安な気持ちになるからだ。データ集約はプラットフォーム・ビジネスにとって大きく成長する収益源なのだが、それを適切に管理する際には、倫理的、法的な、ビジネス上の大きな課題が立ちはだかる（この話題については、プラットフォームのガバナンスと規制を扱う第8章と第11章で詳しく掘り下げていく）。

何をオープンにし、何を所有すべきか

ここまで見てきたように、プラットフォームのユーザーにとって価値のあるイノベーションは、多くの源泉からもたらされる。コア開発者が生み出し、プラットフォーム企業自身が保有してコントロールするものもあれば、拡張開発者が生み出し、外部企業が保有してコントロールするものもある。後者については、次のような問題がある。外部開発者の力が強くなり、プラットフォーム自体の力を脅かすのはどのようなときか。そうなった場合、プラットフォーム管理者はどのように対

応するべきか。

この問いへの答えは、それは拡張アプリが生み出す価値の量に左右される、というものだ。管理者としては、自社のプラットフォーム上で外部企業に、ユーザー価値の主な源泉をコントロールさせたくはないはずだ。価値を創出するアプリをコントロールする必要があるので、アプリやそれを開発した企業自体を買い取ることも多い。他方、拡張アプリによる付加価値の量が適切であれば、外部開発者にコントロールを譲り渡しても何ら問題はない。通常はそのほうが非常に効率的だからである。

たとえば、アップルが下した携帯OSの所有とコントロールをめぐる意思決定は、どのようなものだったか。それについて考えてみよう。アップルは注意深く、iPhoneにプレインストールされたアプリ（音楽プレーヤー、写真、ボイス・レコーダーなど）の大部分を保有するようにしてきた。たとえば、バーチャルな個人秘書である「シリ」の技術を開発した、シリ・インターナショナルを買収している。[*18] こうしたアプリはすべて、iPhone市場に重要な影響を与える高付加価値機能であり、だからこそアップルは保有して自らコントロールしたいと思ったのだ。

対照的なのはユーチューブだ。ユーチューブは動画の配信や再生技術を所有するだけで満足し、プラットフォーム上で利用可能な何百万本もの動画のコントロールは、アップロードした人や組織の手に委ねている。K－POPの「江南スタイル」など世界的に人気の動画は、ユーチューブの消費者に大きな価値を生み出すと推測する人もいるだろう。しかし、その価値は短命で（今年のお気に入りの動画は、すぐに来年のお気に入りに置き換わる）、ユーチューブの動画コンテンツの全体的な価値のごく小さな一部にすぎない。このような場合、プラットフォームのオーナーは、個々の価値要素を所有してコントロールする必要はないのである。

拡張アプリについて考慮すべき2つの原則

拡張アプリが自社の経済力にとって脅威になるかどうかを検討するとき、プラットフォーム管理者が考慮しなければならない原則は他に2つある。

第一の原則は、特定のアプリがそれ自身で強力なプラットフォームになりそうであれば、そのアプリを自ら所有するか、あるいはプラットフォーム自体でコントロールできるアプリに置き換えたほうがよい、というものだ。

2012年、グーグルマップは地図サービスと、携帯電話ユーザー向け場所データの主要提供者となった。それはアップルのiPhoneの人気機能だった。しかし、消費者の活動がモバイル機器へと移り、場所データとの統合が次第に進んでいけば、グーグルマップが自社のモバイル・プラットフォームの長期的な収益性に対して、重要な脅威になってくることにアップルは気づいた。グーグルが地図技術を別のプラットフォームにして、貴重な顧客のつながりや地理的データを売り手に提供し、アップルから離れてそこから収益を吸い上げる可能性が現実にあったからである。

自前の地図アプリを作成してグーグルマップと競うというアップルの意思決定は、戦略的に至極もっともだった。その初期のサービス設計が非常に拙劣だったため、公衆の面前でアップルが大いに恥をかいた、という事実があったとしてもだ。アップルの地図アプリでは、保育園を空港に、都市を病院に誤って分類したり、水面上を通過する運転ルートを提案したり(車に浮きを付けないと!)、オーストラリアでは、不用心な旅行者が地図アプリの上にあるとされる町から70キロも離れた砂漠で立ち往生することまであったのである。iPhoneユーザーから抗議の声が噴出し、メディアはアップルの失態を思う存分に皮肉った。結果、CEOのティム・クックは、謝罪文を公表する羽目になったのである。[*19] おそらく、地図サービスを許容できる品質レベルに素早く改善できると当て込んで、アップルは悪評を甘受した。そして実際、思うとおりにできた。iPhoneのプラットフォームは現在、もはや地図技術でグーグルに依存せずに、重要な価値の源泉として地図アプリをコントロールしている。

第二の原則は、大勢の拡張開発者が特定機能を発明し、ユーザーが幅広く受け入れるようになったら、プラットフォーム管理者はその機能を獲得し、オープンなAPIを通じて利用できるようにしたほうがよい、というものだ。動画やオーディオの再生、写真の編集、テキストのコピーや貼り付け、音声命令などの数々の有益な機能は、拡張開発者が発明してきたものが多い。管理者はこれらが広い適用性を持つものであると認めると、その機能を標準化し、すべての開発者が利用できるAPIに組み込もうとしてきた。そうすれば、イノベーションが加速化し、プラットフォームの全利用者向けにサービスを改善することができるからだ。

ユーザーの参加を促す

プラットフォーム管理者がコントロールしなくてはいけないオープン性に関する3点目は、ユーザーの参加に関するものである。特に、生産者のオープン性が大事であり、それはプラットフォームにコンテンツを自由に追加する権利を指す。多くのプラットフォームは、その片方のサイドから反対のサイドへ切り替えられるように設計されている。だからこそ、消費者が生産者になったり、生産者が消費者になったりできるのだ。つまり、プラットフォームで価値単位を消費する個人ユーザーが、あるときは他の人が消費する価値単位を創り出す側になれるのである。ユーチューブのユーザーは他の人の動画を見ることも、自分自身の動画をアップロードすることもできる。エアビーアンドビーの宿泊客は、ホストにもなれる。エッツィーの顧客は、同サイト上で自分の手作り品を売ってもかまわないのだ。

プラットフォームがこのようにユーザーにオープンにするのは、できる限り高品質のコンテンツを作り、供給できるようにするのが目的だ。当然ながら、この項目（高品質のコンテンツ開発という目的）は、大半のプラットフォームがユーザーの参加を管理する戦略として、絶対的なオープン性を拒絶する理由でもある。

ウィキペディアはサービス開始当初、完全にオープンな状態にしたいと思っていた。品質のメインテナンスはプラットフォームのユーザーだけに任せ、サイト上のコンテンツをモニターし、間違いを修正し、偏った内容に疑問を呈することは、ユーザー各自にやってもらえばよい、と考えた。

たしかにこれは、ウィキペディアの全ユーザーの善意を前提としてはいたが、非現実的なビジョンだった。あるいは、多少理想を下げたとしても、市場の「見えざる手」が無数の利己的な参加者のインタラクションを通じて便益を最大化させる、とする資本家の論理のように、ユーザーの動機や態度が変化したり、ときには対立したりすることで、最終的に互いにバランスがとれて、コミュニティ全体の集合知を表すコンテンツが創出されると想定したのである。

しかし、現実が私たちに示したのは、自由市場のように、とりわけ激しい情熱や派閥が絡んでくると、民主主義は滅茶苦茶になるということだった。本章の冒頭でウィキペディアのエピソードを紹介したのも、こうした理由からである。ウィキペディアに掲載されたメレディス・カーチャーの死亡に関する記事は、アマンダ・ノックスを「嫌悪する人」に乗っ取られた。こうした人々は、このページで彼女の有罪を絶対に主張しようと決意し、意見の衝突の兆候が少しでも見えれば消去するよう準備していたのだ。

カーチャーの殺害は、ウィキペディアが論争に巻き込まれた唯一の事例では決してない。同プラットフォームを取り上げたある記事は、「ウィキペディア――物議を醸す項目リスト」という見出しを付け、「循環的な形でひっきりなしに再編集されるか、ともすれば編集合戦や記事を使った制裁の対象になっている」800項目以上を挙げた。これらは「政治と経済学」「歴史」「科学、生物学、健康」「哲学」「メディアと文化」などの見出しで整理され、「無政府主義」「大量虐殺の否認」「ウォール街を占領せよ」（訳注：2011年に起きた抗議運動）「アポロ月面着陸のでっち上げ説」から「ハレー・クリシュナ」（訳注：インドで生まれた新興宗教で使われる言葉）「カイロプラクティック」「シーワールド」「ディスコ音楽」まで、あらゆる事柄が挙げられている。

巧みなキュレーションを通してオープン性を制限する

一部のユーザーが自己本位な目的で情報を操作しようと思ったとき、ウィキペディアはどうすれば、コンテンツに関して高い品質基準を維持できるのだろうか。たしかに、これは一筋縄ではいかない問題だ。このプラットフォームの管理者たちは、主にコミュニティの常識と社会的な圧力に頼ろうと、懸命に努力してきた。「ウィキペディア――5つの柱」のような記事を通して、自分たちのガイドラインを知らしめようとしていた。そこでは、このプラットフォームの「基本的な信念」の一つが、次のような形で説明されている。

ウィキペディアは中立の観点から書かれます。私たちは主要な見解を記述し説明する記事のために尽力し、その素晴らしさに関して公平なトーンでしかるべき配慮をします。弁護することは避け、議論ではなく情報と発信を特徴とします。ある領域では周知された1つの見解があるかもしれません。別の領域では、複数の見解を解説し、「真実」や「最高の見解」としてではなく、それぞれ正確に前後関係を踏まえて書かれるかもしれません。どの記事も検証可能な正確性、引用の信頼性、確かな情報源を持つよう努力しなければなりません。その話題が論争の的となっているときや、存命中の人物に関する記事の場合は特にそうです。編集者の個人的な経験、解釈、意見は適切ではないと考えます。

それでも、コミュニティからの圧力が十分でないときがある。偏った不誠実なコンテンツが何度も出てきて、特定の記事の品質が低下していくと、ウィキペディアの完全性を保護する他の手段やツールが作動する。たとえば、特にウィキペディア向けに書かれたソフトウエア・プログラムで、信頼性の低いコンテンツを過去に作成した実績があるユーザーが編集した記事をハイライトする、「ヴァンダルプルーフ」というツールがある。また、問題含みの記事に注意を喚起するタグを付けて、他の編集者がレビューし、必要に応じて改善を図れるようにするツールもある。さらに、ウィキペディア・コミュニティの一般的なコンセンサスを通して特別な権利を得たユーザーのみが利用できる、一連のブロッキングと防護用のシステムなどもある。

ウィキペディアのコンテンツの品質を確保するために設けられた、このような複雑かつほぼ自己管理された連動システムは、キュレーションの一形態だ。適切な種類とほどよい程度に「生産者のオープン性」を保証するために、微調整すべき重要なコンテンツを保護するプロセスといえる。

キュレーションによってスクリーニングとフィードバックを行う

キュレーションは通常、プラットフォームへのアクセスという重要なポイントで、スクリーニングとフィードバックを行う。スクリーニングで誰を参加させるかを決め、フィードバックにより参加を認められた人々の側で望ましい行動をとるように促す。ユーザーの評判は通常、プラットフォーム内外の過去の行動によって形成される。これはキュレーションにとって重要なものとなる。コミュニティの他の人々から良い評価を受けているユーザーは、評判が良くない人よりも、スクリーニング・プロセスを通過したり、好ましいフィードバックを受けたりする可能性が高い。

キュレーションでは、人間自身が門番の役割を果たすこともある。人間のモデレーターが個人的にユーザーをスクリーニングし、コンテンツを編集し、品質を高めるためのフィードバックを行い、管理するのだ。ブログやオンライン雑誌のようなメディア・プラットフォームでは、この種のシステムが使用されることが多い。しかしながら、プラットフォーム企業が人間のモデレーターを雇用し、訓練し、給料を支払おうとすると、時間とコストがかかってしまう。通常は、設計や実施面での難しさはあるものの、素早くフィードバックを収集、整理し、キュレーションの意思決定に反映させるソフトウエアのツールを用いて、ユーザー自身がプラットフォームにおいてキュレーションできるようにするほうが、良いシステムとなる場合が多い。

ソフトウエア・ツールで簡単に行える、ユーザーによるキュレーションのやり方は、ここまで見てきたようにウィキペディアが採用している方法だ。フェイスブックでは、ヘイトスピーチ、いじめ、不快なグラフィック画像、暴力的な脅しなど、好ましくないコンテンツについては、ユーザーが注意を与える形をとっている。ウーバーやエアビーアンドビーなどのサービス・プラットフォームでは、ユーザー評価をソフトウエア・ツールに組み込み、消費者と生産者が情報に基づいてインタラクションの相手を選ぶことができるようになっている。

キュレーション・システムは絶対的に確実というわけではない。キュレーションのツールを入れても、オープン性を重視するあまりに判断を誤ると、攻撃的なコンテンツや危険なコンテンツまで通過させるおそれがある。だが、制限が厳しすぎるツールを入れれば、価値のあるユーザーや適切なコンテンツがふるい落とされたり、阻害されたりするかもしれない。ポルノの排除を目的とするソーシャル・ネットワーキングのアルゴリズムが、乳がんの認識を高める話題を取り上げた教材をブロックしてしまう場合がそれに当たる。プラットフォームを管理する際には、プラットフォームのオープン性とクローズド性の境界線を絶えず監視し、適切な配分になっているかを確認するために、人間の目や情報に基づく判断など、多くの時間とリソースを投入する必要がある。

オープン性のレベルで差別化

同じ領域で運営されているプラットフォームは、異なるレベルや種類のオープン性を用いることで、差別化しようとするかもしれない。さまざまなタイプのオープン性によって、異なる種類や数の参加者を引き付け、そこから独特なエコシステムと文化が生まれ、最終的に互いに異なるビジネスモデルになっていくこともある。

前述したように、まったく異なるオープン性を持つようにしたプラットフォームが、１９８０年代と90年代のアップルのマックＯＳ／ハードウエアと、マイクロソフトのウインドウズＯＳである。

一部には、ウインドウズは閉鎖的だとする批評家もいるが、アップルと比べればはるかにオープンだった。アップルはシステム開発キット（ＳＤＫ）を比較的高額な1万ドルで拡張開発者に販売するようにした。それによって、少数の限定された外部ソフトウエア開発者を確実に取り込むことができた。マイクロソフトは対照的だった。原則として開発者には（無料で）ＳＤＫを配り、はるかに多くの開発者を引き付けて味方にしたのだった。

他方、ＩＢＭはハードウエアの規格をコントロールしきれなくなった。これは、部分的な調整活動を行った結果として、どんな生産者でもＰＣ市場に参入できるようになり、コストが急激に低下したからだ。多数の開発者群と安価なハードウエアという組み合わせによって、いわゆるウィンテルのプラットフォームがほぼ20年間、市場を席捲したのに対し、閉鎖的なアップル・システムの業界内シェアは着実に減っていった。この場合は明らかに、オープン路線のほうがクローズド路線よりも、はるかに成功したといえよう。

ご存じのとおり、最近でもグーグルとアップルが、モバイル・プラットフォームのオープン性をめぐって異なる意思決定を下した。グーグルはオープンソース版アンドロイドを開発し、どのメーカーでも自由に入手できるようにしたのに対し、アップルはスポンサーとしてiＯＳを保有し、厳しくコントロールすることで、自社が唯一のデバイス・プロバイダーとなった。このため、システムの管理も自社のみで手掛けている。

初めは、マイクロソフトとアップルとの、パソコンのＯＳ戦争が繰り返されているように見えたかもしれない。しかし、アップルはグーグルよりもはるかに閉鎖的だが（たとえば、他社にオープンにせず、肝となるデバイス製造機能をコントロールし続けている)、前世代の技術についてはオープンだ。アップルは現在、開発者の意欲を十分に引き出せる程度にシステムをオープンにしながら、強力な開発者向けツールキットでサポートし、iTunesストアを通じて自社のユーザーベースにアクセスできるようにしている。その結果として、豊富なアプリが登場している。

他方、グーグルはアップルよりも後発参入だったので、よりオープン化を進める必要があった。その結果、グーグルのコントロールを越えてAOSPは急成長を遂げた。そのため、グーグルは多様なメカニズムでプラットフォームへのアクセス制限をかけざるをえなくなってしまった。基本OSがすべて無料なので、グーグルはAOSPを簡単にクローズドにすることはできないものの、重要な機能をコントロールすれば、ほぼ同じ目的を達成できる。ジャーナリストのロン・アマディオの解説によると、グーグルは検索、音楽、カレンダー、キーボード、カメラなどの機能ではアンドロイド・アプリをクローズドにしつつ、携帯電話メーカーに対しては、いわゆるオープン・ハンドセット・アライアンスへの参加を懸命に呼びかけ、オープン・ソフトウエアとモバイル機器用ハードウエア規格の維持と発展に努めているという。拡張開発者に対してAOSPをクローズドにする方向へグーグルが方針を変更することの影響について、アマディオは次のように説明している。

あなたがグーグルのAPIを使って、キンドルのアプリや、グーグル以外のAOSPを動かそうとすると、なんと、あなたのアプリは壊れてしまうのだ! グーグルのアンドロイドはアンドロイド市場で非常に高い比率を占めており、開発者の主な関心は、自分のアプリが簡単に作れて、うまく動き、幅広い視聴者にリーチすることにしかない。グーグルAPIはそのすべてに対応するものの、副作用も伴う。あなたのアプリはグーグル・アプリのライセンスを受けたデバイスでしか動かなくなるのだ。[*20]

AOSPの公式アプリストアであるグーグル・プレイへのアクセスに関して、もしライセンスを設定すれば、たとえ基本技術がオープンソースであっても、グーグルはプラットフォームへのアクセスを制御できるようになる。このような方法を用いれば、ユーザーと開発者のための秩序正しい技術環境を確保できるだけでなく、潜在的な競争を管理することも可能になるのである。

以上で例示しているように、スポンサーや管理者は、オープン性の決定に影響を及ぼす複雑な競争要因はもちろんのこと、拡大するユーザーベースに対して、プラットフォームの関連性、活性度、重要性を確実に維持するために、絶えずバランスをとる必要があるのだ。

段階的なオープン化——メリットとリスク

これまで見てきたように、プラットフォームを徐々にオープンにすることで、より強力なネットワーク効果が広がり、発展する可能性がある。ただし、まれにではあるが、アンドロイドの場合のように、後からクローズドにする選択ができることもある。

さらに、オープンにするかクローズドにするかの選択は、あるプラットフォームがもともと専有型や共有型のプラットフォームとして構築されたかどうかによっても左右される。当然ながら、単一企業がスポンサーとなり、管理し、完全にコントロールする専有モデルのプラットフォームが変化するときは、オープン化の路線しかない。対照的に、完全にオープンな共有モデルのプラットフォーム（リナックスなど）が変化するときは、クローズド路線のみとなる。

プラットフォームの立ち上げを論じた第5章で指摘したように、新しいプラットフォームは、必要な投資をしたがるパートナーがいないという単純な理由によって、ほぼすべてのプロセスを自前でそろえて内部で実行しようとすることが多い。この場合、管理者自身がコンテンツとキュレーションを提供しなければならない。時間とともにプラットフォームが成長し、外部開発者が集まるようになれば、オープン性のパターンを変えて、キュレーション・プロセスを進化させる必要性が出てくる。

積極姿勢のプラットフォーム管理者チームは、絶えずオープン性のレベルを評価する方法を設計しなければならない。望ましくは、プラットフォームに一貫した戦略的なフレームワークを用いて、徐々にオープンにしていく判断ができるとよい。結局、成熟したプラットフォームが、自社の従業員から社外のパートナーへとそのプロセスを移行させるにつれて、アルゴリズムを自社開発してキュレーションを自動化するか、あるいはキュレーション自体をすべてのユーザーに分散させる（委ねる）必要性があるかもしれない。ユーチューブはその大きなユーザーベースにいるユーザーたちをあてにして、コンテンツの評価、フィードバックの提供、不適当なコンテンツへの警告を行っている。

プラットフォームのオープン性の方針が進化するにつれ、常にバランスをとることが課題となる。たとえば、プラットフォームがあまりにも閉鎖的な場合、不合理かつ恣意的な料金形態で法外な使用料を取ったりしようものならば、パートナーはそのプラットフォーム専用の製品の開発を拒むかもしれない。他方で、拡張開発者がプラットフォームとユーザーの間に強引に割り込んでくると、プラットフォームはトラブルに直面する。特定の開発者が他の競争相手を押しのけて伸びているときは、その開発者がプラットフォーム自体を乗っ取らないように、十分に注意しなければならない。

プラットフォームのユーザーの取り合いをめぐる、そうした争いの例はいくつか見られる。ドイツを本拠とする大手多国籍企業のSAPは、内部のオペレーション、顧客リレーション、その他プロセスの管理に用いる大企業向けソフトウエアを作成している。大企業のプロセス・プラットフォームを運用するSAPは、クラウド・コンピューティング能力に対して秀でたアメリカ企業のADPと提携して、給与処理サービスをユーザーに提供してきた。しかし、独自に顧客と関係を持っているADPは、実質的に、データやコンピューティングやストレージを手掛けるパートナーの多くを顧客とつなぐ、プラットフォーム・ホストの役割を果たすこともできる。このため、ADPはそのような提携を通じて、主要な顧客リレーションの管理者としてSAPに置き換わる場合があるのだ。これは、プラットフォーム管理者（SAP）が、顧客と拡張開発者（ADP）との関係性をコントロールしきれない危険な例だといえる。

プラットフォームの独特の力と価値は、プラットフォームの外でも参加者同士を結び付けやすくする能力にある。しかし、誰がプラットフォームにアクセスすべきか、どのように参加できるようにするか、それらを正確に決めることは、絶えず変わる戦略的な意味合いを帯びた複雑な問題だ。だからこそ、オープン性の問題は、最初の設計プロセス段階だけでなく、プラットフォームのライフタイム全体を通じて、常に管理者の最優先課題としなくてはならないのである。

POINT

- 管理者が直面するオープン性に関する意思決定には、管理者／スポンサーの参加、開発者の参加、ユーザーの参加という3種類がある。
- プラットフォームの管理者とスポンサーは、単一企業が兼務することもあれば、異なる企業や複数企業群の場合もある。4つの組み合わせが考えられるが、それぞれオープン性とコントロールのパターンが異なり、一長一短がある。
- オープン化とクローズド化は、白黒で二分できるものではない。その間にはさまざまな濃淡のグレーな領域があり、それぞれに長所と短所がある。同じようなプラットフォームでも、異なるオープン性の方針に基づいて競争していることもある。
- 成熟したプラットフォームは、多くの場合、よりオープンにする方向へと進化していく。この場合、キュレーション・プロセスを継続的に再評価して調節を行い、コンテンツとサービスの価値を一貫して高い品質で維持する必要がある。

CHAPTER 8

GOVERNANCE

ガバナンス

価値向上と成長強化のための方針

コミュニティを怒らせたキューリグ

2015年度第1四半期、コーヒー会社のキューリグ・グリーン・マウンテンのCEO、ブライアン・P・ケリーには説明すべきことがあった。同社は次世代コーヒーメーカー「キューリグ2・0」を市場投入したばかりで、将来のコーヒーメーカーの王様に育てようと考えていた。在位中の王様「キューリグ1・0」は、家庭やオフィス、ホテルなどでよく見かけるようになり、同社製の高価なコーヒー・カートリッジによって、ローカルなコーヒー会社から時価総額180億ドル超の企業へと急成長を遂げていた。ところが、キューリグ2・0を発売しても、売上げは増進しなかった。それどころか、12%減少したのだ。

そもそもの問題は、コーヒーポッド設計の鍵となる同社保有特許が期限切れとなった2012年にさかのぼる。これを機に、競合するコーヒー会社がキューリグ製コーヒーメーカーでも使える汎用ポッドを、かなり安く販売し始めたのだ。競合他社はキューリグのユーザーに新しい価値の源泉を提供する、拡張開発者のようなものである。当然ながら、競合の存在と、キューリグの純正品に競争を仕掛けられたせいで、同社の市場シェアは侵食された。

キューリグは反撃のため、商標登録済みの特製エンブレムなしのポッドが一切使えないようにするスキャニング・デバイスを、バージョン2・0のポッドに組み込んだのだが、これが消費者の逆鱗に触れた。ショッピングサイトではキューリグへの非難が相次ぎ、ユーチューブでは、このシステムをかいくぐって無許可のポッドを使うための裏技を紹介した動画の閲覧回数が数千回を数えた。

買い手は同社の「非常識な企業欲」に失望し、アマゾンの評価システムでキューリグの新製品に0点を付けられないのが不満だとするコメントまであった。[*1]

自社のコーヒー・プラットフォームを通じた利益のシェアを高めようとしたことで、キューリグはコミュニティを怒らせ、利益を失う羽目になった。コーヒーの王様は、優れたガバナンスの3つの基本原則に背いていたのだ。

▼ターゲットとする消費者のための価値を常に創造する。
▼自社に有利なルールへと力づくで変更してはいけない。
▼公正な富の分配を超えて獲得してはいけない。

ガバナンスは、誰がエコシステムに参加するか、どのように価値を分配するか、どのように紛争を解決すべきか、に関する一連のルールだ。[*2] 良いコミュニティのガバナンスを理解すれば、エコシステムの組織化に向けた一連のルールがわかる。[*3]

キューリグはエコシステムのガバナンスという課題でつまずいた。キューリグが手掛けていたのは、コーヒーを飲む人のコミュニティという、ワンサイド市場の製品プラットフォームにすぎない。付加価値オプション、幅広い分野の選りすぐりのサプライヤー、顧客が評価する高品質のサービスを備えた飲料エコシステムとして、もっと成功できたはずだ。ところが同社は、顧客が価値を見出したサプライヤーを排除し、コントロールを維持するために、多様性と選択の自由をなくす選択を行った。それは、同社のシステムが生み出す価値の配分を超えて、何よりも自社利益を一方的に優先させることだった。この措置による敗者はユーザーだったが、すぐにキューリグも敗者に転じた。

国家としてのプラットフォーム

優れたガバナンスの目的は、富を創出し、価値を付加するすべての人の間で公平に分配することにある。第2章で見たように、プラットフォーム・ビジネスとして知られる新しい技術主導型コミュニティは、社外で膨大な量の新しい富を創出しており、こうした外部の便益は公正に設計・管理されなくてはならない。価値を創出するネットワークが内部よりも社外で急成長を遂げているならば、自己本位にではなく、賢くエコシステムを統治することが大切だ。

キューリグのコーヒーシステムのようなワンサイド・プラットフォームでもガバナンスのルールの扱いが難しいのだから、マルチサイド・プラットフォームでは指数関数的にその難易度が高まる。結局のところ、マルチサイド・プラットフォームの中では多数の利害が渦巻いており、それらは必ずしも整合性がとれていない。このため、プラットフォームを管理する際には、多様な参加者が確実に、相互に価値を創出できる状況にすることは難しく、対立が起こることもある。こうした対立は、ガバナンスのルールによって、なるべく公正かつ効率的に解決しなくてはならない。

これは、巨大企業や天才でもミスを犯しやすい、困難な状況といえる。たとえば、フェイスブックはプライバシーポリシーのせいで、ユーザーを遠ざけてしまったことがある。[*4] リンクトインは、APIへのアクセスから開発者を締め出して、怒らせてしまった。[*5] ツイッターも、エコシステムの他のメンバーが開発した技術を取り上げげつつ、ユーザーが互いに攻撃しあうのを容認していた。ツイッターCEOのディック・コストロは、「いじめの対応で行き詰まった」と述べている。[*6]

直面するガバナンス問題の複雑さの点で、今日の最大手のプラットフォーム企業は、国家と似ている。フェイスブックのユーザーは15億人以上にのぼり、中国の人口よりも多い人数を監督している。グーグルはアメリカでオンライン検索の64％を、ヨーロッパでは90％を処理し、アリババは中国で年間1兆元（1620億ドル）以上もの取引と、全商用貨物の70％相当を取り扱う。[*7]

この規模のプラットフォーム・ビジネスは、最大の国家経済を除くすべての国家経済よりも大きな経済システムをコントロールしているのだ。ユニオンスクエア・ベンチャーズの主要な投資家の1人、ブラッド・バーナムが、オンライン・ゲームで使う仮想通貨「フェイスブック・クレジット」（この通貨システムは短命に終わった）の導入をめぐって、この動きはフェイスブックの収益化政策をどう物語っているのか、と疑問を呈したのは無理もない。[*8] 同じく、次のような疑問も湧いてくるかもしれない。（第7章で見てきたように）多国間の規格に逆らって一方的にソフトウエアの規格を通そうとする際に、アップルはどのような外交政策を推し進めているのか。ツイッターは「国営」サービスへの投資に基づく産業政策に従っているのか、それとも、他の人々の分散型発展に頼っているのか。グーグルの中国での検閲への対応は、同社の人権方針について何を示しているのか。

好むと好まざるとにかかわらず、こうした企業は既に何百万人もの生活に対して、選挙を経ない非公式な取締官の役割を果たしている。だからこそ、数千年もかけて優れたガバナンス原則を発展させてきた都市や国家から、プラットフォームは多くを学ばなくてはならない。今日のプラットフォーム・ビジネスのように、都市や国家は、最善の形で富を創出し、公正に分配するにはどうすればよいのかという問題と、長年格闘してきた。数々の証拠を見ると、まさにガバナンスは、国家が富を創出する能力において決定的に重要だ。それは天然資源、航行可能な水路、良好な農業状況など、明らかに価値のある資産よりも重要である。

シンガポールの公正化、オープン化

現代の都市国家、シンガポールについて考えてみよう。1959年にリー・クアンユーが首相に就任したとき、同国にはほとんど天然資源がなかった。国防ときれいな水はマレー半島の同盟国（63年に建国されたマレーシアの前身）に依存し、腐敗がはびこっていた。1人当たりGDPは430ドル以下に停滞。[*9] マレー人と中国人の民族対立、イスラム教徒と仏教徒の宗教対立、資本主義者と共産主義者の政治対立が進歩を阻んでいた。

リー・クアンユーはガバナンスのシステムを変更することで、シンガポールに経済的な活力をもたらした。ロンドンスクール・オブ・エコノミクスで学び、ケンブリッジ大学フィッツウィリアム・カレッジで法律の学位を取得したリー・クアンユーは、イギリスの法律制度と法による統治を導入した。続いて着手したのが、国内の腐敗問題だ。汚職の誘惑を減じるため、公務員の給料を民間部門の労働者と同レベルに引き上げた。また、公務員は就業時に、潔白の証として白い服の着用が義務付けられるようになったのだ。こうした反汚職規制は厳格に適用された。リー・クアンユーの忠実な支持者だった環境担当国務大臣が、贈収賄容疑の起訴を免れるために自殺するという事件も起こったほどである。[*10]

より公正でオープンになった政府は、多文化の議会を創設し、その制度内で活動しようという宗教団体や民族グループに発言権を与えることを奨励した。シンガポールは現在、ニュージーランドや北欧諸国とともに、世界で最も汚職の少ない政府を誇るまでになっている。私腹を肥やす汚職と公的権力の濫用がそれぞれ1％ずつ低下したことが、GDPを1・7％上昇させた一因なので、これは意義深いことだ。[*11]

リー・クアンユーは政治的意見の相違を押さえ込んでいるとして西洋諸国から批判されたが、その優れたガバナンス・キャンペーンによる経済実績には目を見張ってしまう。2015年までに、シンガポールの1人当たりGDPは5万5182ドル（アメリカを上回る）になった。1960年から2015年までの55年間、シンガポールの年間成長率は6・69％であり、1965年に独立したマレーシアよりも2％高い。[*12]

同じく、富の創造に対する優れたガバナンスの重要性を示す証拠は、共産主義下の東ドイツと北朝鮮におけるGDP成長とイノベーション率を、ほぼ双子の関係にある西ドイツと韓国のそれと比べれば明らかだ。[*13] 優れたガバナンスは大きな違いをもたらすのである。

市場の失敗とその原因

優れたガバナンスが国家とプラットフォーム・ビジネスにおいて重要になるのは、人と組織が規制、制限、セーフガードなしに交流する完全な自由市場が、必ずしも関係者にとって公平で満足のいく結果を生み出せるとは限らないからである。

その一例として、イーベイが挙げられる。イーベイでは、一部の参加者が他の人よりも多くの知識を持ち、市場に精通し、交渉スキルに長けているという状況になることを、どうしても避けられない。ほとんどの場合は、たとえインタラクションの結果として「勝者」と「敗者」に分かれるときでも、そこで行われるインタラクションは基本的に公平だ。しかしときには、操作的で、騙していると思われる結果になることもある。たとえば、一部の未熟な出品者が製品を誤表記しがちだ（たとえば、ルイ・ヴィトンやアバークロンビーの綴りを間違える）と気づいたイーベイのある会員は、そのミスにつけこんで仲買取引を始めた。誤ったラベルのついた品目を積極的に探していくと、そういう製品はたいていオークション・サイトで認知されずに苦戦しているので、バーゲン価格で手に入る。これを正しい名前に修正し、大きなマークアップを乗せた価格で再販するのだ。

有名な例が、あるアンティークのビールボトルだ。これは、家族が50年間持ち続けてきた家宝だったが、残念ながら、出品者はその正確な価値をまったく知らなかった。そのビールは1850年代に、大西洋から太平洋までの伝説の北西航路発見を祈願して、北極を航行する船員たちに「延命ビール」を贈ろうとコンテストが行われ、それに勝って生産されたものだった（当時、ビールは壊血病の予防になると誤信されていた）。[*14] 探検は失敗したが、オリジナルのビールは何本か生き残った。イーベイで売り出された時点で2本の存在が知られており、ビールボトル収集家と歴史マニアが熱心に探していたのだ。

出品者はこうしたことにまるで気づかず、おまけに不注意にもその希少なボトルに「オルソップ（Allsop）の北極エール――コルク栓にシールワックスで完全密封」と題してイーベイに掲載し、299ドルの開始価格を設定していた。同ブランドは本来、もう一つPがついたAllsoppと綴らないといけない。小さなミスだが、この製品に興味を持つ真面目な収集家を混乱させるのには十分だった。誤ったラベルを付けたバーゲン品を買い漁る抜け目ない人物がこれに目をつけて、ただ1人、入札に参加した。イーベイでこのボトルを304ドルで購入し、3日後に受け取った。収集家たちが噂を聞きつけたときには、このボトルの入札価格は7万8100ドルを超えていたのである。[*15]

市場の失敗の4つの主因

このグレーなビールの事例は「市場の失敗」、すなわち、「良い」インタラクション（公平で相互に満足のいくもの）にならなかったり、「不正な」インタラクションが起こったりする事例をよく表している。イーベイ上で欲しい品が見つからなければ、良いインタラクションは起こらない。欲しい品が見つかったものの、誤魔化されたり、騙されたりすれば、不正なインタラクションとなる。

一般的に、市場の失敗の主な原因としては、「情報の非対称性」「外部性」「独占力」「リスク」の4

つが挙げられる。

「情報の非対称性」が起こるのは、あるインタラクションにおいて、一方の関係者が他の関係者が知らない事実を知っており、個人的な利益のためにその知識を使おうとする場合だ。売り手が偽物だと知りながら、買い手にそのことを知らせないケースを考えてみよう。たとえば、ひどい音質のスカルキャンディーのヘッドホン、縫い目がほころびているグッチのハンドバッグ、チャージしても長くもたないデュラセルの電池、落とすと壊れてしまうオッターボックスの携帯電話ケース、効き目のないバイアグラといった偽物の製品だ。こうした偽物市場の規模は世界中で3500億ドル以上と推定され、違法薬物（推定3210億ドル）の取引を超えている。[*16]

「外部性」が起こるのは、特定のインタラクションに参加しない人に過剰なコストやメリットが生じる場合だ。友人がデジタルの2、3ポイントが欲しくて、あなたの個人情報をゲーム会社に教える状況を想像してみてほしい。これはプライバシーの侵害に当たるので、不正なインタラクションであり、「負の外部性」の例になる。

「正の外部性」の概念はもう少し曖昧だ。ネットフリックスが、自分と好みの似ている誰かの映画鑑賞行動を分析し、そのデータを使ってより適した映画を推奨したとしたら、どうだろうか。ユーザーとしては、直接参加しないインタラクションに基づいて自分に便益がもたらされるので、これは正の外部性になるだろう。正の外部性から利益を得るユーザーは文句を言いそうにないが、ビジネス設計の観点では、プラットフォームが完全に獲得していない価値を反映しているので、問題含みだ。理想的な世界——少なくとも経済理論上の世界では、創出されるすべての価値はそれに貢献した実体（エンティティ）のものであり、その功績が何らかの形で正しく認められることになる。

正の外部性に密接に関係する概念は、富を創出した当事者が完全に獲得したわけではない公共の利益だ。公共の利益を認識し、報いるように設計された統治メカニズムがない限り、一般的に個人が公共の利益を創り出すことはほとんどない。

「独占力」というものは、エコシステムの特定サプライヤーが、みんなが欲しがる製品の供給をコントロールすることで過度に力を強め、その力を使ってより高価格にしたり、特別なはからいを要求したりする場合に起こる。ゲームメーカーのジンガは、人気がピークに達したときに（2009～10年）、フェイスブック上で極端に強い力を持ち、ユーザー情報の共有やゲーム収益の分配、ソーシャル・ネットワーク上のジンガの広告費用などの問題をめぐって対立を起こすようになった。イーベイはいわゆる「パワーセラー」（訳注：イーベイが売り手に与えるステイタス）の扱いをめぐって、似たような問題を経験した。

「リスク」は、予想外のことや、基本的に不慮の事象が起こってうまくいかなくなり、良いインタラクションが不正なインタラクションへと変わってしまう可能性をいう。こうしたリスクは、プラットフォームに限らず、すべての市場における永久の課題だ。優れた設計の市場は一般的に、リスクの影響を軽減させるのに役立つツールとシステムを開発し、それによって参加者にもっとインタラクションに加わるよう促している。

ガバナンスの4つのツール――法律、規範、アーキテクチャ、市場

コーポレート・ガバナンスに関する文献は膨大な数にのぼり、とりわけ金融分野のものは多い。しかしプラットフォームのガバナンスには、従来の金融理論では見落とされている設計原則が関わってくる。引用件数が最も多いのは、「企業に融資する際に投資利益を確保する方法」のみを考慮した文献調査だ。[*17] そこでの主眼は、所有と支配の分離による情報の非対称性に置かれている。所有と支配の分離はガバナンス設計における重要な要素だが、それだけでは決して十分ではない。[*18] ユーザー・コミュニティと企業との間の情報の非対称性も重要であり、利害調整を図らないといけないものだ。

さらに、プラットフォームのガバナンス・ルールでは、外部性に特別な注意を払わなければならない。ネットワーク効果の解説で触れたとおり、外部性はネットワーク市場特有のもので、ユーザーが生み出す余剰便益はプラットフォームの価値の源泉だ。これを理解すれば、株主価値という狭い焦点から投資家価値という広い見方へと、コーポレート・ガバナンスを移行せざるをえなくなる。

市場設計に関する業績でノーベル経済学賞を受賞したアルヴィン・ロスは、市場の失敗に対応する4つの広範なレバーを使ったガバナンス・モデルを説明している。[*19] ロスによると、うまく設計された市場は透明性、品質、保険によって市場の「安全性」を高め、良いインタラクションを起こそうとする。すると「厚み」が出て、マルチサイドの参加者がお互いを見つけやすくなるのだ。参加者が多すぎたり、低品質が高品質を駆逐したりすると検索がうまくできないが、そうした「雑然と

した状態」が緩和され、「不快な活動」も減る。だからこそ、iTunesではポルノを、アリババでは臓器売買を、アップワークでは児童労働を禁じているのだ。ロスによると、市場の管理者がこうしたレバーを使って市場の失敗に対応すれば、ガバナンスがうまく効くようになる。

幅広い視野でプラットフォームのガバナンスを考えるときには、法学者のローレンス・レッシグのモデルのように、国家で実践されているモデルが参考になる。レッシグが組み立てたコントロール・システムでは、「法律」「規範」「アーキテクチャ（基本設計）」「市場」という4つの主要ツールが用いられている。[*20]

身近な例で、これら4種類のツールを見ていこう。仮に、あるエコシステムのリーダーたちが、喫煙の害を減らしたいと思っているとする。法律面では、未成年者へのタバコ販売や、公共の場での喫煙を禁じる法案を可決すればいい。規範については、社会的圧力や広告を用いて喫煙を非難し、「格好悪いもの」に見せるようにすれば、非公式な行動規範が文化として根付いていく。アーキテクチャを用いて、たとえば、空気清浄フィルタやタバコの代用で煙の出ないデバイスなど、喫煙の影響を減らす物理的設計にするのもいい。市場メカニズムを活かすときは、タバコ製品に課税したり、「禁煙」プログラムに助成金を出したりする。歴史的に見ても、プラットフォーム管理者を含めて、社会行動をコントロールしたい人は、これら4つのツールのすべてを駆使してきた。

これら4種類のツールをガバナンス・システムの一部としてプラットフォーム管理に利用する方法について、いくつか検討してみよう。

ツール① 法律

プラットフォーム・ビジネスやその参加者には、当然ながら、国法（伝統的な用語の意味で）として制定・施行された多くの法律が適用される。ときには、そうした法の適用が妨げとなることもある。たとえば、素行の悪い参加者を罰する法的制裁は、リスクの問題に対処するための常套手段だ。しかし制裁を加えるには、問題が起こったときに誰が対応し、誰が責めを負うべきかを判断しなくてはならない。これは必ずしも、単純でわかりやすいことではない。

プラットフォーム・ビジネスにおいても、これは純粋に理論的な問題では片付かない。プラットフォームが直面してきた深刻な法的問題として、たとえば、エアビーアンドビーで自分の持ち家を登録したら、売春宿や薬物絡みのレイブパーティーの場として使われた、あるいはクレイグズリストで個人的なサービスの提供者が殺された、というケースがあった。[*21] ユーザーの行動を調整しコントロールするうえで、たとえプラットフォームの所有者が有利な立場にあったとしても、判例法では通常、ユーザーの不正行為に対する責任がプラットフォーム側にあるとは見なされない。このため、少なくとも国法や地域の法律が定める範囲内で、個々の参加者が概ねダウンサイド・リスクを負わなくてはならないのだ（これについては、第11章で再び取り上げる）。

レッシグの「法律」の概念をプラットフォーム・ビジネス内のガバナンスに適用すると、こうした状況は一変する。プラットフォームの法律は明示的な規則だ。たとえば、弁護士が起草したサービス条件や、プラットフォーム設計者が立案した利害関係者の行動ルールなどがこれに該当する。

こうした規則は、ユーザーレベルでも、エコシステムのレベルでも、行動を制約する。ユーザーレベルの例として、アップルはサービス購入に経済的インセンティブを提供し、共有する便宜を十分に図る一方で、ユーザーはデジタル・コンテンツを最大6つのデバイスや家族と共有できるというルールを設けて、無制限の共有を防止している。[*22] エコシステムのレベルでは、アプリ開発者に対して、チェックのために全コードの提出を義務付けるルールや、アップルが守秘義務を負わないとするルールを組み合わせて、ベストプラクティスを広めようとしている。[*23]

プラットフォームの規則には透明性が求められ、通常はそうなっている。プログラミングの質問に答えてくれる最も成功したオンライン・コミュニティのスタック・オーバーフロー（Stack Overflow）は、ポイントの獲得、権利や特権に関するルールをはっきりと示している。1ポイントで質問をして答える権利、15ポイントで他の人のコンテンツに投票する権利、125ポイントでコンテンツを投票で否決する権利が与えられる（ただし、実際に否決すると1ポイント失う）。また、200ポイントになると、非常に多くの価値を提供してきたので、表示される広告数を減らす権利が与えられるのだ。このように明示的でわかりやすい規則体系が整備されていれば、プラットフォーム上で最高の知見を他者と共有するようメンバーに促すことで、公共の利益についての問題は解決される。[*24]

不正行為を助長しかねない規則は、透明性の原則の例外に当たる。出会い系サイトは苦労の末にそれを思い知った。こうしたサイトで不正行為が見られたら、直ちに「ハンドスラップ（平手打ち）」の罰則を与える規則にしたところ、ストーカーはすぐに、警告が出される要因を避ける術を習得してしまった。それよりも、負のフィードバックを行うタイミングを遅らせれば、ストーカーはなぜ自分が捕まったのかを学びにくくなり、より強力で長続きする抑制要因となっただろう。

同様に、ユーザー作成コンテンツ・サイトのトロール（荒らし）は、アカウントが削除されても、新しい身分を騙って戻ってくることが多い。賢いプラットフォーム管理者は、迷惑な投稿をトロール以外の人の目に触れないようにし始めた。コミュニティの感情を扇動できなくなると、トロールは退散した。

基本原則はこうだ。良い行動を定める法を適用するときは、速くオープンなフィードバックを行い、不正行動を罰する法を適用するときは、遅く不透明なフィードバックを行ったほうがよい。

ツール② 規範

プラットフォームやビジネスの種類を問わず、献身的なコミュニティはプラットフォームにおける最大の資産の一つとなる。これは偶然にできるものではない。活発なコミュニティは、優秀なプラットフォーム管理者が、長続きする価値の源泉を生み出す規範、文化、期待を築こうとして醸成していくものだ。

今日、世界最大級のクラウドソース画像市場となっているアイストックフォト（iStockphoto）は、もともと、ブルース・リビングストンが画像CD-ROMをダイレクトメールで販売しようと設立したものだ。このビジネスが大失敗に終わると、自分たちの作品を無駄にしたくなかったブルースらは、オンライン上で画像をばらまき始めた。[*25] すると数カ月もしないうちに、大勢の人たちがそれを見つけ、画像をダウンロードしたがっただけでなく、自作の画像も共有したいと言い始めたのだ。ブルースはアイストックフォト・インスペクターで全画像を細かくチェックする仕組みを導入して、自らが誇る品質の高さを保ちつつ、スパム、ポルノ、著作権侵害の排除に努めた。このプロセスは骨が折れるうえ、費用もかかり、ブルースは16時間労働の日々を送る羽目になった。[*26]

手作業で検査しても、膨大な量の前に埒が明かないと悟ったブルースは、クラウド・キュレーションに方向転換した。高品質なコンテンツをアップロードした人が、インスペクターやコミュニティ・オーガナイザーの座をつかむシステムを考案したのだ。「ニューヨーク」などの場所に関係する画像や「食物」など、カテゴリーごとに画像を扱うやり方も導入した。ブルース自身も賛辞やフィードバックを伝え、コミュニティの構築に一生懸命に取り組んだ。彼は「ビター」というハンドル名で、メンバーを昇格させるホームページ上で「幻王国の素晴らしい新製品、写真家アイズセックのおいしい食品シリーズ」といったコメントを定期的に挙げたのである。[*27]

こうした努力のかいあって、アイストックフォトのコミュニティを統治する一連の強力な規範が確立された。そこには、フィードバック、高品質のコンテンツ、オープンな参加、昇格すると権限が拡大することなどが含まれている。同コミュニティはこれらの規範を用いて、伝統的な価値ある「公共の利益」である優れたフォト・ストックを生み出すようになった。

行動設計の運用

アイストックフォトのストーリーが示すように、規範は何もないところから生まれるものではなく、行動が反映される。つまり、行動設計の規律を知的に適用することによって規範は形成されるのだ。

広告業とゲーム開発の経験を持つニール・イヤールは行動設計について、「トリガー」「行動」「報酬」「投資」という一連の流れが繰り返されることだという。[*28]

トリガーとなるのは、プラットフォーム・ベースの信号、メッセージ、電子メール、ウェブリンク、記事やアプリ通知であり、それに沿って何らかの行動をとるよう、プラットフォームのメンバーに促す。そのとおりに行動したメンバーは通常、予測不能あるいは予想外の報酬がもらえる——スロットマシンや宝くじのような予測不能な報酬メカニズムには、やみつきになる特徴があるのだ。最後に、プラットフォームはメンバーに、時間、データ、社会的資本、お金を投じるようにお願いする。こうした投資は参加者の関与を深め、プラットフォームの管理上、望ましいと思う行動パターンを強化していく。

このプロセスがどのように機能するかを示す一例を紹介しよう。バーバラはフェイスブックのメンバーだ。ある日、バーバラのニュースフィードに面白い写真が登場した。おそらくバーバラのお気に入りの休暇スポットであるマウイ島で、太陽光がさんさんと降り注ぐビーチの写真だ。これがトリガーに当たる。これに対する行動は、できるだけ簡単（摩擦なし）に、バーバラに次のステップを促すべく背中を押すように設計されている。この場合、次のステップは写真をクリックすることだ。バーバラはクリックして写真共有プラットフォームのピンタレスト（Pinterest）に移ったところ、偶然にもまったく新しい出会いがあった。そこで彼女はある種の報酬を受け取る。それは、好奇心をかき立てられるよう注意深くキュレーションされた、さまざまな写真である。いずれも彼女の興味をそそるものを特別に選んでいる（「南太平洋の知られていないビーチ、ベスト10」というタイトルが付いた写真のコレクションを想像してみてほしい）。ピンタレストは最後に、報酬を手にしたばかりのバーバラに、小さな投資をお願いする。たとえば、友人を誘う、好きなものを知らせる、仮想資産を築く、新しいピンタレストの機能を学ぶといったことだ。[*29] この行動からバーバラや他の人にとって新しいトリガーが始まり、一連のサイクルが繰り返されていく。

ピンタレストの場合、この行動設計システムによって促進される規範は、公共の利益となるコンテンツを生み出した。もちろん、必ずしも参加者のためになる行動設計になっているとは限らない。売り込みや操作のツールとして用いられることもある。だから、ユーザー自身がこうしたガバナンス・メカニズムの働きを認識しないといけないのだ。

コミュニティの利益が生まれるパターン

ユーザーを統治するシステムの形成には、総じて、ユーザー自身に参加してもらうほうがよい。女性で初めてノーベル経済学賞を受賞したエリノア・オストロムは、コミュニティによって公共の利益がうまく創造され、規制される場合は、いくつかの定型パターンに従うことを発見した。境界線を明確に定めれば、誰がコミュニティの恩恵を受ける資格があるか、誰がそうではないかの詳しい説明となる。コミュニティのリソース配分に関する決定に影響を受ける人々には、その意思決定プロセスに影響を及ぼせるチャネルを明確にする。コミュニティ・メンバーの行動をモニターする人々には、コミュニティに対し説明責任を持ってもらう。コミュニティのルールに違反した人には、段階的な制裁が適用される。メンバーが低コストの論争解決システムにアクセスし、コミュニティのリソースが拡大するような場合、ガバナンス構造は入れ子状で段階的なものにしたほうがよい。特定のシンプルな問題は小規模でローカルなユーザーグループがコントロールし、より複雑で世界的な問題には、正式に組織化された大きなグループが対応する。[*30] 成功しているプラットフォームのコミュニティで生まれた規範は、総じて、オストロムが概説するパターンをとっている。

イーベイの元シニア・バイスプレジデントのジェフ・ジョーダンは、従来のオークションに固定価格の販売方式を追加しようとしたときに遭遇した問題について、詳しく語っている。[*31] この計画をめぐって、2つの主要な市場参加者カテゴリーは、正反対の反応を示したという。消費者は固定価格という考え方を気に入ったが、イーベイのマーケットプレイス料金を支払った出品者は、固定価格のリストを挙げれば、オークションによる価格上昇という金の卵を産むガチョウを、事実上殺すことになると懸念したのだ。

この論争を解決するためにジョーダンが用いたプロセスは、オストロムのいくつかの考えと似ている。イーベイはフォーカスグループと「ヴォイス」プログラムを使って、ユーザーの意見を反映させ、感情の強さを測定した。そして、警戒心を抱く消費者と出品者に対し、ルール変更案について慎重にやりとりをした。さらに、小さなグループでプログラムをテストし、反応が悪ければ変更しないことにしたのだ。最終的にイーベイの経営陣が選んだのは、消費者の味方となる道だった。「商人は消費者がいる場所に行く」もので、だからこそ出品者はイーベイのプラットフォームにロイヤルティを持ち続けると判断したのである。[32] これが功を奏し、「今、買おう」と訴求する固定価格の製品は、今日、イーベイの全売上げ830億ドルの約70%を占めるようになっている。

ツール③ アーキテクチャ

プラットフォーム・ビジネスの世界で言う「アーキテクチャ」は、基本的にプログラミング・コードを指す。優れた設計のソフトウエア・システムは、自己改善をしていく。良い行動を奨励して報いることで、同じことが起こる状況にするのだ。

ピアトゥピア・レンディング（訳注：お金を借りたい個人と貸したい個人を結び付ける融資手法）などのオンライン・バンキング・プラットフォームは、伝統的な労働集約型でかつ高給取りの融資担当者の代わりに、ソフトウエア・アルゴリズムを使用している。クレジットスコアのような従来のデータとともに、イェルプの（レストラン向け）評価、借り手の電子メール・アドレスの確実性、リンクトイン上のつながり、さらには申し込み前にどれほどしっかりと融資評価ツールでインタラクションしたか、といった非伝統的なデータも駆使して、借り手の返済可能性を算定するのだ。[33]

プラットフォーム・アーキテクチャによって、借り手の行動の予測精度が高まるほどに、参加するリスクは下がり、より多くの貸し手を引き付けることになる。一方、間接費が低いため、低料金でサービスを提供できるようになり、さらに多くの借り手がプラットフォームに集まってくる。参加者が増えれば、データ・フローがさらに改善され、そのサイクルが繰り返されていく。

ピアトゥピア・レンディング・プラットフォームを手掛けるイギリス企業のゾーパ（Zopa）も、これで目覚ましい成果を上げてきた。ゾーパが10億ドル以上の貸し付けを行ったことを高らかに公表したときに、著者の1人、チョーダリーは同社のリーダーを祝福し、「御社にとってデフォルト（債務不履行）率のほうが重要な成功基準ではありませんか」と丁重に尋ねた。ゾーパはそれに応えて、デフォルト率が3年前の0・6％から、0・2％に減少した事実を公表した。[*34] これぞ、うまく設計されたプラットフォーム・アーキテクチャの威力である。

アーキテクチャを使って市場の失敗を防ぎ、是正することも可能だ。イーベイで出品者の誤表記につけこんだ仲買人の例を思い出してほしい。不運な出品者は、取引成立の機会が失われたことを嘆くかもしれないが、これら仲買人は裁定取引《アービトラージ》として知られるプロセスを通じて、市場の流動性（アルヴィン・ロスの論じる「厚み」）をもたらしている。誤表記の品目に誰も入札しなければインタラクションは起こらないので、裁定取引業者も価値あるサービスを提供していると見なせるが、裁定取引の機会があるというのは、市場の非効率性をも示している。イーベイは現在、自動化システムを使って誤表記に対応しているので、出品者は自分がその品物にふさわしい価値を受けているという確信を深めるようになった。このように賢いガバナンスは、エコシステム全体の健全性を高めるために、裁定取引業者など特定の利害関係者グループの権利を奪うこともあるのだ。

もう一例として、ニューヨーク株式取引所での高速取引を挙げよう。ゴールドマン・サックスなどの企業はスーパーコンピュータを使って、1つの市場で買い入れた注文がいつ別の市場に波及するかを判断している。そして、取引に割り込み、安く買って高く売り、利ザヤをかすめ取るのだ。

この手法は、巨大な演算能力を持つ余裕のある少数の市場参加者に、不公平な優位性を与える。[*35] こうした非対称的な市場の力に対して、騙されたと感じたプレーヤーは遠ざかっていくおそれがある。この問題を解決するために、私設取引システムＩＥＸなど競合関係にある証券取引所は、独自のスーパーコンピュータを使って入札の正確な時間を決めることで、ゴールドマン・サックスの優位性を排除している。[*36] アーキテクチャによって、競争の場を平等で、誰にでも公正なものとし、競争原理が働く市場にすることができるのだ。

ビットコインに見るアーキテクチャ・コントロール

これまでに発明された最も革新的なアーキテクチャによるコントロール形態の一つは、サトシ・ナカモトと名乗る謎のコーディングの天才が、デジタル通貨、ビットコインを定義する暗号学のメーリングリストと、それを統治するいわゆるブロックチェーン・プロトコルに関する論文を発表した2008年に登場した。ビットコインは政府や銀行、あるいは個人にはコントロールできない、世界初の偽造不能なデジタル通貨として注目されているが、そこで用いられているブロックチェーンは実に革命的だ。決済エスクローサービスなどの保障の必要は一切なく、可能な限り分散型で信頼性の高いインタラクションを実現している。

ブロックチェーンは公開管理された分散型台帳で、データを記憶するデータベース（ブロック）は、他のデータベースに添付された状態になっている（チェーン）。[*37] データは発明日の証明、車の所有権、デジタル・コインなど何でもよい。ある人がデータベースにデータを入れると、その人の公式な署名を見て、誰もがその事実を確認できるが、コンテナを開けてコンテンツを見たり移したりするには、入力者のプライベート・キーが必要になる。自宅の住所のように、ブロックチェーンのデータベースは公開され、検証可能な形で入力者のものだが、入力者が認めた人のみがエントリーのためのキーを持っているのである。*38

このブロックチェーンのプロトコルによって、分散型のガバナンスが可能になる。契約を結ぶときには通常、相手を信用して条件を守ってもらうか、取引が実現されるよう国家などの中央当局か、イーベイのようなエスクローサービスに頼らなくてはならない。公開されたブロックチェーンのオーナーシップにより、私たちに独立執行力のあるスマート契約書を作成する権限が委譲される。この契約書は、契約条件が発効されると、自動的に所有権が再設定される。分散型の公開運用形式なので、コードをコントロールする人は誰もいないため、関係者は誰も手を引くことはできない。ただ実行するだけだ。これらの自律的なスマート契約は、その人の仕事のアウトプットに対価を払うことまで可能だ――実質的に機械が人を雇用し、その逆ではない。

たとえば、婚礼写真のカメラマンと結婚式を計画中のカップルとの間で、スマート契約を結ぶ場合を想像してみよう。ブロックチェーンに記録された契約書には、編集された写真ファイルが電子的に新婚カップルの手元に届いたときに、速やかにカメラマンへの最後の支払いが行われるよう指定することができる。自動デジタル・トリガーによって、カメラマンは迅速に写真を届けるよう促されるとともに、クライアントがお金を払ってくれないかもしれないという不安からも解放される。

ナカモトの発明から、オープン・アーキテクチャではあるが中央集権型ではないガバナンス・モデルという、新しいタイプのプラットフォームが生まれた。このモデルではゲートキーパーを置く必要がないため、人件費の高いゲートキーパーに依存する既存プラットフォームには、深刻なプレッシャーとなる。ただ右から左に流して、取引の2~4%の手数料を請求するような金融サービスは、将来的に、課金を正当化するのに一苦労する可能性がある。

さらに、大部分のプラットフォームでは、特定の参加者が市場で力を持つ問題に対応することになるが、ナカモトのプラットフォームは、プラットフォーム自体の独占力という問題に対応する。発明者のナカモト(その実像は謎のままだ)でさえ、オープンソース・コードのルールを作り変えて、ある参加者だけを特別扱いすることはできないのだ。

ツール④ 市場

市場はメカニズム設計やさまざまなインセンティブを使って、行動を統治できる。インセンティブには金銭だけでなく、人のモチベーションの3大要素である、楽しさ、名声、幸運も含まれる。多くのプラットフォームでは実際に、社会的通貨として知られる無形の主観的な価値と比べて、お金の重要性ははるかに低い。

社会的通貨の背後にある概念は、何かを得るために何かを与えることだ。写真に楽しさを与えたければ、他の人と共有できるようにすればよい。関係性の経済価値として測定される社会的通貨には、お気に入りや共有することが含まれる。[*39] また、イーベイ上で良いインタラクションを構築する評判、レディット上の新しい好意的な投稿、スタック・オーバーフローの優れた回答、ユーザーがツイッターで引き付けるフォロワー数、リンクトイン上で獲得したスキルに関するエンドースメント（推薦）の多さ、なども同様だ。

アイストックフォトは、写真の交換を管理する社会的通貨に基づく、有益な市場メカニズムを進化させた。写真がダウンロードされるたびに、ダウンロードした人は1単位を支払い、もともとその写真をアップロードした人は1単位を獲得するようになっていた。[*40] こうした単位は1ポイント当たり25セントで購入でき、カメラマンは100ドル以上に相当する単位を貯めると現金を受け取れる。このシステムはプロのカメラマンとアマチュアが同じ市場に参加できる、公平な社会的交換機能を作り上げた。そのメカニズムは同時に供給と市場の「厚み」を促進し、マイクロ写真ストック産業を生み出した。

社会的通貨には、過小評価されているが、いくつかの注目すべき特性がある。それらを用いて、ブラッド・バーナムが投げかけた、プラットフォームの「収益化政策」に関する興味深い質問に答えることもできる。

企業管理プラットフォーム企業のＳＡＰは、アイストックフォトやスタック・オーバーフローのように社会的通貨を使って、開発者にお互いの質問に答えるよう動機づけている。開発会社の従業員が質問に答えて獲得するポイントは、法人アカウントに入る。そのアカウントが指定レベルに達すると、ＳＡＰはその企業が選んだ慈善団体に気前よく寄付をする。このシステムにより、ＳＡＰの技術サポート費用が６００万〜８００万ドル節約され、新しい製品やサービスのアイデアがたくさん生み出され、平均的な応答時間はＳＡＰの約束する1営業日から30分に短縮された。[*41] ＳＡＰの算定では、これらの活動を通じた知識の波及効果により、通常の法人向けソフトウエア・パートナーの年間生産性において、50万ドルの増益につながっているという。[*42]

もっと興味深い点は、ＦＲＢ（連邦準備制度理事会）がマネーサプライを使ってアメリカ経済を刺激するのと同じ要領で、ＳＡＰが社会的通貨の供給によって開発者経済を刺激してきたことだ。ＳＡＰは新しい顧客関係管理（ＣＲＭ）サービスを導入したとき、ＣＲＭ関連の回答、コード、ホワイトペーパーにすべてダブルポイントを提供した。この「収益化拡大」方針をとっていた2カ月間に、開発者は同ソフトウエアのギャップを発見し、非常に高い比率で新しい機能を考案した。[*43] マネーサプライとして用いることで、社会的通貨の流れが増し、それによって経済的アウトプットが全体的に増加したのだ。ＳＡＰは実質的に成長を刺激する拡張収益化政策を採用し、それが奏功したのである。

経済成長を促進することに加えて、うまく設計された市場メカニズムは知的財産権の創造や共有を促し、プラットフォーム上のインタラクションの危険度を減らすことができる。

最適な知財政策

公共の利益という考え方は美しく有益だが、そこからこんな疑問が湧いてくる。プラットフォーム・ビジネスにとって最適な知財政策とは何か。プラットフォームに取り組んでいる開発者が価値あるアイデアを発明した場合、誰がそれを保有するのか。開発者なのか、プラットフォームなのか。

この問題をめぐって、両サイドに関する議論を想像することができる。開発者に財産権を与えれば、アイデア創造に向けたインセンティブとなる。プラットフォームに所有権を与えれば、標準化と共有が容易になり、全体としてプラットフォームのエコシステムを充実させられる。国家が定めた特許関連法をはじめとする知的財産権保護は、実行しにくく、高くつく。もっとエレガントなプラットフォームに基づいた解決策が求められるのだ。

SAPは2つのことを実践して、この問題に取り組んだ。第一に、18～24カ月間先のロードマップを発表し、法人顧客向けサービスの向上を図るために、どのような新しい製品・サービスを構築しようとしているかを示した。これはSAPの外部開発者に、どのようなデジタル財が各自のイノベーションに利用可能かを伝えるだけでなく、競争に直面する前に、最大2年間の時間的猶予を与える。この2年は特許期間のような役割を果たす。[*44] 第二に、SAPは開発者と財務提携するか、公正価格で買収するという方針を立てた。これにより、開発者は各自の業務がかなり補償され、提携リスクが減るので、SAPのプラットフォームへの外部からの貢献が促進される。

プラットフォーム上のリスク削減は永遠の課題だ。歴史を振り返ると、特にプラットフォームの初期は、プラットフォーム保有者は総じて、プラットフォームの参加者が直面するリスクに対して、責任を回避しようとしていた。たとえば1960年代に、商取引業者とカード保有者から成るツーサイド・プラットフォームを主催するクレジットカード会社は、カードをめぐる詐欺について、カード保有者に保険をかけることに難色を示した。保険をかければ、消費者はカードの取り扱いが雑になり、不正利用が増えかねない。また、銀行のかぶるリスクが増えれば、信用拡大を嫌がるようになり、低所得層の消費者に苦痛を与えることになると主張したのだ。

大手銀行からの猛反発はあったが、公正信用報告法（１９７０年）とそれに続く法改正によって不正利用保険が義務付けられ、クレジットカードの不正利用に対する消費者負担の上限が50ドルに定められた。クレジットカード会社が予測したような災難は起こらなかった。消費者は詐欺のおそれから解放され、カードの使用頻度が大幅に高まり、それによって詐欺の増加を十二分に相殺するほどインタラクションの量が増えた。詐欺保険によるビジネス上のメリットは非常に大きかったので、カードの採用や利用を促進しようと、今では消費者が24時間以内にカードの紛失や盗難を報告すれば50ドルの負担を免除する銀行が増えている。[*45]

新しいプラットフォーム・ビジネスは近年、１９６０年代のクレジットカード会社と同じ間違いを犯している。最初のうち、エアビーアンドビーが行儀の悪い宿泊客に対してホストに補償することを拒み、ウーバーは素行の悪い運転手に対して乗客と保険契約を結ぶことを拒否したのだ。[*46]両社とも最終的に、こうした拒絶がプラットフォームの成長の足を引っ張ることを理解した。今日私たちが目にするように、エアビーアンドビーはホスト向けに住宅所有者保護として１００万ドルを拠出し、ウーバーは保険会社と提携して、運転手を保護する新しい保険を開発している。[*47]

プラットフォームは、自分たちのリスクを最小化することよりも、むしろリスクのプール化や保険のような市場メカニズムを用いて参加者のリスクを軽減し、それによって全体的な価値創造の最大化を図らなければならない。優れたガバナンスとは、エコシステムのパートナーの健全性に配慮することを意味するのである。

賢い自己ガバナンス原則

王様と征服者はルールを作るのは好きだが、ルールに従うことは必ずしも好まない。しかし、賢いガバナンス原則がプラットフォームのパートナーや参加者だけでなく、プラットフォーム企業自体にも適用されれば、結果は改善される。

プラットフォームの賢い自己ガバナンスの第一の重要原則は「内部透明性」だ。プラットフォーム・ビジネスでは、ほぼすべての組織と同じように、部署や部門がサイロ化する傾向がある。社内の他部門の人も含めて、外部者には理解しにくい独特の視点、言語、システム、プロセス、ツールを開発する。こうなると、複数部門にまたがる複雑で大規模な問題を解決するのが、きわめて難しくなる。というのは、異なる作業チームのメンバー間には共通の言語やツールセットがないからだ。さらに、ユーザーや開発者など外部の人間にとって、プラットフォーム管理者と効果的に協力することが非常に難しくなる。

この種の機能障害を避けるために、管理者はプラットフォーム全般で、すべての事業部門に明確な視点を打ち出すよう努めなければならない。そのような透明性は一貫性を促進し、他の人々が主要なリソースを開発して使うのを助け、規模の変化に対応しながら成長を遂げられる。

アマゾンのクラウド・サービスが持つ7つのルール

アマゾン経営幹部のスティーブ・イエギによる、CEOのジェフ・ベゾスが発する命令をまとめようという試み、いわゆる「イエギの大言壮語」は、きわめて効果的にこの原則の精神を捉えている。社内の人にも、外部のユーザーとパートナーにも明白でわかりやすく役立つように、特別に設計されたデータ通信ツール「サービス・インターフェース」を用いて、アマゾンの全チーム・メンバーが互いにコミュニケーションをとることを学ばなくてはならないと、ベゾスは主張した。これは、社内の他部門の同僚を含めて、ビジネスの相手は皆、自ら責任を持って対応すべき、正当かつ重要な情報ニーズを持った顧客として扱うべきという考え方だ。そのために、イエギの大言壮語には7つのルールが示されている。

1　全チームはこれ以降、サービス・インターフェースを通じて、保有するデータと機能を公開する。

2　チームはこれらのインターフェースを通じて、お互いにコミュニケーションをとらなければならない。

3　他の形のプロセス間のコミュニケーションは、一切許されない。直接つながらない。他チームの蓄積データを直接読まない。共有メモリ・モデルはとらない。いかなる不正も行わない。唯一の許されたコミュニケーションは、サービス・インターフェース経由でネットワーク全体に呼びかけることだ。

4　どのようなテクノロジーを使用するかは重要ではない。ＨＴＴＰ、Ｃｏｒｂａ、Ｐｕｂ／Ｓｕｂ、カスタムメイドのプロトコルの何であれ、ベゾスは気にしない。

5　すべてのサービス・インターフェースに例外を設けず、最初から外部化可能な設計でなくてはならない。すなわち、外部の世界で開発者にインターフェースを公開できるような計画や設計を行わなくてはならない。例外は一切ない。

6　これを守らない人は解雇されるだろう。

7　ありがとう。良い1日になりますように！

同プラットフォームの巨大なクラウドサービス企業、アマゾン・ウェブサービス（ＡＷＳ）の成功の根底には、この透明性の原則が的確に適用されていることがある。同社の技術担当バイスプレジデントのアンドリュー・ジャシーは、いかに異なる部門がデータの保存、検索、コミュニケーションのために、ウェブサービスのオペレーションを開発し続けなくてはならなかったかを観察してきた。[*48] こうしたさまざまなプロジェクトでは、明確で柔軟性があり、普遍的に理解できるプロトコルを組み合わせて、1つのオペレーションを作るべきだと、ジャシーは強く求めた。これを実施することで、アマゾンの膨大なデータがすべて、組織内の誰にでもアクセス可能で役立つものになる。

さらに重要な点として、この問題を解決すればアマゾンはより広範な外部アプリケーションを持てるようになることを、ジャシーは認識していた。アマゾン内の複数の事業部門がこの問題を解決しなければならないとすれば、効果的に問題を解決する信頼性の高いデータ管理サービスは、同じようなニーズを持つ外部企業にも役立つだろうと、彼は結論づけた。こうして生まれたＡＷＳは、クラウド・ベースの情報記憶と管理サービスと専門知識を、データに関する課題を大量に抱える企業に提供する最初のビジネスの一つとなったのである。ジャシーのビジョンのおかげで、ＡＷＳは今日、クラウドサービスをさらに十数個合わせたよりも、大きな市場対応力を持っている。[*49]

これとは対照的に、事業部門全体を見る能力を制限している企業は、現実的なプラットフォームを確立したり、スケーラブルなプラットフォーム・ビジネスを構築することに、失敗する可能性がある。

ソニーの事例については、考えさせられるものがある。ソニーのウォークマンは１９７０年代から、携帯可能な音楽の領域を席捲してきた。２００７年にアップルのｉＰｈｏｎｅが登場したときも、電子デバイスの世界におけるソニーの優位性は揺るがないように見えた。ソニーはワールドクラスのＭＰ３プレーヤーと先駆的な電子書籍端末を保有し、トップクラスのカメラを製造していた。ソニーはその年の秋に、世界最高のゲームデバイス、次世代プレイステーション・ポータブル（ＰＳＰ）を導入した。同社はタイム・ワーナーの映画とテレビスタジオまで保有し、同社に独自コンテンツを提供する機会を与えていた。しかし、ソニーはこうした部分的な優位性を持っていたにもかかわらず、プラットフォームを提供するというビジョンはまったく持ち合わせていなかった。それよりも、別々の製品ラインを利用し、個々のシステムに特化していたのだ。

ソニーのサイロ化した事業ビジョンは、統一のプラットフォーム・エコシステムを築く妨げとなった。2、3年もしないうちに、アップルのiPhoneと、その成長中のプラットフォーム上に構築されたアプリは、同分野を独占した。2008年の金融危機の2年後、ソニーの株価は依然として以前の価値の約3分の1だったのに対し、アップルの株価は市場最高値へと急騰した。

USB標準に見る参加を促す自己ガバナンス

プラットフォームの自己ガバナンスの第二の重要原則は、参加に関するものだ。プラットフォーム管理者が、内部の利害関係者と同じように、外部のパートナーと利害関係者にも、内部の意思決定プロセスへの発言権を与えることがきわめて重要になる。それをしなければ、意思決定は必然的にプラットフォームに好都合なものとなり、ついには外部パートナーが疎遠になり、プラットフォームから離反していくようになるだろう。

アナベラ・ガワーとマイケル・A・クスマノは共著書『プラットフォーム・リーダーシップ』（有斐閣、2005年）の中で、パートナーに発言権を与えることがいかに素晴らしいプラットフォームのガバナンスになりうるかを鮮やかに示す事例を紹介している。インテルがUSB（ユニバーサル・シリアル・バス）を中心に構築しようとしたエコシステムは、キーボード、メモリデバイス、モニター、カメラ、ネットワーク・コネクタなど周辺機器とコンピュータ間で、データや電力を移転できるようにする最初の標準規格を作るためのものだった。しかし、周辺機器はインテルのコア・マイクロチップ事業の外部にあった。[*50] これはつまり、第5章で論じた立ち上げをめぐるニワトリと卵の問題のうち、特に深刻な部類に入る。誰も採用していなかったコンピュータの標準規格に沿った周辺機器など、誰も生産したがらないし、誰も周辺機器を製造したコンピュータなど、誰も買いたいとは思わないものだ。ハードウェア上のパートナー候補は、インテルと結び付きたがらなかった。というのも、インテルが標準規格の保有者として将来的に競合品の互換性をなくしかねない標準変更を行う選択肢を持ち、それによってパートナーの投資の長期的価値を奪っていくおそれがあったからだ。

インテルは、ＵＳＢをインテル・アーキテクチャ研究所（ＩＡＬ）に委託して、ニワトリと卵の難問を解決していった。ＩＡＬは新規事業部門として、どの内部の製品ラインの権限にも影響を受けない。その職務はエコシステムのパートナーと社内の事業部門との間の中立的な交渉者となることであり、独立性なしには実現できないのだ。ＩＡＬは、ときにはインテルの事業部門を犠牲にしてでも、エコシステムの健全性を進めるという方針を提唱し、制定することで、パートナーの信頼を獲得した。1年にわたって、ＩＡＬのチームは50社以上を訪問し、各社に使い勝手のよい標準規格の設定やライセンス設計を手伝ってほしいと呼びかけた。ＩＡＬを通じて、インテルがパートナー市場を踏みにじらないことも約束した。インテルは自社の将来の行動を制限するという評判と約定の両方を用いたのだ（ＩＡＬの自己ガバナンスの原則の要約は**図表 8-1** を参照）。

こうした努力は報われた。コンパック、ＤＥＣ、ＩＢＭ、インテル、マイクロソフト、ＮＥＣ、ノーテルの7社のコンソーシアムがＵＳＢの背後で手を組み、エコシステムの標準を作り、10年以上かけて進化させていくことに成功したのだ。

図8-1　IAL──USB標準を導入したときの自己ガバナンス・ルール

1. 重要な意思決定をめぐって顧客に発言権を与えなくてはならない。対立する議案を扱うために、独立の事業部門を「万里の長城」として用いる。
2. 信頼関係を築くために、オープンな標準はオープンに保たなくてはならない。
3. 自他を問わず、ＩＰ（知的財産権）は公正に扱わなくてはならない。
4. 明確なロードマップを伝え、それを堅持する。実行すること、実行しないことに関する約束は、信用できるものでなければならない。
5. 通知をして戦略的に重要市場に参入する権利を保有する。人々を驚かせたり、ニュースで特別扱いをしたりしてはならない。
6. 大きな投資の場合、リスクを共有し、自己資金を賭けなくてはならない。
7. プラットフォームを変えないという約束はしない。約束するのは、早期に通知することである。経営幹部が自己資金をつぎ込む場合、変更はパートナーだけでなく、プラットフォームにとっても手痛いものとなる。
8. 差別化された資産を持つパートナーに、差別化した便益を提供してもかまわない。ただし、どうすればその資格が得られるかについて、誰もが確実に理解できるようにする。
9. パートナー、特に最小のパートナーの長期的な財務健全性を促進する。
10. ビジネスが成熟するにつれて、意思決定は次第に、中核的なプラットフォームから、補完するものや、カニバリゼーションを起こす新規事業へと、外部への発展を支持するものとなる。[*51]

ここで、この章の初めに紹介した奥深いデザイン原則に話を戻そう。正当で公正なガバナンスは富の創出をもたらす。シンガポールが躍進を遂げたストーリーの中で、この原則がどんな働きをするのかを見てきた。IALとUSB標準規格の投入の話も同じである。

公正さは、2つの方法で富の創出に役立つ。[*52] 第一に、人々を公正に扱えば、彼らがアイデアを共有してくれる可能性が高まる。アイデアが多いほど、それを新しいイノベーションに取り入れたり、マッチングしたり、作り直したりする機会が増えるのだ。

第二に、公正なガバナンスによって、市場の参加者がより賢明で、より生産的に各自のリソースを配分するようになると、著者の1人（ヴァン・アルスタイン）が実証している。[*53] USB標準規格の例を考えてみてほしい。標準作りに関与した7社で必ず、公正に価値が共有されるならば、誰もが積極的に参加するだろう。対照的に、5社が結託して残りの2社の価値を盗もうとしかねないと、その2社が考えれば、コンソーシアムには頑として参加しないかもしれない。不公平になりそうだからといって分裂を招けば、USB標準規格が競合する標準規格と併存したり、悪くすれば、標準規格が一切開発されなくなるおそれもある。

これは、公正であれば必ず富が創出される、あるいは、公正でなければ富が決して創出されない、という意味ではない。キューリグ、アップル、フェイスブックはいずれも時折、コミュニティを手ひどく扱ったりもしているが、財務的には成功している。しかし長い目で見れば、プラットフォーム保有者が説明責任なしに任意の意思決定を行えるとルールで定めるよりも、エコシステムのガバナンスを通じて公平な参加となるように設計したほうが、もっと多くの富を創出するようにユーザーに働きかけることができる。プラットフォーム管理者は往々にして、ユーザーよりも自らに有利なガバナンス原則を選ぼうとする。しかし、ユーザーを尊重するプラットフォームは、ユーザーに多くのことを期待することができるのだ。それは最終的に、みんなにとっての便益となるのだ。

ガバナンスには常に進化が必要

ガバナンスは常に不完全だ。どのようなルールでも、パートナーは新しいやり方で個人的なメリットを見つけ出していく。情報の非対称性と外部性は常に存在する。インタラクションは複雑に発展し、それが介入につながり、そこから新たな複雑さが生じるものなのだ。実際に、適切なガバナンスによって第三者がイノベーションできるようになれば、彼らが新しい価値の源泉を生み出すのと同時に、その価値のコントロールをめぐって新たな争いが起こる。

そのような対立が生じる場合、新しい価値の最大の源泉や、市場の今後の方向性（これまで目指してきた先ではない）を支持するような、ガバナンス上の意思決定をしなくてはならない。マイクロソフトがそうだったように、老朽化した資産を守るだけの選択をした企業は停滞する。このため、ガバナンス・メカニズムは自然治癒力を持ち、進化を促さなければならない。高度なガバナンスは「自己設計のための設計」というレベルで効率性を実現する。つまり、必要に応じてルールを更新するため、プラットフォームのメンバーは制限を受けずに協力し合い、恐れずに実験することが奨励されるのだ。ガバナンスは静的であってはならない。プラットフォーム・ユーザーが新しい行動を始める、ユーザー間での予期せぬ対立が起こる、あるいは、新しい競合が食い込んでくるなど、変化の兆しが見えたなら、それに関する情報を速やかに組織全体に広めて、それに対応するためのガバナンス・システムをどう発展させるべきかについて、創造的な会話を促さなくてはならない。

どのような種類のビジネスや社会的なエコシステムであれ、プラットフォームには常に動きの速い部分と遅い部分がある。賢明なガバナンス・システムには、そのどちらにも対応できるだけの柔軟性が備わっている。*54

POINT

・自由市場は完全に失敗に終わることが多いので、ガバナンスが必要になる。
・市場の失敗はたいてい情報の非対称性、外部性、独占力、リスクによって起こる。優れたガバナンスは市場の失敗の防止や軽減に役立つ。
・プラットフォームのガバナンスの基本ツールには、法律、規範、アーキテクチャ、市場などがある。それぞれを注意深く設計し、実行することにより、プラットフォームの参加者が前向きな行動をとり、良好なインタラクションを行うよう促し、不正なインタラクションを阻止しなくてはならない。
・自己ガバナンスも効果的なプラットフォームの管理において重要である。
・運営状態のよいプラットフォームは、透明性と参加の原則に従って、自らの活動を統制している。

CHAPTER 9

METRICS

評価指標

プラットフォームが問題にすべきこと

過去のリーダーはどんな評価指標を用いたか

リーダーとは、常にみんなを導くために少数の主要指標を重点的に見なくてはならないものである。これは何千年にもわたって、ビジネス、政府、戦争をはじめとする、あらゆる人間の活動領域に当てはめられてきたことだ。ユリウス・カエサルのガリア戦争（紀元前58〜50年）について、ジョナサン・ロスは次のように説明している。

ローマ軍は戦場に、衣類、よろい、刀剣、飛び道具、テント、防護設備、料理道具、医薬品、筆記具といった軍需品を大量に持ち込んだ。しかし、古代の軍隊に欠かせない軍需品の総重量の約90％を占めるのは、食料、飼料、薪のわずか3点だった。基本的な戦略概念から最小の戦術的な動きまで、あらゆる軍の意思決定はこれらの軍需品に左右されることも少なくなかった。[*1]

一定数の兵士と動物がいる場合、兵士の食料、動物の飼料、暖房や調理用の薪の量を表に整理するだけで、どのくらいの距離を行軍できるか、次の補給までにどのくらい長く軍事作戦がとれるかを、補給担当将校は素早く判断することができた。この3つの主要指標を使って、カエサルは最も基本的な戦略上の決定を何度も行ったのだ。

線形のバリューチェーン（パイプライン）を持つ従来型の営利企業のリーダーは、これと同じように、比較的限られた標準的指標を使って成功を遂げてきた。たとえば、自動車や洗濯機といった製品のメーカーは、原料や組立部品を調達し、製品を組み立て、完成品を営業やマーケティングの多様なチャネルを通じて最終顧客に販売できるようにしなくてはならない。その仕事の詳細は非常に複雑かもしれないが、パイプラインへの参加者が負担する総経費を売上げが上回り、リスクを正当化でき、将来の開発費をカバーするだけの利幅がある限り、万事がうまくいく。ラインの労働者や中間管理職は、パイプライン全体にわたって設計、製造、生産、マーケティング、配送など細かなポイントに集中して取り組まなくてはならないが、上級職のリーダーは取締役や外部の投資家とともに、少数の主要な数値に注目して、自社の相対的な健全性を素早く把握しておけばよい。

パイプライン企業の従来の評価方法はキャッシュフロー、在庫回転率、営業利益などであり、大部分のマネジャーにはなじみのあるものだ。これらを使えば、大まかな事業の全体像がうまくつかめるし、単純かつ明快なので、企業リーダーの注意が二次的な詳細情報に逸れることもなく、長期的成功の鍵となる要因に集中し続けられる。

新しい評価上の課題

残念ながら、パイプライン企業の組織や運営に用いられる従来の指標をプラットフォームに適用しようとしても、すぐに破綻をきたしてしまう。プラットフォーム・ビジネスの実際の健全性や成長予測を効果的に測る代替指標を設定するのは、決して容易なことではない。

ブランチアウト（BranchOut）のストーリーで考えてみよう。2010年7月にサービスを開始したブランチアウトは、フェイスブック経由で求職活動ができるアプリを使った専門家ネットワーク・プラットフォームであり、巨大なフェイスブック・ネットワークに便乗したリンクトインの変形版といったところだ。求人広告を出したり、インターネットで募集を告知したりするよりも、大多数の仕事が友人間のクチコミ経由で埋まっていく世界の中で、ブランチアウトは素晴らしいイノベーションだという印象を多くの人々に与えた。創設者でCEOのリック・マリーニは、3回の投資ラウンドで4900万ドルを調達することにどうにか成功した。

同社が専門家ネットワークの世界のトップへと急成長する道のりは、驚くべきものだった。ブランチアウトのユーザーベースは、2012年の春から夏までの間で100万人足らずから、なんと3300万人にまで拡大したのだ。ただし、内部崩壊が起こるのも速かった。4カ月も経たないうちに、メンバー数は200万人足らずに急落。翌年の夏には、まったく新規の経営戦略を模索し、同僚チームが連絡を取り合う「職場チャット」のプラットフォームに転身を図ろうとしていた。「アクティブ・ユーザーは現在のところそれほど多くありません」と、マリーニは認めている。ブランチアウトは「失敗したのではなく、まだ存続しています[*2]」。

事後分析してみると、ブランチアウトが崩壊した理由はいろいろと指摘できる。一つには、フェイスブックのアプリ開発者プラットフォームが改変され、ブランチアウトのコミュニケーション・システムの妨げとなったことだ。そのほか、求職のケイパビリティとフェイスブックのソーシャル・ネットワーキングの雰囲気を融合させる全体構想が、見当違いだったとする指摘もある。ある業界ウォッチャーはこう述べる。「求職活動はストレスだらけで、いろいろと苦労が絶えません。友人と一緒にいるときに、私がいちばん言いたくないのが求職の話です。そこから逃れたいのです[*3]」

これらは、ブランチアウトの失敗要因となったのかもしれない。しかし、ブランチアウトが犯した最も重要な間違いは、どうやら間違ったものを評価指標とし、その部分に力を入れてきたことにあるようだ。2012年半ばの決定的な月間に、潤沢な投下資本によって「アクティブ・ユーザー」の登録者数が驚くほど急増したため、ブランチアウトは会員数を増進させようと努力を続けた。ユーザーにインセンティブを与えて、なるべく多くの友人を招待してもらい、フェイスブック会員が各自のネットワーク内のみんなに、ブランチアウトへの参加を呼びかけやすくしたのだ。何億通もの招待状がサイバースペースに氾濫するようになると、ブランチアウトの登録者数は飛躍的に増加した[*4]。

個人名とeメールアドレスの書かれた会員リストができたからといって、プラットフォームの成功が約束されるわけではない。重要なのは「活動」、つまり、ユーザーが十分な数のインタラクションを行うことだ。ブランチアウトが会員数を追跡したのと同じくらい懸命に活動量を追跡していたならば、何百万人もの会員が同社のサービスにあまり価値を感じていないことに、気づいたかもしれない。会員数が急落したのは当然の成り行きだった。

ブランチアウトのストーリーは、プラットフォーム世界におけるきわめて重要な真実を例示している。プラットフォームが伝統的なバリューチェーン、競争戦略、管理手法を変えたことからわかるように、内部では新しい形態の評価基準も必要になってくるのである。

コア指標の違い

ここでしばし、パイプラインで最も一般的に用いられている評価基準に話を戻そう。キャッシュフロー、在庫回転率、営業利益といった主要な数字や、売上総利益、間接費、投資利益率などの補助指標は、同じものを多角的に評価するのに役立つ。同じものとはつまり、パイプラインを通じて価値が流れていくときの効率性だ。成功しているパイプライン事業は、最小のリソースを使って製品やサービスを製造し、マーケティング、営業、流通システムをうまく管理しながら、大量の製品やサービスを顧客に届ける。それによって、費用を賄い、利益を確保し、投資家に報い、さらなる成長のために必要な投資額を上回るだけの売上げを生み出すのだ。

パイプラインの指標は、パイプラインの端から端までの価値の流れの、効率性を評価するために設計されている。流れの中のボトルネック、滞留、崩壊を見つけやすいのだ。これらはプロセス効率を改善したり、システムを強化するなどして、パイプラインを通じてより大きく、より速く、より多くの利益が得られる価値の流れにしなくてはならない部分だ。たとえば、在庫回転率が予想外に悪化しているときは、過剰在庫、製品の陳腐化、マーケティングの失敗の兆候を、回転率が高すぎるときは、過少在庫や販売機会の逸失が続いている兆候を示しているかもしれない。こうした指標を注意深くモニターしていれば、必要な調整を行い、事業を好調なまま維持しやすくなる。

プラットフォーム・ビジネスでは、この種の（明らかに簡略化された）分析手法では通用しない。これまで見てきたように、プラットフォームでは主にネットワーク効果によって価値が創出される。

ビジネスの真の健全性を明らかにする指標を探すときには、正のネットワーク効果と、それを推進するプラットフォーム上の活動に注目する必要があるのだ。

具体的には、インタラクションの成功率とその貢献要因を評価できる指標でなければならない。プラットフォームは、ユーザー間、特に価値の生産者と消費者の間の、正のインタラクションを促進するために存在する。正のインタラクションの数が増えるほど、より多くのユーザーが集まり、プラットフォーム上のさまざまな活動やインタラクションにさらに参加したくなる。このため、望ましいインタラクションがずっと繰り返される中で、プラットフォームでの成功を定量化する指標が最も重要になってくる。その結果として、正のネットワーク効果が起こり、プラットフォームのユーザー、スポンサーや管理者など、参加者全員にとって多大な価値が創出されるのだ。

このコア指標と、パイプラインのコア指標との違いに注意しなくてはならない。パイプラインの管理では、パイプラインの端から端までの価値の流れが関心事となるのに対し、プラットフォームの管理ではエコシステム全体の価値の創造、共有、流通に関心が向けられる。これらはプラットフォーム上で起こることもあれば、別の場所で起こることもある。プラットフォームでも、プロセス効率やシステム強化がきわめて重要な場合があるが、それはユーザー間で充実した相互作用を促すときに限定される。それよりも重視し続けなくてはいけない大切なゴールは、全ユーザーに対する価値創造だ。価値創造があってこそコミュニティが強化され、長期的な健全性と活発さが向上し、正のネットワーク効果の持続的成長が促されるのである。

ライフサイクルと指標の設計

この章では、立ち上げから成熟までのライフサイクルに沿って、プラットフォーム・ビジネスで用いる適切な指標の開発と利用における重要な問題を考えていく。立ち上げ段階では、設計と導入をめぐる主要な問題の意思決定に役立つ、シンプルな評価基準を持つことが大切だ。たとえば、コア・インタラクションの設計、集客やインタラクション促進やマッチングなどの効果的なツールの開発、有効なキュレーションの仕組み、多様な参加者にどの程度オープンにするか、といった問題である。

特にこの段階の企業は、最重要資産の成長を追跡しなければならない。すなわち、膨大な数の良好なインタラクションに参加する、積極的な生産者と消費者だ。こうしたインタラクションは正のネットワーク効果を生み出す鍵であり、正の効果が働けば、最終的にプラットフォームは成功する。パイプライン事業で総じて重要とされる伝統的指標の一部（売上高、キャッシュフロー、利益率）は、開始段階のプラットフォームの評価には概ね無関係なことに留意しなくてはならない。

プラットフォームがクリティカルマスに達し、ユーザーがそこで重要な価値を獲得したならば、顧客維持率や、アクティブ・ユーザーから有料顧客への転換率へと、重点指標が移ることもある。これは、収益化が重要な問題になる段階だ。第6章で説明したように、収益化の手法に関する意思決定は難しいので、収益化における主要な問題に注目した指標を考案しておく必要がある。たとえば、プラットフォーム活動から最大の価値を享受しているのは、どのユーザー・グループか。継続的な参加を促すのに奨励金が要るのは、どのユーザー・グループか。プラットフォームが引き出す価値創造のうち、どの程度がプラットフォームの外部ではなく内部で起こっているか。キュレーションの向上などのサービスを通じて、どのくらいの付加価値が創出されているか。どのような外部グループが、プラットフォーム上で特定のユーザー・グループにアクセスすることに価値を見出すか。そして最も大事なのが、ネットワーク効果の継続的成長を邪魔することなく、プラットフォーム上で創出される価値を公正に分配できるようにし、その状態を維持するには、どうすればよいか。成長段階では、これらの問題への正確な答えを導くために入念に設計された指標が役立つはずだ。

最後に、プラットフォームが成熟し、自立したビジネスモデルへと発展するにつれて、ユーザーの維持と成長という課題に対するイノベーションが必要となる。つまり、競合プラットフォームと比較して、現状のビジネスの価値提案を維持し向上させるための、最善策を考えなくてはならないのだ。ユーザーの現行の参加状況はどうなっているか。プラットフォーム上で、ユーザーはどのくらい新しい価値創出の方法を発見し続けているか。どれくらい生産者と消費者が繰り返しプラットフォームに参加し、時間とともにその数が増えているか。これらの評価指標を設定し、追跡していく必要がある。

ほかの競争上の懸念事項として、隣接プラットフォームがユーザーを奪ったり、比較優位性を減らそうと試みることや、参加者（拡張開発者など）が自前のプラットフォームを作り、最終的にユーザーを奪う可能性などが挙げられる。リーダーはこうした脅威も認識して、対応が後手に回らないような指標を開発しなくてはならない。

ステージ① 立ち上げ段階の指標

新興企業は、その活動形態がパイプラインであれ、プラットフォームであれ、たいてい目一杯のリソースを使わなくてはならない。資金、時間、人材が非常に大切であり、担当者はしばしば自分の専門とはかけ離れた領域で、複数業務をこなすことになる。この種の環境では、収集や処理にリソースを投じる情報カテゴリーを決定することがきわめて重要で、かつチャレンジングでもある。さらに、立ち上げ時の文脈において役立つ指標の種類は、従来の成熟事業に適用される指標とはまったく異なるかもしれない。起業家のデレック・シバースはこの問題を次のように説明している。

一般的な管理に使うツールの大半は、スタートアップの置かれている極端に不確実性の高い、厳しい土壌向きには設計されていない。将来は予測できず、顧客の目の前には選択肢が次々と増えていき、変化のペースはこれまで以上に速くなっている。ところが、ほとんどのスタートアップ事業は、ガレージの中であれ企業の中であれ、相変わらず標準的な予想、製品マイルストーン、詳細な事業計画を用いて管理されている。[*5]

それでは、プラットフォーム・ビジネスの立ち上げ段階で最も価値があるのは、どのような種類の指標なのだろうか。管理者はプラットフォーム上で、生産者と消費者の双方のコア・インタラクションと便益に集中しなくてはならない。プラットフォームの成否を分け、その改善方法を特定する3つの主要な指標は、「流動性」「マッチング品質」「信頼性」だ。

プラットフォーム市場における「流動性」とは、必要最低限の数の生産者と消費者が集まり、良好なインタラクションの比率が高い状態を指す。流動性が達成されれば、インタラクションの失敗は減り、ユーザーの目的はかなり長い間、一貫して満たされる。このため、ライフサイクルの初期には、これが最も重要なマイルストーンとなる。したがって、プラットフォームの最初の数カ月は、流動性が達成される時期を見極めるのに役立つ指標が、最も価値を持つ。

ただし、プラットフォームの細かな機能やユーザーベースの性質によって、この指標を見出す方法が変わってくる場合もある。

流動性を評価する合理的なやり方の一つは、特定の時間内でインタラクションへと導く投稿の比率を追跡することだ。もちろん、「インタラクション」の定義も、適切な期間も、市場カテゴリーによって異なる。情報やエンタテイメントのプラットフォームの場合、消費者を見出しから全文へと導くクリックスルーがインタラクションに当たるかもしれない。市場プラットフォームでは製品の購入が、専門家ネットワークのプラットフォームでは推薦文の提供、連絡先の交換、討議ページ上の質問に対する回答の投稿などが、インタラクションになるかもしれない。いずれにせよ、こうしたインタラクションはユーザーの関与の度合いが大きく、ユーザーがプラットフォーム上で利用できる価値単位を認識、利用、享受した瞬間を意味している。

否定的な側面として、流動性が低い状況を見つけて追跡することも大切だ。そうした状況に陥ると、望ましい取引ができなくなる。たとえば、ウーバーのアプリを開いたユーザーが、近くに呼べる車が走っていないとわかるような場合だ。ユーザーの参加意欲がそがれてしまうような、流動性が低い状況は最低限に抑えなければならない。

ユーザーの関与と積極活用の度合いでは、登録者数ではなく、プラットフォームの採用という重要指標を見る必要があることにも留意したい。私たちが流動性を定義するときに、ユーザー総数とインタラクションのレベルの両方に触れるのもこのためだ。印象的なメンバー数ばかり強調する報告書や投資家の売り文句は、大いに誤解を招くおそれがある。それはプラットフォームが繁栄とは程遠く、好奇心旺盛な摸索者を活発な参加者や価値創造者へと変えていくのに、苦労している徴候かもしれない。

もう一点留意したいのが、比較できる指標であればさらに有意義だということだ。ユーザー・グループ間や期間ごとに、うまく区別できるとよい。これは、『Lean Analytics――スタートアップのためのデータ解析と活用法』（オライリージャパン、2015年）の著者であるアリステア・クロールとベンジャミン・ヨスコビッツからの、有益なアドバイスだ。ある数字を別の数字で割って算出する比率は、本質的な比較がしやすい指標の好例だ。アクティブ・ユーザー数をユーザー総数で割った「アクティブ・ユーザー率」、新しいアクティブ・ユーザーをアクティブ・ユーザー総数で割った「アクティブ・ユーザー成長率」などがそうだ。[*6]

マッチング品質を評価する

立ち上げ段階のプラットフォームにとって、第二の重要カテゴリーの指標は、「マッチング品質」である。価値を創出するインタラクションに参加してくれるユーザーを探す際に、検索アルゴリズムが正確であるか、ユーザー向けナビゲーション・ツールが直感的に使えるか、といったことを指す。マッチング品質は、価値を届けてプラットフォームの長期的な成長と成功を刺激するうえできわめて重要になり、「製品やサービスのキュレーション」が優れている場合に達成される。

この定義が意味するように、マッチング品質は、プラットフォーム上の製品やサービスのキュレーションの有効性と密接に関係している。ユーザーは一般的に、強いインタラクション目的を持ってプラットフォームに参加し、できるだけ速く目的を達成したいと思っている。言い換えると、望ましいマッチングにたどり着くまでの時間、エネルギー、労力などのリソースを、できるだけ減らさなくてはならない。このため、プラットフォームが素早く、正確にユーザーを互いに結び付ける作業をうまく行えば、そうしたユーザーは活発に参加し、長期メンバーになる可能性が高いのだ。逆に、マッチング品質が不十分で、時間がかかり、期待外れだったりすれば、ユーザー数はすぐに減少し、インタラクションは徐々にペースダウンし、そのプラットフォームは早々に店仕舞いする運命をたどるだろう。

もちろん、「マッチング品質」という抽象的な用語を使うのではなく、オペレーション上の明確な定義を用いて具体的な定量指標に翻訳し、意味のある指標の基礎を作らなくてはならない。マッチングの効率性を評価する一つの方法は、「購買換算率」を追跡することだ。これはインタラクションにつながった検索比率として表すことができる。

どう見てもこの比率は高いほどよいのだが、「優れた」マッチングと「拙劣な」マッチングを分ける、品質上の閾値はどこにあるのだろうか。これについては、すべての種類のプラットフォームに当てはまる唯一の答えはない。しかし、プラットフォームによっては、特定ユーザーのインタラクション率を長期的なユーザー活動率（たとえば1〜3カ月以上）と相関させることで、有益な経験則を開発できるかもしれない。たとえば、40％のインタラクション率は、プラットフォームのユーザーの重要な合格点を表す。プラットフォームに参加して最初の1週間に40％以上のインタラクション率だったユーザーの大半は、少なくとも3カ月間はアクティブなメンバーとなるが、40％未満だった人の大半はサイト上の活動に参加するのをやめる、というように。

それが40％なのか、それ以上なのか以下なのかはさておき、この種の数字をいくつか計算すれば、サイトの健全性を表す一つの基準として、有益で実用的な目標を置くことができる。日々のインタラクション率を測定し、時間とともにその傾向を観察し、指標の変化を見ながらマッチング・システムの改善策を講じ、その検証や評価をしていくのだ。

信頼構築に向けた指標

立ち上げ段階の第三の重要なカテゴリーの指標は、「信頼性」だ。信頼性は、ユーザーがプラットフォーム上のインタラクションに参加することに関連したリスク許容度を示すもので、プラットフォームの参加者による優れたキュレーションを通して達成される。

信頼構築は当然ながら、市場が中心となる。特にインタラクションが一定レベルのリスクを伴う場合はそうだ。ユーザー同士が最初につながり、その後のインタラクションのほとんどがサイバースペースで行われるオンライン・プラットフォームの場合、リスクをどう受け止めるかが、さらに重要になってくるかもしれない。うまく運営されているプラットフォームでは、両サイドの参加者によるキュレーションが優れているので、インタラクションへの参加に関するリスクに対して、ユーザーは不安感を抱いていない。これまでに指摘したとおり、エアビーアンドビーは参加者をうまくキュレーションする能力のおかげで成功してきた、ハイリスク・カテゴリーのプレイヤーの好例だ。ホストと宿泊客がお互いに評価しあい、プラットフォームの間で最高レベルの評価を誇っているうえ、カメラマンにホストの掲載した情報が正確かどうかを確認させるなど、信頼構築に向けた評価基準を別途に設定している。対照的に、エアビーアンドビーと競合関係にあるクレイグズリストの場合、信頼性の指標は比較的低くなっており、見るからにタチの悪いユーザーが悪評を呼ぶ活動をしたり、違法行為にまで手を染めるなど、数々の気まずいスキャンダルを経験してきた。

3つの主要因に加えて考慮すべき指標

流動性、マッチング品質、信頼性という3つの重要なカテゴリーの指標を組み合わせると、初期段階のプラットフォームにおけるインタラクションの成功率や、それに貢献する重要な要因の全体像が、正確につかめるようになる。これまで指摘してきたように、この評価基準はプラットフォームの目的の中心にあり、正のネットワーク効果を生み出す能力を判断するときに中心的な役割を果たす。

指標を設定するときの具体的な公式については、プラットフォームの性質、ユーザー・タイプ、創出・交換される価値の形態、インタラクションの種類など、そのプラットフォーム・ビジネスにふさわしいものを慎重に考慮する必要がある。

特殊な指標が、特定のプラットフォーム・ビジネスには価値を持つという場合も多い。たとえば、エコシステムにどのくらいユーザーが関与しているかに注目しているプラットフォームでは、「インタラクションごとの参加状況」「インタラクションの時間間隔」「アクティブ・ユーザー率」などが有効だと思うかもしれない。

あるいは、グラフィックスとデザインのプラットフォームのファイバーのように、「インタラクション数」を用いるかもしれない。ファイバーは、サイト上で取引された「仕事」はすべて5ドルとしており、成立したインタラクションごとの固定価格を設定している。このため、インタラクションの多さは、サイト上の現在の活動フローに関する適切で完全な評価基準となるのだ。

他方で、より高度なインタラクションの指標を開発しなくてはならないプラットフォームもある。エアビーアンドビーが追跡するのは、予約された宿泊日数だ。これは単にインタラクション数を記録するよりも、同プラットフォームに適した価値創造の指標である。フリーランス労働市場のアップワークが評価するのは、あるフリーランサーが従事した作業時間を数えることだ。これはインタラクションの量だが、同エコシステム内における重要な価値創造の評価基準となっている。同じように、クラリティは、専門家と情報を求める人との電話相談時間を追跡すればよい。

インタラクション率に応じたコミッション料など、インタラクションの価値の一部を売上計上するプラットフォームは、「インタラクションの価値獲得」を評価しようとするかもしれない。これはプラットフォーム上で起こったインタラクションの価値を反映するものだ。アマゾン・マーケットプレイスもこれを用いて、活動レベルの主要指標としてプラットフォームで処理されたインタラクションの価値の総量を追跡している。

コンテンツ作成に特化したプラットフォームには、別の指標が必要となる。たとえば、「共創」（ユーザーが消費したリスティングの割合）や、「消費者との関連性」（潜在的な消費者から最小レベルの正の反応を受け取るリスティングの割合）を評価しているところもある。こうした指標はインタラクションの品質を重視しており、作品をキュレーションするスキルを示している。

さらに、「市場へのアクセス」を重視するプラットフォームもある。つまり、ユーザーがそのプラットフォームに参加し、（完全なインタラクションが行われたかということよりも）互いにつながりを見出せたかどうかを見るのだ。あるいは、「生産者の参加状況」を評価することもある。この場合は、生産者がプラットフォームに参加し、時間とともに参加が増えていく比率を見る。出会い系サイトや結婚関連サイトでは、多くの場合、女性登録者数が話題にのぼる。というのは、サイトの他のユーザーが受けられると期待する価値の、有益な代理指標となるからだ。やや異なるやり方として、オープンテーブルはレストランの予約状況を追跡している。これは、レストランで食事代が支払われるという実際のインタラクション（これはプラットフォームには簡単に入手できない情報だ）ではないが、創出される価値という点ではかなり正確な代替指標となる。

流動性、マッチング品質、信頼性という3つの主要因は、ほぼあらゆる種類の新興プラットフォームの健全性を評価するうえでも、依然として重要だ。しかし見てのとおり、特定のプラットフォームの具体的な特徴によって、さらに専用の評価ツールが必要なこともある。プラットフォームの立ち上げ段階における妥当な指標の幅や種類を制限するものは、管理者の創意工夫と、急成長するエコシステムで行われる活動の性質だけなのだ。

ステージ② 成長期の指標

エコシステム内のインタラクションの数と品質を最もよく捉えた評価指標は、プラットフォームのライフサイクルに沿って変化する。こうした移行が起こるポイントを特定しておくことは大切だ。企業は往々にして、事業が大きくなったために使えなくなった指標に固執する、というミスを犯す。「今日」直面している意思決定に最も関連性のあるコア指標を確認し、吟味することは、プラットフォーム開発のどのポイントにおいても重要になる。

たとえば、ユーザー数がクリティカルマスに達したプラットフォームでは、新たな問題が出てくる。管理者は引き続きコア・インタラクションを通じて価値が創出され、ユーザーの流入数が流出数を上回るようにしながら、プラットフォームの成長を持続させなくてはならない。しかし、成長が続いていれば、ユーザーベースの規模の時間的な変化をモニターすることも求められる。特に管理者としては、両サイドのバランスをとりたいと思うだろう。このバランスは、「消費者に対する生産者の比率」を見れば、モニターできる。ただし、少し調整を加えて、妥当と思われる最低限の頻度でインタラクションに参加した、アクティブ・ユーザーのみを対象にしなくてはいけない。私たちの経験上、この頻度の比率が、プラットフォームにおけるインタラクション成功率の重要な要因となるのだ。

出会い系サイトのオーケーキューピッドのコア・インタラクションである、男女間の紹介について考えてみよう。第2章に書いたように、同プラットフォームが管理すべききわめて重要な事柄の一つは、ストレート（異性愛者）の男性（この場合は消費者）が、ストレートの女性（生産者）にアプローチすることだ。

（この表現を不快に思うかもしれないのは承知のうえだ。ほとんどのオンラインの出会い系サイトでは、女性よりも男性の参加者を集めるほうが簡単である事実も含めて、これは、現状のアメリカ社会での、男女間のデートにおけるインタラクションの力学を示している。このため、イーベイなどのオークション・サイトで引っ張りだこの商品の需要と同じように、女性は「売れっ子」になる。社会規範が男女平等を広げる方向に進むにつれて、出会い系プラットフォームの効果的な管理という意味で、この力学も進化していくだろうと、私たちは期待している。）

その結果、オーケーキューピッドでは男性に対する女性比率を追跡し、最適と思われるレベルから逸脱すると、比率の調節に懸命に取り組む。ユーザーに反対のサイドの人々の魅力度を評価するように頼んで、調整を図るのだ。[*7] それから、フィルターを導入し、特に魅力的だと評価されている女性のプロフィールに応じて、参加する男性の数を減らしていく。[*8] こうして、オーケーキューピッドは正のネットワーク効果を維持し、ともすれば女性セグメントを遠ざけかねないアンバランスを避けて、市場の流動性を促している。男女比率を常に把握してモニターすれば、こうしたメンテナンスが可能になるのだ。同様に、フリーランスのプラットフォームであるアップワークは、もっぱら、フリーランサーの数を求人数と釣り合わせようとしている。片方のサイドが多くなりすぎれば、参加者が離脱する原因となるからだ。

生産者サイドの指標

生産者サイドと消費者サイドで構成される従来型ツーサイド・プラットフォームでは、各ユーザー・タイプの価値の算出方法を見つけるのが最善策だ。アリステア・クロールとベンジャミン・ヨスコビッツという起業家と作家のコンビは、共著書『Lean Analytics――スタートアップのためのデータ解析と活用法』（前出）の中で、いろいろと役立つツーサイド・プラットフォームの指標の実例を挙げている。[*9]

たとえば、生産者サイドでは「生産者の参加頻度」「作成されたリスティング」「達成された成果」などの数字をモニターするとよい。また、インタラクション（売り込みなど）が始まったのに何らかの理由で失敗に終わったケースの比率など、「インタラクションの失敗」もモニターしなければならない。これは、多くのプラットフォーム管理者が見落としてしまう重要な指標だ。ユーザーは維持していても、インタラクションの成功率が低下していけば深刻な問題になる。

「生産者の不正行為」の事例をモニターすることは、特に重要だ。たとえば、生産者が提供する製品を正確に説明しなかったり、タイムリーに届けられなかったりする状況である。これは当然ながら、インタラクションの失敗としては言語道断であり、手痛いばかりか、高くつく。ユーザーの性格と、何度も不正行為に至ったインタラクションを調べてみると、将来の不正行為の防止に役立つ予測モデルの開発に役立つかもしれない。

こうした類のデータをすべて合わせ、多くの種類のビジネスで用いられている従来型の「生涯価値（LTV）」モデルを使って、生産者の価値を算定することができる。このモデルで示されるのは、追加取得費用だ。つまり、プラットフォームが集客と参加のためにかけたコストを再び費やさなくても、リピートしてくれた生産者が、プラットフォームの経常収益となるメカニズムである。リピートする生産者は特に利益をもたらすので、管理の行き届いたプラットフォーム・ビジネスは、アクティブなリピーターを生み出そうと懸命に取り組む。ちょうど雑誌や携帯電話サービス・プロバイダなどの契約者ベースのサービスが、離反率（回転率）をなるべく低く抑えようとするのと同じだ。

消費者サイドの指標

消費者サイドでは、「消費の頻度」「検索」「売上変換率」（インタラクションが完了したことを示すクリックスルー率）をモニターすることが、プラットフォームの成長には欠かせない。これらの情報は、インタラクションのリピート予測とともに、各消費者のLTVを計算するのに必要なデータとなる。生産者と消費者の両方のLTVの評価基準が設定されると、LTVの主な決定要因に影響を及ぼす施策について実験ができるようになる。[*10]

今日の成功しているプラットフォーム・ビジネスのほとんどは、最も大切なアクティブ・ユーザーのロイヤルティを促し、さほど重要でない人々の気をそぐように設計されたプログラムを持っている。フェイスブックやリンクトインなどでは、使用頻度が減ってくると、プラットフォームに戻るように促すプログラムが組み込まれている。同様に、ツイッターは「あなたのネットワークで人気があります」という連絡機能を導入し、たとえある著者のフィードを購読していなくても、特に関係がありそうなコンテンツについて参加者の注意を喚起しようとしてきた。これも指標によって決定され、証明済みの価値創造活動の実績とともに、ユーザーの間でより多くのインタラクションを刺激するように設計された、活動構築プログラムの一例だ。[*11]

立ち上げ段階に導入し、成長段階でも依然として関連性の高い重要な変数の一つは、インタラクション変換率、つまり、最終的にインタラクションに発展する検索や問い合わせの比率だ。売上変換率に特化した指標をうまく設計し、常にモニターしていけば、プラットフォームの継続的成長を強化する、賢い戦略策定の参考になる。たとえば、エアビーアンドビーは、高品質の写真を用いるほど宿泊施設のレンタル率が向上することを発見した後で、専門的な写真撮影サービスを導入した。[*12]興味深いことに、エアビーアンドビーの最高のホストになってくれるのは、ユーザーとして宿泊経験のある人たちだった。その事実に気づいたので、今ではプラットフォーム上の消費者を、生産者に変えることに注力している。こうした場合、「サイドの切り替え率」が重要な指標となる。つまり、あるユーザー・タイプから別のユーザー・タイプに切り替わる比率が、ユーザーベースの健全性を追跡し、ネットワーク全体でバランスを維持するために活用できるのだ。

プラットフォーム管理者は、特定の目的と利益ならびにユーザー固有の特徴に基づいて、新しい指標を常に考案し続けている。ハイアール・グループは、中国の青島に拠点を置く、急成長中の家電や電子機器などのメーカーであり、組織の内外で顧客をデザインや生産チームと結び付けるプラットフォームを現在構築中だ。ハイアールCEOの張瑞敏（チャン・ルエミン）によると、同社が把握し利用したい固有の指標は、「消費者と生産者の間の距離」だという。[*13]この場合、「距離」という言葉は比喩的なもので、文字どおりの意味ではない。それは、直接的インタラクションの頻度、ハイアール製品の生産者とユーザーをつなぐソーシャル・ネットワークの規模、リーチ、影響を指しているのだ。

ハイアールはこの距離を測るために、中国企業の騰訊（テンセント）が開発したインスタント・メッセージング・ツールで、写真共有ツールの「ウィチャット」上のインタラクションに基づく指標を考案した。ハイアールと顧客との距離を最小にすることで、製品と消費者ニーズの適合性を高め、同社のイノベーション能力を強化し、マーケティングとプロモーションの施策のコストを低減し、効果を高めることが目的だ。

張が私たちに述べたとおり、企業の広告予算の規模には、企業とその顧客との距離が反映されていると見てよいのかもしれない。たとえば、コンサルティング会社のインターブランドが2013年に発表した年次ブランド価値報告によると、グーグルの広告予算はコカ・コーラの広告予算のごく一部にすぎなかった。考えられる理由として、グーグルは多くの生産性を向上させるサービスとソーシャル・アプリケーションを通して人々の生活に深く浸透しており、コカ・コーラには入手できないユーザーのフィードバックを、絶えず得られることが挙げられる。

これと同じように、ハイアールの経営チームは、ユーザーの距離の指標が縮小すれば、製品設計、カスタマーサービス、マーケティングの効率が改善されるかもしれないと仮定している。このため、ユーザー距離のような一見すると抽象的な指標を見ることには、最終利益に対して、非常に実際的な金銭的効果があるかもしれないのだ。

ステージ③ 成熟段階の指標

プラットフォーム・ビジネスは、立ち上げ段階と初期の成長を経ると、新たな課題や問題が生じる。「リーン・スタートアップ」運動の先駆者として知られる作家で起業家のエリック・リースは、成熟企業の場合、インクリメンタル（漸増的）なイノベーションと指標は、互いに密接に関連させるべきだと強調する。「自社製品を改良していくとき、それが成功しているかどうかを唯一決定するのは指標だ。そして、自社製品の改善を実行しているときには、基準値に対する改善状況をテストしないといけない」とリースは語る。

リースの考え方とほぼ一致するが、ジョージア大学教授のアムリット・ティワナは、成熟段階に達した情報テクノロジー・プラットフォームにふさわしい指標は、次の3つの要件を満たさなければならないとしている。それは「イノベーションを推進すること」「ノイズに対するシグナル率が高いこと」「資源配分を容易にすること」だ。[*14]

第一に、イノベーションを推進する際の指標の役割に集中しよう。プラットフォームは力強さを保つために、ユーザーのニーズと、競争や規制が厳しくなってきた環境変化に適応できなければならない。プラットフォームに求められている適応状況を確認する一つの方法は、開発者が考案した拡張機能について調べることだ。こうしたイノベーションは、コア・プラットフォームに欠けていて、吸収する可能性のある機能を示しているかもしれない。たとえばデスクトップ・コンピュータ時代に、マイクロソフトのウィンドウズは、ディスク・デフラグメンテーション、ファイル暗号化、メディアプレーヤーなど、独立系企業が開発した多数のアプリを取り込んでいった。[*15]

シスコはルータ事業で同じ吸収戦略をとった。同事業では、シスコＡＸＰ（アプリケーション・エクステンション・プラットフォーム）を運営している。これは第三者の開発者がシスコ・ルータで動くアプリを作成できるようにするリナックス・ベースのプラットフォームで、安全対策の向上、カスタマイズの監視システムなど、シスコの顧客の役に立ちそうな新しいケイパビリティを提供している。私たちが同社CTO（最高技術責任者）のグイド・ジュレットに、シスコAXPに搭載する機能をどのように決めているかと尋ねたところ、彼は次のように答えた。

問題は、同じ問題に対する複数の独立した解決策を、プラットフォームに埋め込むことです。これはその後、誰にとっても一般的なものになります。タイミングが問われるのです。いますぐに行えば、エコシステム内でドル箱事業とのカニバリゼーションが生じかねません。特定機能を構築したプロバイダーが1つなら、それを取り込みたくはないでしょう。しかし、大勢のプロバイダーがこぞって「同じケイパビリティを開発した」ならば、競争が起こってどのみち便益が目減りするので、それを組み込めるようになります。[*16]

この戦略を可能にするために、シスコはいくつかの指標を使って、ヘルスケアや自動車など複数の産業にまたがって同じケイパビリティが提供されている事例を探している。それは、次の継続的なプラットフォーム・イノベーションとなるべき重要な特徴を見逃しているサインとなる。

第三者が提供する特徴がユーザーの享受する全体的価値の大半を占めるとき、プラットフォームを刷新する場合もある。第7章で紹介したように、グーグル・マップが人気を博しているのを受けて、アップルが2012年にアップル・マップを導入したのが、この例に当たる。

いくつかのタイプのプラットフォームでは、依然として、成熟段階にカスタマイズの指標が必要となる。アップワークのような求人・求職プラットフォーム、トムソン・ロイターのようなデータ・プラットフォーム、スカイプのようなコネクション・プラットフォーム、GEのインダストリアル・インターネットのような機械をつなぐプラットフォームなどがそうだ。これらは種類もニーズも異なるプラットフォームだが、いずれもコア・インタラクションを促進し、価値ドライバーを評価し、ユーザーにとって重大な価値を生み出す能力を維持するためのイノベーションを起こす、という課題に直面している。

スマートな指標の設計

プラットフォーム用に開発する指標のダッシュボードは、きわめて複雑になることがある。これは非常に細かなレベルで、活動をリアルタイムで垣間見ることができるが、プラットフォーム・ビジネスの指標を開発するときには、シンプルさが美徳となる。指標が複雑すぎると、ノイズが混じり、頻繁に分析しにくくなり、最も重要な少数のデータポイントから経営陣の注意がそれてしまうのだ。

オーデスク（現アップワーク）はあるとき、指標（求人募集数、登録労働者数、サービスの種類などの多くの要因）をたくさん設定しすぎていたため、「過剰に評価し、優先順位がない」と、ある取締役が不満を漏らしたことがあった。この失敗から学んで、オーデスクの前CEOのゲイリー・スワルトは、特に重要なスタートアップの初期には、とにかく集中して見る指標が必要だと雄弁に語っている。

ビジネスリーダーとして、自社にとって最重要指標を見つけ出す必要があります。また、評価項目が多くなるほど、優先順位が薄れてしまうことも理解しなくてはいけません。何でもかんでも測ろうとする罠に陥ってはなりません。私が学んだのは、自社製品を愛用する顧客を持つことが、初期においては最も重要だという点です。それを判断するには、最適な評価基準を1つか2つ見つけ出すことです。[*17]

リーン・スタートアップの第一人者であるエリック・リースは、指標の設計と利用は選択的に行う必要があると繰り返し述べている。特に警告するのは、彼が言う「無価値な指標」についてだ。登録者総数など、相対的に意味のない統計値がこれに当たる。登録者総数は、インタラクションの量が横ばいか実際に減少しているときでも、往々にして数値が増えていくものだ。無価値な指標では、その事業が実際に必要とするクリティカルマスや流動性を、実際に達成しているかどうかを正確に示すことはできないのである。

それよりも、「自分の指標が対処可能（actionable）、アクセス可能（accessible）、監査可能（auditable）という3Aを確実に満たすべきだ」と、リースは提案する。評価指標が対処可能であるべきなのは、戦略や経営上の意思決定の明確なガイダンスとなるからであり、また、事業の成功に明らかに関係するからである。アクセス可能であるべきなのは、情報を収集し利用する人々にわかりやすくするためである。そして監査可能であるべきなのは、それがリアルで意味があると感じられるようにする、つまり、明確で、正確なデータに基づき、正しく定義され、ユーザーが知覚するビジネスの現実が反映されているようにするためである。*18

結局のところ、最重要指標はいたってシンプルだ――ネットワークの全サイドの顧客のうち、正の価値を創出するインタラクションに何度も参加し、その頻度が増しており、満足している人がどれだけいるかである。絶対に見失ってはいけない真の問題は、参加者がエコシステムに十分に満足し、積極的に参加し続けるかどうかだ。特別なプラットフォーム・ビジネス用の指標ダッシュボードを設計するかどうかはさておき、最終的に、この重要な問いに関する答えについて正確に評価するときに、役立つものでなくてはならないのである。

POINT

- プラットフォームの価値は主にネットワーク効果から生じるので、インタラクション成功率とそれに貢献する要因を評価する指標を設けなくてはならない。インタラクションがうまくいけば、アクティブ・ユーザーを引き付け、それによって正のネットワーク効果の働きが強化される。
- 立ち上げ段階では、流動性、マッチング、信用など、プラットフォーム上でのコア・インタラクションを可能にする特徴の強さを追跡する指標に注目しなければならない。これらの特徴はプラットフォームの性格によって、さまざまな形をとる。

・成長期は、ユーザーベースのさまざまな部分の相対的サイズ、生産者と消費者の生涯価値、売上変換率など、成長や価値創造の向上に影響を及ぼしそうな指標に集中しなくてはならない。
・成熟段階になると、ユーザーにとって価値を創出できる新機能を特定してイノベーションを促進する指標とともに、対処すべき競争相手の戦略的脅威を特定できる指標にも集中しなくてはならない。

CHAPTER 10

STRATEGY

戦略

プラットフォームによる競争の変化

アリババが示したプラットフォームの世界の競争

プラットフォームの世界では、競争の性質が変容している。想定外のところから、直感では理解しにくいライバルが競争を仕掛けてくるので、その脅威に気づいたときには自社は苦戦を強いられているのだ。[*1] 教育出版社のホートン・ミフリン・ハーコートにとって、アマゾンほどにはマグロウヒルは怖くない。テレビ局のNBCは、ネットフリックスほどにはABCについて憂慮していない。法律情報サービスのレクシスは、グーグルやオンライン法律サービス事業者のリーガル・ズームほどには、ウエストローに脅威を感じない。家電メーカーのワールプールは、GEやシーメンスよりもネストのほうが気がかりだ。ネストは家庭用スマート・モニタリング制御デバイスのメーカーで、そのデバイスは「IoT（モノのインターネット）」の登場とともに急速に重要な要素となってきた。ソーシャル・ネットワークのフェイスブックが注意を向ける先は、再始動したマイスペースよりも、インスタグラムやワッツアップである（だから、フェイスブックはこれらの企業を買収したのだ）。

変化してきたのは、競争相手のタイプだけではなく、戦いの性質そのものでもある。その結果として大激震が起こり、ビジネス環境が次々と、ほとんど別物と思えるほどに様変わりしている。これは（第4章などで触れたように）伝統的市場にプラットフォーム・ビジネスが出現したことで起きた劇的な破壊のみを指すのではない。プラットフォーム世界の「内部」で繰り広げられる劇的な戦いも同様なのである。しかも、それは往々にして目を見張るような、衝撃的な結果を伴うのだ。[*2]

そのことは、2014年9月に初めて25億ドルで株式公開を果たしたアリババ・グループを見れば明白だろう。これは史上最大のＩＰＯということだけでなく、その年に起きた最も予想外のビジネス上の出来事だった。電子商取引の世界に相当の関心を持ってフォローしていた人を除き、大半の欧米人はアリババの名前すら聞いたことがなかった。耳にしていた人も主に、業績不振のヤフーがアリババに多額の出資をしていた関係で知っていたにすぎない。アメリカでのアリババ関連の報道はどことなく否定的で、その驚くべき成長や目を見張るような規模を、やたらと大きい中国市場の偏狭さや、政府の保護主義による偶然の結果と見なしているものが多かった。

２０１０年のニューヨーク・タイムズ紙の記事が、その典型だろう。リポーターのデビッド・バルボザは、オンライン販売を通じて「莫大な利益を得ている急成長中の地場企業」の一つとしてアリババを認識していた。しかし将来的に、「中国のインターネット市場は、実入りのいい、壁で仕切られたバザールにますます似てくるだろうと、専門家は言う。そうやって国内で成功しても、（中略）世界的ブランドになる際には苦労するだろう」と、バルボザは書いている。彼は、あるアナリストの予測を引用した。「中国企業は国外に進出すると、競争相手を理解していなかったことに気づき、国内で競争していたときもそうだったことがわかるだろう」[*3]

アリババがアメリカで株式公開を果たした数週間後、２０１４年夏頃になると、アメリカのビジネス・アナリストたちの論調は変わりつつあった。ビブラッド・ストーンはビジネスウィーク誌で「アリババの侵入」を警告し、この巨大な中国企業がいかに急速に、アメリカのインターネット支配に対する初の重大脅威になってきたかについて、詳しく解説した。アリババは中国でイーベイを打ち負かし、世界中の企業にとって中国製品の巨大な調達源となった。ナイキやアップルなどグローバル企業向けに、中国の消費者市場を開放することに成功し、中国市場でインフラを急速に整備して、アマゾンやイーベイに挑もうとしている。そして、「中国のウェブ・ビジネスの起業家たちは、最初の真のグローバル・オンライン市場構築レースで勝つために、ポジションをとり始めている」と、ストーンは結論づけている。[*4]

無名の企業が突如グローバル・リーダーに

ほとんどのオールド・ビジネスでは、このように比較的無名な企業が突如として、グローバル・リーダーとして躍進するのは、ほぼ不可能だ。ビジネス史を振り返っても、鉄鋼や重機などの業界で、アメリカ企業がかつて優勢だったイギリスやドイツのライバル企業に追い付くまでには、数十年もかかった。第2次世界大戦後、日本の新興企業がアメリカの自動車製造や電子機器などで業界トップの座を奪うまでに、30年を要した。しかし、アリババは今日、プラットフォーム市場の覇権争いに参入してから10年程度で、イーベイやアマゾンなどの企業を追い越す可能性を秘めている。どうしてそんなことが起こるのだろうか。

大企業のストーリーでよくあるように、アリババCEOの馬雲（ジャック・マー）の戦略的見識、中国の中間所得層の爆発的成長、中国に展開する外資系企業に対する政府の規制など、アリババのストーリーには多数の要因がある。それらのおかげでアメリカの競合他社につぶされずに、成長する余地がわずかばかり残されていたのだ。もっとも、アリババの台頭の速さは、プラットフォーム競争における新たな現実では珍しいことではない。[*5]

爆発的なネットワーク効果と力強い規模の経済によって、新参者のアリババは国際ビジネスの舞台で、非常に急速に拡大することができた。同社傘下の5つの主要企業の一つ、アリババ・ドットコムは、中国メーカーから資材、製品、部品を調達できるよう、世界中の企業にサービスを提供している。カリフォルニアのある化粧品メーカーは、アリババ・ドットコム経由で「指先の操作一つで何百ものサプライヤーにアクセスしてきた」と驚きの声を上げる。反対に、同じくアリババの子会社であるTモール（天猫）は、中国の従来の流通システムを回避して、外資系企業の製品を何百万人もの中国の消費者に販売している。従来のシステムでは輸入実務は煩雑で、何度も書類を提出し、余分な費用もかかった。アメリカのある靴専門小売業者によると、アリババは「流通段階全体を圧縮した」という。その結果、何千人もの商人が何百万人もの顧客と結び付くことができ、ほぼ摩擦のない状態で、国境を越えた取引が実現するようになった。これは、プラットフォームが出現する前には考えられなかった現象である。

さらに、アリババはプラットフォームならではの、別の競争上の大きな強みを抜け目なく活用している。それは、外部パートナーのリソースやつながりを、プラットフォームの活動やケイパビリティに継ぎ目なく取り込む能力だ。たとえば、中国の消費者にアメリカの製品を提供する能力を拡大しようと、アリババはアメリカに拠点を置く調達会社のショップランナーとパートナーシップを築いてきた（アリババは同社に出資もしている）。ショップランナーはニーマン・マーカスやトイザらスなどのアメリカのブランドと提携してきたので、アリババは中国でアメリカ製品を2日で出荷できるようになった。[*6]

19世紀と20世紀初頭にさかのぼって考えると、アメリカの百貨店、シアーズ・ローバックは、小売り、倉庫、製品テスト、管理、印刷、輸送、サービス、フルフィルメント（受注から入金管理までの一連の作業）の仕組みを作るために、何十年もかけて莫大な投資を行い、国内で販売業を営んできた。今日、アリババのようなプラットフォーム・ビジネスは何十もの既存の売り手のケイパビリティを集め、すぐに世界に対して販売業者だと宣言し、競争に参加することができる。もちろん、アリババにとっての主なライバルは、アマゾンやイーベイなど他のプラットフォーム・ビジネスだ。これこそが、プラットフォームの台頭によって引き起こされた競争の世界なのである。

プラットフォームの世界で競争の性質がどう変わったかを十分に理解するためには、何十年もビジネス思考の中心を占め、いまだに多くの実業家が当然だと考えている伝統的な競争の概念を、見直す必要がある。

20世紀の戦略――歴史のおさらい

30年間、ハーバード・ビジネス・スクールのマイケル・ポーターが説いた、競争における「5つの競争要因」モデルが、戦略思考の世界を席巻してきた。[*7] ポーターの影響力がわかる指標の一つとして、彼の著書が25万回以上も引用されてきたことが挙げられる。これは、ノーベル賞を受賞したどの経済学者の論文引用回数をも上回っている。

ポーターのモデルでは、あるビジネスの戦略的ポジショニングに影響を及ぼす、5つの競争要因を特定している。それは、市場への新規参入者の脅威、代替製品やサービスの脅威、買い手の交渉力、サプライヤーの交渉力、業界内の競争関係の激しさだ。戦略の目的は、当該事業の周りに堀を築いて攻撃を受けないようにし、これら5つの競争要因をコントロールすることにある。

ある企業が参入障壁を築くことができれば、競合他社を締め出し続け、代替品を持った参入者は城攻めができない。サプライヤーを支配下に置ければ、競争するときにサプライヤーの交渉力が弱まり、コストを低く維持できる。買い手を支配下に置き、かなり小規模のまま分散させ、力を持たせないようにできれば、価格を高く維持することが可能になる。

このモデルでは、自身では破滅的競争を避けつつ、バリューチェーン内の他のプレイヤーには破滅的競争を促すことで、自社の利益を最大化していく。企業の優位性は、防御用の堀を作り出す業界構造の中にある。そのおかげで、市場を細分化し、製品を差別化し、リソースをコントロールし、価格競争を避け、利幅を守ることができるのだ。

企業は何十年間も5つの競争要因モデルを研究し、どの市場に参入し、どの市場から退出すべきか、どのようなM&Aを検討すべきか、どのタイプの製品イノベーションを追いかけるべきか、どのサプライチェーン戦略を使うべきか、といった意思決定の参考にしてきた。水平統合（ある企業が特定の製品やサービス市場の大半、もしくは全体をコントロールする）と垂直統合（ある企業が原材料、製造、マーケティングまでバリューチェーン全体をコントロールする）などのアプローチは、5つの競争要因モデルの戦略的意味合いに基づいて分析され、実行されてきた。このモデルに沿って、ホートン・ミフリン・ハーコートは、価値という要塞の周りに堀を築くために、著作権を用いて最高の著者とコンテンツを押さえることに尽力し、マグロウヒルと競争している。ワールプールは差別化製品を設計し、サプライチェーンを握って、絶えずその生産効率を高め、それによって堀を建設して自社の顧客を奪われにくくすることで、ＧＥと競争している。

ポーター以降の戦略理論

その後に出てきた思想家は、ポーターのアプローチに特別な意味合いや、新たな洞察を加えた。１９８４年、ＭＩＴのビルガー・ワーナーフェルトが初めて、「リソース・ベースト・ビュー」と呼ばれる概念を詳しく説いた。これは、数人の学者の研究に根差した戦略思考の一つだ。[*8] リソース・ベースト・ビューが強調しているのは、不可欠で模倣できないリソースをコントロールすることが、特に効果的な参入障壁になるということだ。そのようなリソースを持つ企業は、それを生産する手立てがなく、獲得もできない新規参入者に対して安泰でいられる。

わかりやすい例が、デビアスだろう。同社はダイヤモンドのマーケティング・カルテルを世界的にコントロールすることで、20世紀全般にわたってダイヤモンド産業をほぼ独占し続けてきた。２０００年以降、デビアスのシステム以外で自社製品を売り出そうとするダイヤモンド生産者が出てきたため、従来のカルテルは崩壊し、デビアスの市場シェアは１９８０年代の90％から２０１３

年の約33％にまで激減した。[*9] しかしその時点までに、デビアスは代替不能なリソースをコントロールすることで持続的な優位性を保ち、100年分に相当する利益を生み出したのだ。

21世紀になると、リソース・ベースト・ビューに疑問を呈し、動きの速い企業は新技術を用いて、希少資源をコントロールすることで築かれた堀を渡ってしまう、と指摘する戦略研究者が出てきた。リチャード・ダベニーとリタ・ギュンター・マグレイスはそれぞれの研究で、「ハイパーコンペティション（超競争）」（ダベニーの用語）の時代において、持続可能な優位性は幻想にすぎないと主張した。技術進歩によって、「マイクロチップからコーンチップ、ソフトウエアからソフトドリンク、包装品から製品配送サービスまで」あらゆるもののサイクルタイムは、ますます短縮化していく。[*10] また、インターネットの全域でつながれば、業界や地理的な境界線も引き直せるので、動きの遅い手堅い寡占企業は、新しいツールや技術を使って攻撃を仕掛けてくる俊敏な競争相手に、太刀打ちできなくなる。

マグレイスは、既存企業を攻撃する根本的に新しいツールと技術を、インターネット時代がどのように生み出してきたかを説明している。たとえば、1915年に、ユニオン・パシフィック鉄道を相手に競争するとしよう。ユニオン・パシフィック鉄道といえば、1862年の議会承認のおかげで有利なスタートを切り、50年の歴史を誇る企業だ。その競合として名乗りを上げるには、機関車、全車両、駅、ターミナル、倉庫、全国的な鉄道網を建設するための敷設権に投資をしなくてはならない。これまでに投じてきた巨額の資金や他の固定費によって、非常に幅広い堀を築いてきたユニオン・パシフィックは、事実上、難攻不落だった。[*11]

これに対して、2015年に、世界の上位500社のどこかと競争するとしよう。新興企業は世界中の製造会社から生産資源を、広範なサプライヤーからクラウドやコンピューティング・サービスを、多様な中間事業者からマーケティングや流通サービスを、大勢のフリーランサーのオンライン・ネットワークから専門的サービスを、どれもほぼ限界的な価格で購入することができる。技術が可能にした今日のハイパーコンペティションの環境では、インフラを所有するだけではもはや防衛上の優位性にはならない。むしろ、重要な競争力となるのは柔軟性だ。競争は永久運動であり、優位性は一時的なものにすぎないのである。

進化する競争の性質について、さらなる洞察を打ち出しているアナリストもいる。スティーブ・デニングは、戦略の目的は競争を避けることだとするポーターの前提の弱さを強調してきた。それよりも彼が重視するのは、事業の目的は「顧客創造」だとするマネジメントの第一人者、ピーター・ドラッカーの言葉だ。デニングによると、持続可能な優位性が幻想にすぎない世界では、企業にとって顧客との関係が唯一、長続きする価値の源泉なのである。[*12]

過去10年の出来事が、5つの競争要因モデルを崩壊させたとするのは言い過ぎだろう。しかし、ポーターのモデルが意味するものよりも、競争の性質は複雑でダイナミックになってきている。

3次元チェス——競争の複雑化

プラットフォームの世界に入ってみよう。5つの競争要因、リソース・ベースト・ビュー、ハイパーコンペティションなどのモデルで具体化された洞察の多くは、依然として有効だが、2つの新たな現実が戦略の世界に揺さぶりをかけている。

第一に、プラットフォームの働きを理解する企業は今や、意図的にネットワーク効果を操作することで、ただ受け身的に反応するだけでなく、市場を作り直せるようになった。競争がゼロサム・ゲームだとする従来の経営戦略における暗黙の前提は、プラットフォームの世界ではほぼ通用しない。ほぼ規模の変わらないパイを再分割するよりも、プラットフォーム・ビジネスはパイを大きくしたり（たとえば、アマゾンは従来の出版業界で、自費出版やオンデマンド出版などの新しいモデルでイノベーションを起こした）、新しい市場や供給源を活用して代替のパイを生み出したり（たとえば、エアビーアンドビーとウーバーは、従来のホテル業界やタクシー業界と並行して事業を展開してきた）することが多い。市場を固定されたものとして受け止めるのではなく、ネットワーク効果を能動的に管理すれば、市場の形は変化するものなのだ。

第二に、プラットフォーム企業は競争のルールをひっくり返し、経営の影響が企業の境界線の中から外へと移っている。このため、企業はもはや単独ですべての新しい機会をつかむ必要はない。むしろ、最高の機会のみを追いかけながら、エコシステムのパートナーが他の機会をつかむのを手伝い、共同で生み出す価値をパートナー全員と共有することができる。[*13]

これらの2つの新たな現実によって、ビジネス競争に複雑さという印象的な層が加わる。3次元チェスが従来のゲームと酷似しているように、プラットフォームの戦略は従来の戦略に非常に似ている。[*14] リーダー企業はエコシステムの中で、3つのレベルで競争に関するダイナミックなトレードオフについて折り合いをつけている。それは、プラットフォーム対プラットフォーム、プラットフォーム対パートナー、パートナー対パートナーというレベルだ。

3つのレベルのトレードオフ

最初のレベルでは、ソニー（プレイステーション）、マイクロソフト（Xbox）、任天堂（Wii）の間のテレビゲーム機戦争のように、1つのプラットフォームが別のプラットフォームと競い合う。戦略上の優位性は、製品やサービスの魅力ではなく、エコシステム全体の力に基づいている。ソニーのプレイステーション・ポータブル（PSP）は、特殊な左右のコントローラーの付いていないiPhoneよりも強力なゲーム機器だった。2007年夏にアップルがiPhoneを投入した後で、ソニーが秋口にPSP2000を発売したところ、ソニーの株価は約10％上がった。ところが、iPhoneのエコシステムはやがて、PSPのエコシステムを大きく引き離した。既に指摘してきたように、アップルはその後、主にそのエコシステムの規模と価値のおかげで、ソニーよりもはるかに大きな財務的成功を享受するようになった。

第二のレベルでは、プラットフォームはパートナーと競争する。たとえば、マイクロソフトがブラウザ、マルチスレッディング、ストリーミング・メディア、インスタント・メッセージングなど、パートナーたちのイノベーションを盗用して自社のOSに組み込んだり、アマゾンが独立系の売り手向けプラットフォームとして運用しながら、その同じプラットフォームで彼らと同じ製品を売って、独立系の売り手と競合したりするような場合だ。これは微妙で危険な動きだ。プラットフォームの強化につながるかもしれないが、パートナーを犠牲にして弱体化させるため、長期的に痛みを伴う結果を招きかねない短期的利益といえる。

第三のレベルは、2つの無関係なパートナーがプラットフォームのエコシステム内でポジション争いをする。ゲームアプリ開発者が、同じ機器上で同じ消費者を引き付けようとしのぎを削る場合がそうだ。[*15]

こうしたプラットフォーム主導の変化が、従来の戦略の見方に与える具体的な影響について考えてみよう。

前述のとおり、プラットフォームは企業の境界線を拡大する。経営の影響が及ぶ領域が変わっているため、戦略家にとって今や競争は、協働と共創ほどには重要ではなくなってきている。バリー・ネイルバフ、アダム・M・ブランデンバーガー、アグス・マウラナなどの学者は、これを「コーペティション（Co-opetition）」（訳注：競争と協力を組み合わせた造語）と呼ぶ。[*16]社内で価値を保護することから社外で価値を創造することへの移行は、重要な要因はもはや所有でなく機会にあることを、また、主要なツールがもはや命令でなく説得であることを示しているのだ。

5つの競争要因モデルは、従来の製品市場を特徴づける、はっきりと区別された境界線に基づくものだ。顧客の力やサプライヤーの力といった5つの競争要因は、別々に管理すべき異なるエンティティだ。それとは対照的に、プラットフォーム市場では、参加者間の境界線を曖昧にし、それによってプラットフォーム上で価値あるインタラクションを増やしていくことが必勝戦略となる。スキルシェアでは、今日の学生が明日の先生になったりする。エッツィーでは、ある日は顧客だった人が、次回は同じサイト上でお手製の工芸品を売り始めることができる。プラットフォームの競争では、買い手とサプライヤーを克服すべき別々の脅威としてではなく、複数の役割を果たすことが求められ、称賛され、奨励される価値創出のパートナーとして扱う必要があるのだ。

リソース・ベースト・ビューは、企業は模倣できないリソースを保有するか、少なくともコントロールしなくてはならないという前提に立っている。プラットフォームの世界では、そうした模倣不能なリソースの性質が物理的資産から顧客へのアクセス、つまり、生産者のネットワークとそこで生じるインタラクションへと移行している。実際に、企業は物理的なリソースを持たないほうがよいこともある。というのは、保有を避けたほうが速く成長できるからだ。エアビーアンドビーとウーバーの例からわかるように、プラットフォーム企業がアクセスできるリソースのプールは、プラットフォーム企業そのものよりも急成長する能力を秘めている。

競争戦略① アクセス制限でマルチホーミングを防ぐ

従来のビジネスでは主に、ポーターの5つの競争要因と、模倣不能なリソースの支配力（技術主導のハイパーコンペティションの力関係で修正すること）が、経営戦略を形作っていた。プラットフォームの世界では、新しい競争要因が前面に出てきた。こうした要因は、誰がプラットフォームのエコシステムに参加し、どのような価値を創出し、誰がその価値を支配し、最終的な市場規模がどうなるのかを決定するのに役立ち、新しい競争戦略の焦点となってきた。

その一つひとつを考察してみよう。まずは、プラットフォームへのアクセスを制限して、創出された価値の大きな比率を支配し、獲得する戦略から始めたい。

これまで見てきたように、競争戦略をプラットフォーム・ビジネスに適用する場合、リソース・ベースト・ビューにおけるビジネス価値は、修正しなくてはならない。ただし、どちらも模倣不能なリソースを強調するところは似ている。プラットフォームで求められるのは、重要な資産への排他的アクセスだ。「マルチホーミング」を阻むルール、慣行、プロトコルを開発することで、これはある程度実践できる。

マルチホーミングが起こるのは、ユーザーが複数のプラットフォーム上で同種のインタラクションに参加するときだ。複数のサービス・マーケティング・プラットフォームで自分のプロフィールを公開するフリーランスのプロフェッショナルたち、複数の音楽サイトで楽曲をダウンロード、保存、共有する音楽愛好家たち、ウーバーとリフトの両方で乗客を勧誘する運転手などは、すべてマルチホーミング現象の例に当たる。プラットフォーム・ビジネスがマルチホーミングを阻もうとするのは、ユーザーにとって「切り替え」がしやすく、最初のプラットフォームを捨てて別のプラットフォームを選ぶことがあるからだ。マルチホーミングを制限することは、プラットフォームの基本的な競争戦略となっている。

ここで、新しい戦略の世界で、マルチホーミングを制限する努力がどのような役割を果たしているかを示す例を見ていこう。アドビ・フラッシュ・プレイヤーは、オーディオ/ビデオ・プレイバックやリアルタイムのゲームなど、インターネットのコンテンツをユーザーに届けるブラウザだ。フラッシュはiPhoneのOS上で、アプリ開発者によって利用されてきたが、アップルはそれを防ぐために、iOSでフラッシュとの互換性をなくし、自社で開発した類似のツールを使うように開発者に要求した。

開発者とユーザーは失望したと声を上げ、このような方針は独占禁止法の下では政府の制裁を受けかねない、競争抑止戦略だと述べる観測筋もいた。この騒動は激しさを増し、2010年にスティーブ・ジョブズは、公開の書面で同方針を擁護しなくてはならないと感じたほどだった。これはCEOがとる対応としては、かなり異例の事態だ。ジョブズの「フラッシュに関する考え」[*17]によると、フラッシュは閉鎖的システムで、他のオプションより技術的に劣っており、エネルギーを過度に消費し、ともすればモバイル・デバイス上でうまく動かないという。iPhoneからフラッシュを排除することは、アップルのユーザー経験の品質を担保するためだとジョブズは主張した。

本当の理由は、はるかに深くて戦略的だった。アドビは、アップルのiOSからグーグルのアンドロイドやウェブページへと、コンテンツやプログラムを全体的に移植しやすい、フラッシュ開発者向けツールを設計していた。フラッシュで開発されたアプリはマルチホーミングとなる可能性があり、iPhoneの独自性が減ってしまう。アドビは、アプリケーション内でコンテンツやサービスを購入できるようにする拡張機能も発表していた。フラッシュを使えば、開発者がiTunesのプラットフォームから離れてインタラクションできるため、アップルとしてはインタラクションが30%減るばかりか、関連する利用データ（市場のトレンドに関する貴重な手掛かりとなる情報だ）のコントロールも効かなくなる。

アップルがフラッシュをサポートしたならば、既にウェブ上に存在する大量のフラッシュのコンテンツにユーザーがアクセスできるようになり、開発者にとっては、さまざまなプラットフォームにマルチホーミングしたぶんの投資を収益化する方法が、もっと増えていただろう。[*18] しかし、アップルにとっては大きな損失となる。そのため、ライセンス規則と技術を使って、プラットフォームから離れたインタラクションが生じないようにしたのだ。

アリババの長期戦略の狙い

顧客のアクセスの支配をめぐる戦略的な戦いがどのように展開されるかを示す別の例が、アリババのストーリーだ。2014年、筆者らが主催したMITプラットフォーム戦略サミットで、アリババの最高戦略責任者の曾鳴（ミン・ゼン）は、強力な競争相手のアリババへのアクセスを拒んだことで、アリババは市場の形を変えるようになり、それが目覚ましい成長を遂げるうえで、まがりなりにも役立ったと説明した。*19

アリババはその進化の初期において、ユーザーを引き付けて、重要なネットワーク効果を生み出そうと奮闘していた。ネットワーク効果による「大爆発」が起こったのは、個人や店舗が販売する2万品目を探してサイトに掲載するよう、全従業員に求める方針を考えついたときだ。それにより製品の掲載情報が増えると、ツーサイドの需要が生じた。アリババと付随する消費者向けサイトの淘宝（タオバオ）はたちまち、考えられるほぼすべての製品が買えるオンライン・ショッピングのサイトとして、急成長していった。そうした製品を探していた中国人消費者が、同サイトに殺到したのである。

大爆発が起きる前に、アリババがトラフィック集めに苦労していたとき、CEOの馬雲と配下のチームは、直感的には理解しにくい意思決定を行った。技術的障壁を設けて、百度（バイドゥ）では同社のサイトを検索できないようにしたのだ。バイドゥは中国最大のインターネット検索エンジンで、中国版のグーグルに相当する。バイドゥのロボットをブロックすれば、バイドゥのユーザーが検索してもアリババの製品は探し出せないので、大量の潜在顧客を取り込めなくなる。喉から手が出るほど買い物客を欲していた時期に、こんなことをするのは、少し奇妙に見えるに違いない。

しかし、アリババのリーダーたちは、長期戦略でゲームに臨んでいた。プラットフォーム上で起こる買い物のインタラクションだけでなく、広告販売で収益化する可能性も視野に入れていたのだ。アリババ上で構築しつつあった買い物客コミュニティのコントロールを保持しようと、彼らは決意していたのである。そうすれば、アリババのみが、こうした買い物客をターゲットにした広告を売り出せるようになるからだ。アリババの掲載情報からバイドゥのロボットを排除することは、各社が最終的にリーチしたがっている、急増中の膨大な数にのぼる中国人オンライン購入客に向けた広告を、バイドゥが提供できないようにする一つの方法だったのである。代わりに、アリババのプラットフォーム上に、こうした広告が次々と登場するようになったのだ。

この戦略はうまくいった。アリババのユーザーベースが拡大するにつれて、中国で最も価値あるインターネット広告プラットフォームとして、アリババは徐々にバイドゥを代替していった。イメージとしては、グーグルが現在享受しているターゲット広告収入の獲得方法を、イーベイやアマゾンが手にしたような状況だ。こうした広告収入を考えれば、アリババの２０１４年の利益が、アマゾンが創業以来稼いできた利益よりも多い理由がわかってくる。

競争戦略② イノベーションを促進し、その価値を獲得する

プラットフォームのオープンエンドの性質は、ユーザーが新しい価値を創る絶好の機会となる。プラットフォーム管理者はまず、パートナーに摩擦のないイノベーションの機会を与えてビジネスを構築することができ、その後、取得や複製でもたらされた価値の一部もしくは全部を獲得する。

第８章で見たとおり、ＳＡＰは開発者向けに、今後18～24カ月間でプラットフォームのどの部分を

開発者にオープンにするか、という計画表を定期的に発表することで、ビジネスサービス・プラットフォーム上でのパートナーによるイノベーションを奨励している。これによって開発者は自身がどこまでビジネスを構築できるかが明らかになり、SAP自体との競争に直面する前に、最大2年のリードタイムがもらえる。また、開発者が時間やリソースを使ってSAPユーザー向けのサイトを開発したのに、SAP本体というブルドーザーがやってきて、その仕事を徐々に食われただけだったという状況はなくなる。

長期にわたって、エコシステムの中でユーザーの手で、あるいはユーザー向けに創出された価値の主な源泉を支配することは、プラットフォームの利益になる。これは、プラットフォーム版リソース・ベースト・ビュー理論とも言うべきものにつながる。プラットフォーム・ビジネスでは、そのエコシステム内で模倣不可能なリソースをすべて持っている必要はないが、価値が最大化するリソースは保有するようにしたほうがよい。だからこそ、それぞれのプラットフォーム上でアリババ（バイドゥではなく）とフェイスブック（グーグルではなく）は検索機能を、マイクロソフト（外部のソフトウエア開発会社ではなく）はワードやパワーポイントやエクセルなどのオフィスソフトを、自前で保有しているのだ。これらはいずれも、ユーザーの大多数にとって価値を創出する重要なリソースなので、プラットフォーム保有者がこれらをコントロールすることが重要になる。価値の少ないリソースや、もっとニッチ分野のリソースであれば、プラットフォーム自体の競争上の地位を大幅に弱めることもなく、エコシステムのパートナーに譲り渡してもかまわない。

この原則は、なぜ管理者がプラットフォーム上に登場する新機能やアプリを、慎重に見張る必要があるかの説明になる。その採用状況はたいてい、一見するとかなり「ロングテール」型で、これらを使って価値を共創する参加者は比較的少ない。これらの大半はその状態のままで留まるが、ごく少数のものはランクを飛び越える能力を持ち、分布曲線の先頭へと急速に駆け上がっていく。なかには、自身のインタラクティブ・コミュニティを引き付ける兆候さえ見せるものもあり、そのことは、それ自身がプラットフォームに発展する可能性を秘めていることを意味する。ソーシャルゲーム会社のジンガ、写真共有サービスのインスタグラムやスナップチャット（Snapchat）がいずれも、フェイスブック・プラットフォーム上の小さなアプリから始まったことを思い出してほしい。しかし、それぞれの社会的な共有力やネットワーク効果によって、急成長を遂げることができたのである。

この種の成長は往々にして、戦略的な綱引きのきっかけとなる。プラットフォームは、革新的なパートナーの機能と、買収することで得られる価値を、吸収しようとするかもしれない。これまでに指摘したとおり、フェイスブックはインスタグラムの獲得に成功し、２０１２年に10億ドルで同社を買収した。ただし、（これまでのところ）スナップチャットの獲得には失敗している。スナップチャットの共同創設者のエヴァン・スピーゲルは、２０１３年12月に30億ドルの買収提案をはねつけたのだ。

フェイスブックがジンガで行ったように、プラットフォームは競争相手を煽って、スタートアップの力を抑えようとする場合もある。２０１１年時点で、フェイスブック上に３０００以上のゲームがあり、全体的にジンガの個別交渉力は弱まっている。[*20] このような場合、スタートアップの反応は、売却する、マルチホーミングを通じて反撃する、他のビジネス分野に拡張する、といったものだろう。たとえばジンガは現在、テンセントのQQソーシャル・ネットワークや、アップルとグーグルの携帯電話のプラットフォーム上でマルチホーミングするとともに、独自のクラウドサービスも提供している。

競争戦略③ データの価値を活用する

インターネット経済ではよく「データは新しい石油だ」という表現が使われるが、決まり文句の常として、そこには多くの真実が含まれている。データはプラットフォーム・ビジネスにとって、膨大な価値の源泉になりうる。優れた経営を行っている企業はデータを使って、多種多様な方法で競争上の地位を強化しているのだ。

プラットフォーム・ビジネスでは、戦術的にも、戦略的にも、データを用いて競争力の向上を図ることができる。戦術的なデータ活用例として、A／Bテスト（訳注：2つの選択肢のうちどちらが効果的かを試す手法で、インターネット・マーケティングなどでよく用いられる）の成績を見て、特定のツールやプラットフォームの特徴を最適化するやり方がある。たとえば、アマゾンが売上高を増大させるために「今すぐ買う」ボタンをサイト内の右上に配置すべきか、左下に配置すべきかで判断に迷ったならば、実験してランダムにボタンの配置を変え、その結果を記録し、できればさまざまな顧客の特徴についてクロス集計をしてみる。戦術的なデータ分析は実に効果的だ。アマゾンは現在、こうした実験結果を踏まえて、「今すぐ買う」ボタンをページ右上に表示している。

戦略的データ分析の範囲は、もっと広い。誰がプラットフォーム内外で価値を創出し、支配し、吸収しているかを追跡し、その活動の性質を調べることで、エコシステムの最適化を支援しようとする。フェイスブックが会員の活動データを使って、ジンガが予想外のことを行っていないかどうかを観察したり、インスタグラムが新たな方法でトラフィックを変えていることを見つけたりする場合は、戦略的なデータ分析に当たる。

プラットフォームの戦略上の戦いの有名な事例として、データで覇権を握り、巧みに利用することでライバルを凌駕してきた企業もある。

大方の見方では、職業紹介プラットフォームの覇権争いで勝者となるのは、モンスター（Monster）だと言われていた。最も早い時期に同市場に参入したモンスターには先行者優位があり、求人企業と求職者のツーサイド市場で強いネットワーク効果がすぐに生じた。ところが、モンスターが収集したデータには、もともと制約があった。アクティブな求職者のみを対象としていたので、ユーザーの幅広いソーシャル・ネットワークに関する情報を、まったく収集していなかったのだ。そのため、特定の求人に関するインタラクションが終わると、雇用主と被雇用者はプラットフォームを離れ、どちらのデータの流れも止まってしまった。

対照的にリンクトインは、アクティブな求職者に限らず、すべてのプロフェッショナルのソーシャル・ネットワークをターゲットとしていた。これによって、満足のいく就職はできたけれども、新しい雇用機会をさらに検討したいと思っている人（非常に拡張されたユーザーベースだ）の参加率がかなり高くなり、データ収集もできた。また、リンクトインは、プロフェッショナル間のインタクションのデータとして、求人サイドと求職者の間だけでなく、求職者間のデータも収集し、同じプラットフォーム上で2つの異なるフィードバック・ループを提供している。リンクトインはその後、コンテンツとユーザー間での共有を強調することで、プラットフォーム上で時間を過ごす理由をさらに打ち出し始めた。リンクトインの市場データの範囲、深さ、量における大きな強みは、モンスターとの競争で大きな優位性となったのだ。

アナリティクスの戦略上の価値

プラットフォームの設計は、より良いユーザー・データを生み出すために、さまざまな方法で最適化を図ることができる。筆者たちは、SAPがエコシステムの改善に活用できるように、ツーサイド・ネットワーク分析のガイドとして、お勧めのデータ分析の設計ツールについて助言を行った。

私たちが強調したのは、クライアントがSAPのエコシステムのパートナー間でソリューション・プロバイダーを探すのに役立つ、検索ツールの価値だった。高度なデータでマッチングの精度が高まれば、両サイドにとって有益だ。また、うまくいかなかったユーザー検索を特定し、ビジネス・ソリューションのニーズを持つ潜在顧客の存在を踏まえて、ソリューション・プロバイダーがクライアントを探せたほうがよい。プラットフォーム上でクライアント企業や開発者が同業他社や他の開発者に対して、各自のケイパビリティをベンチマークしやすくするツールも必要になることを私たちは指摘した。こうしたツールは、SAPユーザーがプラットフォーム外のライバルと競争するときにも、大いに役立つ可能性がある。

私たちがSAPと共同で取り組んだプロジェクトの最終形は、産業横断的な新しい法人向けサービスのケイパビリティと、ロングテールを素早く駆け上がる新機能を探すことだった。ロングテールを上がることは、法人ユーザー間で人気が高まることを意味する。これらは、SAPのようなプラットフォームが、まだ発見していないエコシステム・パートナーのために、プラットフォーム内に取り込める価値の新たな源泉を表している。

したがって、データ・アナリティクス（解析）によって、プラットフォーム企業とエコシステム・パートナーの両方のケイパビリティを大幅に増強することができ、プラットフォームをさらに成功へと導き、ユーザーにとっての価値創造力も大いに高まる。アナリティクスは製品設計や、顧客とパートナーの成功に向けた投資のガイドとなり、プラットフォームのネットワーク効果を補強するのだ。全体的に、これらの新しいデータツールは強固な参入障壁、いわばポーター流の、「競争上の堀（優位性）」のプラットフォーム版となる。競争相手がデータを持っていないなら、彼らは価値を創り出せない。つまり、インタラクションを生み出せないので、データへのアクセスがさらに限定されてしまうのだ。

競争戦略④　M&Aの再定義

古典的なM&A戦略が示唆するのは、ビジネスリーダーは補完製品や市場アクセスを追加する、もしくは、サプライチェーンのコストを減らす、という目標を追求すべきだということだ。5つの競争要因が席捲する世界では、M&Aの評価において鍵となる問題は、ターゲット企業が相当大きな価値の要塞を防御する堀を持っているかどうかだ。

プラットフォーム管理者は、この戦略を調節する必要がある。その際に鍵となる問いは、自社が現在サービスを提供しているユーザーベースとかなり重複するユーザーベースに対して、ターゲット企業が価値を生み出しているかどうかだ。

その答えが「イエス」なら、そのターゲット企業は獲得する価値がある、という結論に一応は落ち着く。ただし、買収作業に本腰を入れる前に、ターゲット企業の収益性や、プラットフォーム参加者から継続的にインタラクションを引き出す能力など、乗り越えるべきハードルがほかにもある。

幸いにもプラットフォーム・ビジネスは、買収価値の測定にかけては、異例なほど恵まれたポジションにある。伝統的なパイプライン企業と違って、パートナーがプラットフォーム上でどのように取引を行うかを観察する時点まで、買収を延期できるのだ。

これによって、情報の非対称性という、M&Aの評価につきものの問題が解決される。他人が監査した財務データに基づいて買収決定を下す代わりに、購入側は取引データを直接観察して判断したり、実世界で多様な戦略上のシナリオをテストしたりすることができる。プラットフォームを管理することは、購入契約を結ぶ前のパートナーシップの試運転になるのだ。

さらにまた、エコシステム内でアクセスしている限り、プラットフォーム・ビジネスが重要な資産をすべて保有する必要はないという事実から、プラットフォーム企業は多くの伝統的企業よりも、M&Aの検討件数を減らすことができる。その過程で、プラットフォーム企業は少なくとも、2つの重要なメリットを享受する。

第一に、あるプラットフォーム・パートナーを買収するよりも、そのパートナーが創出する価値の一部を求めたほうが、はるかにリスクは少ない。2011年に、ファームビルとマフィアウォーズというゲームが大ヒットし、開発元のジンガの株価が急騰したことを思い出してほしい。フェイスブックのリーダーたちがさぞかしジンガを買収したくなっただろうことは、容易に想像できる。フェイスブックのリーダーたちがさぞかしジンガを買収したくなっただろうことは、容易に想像できる。

買収すれば、ジンガのゲーム・ポートフォリオの価値がそっくり手に入るだけでなく、マイスペースのような競合プラットフォームが、この重要な資産にアクセスすることも阻めるからだ。

しかし、フェイスブックはこの誘惑に抗い、賢明にも打ち勝った。ゲーム開発は予測不能なことで悪名高い。最も成功したゲームでさえ、2、3年後には燃え尽きてしまうものであり、次回もヒット作が続くという保証はないのだ。フェイスブックにとって、ジンガを買収し、次の大きなセンセーションを起こす責任を抱え込むよりも、むしろ何百ものゲーム会社を競わせて、次のヒット作を生み出し、そのメリットの一部を獲得するほうがはるかに好都合だったのである。

第二に、対等な立場でパートナーシップを続けていけば、プラットフォームの技術的な複雑さが軽減される。垂直統合の場合、その言葉が意味するように、買収した新規事業はすべてプラットフォーム内に統合しなくてはならないが、そこから技術的にも、戦略的にも課題が発生する。個別に開発された多くの技術で構築されるプラットフォームは、クリーンなインターフェースを通じてすべてのビジネス活動を実行するリーンなアーキテクチャーのプラットフォームよりも、壊れやすく、維持コストがかかり、ユーザー経験も劣りがちだ。第3章で取り上げたモジュール方式の設計のメリットについて、思い出してほしい。モジュラー・システムでは、ある箇所や一部のパートナーが失敗したとしても、比較的簡単に新しいものに交換できる。しかし、統合されたシステムを構成する箇所やパートナーが失敗すれば、システム全体が急停止することになりかねないのだ。

このような理由から、他の誰よりも先んじて次のホットなスタートアップを買収しなくては、という強迫観念にかられがちな伝統的企業よりも、プラットフォーム管理者は思慮深く慎重な態度で、M&A戦略の課題に取り組む余裕を持つことができるのである。

競争戦略⑤ プラットフォームの封じ込め

プラットフォームを管理する際には、絶えず地平線を調べ、他のプラットフォームの活動、特に同等もしくは重複するユーザーベースを持つ「隣接プラットフォーム」の活動を観察しなくてはならない。隣接プラットフォームに新機能が登場すれば、競争上の脅威になりうる。その新機能がマルチホーミングを始めたくなるほど魅力的で、これまでのプラットフォームはやめてもかまわないと、ユーザーが思うことだってありえるのだ。

その対策は、類似の機能を自社で直接提供するか、エコシステムのパートナーを介して間接的に提供することだ。この戦略は最も成功すると、「プラットフォーム封じ込め」と呼ばれる状態に至る。隣接プラットフォームの機能やユーザーベースを効果的に取り込めば、そうなる。

1990年代の話になるが、リアルネットワークスが95年にストリーミング・オーディオを発明し、「リアル・オーディオ」として発売したところ、すぐに市場シェアを100％獲得した。ところが、続いて同市場の獲得に乗り出したマイクロソフトの広範な既存プラットフォームのほうが、圧倒的に有利だった。なにしろ、メディア・ストリーミングに興味を持つ人はほぼ全員、OS市場で90％以上のシェアを誇るMSウィンドウズを既に保有しているのだ。マイクロソフトはただリアル・オーディオと同じようなソフトウエア製品を開発し、ウィンドウズOSとバンドリングさせて提供すれば事足りた。ウィンドウズのストリーミング・オーディオ・プラットフォームはすぐに、はるかに小さなリアル・オーディオのプラットフォームを包囲してしまったので、性能面で優れていたリアル・オーディオは太刀打ちできなかったのだ。

この封じ込め戦略は一般的な戦略で、多くのプラットフォーム領域で見られる。アップルは現在、iPhoneのプラットフォームを使って、モバイル決済システムとウエアラブル技術の市場を封じ込めようとしている。同じく、中国のハイアール・グループは自社の家電のプラットフォームを拡張し、ホームコネクト家電市場を封じ込めようとしている。

もちろん、機会と脅威は両刃の剣だ。プラットフォームAが、隣接プラットフォームBの最も魅力的なサービスと競合する特徴を持たせて封じ込めにかかる場合、プラットフォームBは逆に、同種の攻撃を仕掛けてプラットフォームAを包囲しようとするかもしれない。この種の封じ込め合戦においては、初期ユーザーベースが大きく、ネットワーク効果が強力で、より大きなプラットフォームのほうが、たいてい勝利を収める。しかし、モンスター対リンクトインの例が示すとおり、本来は規模的に不利でも、ユーザーにとって優れた価値を提供するプラットフォームであれば、戦いに勝てることもある。

従来のパイプライン企業と比べて、プラットフォーム企業は競争動向に対応するために、非常に素早く動いたり、自らが競争を仕掛けたりすることができる。勝者となるのは通常、ユーザーにとって最大の価値を一貫して創出できるプラットフォームだ。しかし今日のビジネスでは、その勝利は永続的ではない。伝統的企業のように自己満足に陥らないように、少なくとも警戒を怠ってはならないのだ。

競争戦略⑥ プラットフォーム設計の向上

伝統的なビジネスの世界では、より高品質の製品やサービスを作って競争する。プラットフォーム・ビジネスも同じような形で、ユーザーを誘引し、インタラクションを促進し、生産者と消費者をマッチングする（第3章で取り上げたプラットフォーム設計の基本的要素）ためのツールの品質を改善することで競争する。

第5章では、わかりやすい事例を挙げてそのメカニズムを見ていった。動画ホスト・プラットフォームのヴィメオは、ユーチューブと市場が重なっていたが、何とか共存を図ろうとした。視聴者ベースではユーチューブのほうがはるかに大きかったが、ヴィメオはホスティング・サービスを向上させ、帯域幅を広げ、視聴者のフィードバックの価値を高め、プリロール広告が目障りにならないように工夫した。そうやって、選りすぐりの動画作成者を引き付ける特徴を駆使して、差別化したのだ。ヴィメオの競争上のスタンスは、多くの伝統的企業のスタンスと似ている。つまり、専門のニッチ分野を特定し、顧客に満足してもらえるハイエンド製品を設計・製造することで、市場を支配するライバルとの共存を図るのだ。

ときには、優れたプラットフォーム設計によって、ライバルを徹底的に打ち倒せることもある。エアビーアンドビーの当初のユーザー数は、かなり先行するクレイグズリスト(短期貸出用の部屋やアパートのリスティングが掲載されていた)よりもはるかに少なかった。エアビーアンドビーは、設備とマッチングという、鍵となるプラットフォーム機能を大きく向上させた。クレイグズリスト上で賃借用の部屋探しをする人は、都市単位や投稿時間で整理しただけの、玉石混交の選択肢を挙げたリストを丹念に探していくしかなかった。エアビーアンドビーはそれに加えて、品質、部屋数、価格、場所の地図などの特徴でも整理して、選択肢を探しやすくしていた。さらに、ユーザーはエアビーアンドビー経由で直接取引ができたが、クレイグズリストのユーザーはプラットフォームを離れて賃貸借契約を行う必要があった。このため、エアビーアンドビーのほうがはるかに使いやすく、それまでカテゴリー・リーダーだったクレイグズリストよりも、急成長を遂げることができたのだ。

勝者独り勝ち市場の持続的優位性

ビジネスでは勝利は永続しないが、ときには、特定企業が少なくとも10年、もしくはそれ以上にわたって、業界内で有利なポジションを享受できることがある。そういう場合は、その企業は持続的優位性を維持してきたといえる。これはたいてい、勝者独り勝ち《ウィナー・テイク・オール》の市場で起こる。こうした市場では特別な力が働き、あるプラットフォームにユーザーを引き寄せ、他のプラットフォームを放棄するよう促すのだ。勝者独り勝ち市場をしばしば特徴づけるのは、「供給サイドの規模の経済」「ネットワーク効果が強い」「マルチホーミング・コストや切り替えコストが高い」「ニッチ特化が見られない」という4つの要因である。

第2章で説明したように、供給サイドの規模の経済は産業時代の市場の力の源泉であり、製造に大きな固定費がかかる鉄道、石油・ガス探査、鉱業、医薬品開発、自動車や航空機などの産業で見られる。このような産業では、買い手が増えればコストが下がり、利益率が向上していくので、数量が重要になってくる。インテルは半導体製造工場の建設に10億ドルかかったかもしれないが、いったん工場ができてしまえば、100万枚、あるいは10億枚のチップを追加で生産するコストはごくわずかだ。供給サイドの規模の経済が大きければ大きいほど、市場の集中が進む傾向になる。アメリカでは、熾烈な競争や独占禁止法などの規制の圧力にもかかわらず、供給サイドの規模の経済が大きな役割を果たす産業では、少数企業が市場を牛耳っている。たとえば、自動車産業がそうだ。正のネットワーク効果はインターネット時代の市場の力の源泉となる。

第2章で見たように、ネットワーク効果のおかげで、エコシステムに参加するユーザーが増えるほど、創出される価値と利益率は増大する。[*21] このため、ネットワーク効果を持つ企業は、それなりの売上げであっても、ネットワーク効果を持たない他の企業と比較して、十数倍の価値を享受できるのだ。[*22] ホートン・ミフリン・ハーコート、NBC、レクシス、ワールプールは、既存製品やビジネスモデルにおいて強いネットワーク効果を持っていない。アマゾン、ネットフリックス、リーガル・ズーム、ネストは持っている。正のネットワーク効果は、プラットフォームの規模にかかわらず、より多くのユーザーを引き込めるので、勝者が市場で独り占めする傾向を強める第二の力となる。

勝者独り勝ち効果を推進する第三の要因は、高いマルチホーミングと切り替えコストだ。前述したように、ユーザーが複数のプラットフォームに参加するとき、マルチホーミングが起こる。もちろん、マルチホーミングによって、ユーザーは複数のプラットフォームの便益を享受できるが、金銭面の負担（複数のサブスクリプション費用がかかる）や他のコスト（複数のプラットフォーム・ウェブサイトにデータをアップロードしなければならない不便さなど）もついてくる。

マルチホーミング・コストと少し似ているのが、切り替えコストだ。これは、あるプラットフォームを離れて別のプラットフォームに移るときに絡んでくるコストだ。こうしたコストは同じく、金銭の場合もあれば（携帯電話ユーザーが契約期間中にプロバイダを乗り換える際の違約金など）、そうでない場合もある（あるウェブ・ホスティング・サービスから別のサービスへと家族全員の写真を移すときの不便さなど）。

　マルチホーミング・コストと切り替えコストの両方が高くなると、市場の集中化が進み、少数のより大きな企業が君臨するようになる傾向がある。たとえば、ほとんどの人々にはアンドロイドとアップルの両方のスマートフォンを持つ余裕はないので、どちらか1つを選び、少なくとも2〜3年間は使い続ける傾向がある。これがもっと低コストなら、みんなすぐに複数のプラットフォームを利用し始める。たとえば、大半のクレジットカードは年会費を安くしたり、ゼロだったりする。このため、多くの人の財布の中には、たいていビザ、マスターカード、アメリカン・エキスプレスのカード、さらにデパートのカードが2、3枚は入っている。そして、利便性など諸状況によってカードを使い分けるのだ。

　マルチホーミング・コストと切り替えコストが低い市場では、後発参入者は市場シェアを獲得しやすく、市場はよりオープンで流動的になっていく。たとえば、大部分のソーシャル・ネットワークは基本サービスを無料としているので、2つのプラットフォームのマルチホーミングは実質的にコストがかからない。フェイスブックとリンクトインが、先駆者であるマイスペースやモンスターとの競争に勝つことができた理由の一端もそこにある。一方、マイクロソフトがデスクトップのOSで優位性を持ち、携帯電話メーカーのノキアを買収して市場シェアを獲得したにもかかわらず、携帯市場でアップルやグーグルの後塵を拝して苦戦しているのは、マルチホーミング・コストが高いからだ。

最後に、需要サイドの規模に影響を及ぼす第四の要因として挙げられるのは、ニッチに特化していることを好むユーザーの存在だ。特徴的なニーズや趣向を持ったユーザー層が他のネットワークを支持すると、勝者独り勝ち効果が弱まる場合がある。1990年代、ウィンドウズが強いネットワーク効果と高いマルチホーミング・コストのおかげで、デスクトップOSの世界で強い優位性を持っていたときに、アップルはニッチに特化していたおかげで生き残った。グラフィック・アーティストとミュージシャンの間で、アップルは並外れて人気が高かったのだ。同様に、リンクトインはビジネス・プロフェッショナルの独特のニーズに役立ったので、フェイスブックの圧倒的なネットワーク効果に対抗して、ソーシャル・ネットワークとして足場を固めることができた。

ニッチ特化がごく少ない、もしくは皆無である市場は、特に勝者独り勝ち効果が働きやすい。また、独り勝ちの力が大きいほど、プラットフォームの競争は熾烈になる。乗車共有サービス市場において、ウーバーとリフトの間で激しい競争が起こっているのは、ユーザーのニーズに多様性がなく、強いネットワーク効果が存在するからだ。両社は照会情報やキャッシュ・インセンティブを提供して、運転手の争奪という仁義なき戦いを展開してきた。なかには、倫理基準に抵触すれすれの戦術もとられている。たとえば、乗車を申し込んだ後にキャンセルする行為を5000回以上行い、サービスを妨害したとして、リフトはウーバーを糾弾した（ウーバーはその非難は事実無根だとして否定した）。しかし両社ともに、この競争で生き残るのは1社のみだと確信し、その1社になるためには手段を選ばないと決意していることは間違いない。*23

これまで見てきたように、プラットフォームの世界における競争の性質は、従来のパイプラインの世界のものとはまったく別物だ。次のステップとして、当然ながら、こうした差がビジネス上の規制の性質に影響を及ぼすのかどうか、影響する場合はどのような形をとるのかという疑問が湧いてくる。プラットフォーム企業に規制を適用する場合、独占、公正取引、価格固定、反競争的慣行、取引制限などの基本概念の定義を、再考しなくてはならないのだろうか。プラットフォームの世界で、消費者、労働者、サプライヤー、競争相手、コミュニティ全体の利益を効果的かつ合理的に保護するために、既存のルールは設計されているだろうか。次の章では、こうした問題について見ていこう。

POINT

・プラットフォームの競争は3次元チェスのようなもので、プラットフォーム対プラットフォーム、パートナー対プラットフォーム、パートナー対パートナーという3つのレベルの競争が関係してくる。
・プラットフォームの世界では、競争の重要性は協力と共創の需要性ほどには高くない。リソースよりも、関係性をコントロールするほうが大切だ。
・プラットフォームがお互いに競争するために用いる手法として、プラットフォームへのアクセス制限をかけてマルチホーミングを防止すること、イノベーションを促進すること、価値を獲得すること、情報の価値を活用すること、M&Aを推進するよりもパートナーシップを醸成すること、競合するプラットフォームを封じ込めること、プラットフォームの設計を強化することが挙げられる。
・特定のプラットフォーム市場の中には、勝者独り勝ち市場が存在する。これには、供給サイドの規模の経済、ネットワーク効果、マルチホーミング・コストと切り替えコスト、ニッチ特化の欠如という4つの要因が作用する。勝者独り勝ち市場では、競争が特に激化しやすい。

CHAPTER

11

POLICY

政策

プラットフォームに対する規制

ニューヨーク市にとってエアビーアンドビーは恵みか

２０１４年秋、ニューヨーク市の地下鉄車両が突然、あるビジネスの広告であふれ返った。そのビジネスとは、エアビーアンドビーのものだった。ただし、エアビーアンドビーの部屋貸しサービスの利用を呼びかける一般広告ではなく、会社自体の評判を高めることを目的とした、いわゆる企業イメージ広告だった。どの広告にも、「エアビーアンドビーはニューヨークにもってこい」というコピーが添えられていた。

ただし、すべての地下鉄利用者がそれに賛同したわけではない。何日かすると、エアビーアンドビーに対して一家言を持つ人がマーカーで落書きし、「編集」される広告が続出した。ジャーナリストのジェシカ・プレスラーはニューヨーク誌に、その中からいくつか選りすぐりのコメントを紹介した。「エアビーアンドビーは責任を一切取らない」と書き足したもの。「あなたのマンションに住んでいるアイツ。あなたの部屋の鍵を他人に貸し出してるよ」という殴り書き。「ニューヨークに」の箇所が手書きで直され、「エアビーアンドビーはエアビーアンドビーにもってこい」というものもあった。

この広告騒動から見えてくるのは、ニューヨーク市など、エアビーアンドビーが足場を広げる世界中の都市で、これまでに繰り広げられてきた以上に大きな対立だ。この企業イメージ広告キャンペーンは、エアビーアンドビーがお金をかけて行っているロビー活動やＰＲプログラムの一環で、規制当局、競合他社、誤解を報じるメディア、一般市民などからの不当な攻撃に対抗するためのものだった。論議されているのは次の点である。エアビーアンドビーは、ニューヨーク市や市民にとって喜ぶべき恵みなのか。同市の生活の質や経済的な健全さを蝕む癌細胞なのか。それを決める権利や権力は誰が持つべきなのか。

規制をめぐる課題——古いルールの改定

プラットフォーム世界の出現により、重要な社会的課題が次第に浮かび上がってきた。公正に運用するために、内部統制と外部規制とをバランスさせた設計が求められているのだ。[*1] エアビーアンドビー、ウーバー、アップワーク、リレー・ドライブなどのプラットフォームが、経済、社会、政治分野でますます大きな役割を果たすようになるにつれ、参加者の権利と、他分野や社会全体へのプラットフォーム・ビジネスの影響という問題が、いっそう顕著になってきた。プラットフォームの未曾有の成長を受けて、２００８〜09年の金融破綻以降、これまで見られなかったような形で、規制の問題が一般の人々の意識にのぼるようになっている。

この問題をめぐる議論が高まるにつれ、規制方針について、誰もが「知っている」ことの大半は間違っている、との認識を持ち始めている観測筋も多い。少なくとも、今日の急速に進化するプラットフォーム市場に当てはまらない部分についてはそうだ。イノベーションと経済発展を推進するという社会目的（これは、かなり自由放任主義的な方法でプラットフォームを管理することに賛成する立場だ）と、弊害を防ぎ、公正な競争を促し、法規制を遵守し続けるという社会目的との間には、大きな葛藤がある。

政策担当者、法律学者、ビジネス擁護団体は、プラットフォームの台頭によって起こる変化を踏まえて、規制をめぐる古い前提を見直すべき時期に来ている。本章では、プラットフォームが経済を変え続けていくのに伴い、リーダーたちが今後、真剣に取り組まなければならない主要な問題を検討していく。税制方針、手頃な価格の住宅、治安、経済面の公正さ、データ・プライバシー、労働者の権利などに起こりうる影響を見ていこう。

プラットフォーム革命の負の側面

ネットワーク・プラットフォームの爆発的成長がもたらす多くの便益については、既に指摘してきた。しかし、プラットフォームの広がりが、ある種のニュー・エコノミー天国の先駆けではないことも認めなければならない。どのビジネス、社会、技術のイノベーションでもそうであるように、プラットフォームの台頭は有害になるかもしれないのだ。[*2]

プラットフォームの台頭への不満には、伝統的産業への破壊的な影響が反映されたものもある。新しいビジネスモデルによって利益や生活が脅かされそうな企業や労働者が、新モデルは経済的、環境的、社会的、文化的に有害だとする玉石混交の根拠を挙げて、なりふりかまわず反撃に出ようとするのは無理もない。プラットフォーム・ビジネスへの攻撃の一部は、たしかにこのカテゴリーに分類されるだろう。大手の出版社や書店チェーンがアマゾンを、レコード会社がiTunesを、タクシー会社がウーバーを、ホテルチェーンがエアビーアンドビーを嫌悪する理由は、理解できなくもない。当然ながら、影響を制限するために厳しいルールを設けるべきだとする要請も含めて、プラットフォームに対する批判の根底にはこうした利害関係があるので、割り引いて聞くべきだ。

しかし、だからといって、プラットフォーム・ビジネスの影響に関する不満のすべてに妥当性がないという意味ではない。手頃な価格の宿泊施設を楽しむためにエアビーアンドビーを利用するニューヨークへの訪問客も、余った部屋を貸して追加収入を得るホストも、当人たちは好きでやっていることだが、隣人の中には不快な思いをしている人もいる。

エアビーアンドビーで借りた部屋での乱痴気騒ぎ、売春婦との密会（そのうち1人は刺されたとの噂もある）、若者がパーティーを開いて大騒ぎし、手のつけようのないほど酔っぱらうといった恐ろしい話は、タブロイド紙のネタとなってきた。ある悩めるマンハッタンのホスト（アパート等の部屋のオーナー）であるケン・ポッジバは、入居者が短期の又貸しを禁じた州法に違反して部屋を貸していることを証明するために、監視カメラを設置せざるをえないと感じた。その入居者を立ち退かせることに何とか成功したが、「エアビーアンドビーは、宿泊客にやりたい放題させて金儲けしている。そんなのはおかしい」と、ポッジバは糾弾する。[*3]

外部性のコストは誰が引き受けるべきか

第8章で見てきたように、レンタル契約に関係しない第三者に対するエアビーアンドビーの影響は、経済学者が言うところの「外部性」だ。それを生み出した人や企業ではなく、その問題で迷惑する「そこに居合わせた罪のない人々」が負の外部性のコストを負わされるのは、ありがちな経済問題だ。あるビジネスが隣人に敵対して規制当局の介入を受ける、最たる例である。エアビーアンドビーは現在、こうした外部性の問題への対応に追われている。

頑として保険による補償をしてこなかったことは、エアビーアンドビーを取り巻く最も深刻な外部性の問題の一つだった。2014年12月、エアビーアンドビーは長い間、文句を言われ続けたあげくにようやく、言うことを聞かない宿泊客に起因する損害賠償からホストを保護するために、アメリカでは100万ドルの賠償責任補償を行うという新方針を発表した。問題は、これはいわゆるセカンダリー・インシュアランス（第二保険）で、ホスト個人が契約している住宅用保険の補償枠を使い切った後にのみ適用されることだ。アメリカの個人保有者向け住宅保険の補償は、ほとんどの場合、特に家の中での「商業的活動」（レンタルも含む）は適用対象外となっている。どうやらエアビーアンドビーは、損害賠償費用を個人の保険に押し付けたがっているようだ。保険会社が支払い審査にあまり力を入れていなかったり、住宅保有者がエアビーアンドビーのホストであることを隠して保険金を請求してきたりすると、個人の保険でカバーすることになる。

当然ながら、多くのエアビーアンドビーのホストにとって、この部分的な保険補償は気がかりだろう。しかし、金融ジャーナリストのロン・リーバーが指摘するように、本来は無関係な大勢の市民に影響を及ぼしかねない外部性も生じているのだ。「エアビーアンドビーが個人向け保険会社とリスクを共有することに成功すれば、その補償のためにみんなの保険料が上がるに違いない」と彼は書いている。[*4]

もちろん、これまでに指摘してきたように、なかには正の外部性もあり、こうしたビジネスを通じて、参加していない第三者にも経済面やその他の便益が提供されることもある。たとえば、エアビーアンドビーが参入した後、ホテルの料金が小幅ながらも下がり、観光業を盛り上げ、まわりまわって地元のレストランや他のアトラクションにも便益をもたらしていることを示すデータがあるし、[*5]ウーバーの参入後、飲酒運転による死者数が小幅ながら減ったことを示すデータもある。[*6]

しかし、こうした正の外部性は往々にして、文字にしたり定量化したりするのが難しいのに対し、負の外部性は鮮明かつ明々白々で、痛みを伴うことが多いのだ。エアビーアンドビーがプラットフォームに参加していない個人や社会全体に、こうした外部性のコストを転嫁することは、はたして公正なのだろうか。

モンキーパーキングの挫折

このような問題は、決して理論上の話ではない。実際に、負の外部性を懸念して廃止されたプラットフォーム・ビジネスもある。２０１４年１月にサンフランシスコで開始されたモンキーパーキング（MonkeyParking）というアプリの例を考えてみよう。これは、運転手が自分の駐車場所を使っていないときに、他の会員ユーザーがその空き場所を競り落とすシステムで、運転手とその収益を分け合う形をとっていた。同システムは公的資源（駐車スペース）の民営化と収益化を進めることで、大勢の個人や企業の足である公共交通システムの開放性とアクセスのしやすさに影響を及ぼすため、公正ではないと見なす観測筋が多かった。このシステムは、有料駐車場サービス会社（同じニーズを満たす事業のために投資してきた）にも負の影響を与えた。こうした不満の声を受けて、14年6月に規制当局が介入し、このプラットフォームは操業停止となった。*7

モンキーパーキングのストーリーは、主観的に白黒を決定するものではない。公的資源の民営化による社会的損害が、希少資源へのアクセスを提供する便益を上回るのかどうか、また、上回る場合はいつ、どのような形なのか、という問題を提起するものだ。運転手が駐車場を探して街中を走り回り、化石燃料を燃やし、その過程で交通渋滞が増えるという状況が減るならば、モンキーパーキングのようなシステムは環境面で便益をもたらす可能性もある。

しかし、私利私欲で公共駐車場を競売にかけることを許すならば、他の問題含みの活動に対しても市場を開放していくのだろうか。たとえば、夏の週末に公共の公園や浜辺に近い好立地の駐車場を、最高値を付けた人が競り落とすことを許可してもよいのだろうか。駐車場だけではなく、子どもを最も望ましい公立学校に入れる場合はどうか。あるいは、最も管理の行き届いた公立病院の個室はどうか。最も魅力的な公共財について、最高金額を付けた人が従来よりも大きな取り分を要求できる社会に、私たちは住みたいのだろうか。これらは、モンキーパーキングをはじめとした、一見すると単純な事例が提起する、外部性の影響をめぐる問題だ。

フリーランサーや確定申告の砦となる求人求職プラットフォームは、社会的影響と資産に関する別の問題を提起する。アップワーク、タスクラビット、ワシオ（Washio）などのプラットフォームは、何をおいてもフレキシブルな業務スケジュールを重視する人には好都合だが、法律で通常定められた便益や労働者保護を受けないフリーランスの基準で、フルタイム従業員として働く以外に選択肢がない人々にとっては、非常に大きな問題をはらんでいる。求人求職プラットフォームならではの機敏さや、安い間接費を企業が活用したいのは理解できる。しかし、雇用主プログラムでヘルスケアなどの基本サービスが概ね提供されているアメリカのような社会において、こうしたサービスのコストをフリーランスの従業員に負担させたり、既に財務的負荷が大きくなっている政府の支援プログラムに押し付けたりする企業が、経済的メリットを受けるのは望ましいことなのだろうか。[*8]

プラットフォームは、たしかにユーザーにとっての便益を創出する。そうでなければ、人気が沸騰することはないだろう。しかし、こうしたプラットフォームは、社会全体が考慮し対処しなくてはならない負の外部性をはじめ、想定外の副作用をも引き起こすのだ。

規制に対抗する方法

モンキーパーキングで示したような問題があるにもかかわらず、プラットフォームが引き起こす濫用や社会的混乱は、巨大なイノベーションや新しい価値、そこから生まれる経済成長から見れば些細なことだ、と主張する人も多い。プラットフォーム・ビジネスは生活に定着し、何百万もの人々に間違いなく便益をもたらしつつある。なぜ規制で締め付けて、イノベーションを阻むリスクを冒す必要があるのだろうか。

規制反対派はすぐに、規制の失敗や、逆効果となる事例をたくさん挙げる。ノーベル賞を受賞したロナルド・コースとジョージ・スティグラーは、経済学の自由放任主義を掲げるシカゴ学派として有名だが、大多数の市場の失敗に最もうまく対処するのは市場原理そのものだと主張する。たとえば、他社よりも社会的便益が大きな財やサービスを提供するし、競合企業の自由な成長を奨励したりするのだ。彼らの見解では、政府の規制当局が無能で腐敗しがちな証拠は歴史が示すとおりであり、規制では総じて問題を解決しきれない。市場の公正さや消費者保護といった重大な問題を自由市場では解決できない場合でも、具体的な事案であれば民事訴訟で対処できるはずだ。

最も一般的な規制の失敗のメカニズムとして、スティグラーが命名した「規制の虜（regulatory capture）」が挙げられる。[*9] その基本的な前提は、市場参加者が自己利益のために規制に何らかの影響を及ぼそうとすると、根本的な市場の問題は良くなるどころか悪化する、というものだ。スティグラーは1971年に発表した論文の中で、石油輸入割当から、航空会社、トラック輸送、金融業界、そして、理髪師や遺体整復師、医師、薬剤師など、免許を設けて労働市場へのアクセスを規制している例を挙げて、これを説明している。規制の虜のせいで、消費者や社会的便益の保護よりも、むしろ競争を妨げ、イノベーションを阻止するために、政府の規制が使われることが多い。スティグラーとその支持者は、規制の虜を取り除けば経済と社会全体が便益を得られるが、これには政府が定めたビジネスに対する規制の大部分を撤廃する必要があると主張している。

ジャン・ジャック・ラフォンとジャン・ティロール（ティロールは2014年にノーベル経済学賞を受賞）はスティグラーの分析を発展させ、エージェンシー理論の考え方を用いて、「プリンシパル（依頼人）」（たとえば有権者）は「エージェント（代理人）」（選出・指名された公職者）を完全にはコントロールしきれないと主張した。関与するプリンシパルが、自分のエージェントの行動について完全な情報を持ってコントロールするようになれば、企業が規制の虜のために便益を受けられなくなるというのだ。[*10]

規制をめぐる対立

規制の虜が存在することは間違いない。ビジネスルールの策定と施行を担当する政府機関は往々にして、こうしたルールをうまく策定する方法について、ビジネスリーダーたちに助言やガイダンスを求めざるをえない。これは多くの場合、こうしたルールが結果的に一般市民よりも、企業、それも特定の有力企業に役立つものとなってしまうことを意味する。投資情報サービスなど、一部の力の強い業界では、経営幹部はワシントンと民間部門の両方でキャリアを積んでおり、規制体系を設計した当の本人がその後、企業向けに規制逃れや利益操作の最善策について助言するのは有名な話だ（ラフォンとティロールが特に強調した慣行である）。

今日、プラットフォーム・ビジネスをめぐる規制との戦いの中には、プラットフォームが打ち出す競争モデルへの盾として、政府の規制を用いる既存業界の働きかけも含まれている。このため、コメンテーターのコナー・フリーダースドルフは、「配車サービスのウーバーは、タクシー業界が享受してきた規制の虜に終止符を打つために、アメリカ中の都市で戦っている」と指摘する。[*11] エアビーアンドビーも同じく、ホスピタリティ産業との長年の関係に影響を受けている規制当局との戦いに直面しているのだ。

一部の観測筋の目には、規制の虜という現象によって、政府による経済ルールの大部分は合法だとする主張の効果が、急速に減退しているように見えている。たとえば、自由主義の経済学者であるドン・ブードローは、自身のブログ「カフェ・ハイエク」への投稿の中で、ウーバーは個人の保有車を私的財産から経済的な資本ストックの一部へと変換できるようにしたと要約している。さらに、「ウーバーなどシェア経済のイノベーションに対する政府の介入」は、「財とサービスへの消費者のアクセスを改善する市場の力への妨害」および「(人々が所有し、コントロールし、そこから利益を得ることができる)富を生み出す資本を増やそうとする市場の力に対する攻撃」だとして、これを批判している。[*12]

ウーバーの普及を制限しようとする試みが今日の「最も不快な政府の介入の一例」となっている、とするブードローの見解に、賛同する人もいれば、そうでない人もいるだろう。しかし、規制の虜という現象の存在が、必ずしも規制を支持する議論、特にプラットフォームの規制に賛成する議論に対して、決定打となるわけではない。規制を完全に撤廃するよりも、規制の虜となる可能性を減らすような政治、社会、経済のシステムを設計する必要があるとの主張も考えられる。たとえば、法を通じて、実業界と政府の間で「人が激しく入れ替わること」を制限するようなことだ。

プラットフォームに規制なき世界はありえない

コーポレート・ガバナンスと政府規制の分野を研究する経済学者のアンドレ・シュライファーは、国ごとに規制の虜の浸透状況に大きな違いがあると指摘している。政府が市民の監視をあまり受けない場合には、強力なルールは政府高官の甚だしい腐敗や強制収用につながることが多い。実際に、これは権威主義的な国家で広く見られることだ。ただし、北欧など政府による説明責任を要求する国では、規制のレベルが高いほど、こうした腐敗とは比較的無縁となり、規制の虜のレベルが低減するようだ。こうした環境下では、規制は社会福祉と経済成長の促進を両立しうると、シュライファーは主張する。

さらに、シュライファーの指摘では、シカゴ学派は規制に代わるものとして訴訟を挙げているが、これは独立した誠実な司法官の存在を前提としており、それによって結果が左右される。つまり、裁判官と弁護士が他の公務員と同じくらい、操作や規制の虜の影響を受けるという事実を無視しているというのだ。[*13] より広い視点に立つと、シュライファーの議論は、国家と技術に特化した規制を支持する、ラフォンとティロールの議論と一致している。[*14]

歴史に残された記録は、一般的に、ビジネスの規制を支持しない人の説を支持しないものだ。実のところ、政府当局の介入をまったく受けてこなかった産業や市場を特定することは難しい。反競争的な商慣行を防ぐ規制は、少なくとも古代ギリシャとローマの時代にまでさかのぼる。当時、自然の出来事（天候）や、商人や海運業者の意図的な市場操作によって起こる、穀物の時価の変動を軽減するために、州当局が素早く対応していた。[*15] 同じように、現代社会は規制当局に頼って、市場でフェアプレーのルールを施行している。規制が失敗すれば、インサイダー取引のスキャンダルや抵当証券市場の崩壊が起こり、既存の独占事業者は高価格を享受するようになる。

まったくルールのない世界に住みたいと思う人は比較的少ないし、今日私たちが暮らしているような複雑な社会では、規制は多くの重要な社会的機能を果たしている。関係する技術の複雑さや、テロリストたちの破壊の企てを考えると、先進国の航空システムは驚くほど安全だ。[*16] これは、技術や訓練の向上と、国家輸送安全委員会などの政府機関による厳しい事故後調査の賜物であり、それによってリスク要因が体系的に取り除かれているのだ。同様に、きれいな飲料水、輸送機関システムの安全性、伝染病に対応し制御する能力の維持においても、私たちは規制に頼っている。

こうした理由により、ビジネス規制の完全な撤廃を求める極端な自由主義の立場を支持する人は、比較的少ない。言い換えると、プラットフォーム・ビジネスは規制の対象とすべきかどうかではなく、実際にどのように規制するかが問題になってくるのである。

規制の便益とコスト

もちろん、規制の便益とコストの間にはトレードオフがある。規制がまったくなければ、不正ビジネス、不正競争、独占的・寡占的な商慣行、市場操作などの問題が絶えず起こり、社会的コストや経済的コストが高くなりかねない。その一方で、一部の全体主義国で見られるように、政府の市場介入レベルがきわめて高くなると、腐敗、非効率性、無駄、イノベーションの欠如といった別の問題につながる。こうしたトレードオフがある場合にベストとなるのは、たいてい中間的な解決策だ。実際に、世界最強の経済の国では通常、監査する所轄官庁、司法審査、あるいはその2つを組み合わせて、中間レベルの政府の規制を採用している。

経済学者のシメオン・ジャンコフとその同僚は、私的命令（私たちは「プライベート・ガバナンス」と呼んでいる）から始まり、独立した裁判官が執り行う裁判所判決や、公務員による規制に依存したシステム、政府による資産の直接保有（社会主義）まで、考えうる規制体制の範囲をスペクトル上で分類している。[*17] このスペクトルを表した**図11-1**は、個人の悪行による社会的損失と、政府の不正行為による社会的損失との間のトレードオフを表している。

シュライファーが指摘したように、過去60年にわたって、ほとんどの経済学者と政治理論家は、政府介入を好意的に見る方向から、民営化を好む方向へとシフトしてきた。[*18] 規制はかつて政府が提供するものだったが、今では自己利益のために行動する民間団体が提供するものとなりつつある。たとえば、アメリカで用いられる会計基準は、国家が定めた一般会計原則から、ロンドンを拠点と

図11-1 規制がまったくない場合（左軸）、もしくは、政府がビジネスを全体的にコントロールする場合（右軸）に生じる、「社会的喪失」曲線に関するジャンコフの図。

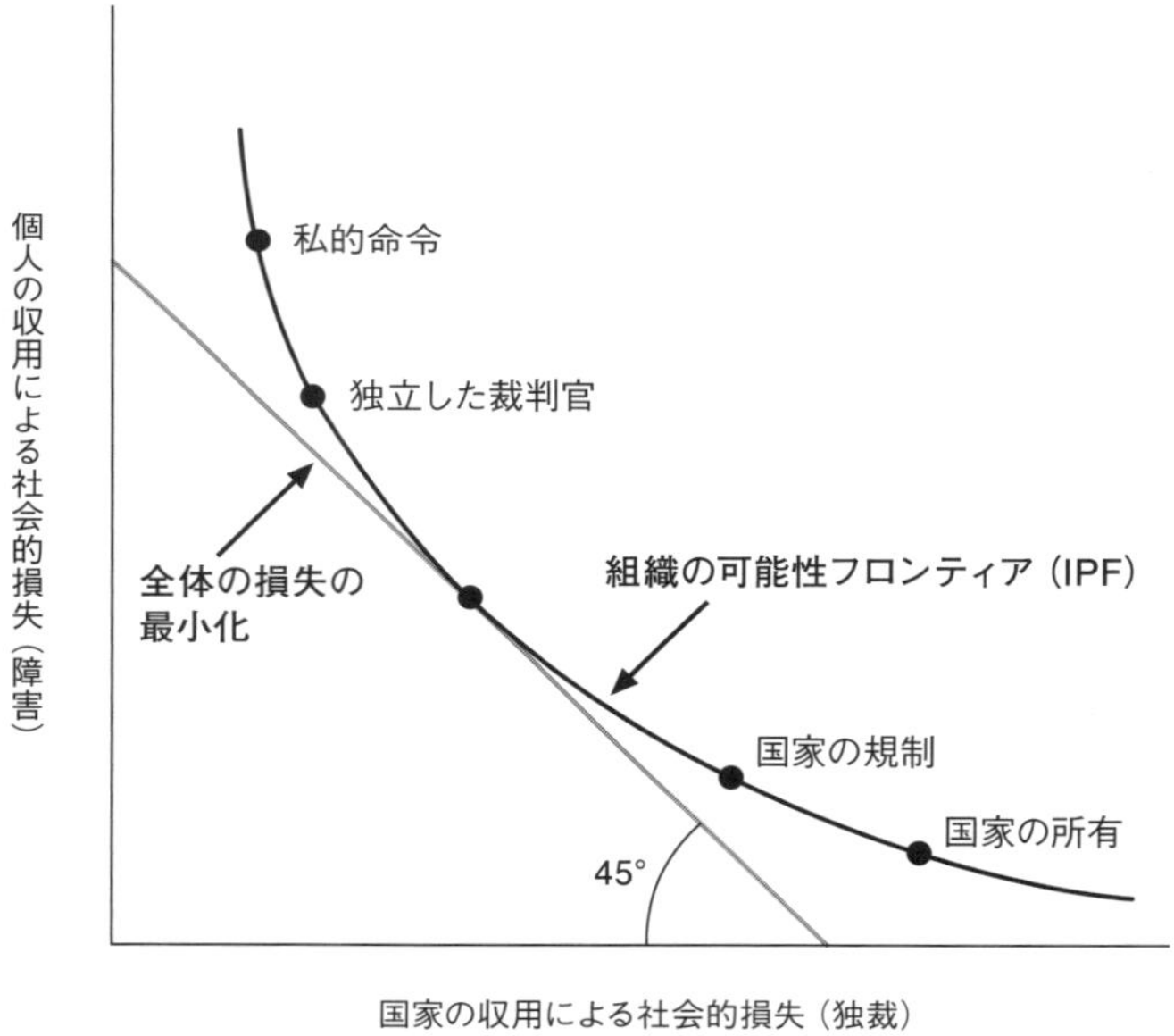

許可を受けて転載。

する民間組織である国際会計基準審議会が普及させている国際会計基準へと、徐々に移行している。この傾向は今後も続いていき、何を管理対象として選ぶか、どの種の規制は民間団体が提供したほうがより効率的かについて、政府は見直しを迫られるだろうと私たちは考えている。本章の目的の一つは、規制当局がプラットフォーム市場への干渉を考慮すべき状況と、プラットフォームの自己規制が最善である状況を、分けて提案することにある。

プラットフォームの成長に伴う規制問題

過去20年の間にプラットフォーム・ビジネスが台頭してきたことにより、表に出てきた最も重大な規制問題をいくつか考察していこう。

プラットフォームへのアクセス

プラットフォームが製品とサービスにとってますます重要な市場となったことで、プラットフォームへのアクセスは規制当局が取り調べる正当な対象となりうる。特定の参加者候補がプラットフォームから締め出される場合、それによって誰が便益を受けるのか。また、そうした排除は公正なのか。市場全体にはどのような長期的な影響が及ぶ可能性があるか、といった疑問が生じる。

たとえば、アリババ・グループは中国の電子商取引の80％を取り扱っている。[*19] 排除される脅威は、オンラインでビジネスを行うどの企業にとっても重大な課題となる。取引実績のないときに、自社のページ・ランキングを上げて、何百万件にものぼるリストの上位に入り込みたいと思っているすべてのスタートアップ企業にとって、アクセスも気になる問題だ。コンピュータゲーム・コンソール市場では、プラットフォームのスポンサー（ソニー、マイクロソフト、任天堂）が、エレクトロニック・アーツなどの特定企業に対して、自社のプラットフォームを支援してもらう見返りにカテゴリー排他性を提供することはよく知られている。企業が、重要な部品やソフトウエアをプラットフォームに提供する生産者を買収する場合も、同じ目的を達成することができる。たとえば、マイクロソフトは2001年にXｂｏｘを市場投入したとき、ゲーム会社のバンジーを獲得して、人気ビデオゲーム「Ｈａｌｏ」のフランチャイズへの排他的アクセスを確保した。

アクセスと排他性は、プラットフォームの互換性においても一定の役割を果たしている。サン・マイクロシステムズは1997年に、Ｊａｖａプログラミング言語を意図的に「フォーキング（分岐）」し、同コード・ベース内で互換性を持たせなかったとして、マイクロソフトを提訴した。マイクロソフトが自社保有のプログラミング言語「ＮＥＴ」を支持して、流通させるデスクトップ・パソコンからＪａｖａ言語を外した2002年にも、サンは再び訴訟を起こしている。[*20]

携帯電話ＯＳのアンドロイドは2015年に、オープン版とプロプライエタリ版に分けた。互換性の維持に対する商業上と規制上のインセンティブが、消費者の利益を守るうえで必要となることもあるのだ。

過剰な惰性

経営学者のカール・シャピロが論じるように、ネットワーク効果が強いとき、排除の問題は特に重要になってくる。「ネットワーク業界では、このような排除契約や排他的なメンバーシップ・ルールが特に有害な影響を及ぼし、新たな技術向上が行われても、既存のマーケット・リーダーを本当に脅かすほどのクリティカルマスに達せない危険をもたらす[*21]」

シャピロはさらに続けてこう指摘する。「最終的に、これは独占的なプライシングによって消費者が被害を受ける話ではない。それも問題の一つかもしれないが、もっと重大なのは、イノベーションのスピードが落ちてしまうことだ。ダイナミックに競争が繰り広げられている市場で生まれる技術進歩の便益を、消費者が十分に享受できなくなる」。この現象は「過剰な惰性」と呼ばれ、新しい（おそらく）より優れた技術の適用を遅らせたり、妨げたりするネットワーク効果の力を指している。ネットワーク効果の力のおかげで、一部のプラットフォームが特定市場を独占ないしは寡占できる場合、これらのプラットフォームは変化のコストや他の破壊的影響から身を守るために、有益なイノベーションに抵抗する道を選ぶかもしれない。

特定プラットフォームへのアクセスを恣意的に受け付けないことが過剰な惰性につながりそうな場合に、政府の介入が適切かどうかを当局者が考慮することには、たしかに議論の余地がある[*22]。しかし、ある競争動向の真の影響が何かということを判断するのは、必ずしも容易ではない。時が経てば、目に見える結果は大きく変わっているかもしれないのだ。

たとえば、著者の2人（パーカーとヴァン・アルスタイン）は2014年の論文の中で、開発者間の競争を制限するプラットフォームの方針によってイノベーションの割合が高まり、長い目で見れば実際には消費者のためになりうることを主張した。[*23] このプロセスは、短期のマイクロ特許のような働きをする。プラットフォームは、新しい製品やサービスに多額の投資をする見返りとして、特定の拡張開発者に一時的なカテゴリー独占権を与える（SAPはADPなどの開発者に、マイクロソフトは選りすぐりのゲーム開発者に、この「優先パートナー」戦略を用いた）。この期限付きの取り決めの下で生み出されたイノベーションは、やがて、コア・プラットフォームに組み込まれていくことが多い。これらはその後、すべての消費者が直接消費できるようになったり、新しいイノベーションに向けて次世代開発者の刺激材料になったりする。

このような理由から、プラットフォームのアクセスに関して介入を検討する際に、規制当局には慎重に動くことをお勧めしたい。

公正なプライシング

従来から規制対象となってきた商慣行は、略奪的プライシングだ。これは企業が製品やサービスに、儲けが出ないほどの安い価格をつける状況だ。安い価格は一時的に消費者のためになるが、競合他社を撤退へと追い込み、生き残ったサプライヤーが独占レベルに達すると価格をつり上げるので、長い目で見れば消費者に害を及ぼす。当然ながら、それが略奪価格の設定者のそもそもの目的であり、政府の規制当局がときどき介入して、本質的に略奪と見なされるプライシングの慣行を禁じる理由もそこにある。

しかし、著者2人（パーカーとヴァン・アルスタイン）の研究結果は、コストを下回る価格に対する従来の解釈と、ひいては当局者の略奪的プライシングの定義に、疑問を投げかけるものだった。ツーサイド・ネットワーク外部性の強い企業は、実は、市場のワンサイドに無料でサービスを流通させても、収益を最大化できるという分析結果になったのだ。こうした結果は、市場の別のサイドに提供する製品やサービスの売上げを通じて魅力的な利益を出せば達成される。[*24]

ジャン・ティロールをはじめとする他の一連のツーサイド・ネットワークの研究でも、これまでの常識を覆して、略奪性のテストを一新し、ネットワーク効果を織り込むことを規制当局に求める結果となっている。[*25] 特に規制当局側は、原価と同じかそれ以下で製品やサービスを売る慣行について、競合他社がいなくなったら価格を引き上げる目的で他社を撤退させようとする根拠と見なしてきた。しかし、クロス市場の外部性を考慮に入れれば、特定の顧客グループに売る際に、たとえ競争がない場合でも、合理的に製品やサービスの価格をゼロに設定できるのだ。

こうした競争分析における変化にもかかわらず、プラットフォームの法律をめぐる決定には、依然として未解決の問題がある。2015年にEUがグーグルの検索サービスに対して行った訴訟は、グーグルが自前の比較ショッピング・サービスをライバルのそれよりも特別扱いしたとするもので、この論点を例示している。[*26] 興味深いことに、2013年に、アメリカ連邦取引委員会（FTC）にも同様の苦情が寄せられた。[*27] 同じく、大手プラットフォームのアマゾンは、書籍市場における役割をめぐって綿密な取り調べを受けている。そこで懸念されているのは、アマゾンが市場シェアを獲得するために価格を引き下げ、競争相手がひとたび退出すると価格が上がる点だ。[*28]

私たちはアマゾンに対するこの告発、つまり、自社の優位性が万全となったら本の価格が大幅に上がることには懐疑的だ。どちらかというと、重要な文化産業のゲートキーパーとしてのアマゾンの役目が強くなりすぎている、とする考えにより共感を覚える。アマゾンはおそらく、自前のプロプライエタリ・フォーマット（独占的フォーマット）を確立しようとしているのだろう。たとえば同社は、キンドルの読者が使うフォーマット、アマゾン・ワード（ＡＺＷ）でそれを試みている。ＡＺＷフォーマットで本の何章かを無料で配布するのは、トロイの木馬として活用し、プラットフォームのコントロール強化とオープン版から閉鎖的なプロプライエタリの標準版へ移行させるための長期戦略の一環として、読者を引き付けようとしている可能性がある。

データ・プライバシーとセキュリティ

企業が顧客から収集した個人データをどう扱っているのか、市民が長年、疑問に思うのは無理もない。企業が各世帯の詳細情報を収集する能力は、消費者向けクレジットカードの普及で大幅に拡大した。この金融イノベーションによって信用へのアクセスが大幅に容易になり、個人消費を増やすのに貢献した。ただし、これは当然ながら銀行側に、データを用いて顧客の信用を測定する重要な動機があることを意味していた。この分析サービスを提供するために、エクイノックス、エクスペリアン、トランスユニオンという、３つの主要な消費者信用情報会社が設立された。銀行からインタラクション・レベルの詳細情報をもらう見返りに、これらの会社は消費者信用スコアを算定し、銀行側が信用枠を広げるべきかどうか、広げる場合はどのくらいの比率にすべきかの判断に利用できるようにしている。自動車ローンや住宅ローンを組んだことがある人なら、信用スコアの重要性や効果をよく知っているだろう。

早期のデータ・セキュリティ規制は、信用スコアの算定に用いる基準の透明性を提供する、というニーズに集中しており、人種差別や地理的差別の話も多かった。[*29]

1974年、性別や婚姻状態に基づいた信用差別を禁じる信用機会均等法が議会で可決された。同法は76年に改定され、人種、肌の色、宗教、国籍、収入源、年齢なども対象に含まれるようになった。FTCは77年に同法を施行し、そこに至った差別的な商慣行に対処するために、かなりのリソースを投じ始めた。[*30]

しかし今日、消費者データ利用に関する問題は、規模と複雑さが増している。信用調査会社は盗難や誤った身分証明（これは解決までに何年もかかるおそれがある）などの問題に悩まされており、それが重大な害を及ぼしているのだ。[*31]

信用調査会社や、それに頼っている貸し手による消費者情報の活用や濫用は、激しい議論の対象にもなっている。過大な金利と延滞料から儲けを出そうとする貸し手による、信用の不足する消費者を意図的にターゲットとした略奪的貸出しなどの行為は、経済的不平等と市場の不安定さの一因にもなったとして非難されてきた。

データ・プライバシーに対する懸念を受けて

データ・サービスプロバイダの商慣行を規制することで、FTCがアメリカの主要プレイヤーになった背景には、こうしたことがある。ほとんどの消費者は、クレジットサービスが簡単に利用できるので、支出行動に関する詳細データへのアクセスを売買するのも厭わないように見える。しかし、信用調査会社の原動力となっているのと同じダイナミクスが、「無料」情報サービス会社（第7章で取り上げたデータ・アグリゲーター）が提供するサービスの基礎となっている事実を、十分に認識していない人が多いかもしれない。皆さんがオンラインでカメラや本などの消費財情報を検索したり、少し調べたりすると、おそらく同じ製品広告がその後に行く先々のウェブサイトに表示されることに気づくだろう。これはデータ志向マーケティングが行われているからで、消費者の基本的な個人情報の販売は、多くのプラットフォーム・ビジネスの大きな収入源となっているのだ。

こうしたインターネット上のカスタマイズ広告に、やや居心地の悪さを覚える人もいるかもしれない。もう少しわからない形で個人データが用いられる場合には、もっと落ち着かない気分になるかもしれない。プラットフォーム企業をはじめとする多くの企業は、精密な個人プロファイルを作成するために、消費者のウェブ活用、お金のやりとり、雑誌購読、政治や慈善活動への参加などの状況を追跡している。こうしたデータを集計すると、プロファイル共有者とのクロス・マーケティングに活用できるのだ。たとえば、ショッピングサイトのレコメンド・エンジンが、「製品Aを買った人は、製品Bも気に入っていることが多いです！」と告げる場合がそうだ。

このプロセスは匿名で行われるので、反論できる人はまずいない。しかし、その同じ基本データが、雇用先候補、政府機関、ヘルスケア事業者、あらゆる財を扱うマーケターに販売可能であり、実際に売られている。性的嗜好、処方薬の使用、アルコール中毒、個人旅行（携帯電話の位置データを通して追跡される）といったデリケートな話題について、個人を特定可能なデータが、アクシオムなどのデータ販売会社を通して購入できるのだ。[*32]

こうしたデータ販売業界の商慣行に対する消費者の懸念を受けて、多数の調査が行われてきた。その一つ、FTCが行った大掛かりな調査は、「データ・ブローカー――透明性と説明責任の要求」と題する報告書にまとめられている。[*33] しかし、大勢の人が好ましくないと感じる商慣行を防ぐために、実際に何らかの策が講じられたわけではない。[*34]

懐疑的な人は、実際には、データ・プライバシーに関する市民の懸念は表面的なものだと言う。消費者はリンクトインやフェイスブックなど、ソーシャルメディア・プラットフォーム上で日常的にプライベート情報を事細かに共有し、フィットビット、ジョーボーン、マイフィットネスパルといったフィットネスや健康、ダイエット用ツールを使って、ますます「自分自身を他人の手先に仕立てている」というのだ。これらのプラットフォームには消費者向けのプライバシー・ポリシーが掲載されているが、法律用語がびっしりで、ほとんどのユーザーは読もうとしない。プラットフォーム上で個人情報を公にさらすことへの消費者の心構えを見れば、データ・プライバシー問題に熱心な市民が少ないことがわかる。となれば、規制当局もしくはプラットフォーム管理者が、すぐにでも個人データの使用を禁止する動きは起こりそうもない。

データは誰のものか

プライバシーに関する最後の論点は、データ所有の問題だ。情報にアクセスできるデータ・アグリゲーターや企業は、実質的に、個人に帰属するとも見なされるデータの所有権を強く主張している。この問題に光を当てるための挑発的行為も見られる。たとえば、ジェニファー・リン・モローネと名乗る若い女性は、自ら乗り込み、自分が作成したデータストリームの所有権を主張したのだ[*35]。個人データの利用や販売で収益を得ている企業は、当然ながら、モローネの意思表示を面白がったり、説得力があると感じたりする可能性は低い。しかし、この問題は消えそうにない。ドイツ銀行の最高データ責任者のJ・P・ランガスワミは、次のように予測している。

個人情報や集合的情報の価値についてより多くを学ぶにつれて、我々のこうした情報へのアプローチには、我々の自然な動機づけが反映されるようになるだろう。我々は権利を定め、発展させることを学んでいく。最も重要な変化は（常にではないが、公的な場合もある）集合的情報への対処である。我々はそれをもっと重視することを学び、個人情報と集合的情報との間のトレードオフを評価し、こうした学習を通じて道徳的な考え方、慣例、法律に関する情報を持てるようになるだろう[*36]。

データが「新しい石油」だと広く言われる世の中では、規制行動、法廷の判決、業界の自主規制などを組み合わせながら、データ所有の問題を解決していく必要があるのは明白だ[*37]。たとえば、

2014年にソニー・ピクチャーズで何百万人ものユーザーの視聴履歴情報が漏洩した。このように、デリケートな情報が公にされる新たなスキャンダルが起こるたびに、ユーザー・データの所有権を確立する圧力が強まるかもしれない。[*38] そうした所有権があれば、データの漏洩が起こった後で、被害にあった人は法的措置に訴えることができる。十分に大きな法的責任を負うことになれば、企業側はデータ保護についてもっと真剣に受け止め、将来の漏洩防止策を講じるだろうという理屈だ。[*39]

一部のニッチ市場では、データ所有に関する取り決めが既に進んでいる。たとえば2014年11月、ダウ、デュポン、モンサント、全国トウモロコシ生産者協会など、大手農業関連企業や団体が集まり、農家の作物関連データの保有と支配に関する農家側の権利を定めた一連の原則について合意した。[*40] その意味を考えてみると、作物の生産高の改善に用いられたセンサー・データは、将来の大豆の予測にも簡単に利用できそうだ。この二次的利用は莫大な富を生み出す可能性があり、その富を得る正当な権利はデータソースにあるのだ。

情報資産の国家統制

インターネットの到達範囲は世界的なため、ビジネスの規制にかなりの複雑さが加わってきた。商取引における国境の役割について賢明なルールを策定し、一貫性を持って公正に施行する方法を見つけるのは、電子的に相互につながる世界でははるかに難しくなる。この難しさがわかる一例が、データ・アクセスの国家統制に関するルールを、プラットフォーム・ビジネスに適用する場合だ。

多国籍企業が発展途上国に進出するときには、通常、いわゆる現地調達率ルールに従わなくてはならない。こうしたルールは地域経済を刺激し、新規事業がもたらす経済成長がすべて多国籍企業の本部に移転されるのではなく、その一部を確実に国内に留め置くことを目的に設計されている。たとえば、シーメンスやGEなどの企業がサハラ以南のアフリカ諸国に進出する際には、往々にして人材育成やサービスなどの事業活動を現地で始める必要がある。シーメンスがラゴス（ナイジェリア）でシーメンス・パワー・アカデミーを運営し、電力産業で働く技術者を養成しているのはこのためだ。

一部の業界観測筋は、現地調達率の条件はデータ・サービスにも及ぶ可能性があると考えている。たとえば、海外ではなく地元でビジネス・データの保存や処理を行わなくてはならないとする規則を定めると、関連データの価値は大幅に低下するかもしれない。仮に世界中のGEやシーメンスの発電タービンが、データ収集や研究の目的で1つのネットワークにつながれば、そこから得られるデータ・フローは比較分析の基礎となり、各機械固有の「利用署名」が生み出される。これによって、データ・アナリストはタービン性能をより正確に予測してカスタマイズしたメンテナンス計画を策定できるし、企業と顧客の双方にとって費用の節約になるだろう。しかし、この正の効果を発揮させるには、膨大な量の情報にアクセスし、リアルタイムで処理する必要がある。その際には、地元のデータ・コンテンツ関連法が障害となりかねないのだ。これはプラットフォームのエコシステムが提供する新しいケイパビリティの観点で、政府が再考すべき種類の規制の好例といえる。[*41]

ヨーロッパのプライバシー法も、データ国家主義と呼べそうな形態になっている。データ・フローに関するルールは、市民のプライバシー保護を表向きの目的として確立されてきた。その結果として、ローカルのデータ処理センターと断片的データがあちこちにある状況になっているが、これらのデータを集計すれば、営利目的で利用できるはずだ。アメリカでは10億ドル規模のスタートアップの数が42社であるのに対し、ＥＵではわずか13社だ[*42]。その一因は、ネットワーク効果の規模対応ができていないことにあるのかもしれない。近年、このＥＵのデータ・プライバシー体制による経済的影響が、顕著に認められる証拠が出てきた。たとえば、広告代理店は意思決定の最適化にビッグデータからの知見を必要としているが、データ管理を制限するルールのないアメリカなどの富裕国と比べて、ヨーロッパでの事業活動の効果はかなり低くなっている[*43]。

税制

税制は、プラットフォームが直面する最もホットな規制問題の一つだ。国中、あるいは世界中でも、ビジネスを展開する急成長中のプラットフォームが経済を再編し、無数の地元の「パパ・ママ企業」を倒産に追い込むようになると、その売上税から便益を得るのは誰なのだろうか。税金は中心的な作り手がいる場所で支払われるべきなのか。それが消費された時点で徴収すべきか。このような問題の経済的、政治的なインパクトは計り知れない。

アマゾンは世界第二の規模（売上ベース）を誇るオンライン小売業として、この問題の典型例だった。アマゾンが営業する国々の大半では国内売上税や付加価値税が導入されており、顧客全員から徴収しなくてはならない。しかしアメリカでは、売上税は州や地域ごとに設定され、クレージーキルト（訳注：多様な形や色の布を継ぎ合わせたキルト）のように多様なため、アマゾンとしては、税徴収義務を最小限にして製品の認知価格をなるべく低く保つ機会が出てくる。

アマゾンは売上税のルールをめぐって、数々の州規制当局や議会と戦ってきた。特別に新しい法案が成立し、従わざるをえなくなるまで、税の徴収を拒むことも多かった。一部の州では、州内で大きな倉庫や配送センターを運営しているにもかかわらず、売上税の納付が求められるほどの「合法的滞在」ではないと主張したり、ときには、州同士を争わせて自己利益を図ったりすることもある。たとえば、法案を議会で通過させたほうが明らかにメリットのあるインディアナ州は、アマゾンが同州内に設置する地域倉庫の数が5つ以下にならなければ、売上税の徴収を免除することにした。アマゾンは今日、アメリカで最も大きな州も含めて23州で売上税を徴収しているが、それ以外の場所では税徴収義務に抵抗している。[*44]

同じ問題は、他のオンライン・プラットフォームでも起こっている。求人求職プラットフォームのアップワークが地元の人材派遣会社を倒産に追い込んだため、地方税収入が減少しているのだ。オンライン・プラットフォームは国際的なリーチを持っているため、地域や州ごとに売上税を設定する従来の体制は時代遅れとなり、国家で売上税法を定めることが自然で、かつ論理的な解決策になると思われる。ただし、2010年代半ばの時点では、税金への偏見が強いアメリカ議会がそうした法案を可決する可能性はかなり低そうだ。

次善の解決策は、各州が州外の販売元からオンラインで購入した製品に売上税を課すことを容易にする法案で、実際に2010年以降、こうした法案が議会に数回提出されてきた。「メインストリート公正法」と呼ばれる初期バージョンは、委員会での検討レベルにとどまった。一つには、アマゾンがこの法案に反対して猛烈なロビー活動を行ったからである。

新バージョンは「市場公正法」と呼ばれ、2013年5月に上院で可決されたが、まだ下院での採決には至っていない。興味深いねじれ現象が起こるなかで、この市場公正法はアマゾン（ならびに小売大手のウォルマート）によって公式に支持されてきた。これが無効となりうる理由として考えられるのは、（対象となる売上税が少額かゼロのため、現在は徴収が免除されている多数の小規模な競合他社も含めて）インターネット販売を行う人全員に等しく適用される簡便な売上税制が施行されると、既にほとんどの取扱商品で売上税を徴収しているアマゾンを利することである。

資産、自由、市場の高潔さなど壮大な概念を呼び起こす規制の議論は、とどのつまり、ドルやセントという核心的なお金の問題や、多様なプレイヤーが立法の場に持ち込む政治的影響力の話になりがちだ。これはそのことを示す古典的な事例といえる。

労働規制

求人求職プラットフォーム運営者は、たいてい、自社のシステムについて、労働者とサービス需要をただマッチングする仲介業者にすぎない、と説明としようとする。この観点に立つと、ウーバー、タスクラビット（訳注：2017年にイケアが買収）、メカニカル・タークなどの企業を通じて仕事の契約を結ぶ人々は、純粋に独立した受託者だ。マッチングが成立しても、プラットフォームはインタラクションを行ったどちらのサイドの当事者に対しても、法的（道義的）責任をほぼ負わないことになる。

しかし、働く男女の福祉を保護する立場にある規制当局から見れば、こうした位置づけは疑わしい。従来のオフライン・ビジネスの世界では、多くの企業がフルタイムの正社員を、法律上と規制上の契約労働に分類してきたが、こうした商慣行に否定的な見方もあり、注目を集めてきた。たとえば2014年8月、フェデラル・エクスプレスはカリフォルニア州で、従業員ではなく契約者に分類された常勤労働者2300人の集団訴訟をめぐって、連邦裁判で敗訴した。同社は、法廷が違法としたこの商慣行によって、福利厚生、時間外手当、社会保障とメディケアの手当、さらにはユニフォームなど作業経費の返済といった責務が軽減されていた（フェデラル・エクスプレスはこの裁定を不服として上訴する予定だと述べている）。[*45]

求人求職プラットフォームは、この分野における規制の進化を非常に注意深くモニターする必要がある。広範囲にわたる商慣行に疑問を投げかけるにあたって、政府機関や裁判官の態度や準備はさまざまだが、労働者の幸福に責任を負わなくても済むように、単に企業保護の目的で設計されたように見える雇用モデルを白眼視している人が多い。

おそらく同じように重要なのが、オンラインの求人求職プラットフォームの評判が既に、非公式な「世論という法廷」で深刻な打撃を受けてきたことだろう。たとえば、グーグルに「インターネット搾取労働」と検索語を入れると、100万件以上の結果が出てきて、その多くが名だたる大手報道機関だったりする。[46] 世論がビジネス行動に反対する場合、長い目で見ると、企業のブランド価値に重要な影響を及ぼす可能性がある。つまり、世論という法廷は、ときとして非公式の規制主体となるのだ。ビジネスリーダーはこうした点に注意したほうが賢明である。

同じく、労働者を雇用、選抜、訓練、監督する慣行に対し、求人求職プラットフォームがどこまで責任を免れられるかについては限度がある。たとえ技術的には独立受託者として分類される労働者についてもそうだ。たとえば、運転手が乗客に性的暴行をふるった容疑で、ウーバーは大々的にバッシングされた。[47] 既存のタクシー業界と規制をめぐって激戦を繰り広げているときに、その労働慣行が見かけ倒しだと疑ってばかりもいられないのだ。

オンライン求人求職プラットフォームの出現により、国内や地方の市場を監視し、評価する任務を負った規制当局にとって、まったく異なる領域で新たな課題が生じている。マルチホーミングのおかげで、フリーランサーは1日のうちに複数のプラットフォームを切り替えて利用できるようになった。たとえば、運転手はウーバーとリフトの両方の仕事を受けることができる。となると、政府機関が労働や失業状況のデータを正確に把握することがいっそう複雑化し、それによって経済や政治の政策議論にも重要な影響が出てくる。求人求職プラットフォームが成長を続けていけば、これはますます重要な問題になってくるだろう。

消費者と市場を操作する可能性

プラットフォームが十分に大きくなると、市場において単なる参加者である（既存の需給を効率的にマッチングさせる役割を果たす）ことをやめて、規模やリーチの大きさを通じて、個々のユーザーや市場全体まで実際に操作し始める可能性がある。

こうした状況が既に起こりつつあることを示す、気がかりな徴候がある。小売プラットフォームのアマゾンは、オンライン書籍市場で巨大なシェアを掌握しており、大手出版社でさえ、受け入れがたいビジネス条件をのまされるというプレッシャーを感じているのだ。フランスに本拠を置く世界最大の出版社の一つ、アシェット・ブック・グループは、アマゾンと7カ月にわたってプライシング方針について議論するなかで、自社書籍のオンライン販売が遅れると表示されたり、一部書籍の予約注文ボタンが削除されたりすることに気づいた。ある本がベストセラーのステータスに達するかどうかの判断において、予約注文は重要な役割を果たすため、アマゾンのこうした措置は、多くのアシェットの出版物の長期的成功に影響してくる。両社は2014年11月にようやく合意に至った。何らかの妥協にたどり着いたようだが、どちらもはっきりとした勝利宣言はしていない。[*48]

2014年6月、フェイスブックのユーザーとプライバシーの専門家は、ぞっとするような話を聞かされた。その2年前に、約70万人のフェイスブック会員のニュースフィードが、心理学の実験の一部として意図的に操作されたことが明らかになったのだ。コーネル大学のジェフリー・ハンコック教授とフェイスブック従業員も含む研究者たちは、肯定的な投稿や否定的な投稿の数を異常に増減させて、ニュースの流れを変えたのだという。この研究結果では、フェイスブックの会員が反応を示したステータス・メッセージは、「感情的な状態は、感情的な伝染を通じて他の人に移転され、みんな無意識のうちに同じ感情を持つようになりうる」ことを示した。[*49]

影響が政治に及ぶにつれて、危険の度合いは高まる。6100万人のフェイスブック・ユーザーを対象としたある研究では、肯定的な社会的圧力を持ったニュースフィードを流した結果、そうしたメッセージを受信しなかった人と比べて、約2％多くの人が投票した、もしくは、少なくとも投票したと語ったという。実際に、フェイスブックのソーシャル・メッセージによって、直接的には約6万人、社会的伝染によって間接的に28万人以上、投票者が増えたのだ。[*50] それで選挙結果が変わったという証拠はないが、接戦の場合、2％という比率が勝者に与える影響については想像がつく。

それは興味深い発見であり、大勢の人の態度や行動に影響を及ぼしたいと思っているフェイスブック広告主などは、そこに価値を見出すかもしれない。とはいえ、内容に関する説明や同意なしに、こうした研究は行われたのだ。また、必ずしもすべての研究が、治験審査委員会による事前承認を受けたわけでもない。こうした審査は、人間を対象とした実験が行われる前に必要とされている。外部専門家からの反応は、倫理性と、おそらくフェイスブックの行動の合法性についても、疑問を呈するものだった。その後の騒動の最中に、フェイスブックCTOのマイク・シュレーファーは、同社では今後、デリケートな感情的問題を扱った研究を行う前に「改善済みのレビュー・プロセス」にかけると発表している。[*51]

3つめの事例は、2015年7月にウーバーが巻き込まれた論争だ。マイクロソフトが後援している研究団体、ＦＵＳＥ研究所が発足させたチームが、ウーバーの乗客アプリ上で、いわゆる「幻のタクシー」の存在を報告した。つまり、乗客が今いる場所の近くを車が走っているように見えるが、実際には走っていないことがあるというのだ。ウーバーの広報担当者は、この現象は乗客が無視すべき単なる「視覚効果」だと説明したが、一部には、ウーバーのタクシーが実際よりも近くにいると乗客に思わせて、意図的に欺こうとする策略ではないかと疑う運転手や乗客もいる。ウーバーのアプリ上の視覚的異常に対しては、需要の多いエリアで高い「割増」価格が見込まれるという誤解や、紛らわしい印象を与えるとの声も出ている。

ＦＵＳＥの研究者によると、運転手と乗客のどちらもこのシステムの操作を学びつつあり、ウーバーの不正確なビジュアル・データによって間違えないようにしているという。彼らは次のように結論づけている。「ウーバーは、乗客と運転手がどこにいるかというリアルタイムの情報にアクセスできるようにすることで、ここ数年、シリコンバレーで生み出された中で最も効率的で有益なアプリの一つとなってきた。しかし、自分も同じ知見が得られるだろうと思ってこのアプリを受け入れるならば、運転手と乗客には全体像の一部しか見えていない点を、今一度考えてみてほしい」[*52]

このような事例は、人気の高いプラットフォームがさまざまな形で、自社の保有する市場の力や膨大な量のデータへのアクセスを用いて人々を誤解させ、連絡や同意なしで人々の行動を操作できることを示している。プラットフォーム管理者が経済的利益を見込んで、こうしたことに関与したくなる可能性は非常に大きい。この種の倫理的に疑問のある行動を規定し、それを防ぐために明確で合理的なルールを策定し、過度に介入したり官僚主義を振りかざしたりせずにルールを適用しなくてはならないが、それは規制当局にとって大きな課題である。

規制2・0の時代が到来?

一部の観測筋によると、これまではアクセスできなかった膨大な量のデータを、評価、分析、利用できる情報化時代が到来したことで、従来の規制のやり方を大々的に見直さざるをえなくなっているという。MITメディアラボの元研究者で、起業家兼投資家のニック・グロスマンは、規範的ルール、認定プロセス、ゲートキーピングを強調する今日の「規制1・0」から、データに基づく透明性と説明責任によって調整する、オープン・イノベーションに基づく新システム「規制2・0」に移行することを呼びかけている。[*53] どちらの規制体系も、信用を創出し、公正さ、セキュリティ、安全性を醸成することが目的だが、用いる手段は大きく異なる。

グロスマンの見解では、アクセス制限に基づく規制は、情報が少ない世界では理にかなっている。伝統的に、特定のタクシー運転手やホテルの品質や安全性について、消費者が正確な情報を収集するのは困難、もしくは不可能だった。だからこそ、ほとんどの場合は政府が介入して、タクシー運転手の選抜、認定を行い、運転手向けの保険を要求し、ホテル宿泊設備の安全性や清潔さをモニターしてきたのだ。

しかし、豊富な情報がある世界では、データ主導の説明責任に基づく規制のほうが合理的だ。ウーバーやエアビーアンドビーのような企業は、自社のデータへのアクセスと引き換えに、営業の自由を認めてもらえばよい。誰がいつ、誰に何を行ったかが正確にわかるので、事実に沿って人々やプラットフォームに行動責任を取ってもらうことができるのだ。ウーバーの顧客は、運転手の評価を使って乗るかどうかを判断でき、エアビーアンドビーの顧客は、ホストに関する評価を使って安全・快適に泊まれる場所を選ぶことができる。どちらの場合も、安全で公平な取引に対する一般の期待に違反している場合、企業側が制裁措置を受けたり、規制当局によって閉鎖に追い込まれたりすることもありうる。

政府の規制機関は、グロスマンの規制2・0の下で、今日とはまったく異なる機能を果たすようになる。その主な仕事は、市場へのアクセスの原則を確立することよりも、事後の透明性の要件を確立し、実施することだ。グロスマンは、市役所はウーバーの出現に対応して、次のような条例を可決すると想像している。「レンタル車両サービスの提供者は誰もが、モバイル・ディスパッチ、ネット配車システム、電子決済、運転手と乗客の360度評価を実行し、公平さ、アクセス、パフォーマンス、安全性に関して、オープン・データAPIをシステム性能の公開監査用に提供している限り、既存の規制を免除される可能性がある」[*54]

求められる透明性

プラットフォームが台頭し、経済活動の監視や規制のための新システムを開発するなかで、政策立案者がオンライン・ビジネスの生み出す膨大なデータにおける新しい流れの活用方法を探すのは、たしかにもっともなことだ。そして一部の領域では、おそらく政府の委任統治下で透明性が向上すれば、従来の形態の規制を力強く補完、もしくは代替し、政府の介入に関連したコストや惰性が軽減され、イノベーションが促進される。[*55] たとえば、食品の栄養データ、自動車の安全性評価、家電のエネルギー効率の情報開示が義務付けられることになれば、何百万人もの消費者は賢い選択をしやすくなり、企業は自社製品の品質改善を促される。[*56]

グロスマンは、コミュニティの行動基準を高める透明性の力を強調しているが、これは特に情報主導の時代と関連性がある。プログラマーで「無料ソフトウエア」運動のリーダーを務める活動家のリチャード・M・ストールマンが広めたアイデアから、興味深い類推ができる。ストールマンは、無料（または、オープンソース）ソフトウエアの鍵となる長所の一つは、誰でもコードを調べ、どんな働きをするかを見られることだと指摘する。もちろん、そういうことをしそうなのは専門家だけだろう。しかし、そのような機会を活用する人々は、プログラムの長所と短所の情報に基づいて判断し、必要に応じて、見つけ出した問題について、一般市民に警鐘を鳴らす立場になるだろう。ソフトウエア・コードによって企業が顧客をスパイしたり、騙したり、データを悪用したりできるようになる場合は、誰もがそのコードに自由にアクセスできるようにすれば、速やかに問題が顕在化し、おそらく是正を迫られることになるだろう。[*57]

この意味で無料ソフトは、権利の章典によってアメリカ人に保証されている言論の自由と似ている。積極的に関与している市民の手で、私的あるいは公的な不正行為との戦いにおいて、どちらも重要な武器として用いることができる。そして、グロスマンの新しい規制システムが頼りとするプラットフォーム・データについても、同じことが言える。最高裁判事のルイス・ブランダイスの有名な言葉のとおり、「日光は最高の殺菌消毒剤だと言われている。電灯は最も腕の立つ警察官だ」。

もちろん、特に短期的には、新しい情報ベースのシステムで従来の規制をそっくり置き換えた場合に、ほとんどの市民にとって許容できる結果になる可能性は低い。特定企業と関連した、サルモネラ菌や旋毛虫病による死亡に関する統計データが広く利用できるからと、食品加工工場の政府による点検を省いても、ほとんどの家庭は満足しないだろう。生死に関わる問題では、基準設定と認定という従来のシステムのほうが、人々は不安を抱かずに製品やサービスを消費しやすくなる。また、大部分の消費者がこうしたシステムを完全に除去したいと考えるとは想像しにくい。

さらに、効果的な規制2・0の体制では、政府機関の大幅な人材刷新と、既存の法体系に対する複雑な改定作業が必要になる。本章の冒頭に挙げた顧客と市場を操作する事例が示唆するように、独立の部外者による行動監視が行われない限り、プラットフォーム・ビジネスが一貫した透明性と完全性を持って行動するとは、必ずしも信用できない。これらの部外者は、政府機関が採用した技術に精通する専門家チームかもしれない。あるいは、オープン・データ・アクセスを利用して、競合他社の行動を研究し、不正事例を公表しようとするライバル企業の従業員かもしれない。いずれにせよ、規制2・0は依然として、かなり押しつけがましく、コストのかかる結果になる可能性がある。

グロスマンは、経済学者のカルロタ・ペレスの研究を引用している。ペレスは、いかにして技術の「大きな波動」が、「習慣を断ち切るような一種のハリケーンの中で人々、組織、スキルの深い変化」につながったかを説明してきた。ペレスによると、これらの波動は規制体制の変化を要求する。そして、情報化時代の到来はこうした波動の最新のものだというのが、グロスマンの論点だ。[*58]

プラットフォームの台頭をはじめとする情報化時代は、ビジネスに対する政府の規制など、社会の隅々にまで深く影響を及ぼすパラダイムシフトだとする考え方がある。そして、その中には多くの真実がある。しかし、グロスマンが指摘するように、ペレスは大きな波動を約50年で一巡する変化のサイクルだとしている。それは概ね正しい。そして、これはまさに、規制2・0のようなシステムを支持し、従来の規制システムを安全に放棄できる方法を判断するには、時間がかかることを示唆している。多くの場合、少なくとも現状の規制における許認可の仕組みを一部維持しながら、許認可の少ない制度を用いてその有効性を高めていくことで、データに基づく説明責任が最高の結果を生み出すという結論になるのかもしれない。

規制当局へのアドバイス

この章は、民間のガバナンスと政府による規制の間の、基本的な経済的トレードオフの説明から始まった。コーポレート・ガバナンスは、企業の自己利益に影響を及ぼす負の外部性を、軽減する役目を果たすものだ。プラットフォームは、内部の市場の失敗を取り締まるのは得意だが、プラットフォーム外の市場の失敗については、たいして制御できない。これまでの経験が示すとおり、企業はたいてい技術と市況の変更に素早く反応するが、世論の力や規制上の制約によってやむをえなくなるまで、社会福祉を最大化するための行動をとることはない。

これに対して政府の規制は、一般市民の利益と民間産業の利益を保護することが中心となっているはずだ。捜索令状、一般市民の力の没収、法律の権威などの施行ツールを行使できる。残念ながら、特に民主主義が弱く、政府が管理している国では、規制当局は規制の虜に陥りやすい。このため、民間のガバナンスも政府による規制も、絶対確実な公共利益の保護者としては当てにならないのだ。

エヴァンズの3ステップの望ましい規制行動

従来の規制システムをプラットフォーム時代の新しい状況に適用する、という難題に取り組んでいる政策担当者のために、私たちは2つの枠組みを推奨してきた。一つ目は、経済学者のヘリ・コスキとトビアス・クレッチマーが打ち出したもので、強いネットワーク効果を持つ産業は市場の非効率性を生み出す可能性があり、公共政策の目的はそれを最小にすることでなければならないとするものである。市場の非効率性として特に懸念されるのが、優位なポジションを濫用することや、より優れた新技術が利用可能になってもそれをすぐに採用できないことなのである。[*59]

第二の枠組みは、デビッド・S・エヴァンズが開発したもので、政府の規制行動の望ましさを検証するために、3つのステップのプロセスで進める。第一ステップでは、プラットフォームの適所に機能する内部ガバナンス・システムの有無を調べる。第二ステップでは、プラットフォームに有害な負の外部性（ユーザーの犯罪行動など）を減らすため、競争を減らすため、あるいは、優位な市場ポジションを利用するために、ガバナンス・システムが用いられているかどうかを見る。そして、企業が負の外部性を阻止するためにガバナンス・システムを用いているならば、さらなる行動をとる必要はない。しかし、ガバナンス・システムが反競争的な行動を招きそうであれば、第三ステップが必要になる。この最後のステップでは、競争抑止的な行動が、ガバナンス・システムの正の便益を上回るかどうかを問う必要がある。もしそうであれば、違反が起きないように、規制で対応しなくてはならない。そうでないならば、さらなる行動は必要ない。[*60]

規制が少ないことをよしとする人は、特に初期段階では、政府の圧力をプラットフォーム・ビジネスに適用することを控えるよう、奨励する可能性が高い。また最終的に、特にイノベーション、新しいビジネスモデルの開発、経済成長から生じうる正の影響に比較して、スタートアップが市場や一般市民に及ぼす被害は小さくなりそうだと結論付けるかもしれない。規制の費用と便益のどちらも妥当なポイントにまでスタートアップが成長してきたならば、その後はより厳格にルールを適用する時期が訪れるだろう。

ユーチューブは初期のころ、たとえ著作権のある資料でもサイトに投稿することを認めるという方針を非公式にとっていた。ユーチューブが成長するにつれて、このようにずさんな知的財産権の扱い方に対する懸念が高まり、もっと厳しい順守基準を確立するようにとの圧力がかかった。時間とともにメカニズムが機能して権利保有者が報われるようになり、今日では、ユーチューブのチャネル経由で多くの収入を稼ぐミュージシャンも、多数にのぼるようになっている。

しかし、このやり方をとれば誰もが安心、というわけではない。ハーバード大学のベンジャミン・エデルマン教授は、こう指摘する。

技術系企業をまず立ち上げて、疑問点を後回しにすれば、不正行為を招く。（中略）おそらく一部の分野は、不要な規制や時代遅れの規制のせいで苦労している。そうだとすれば、適切な民主主義のプロセスを通じて、規制を除去しよう。少数の企業がルールを無視している状況を放置すれば、法律を遵守する企業に実際上のペナルティーを科し、やりたい放題の競合他社が棚ぼたの便益を受けるのを認めることになる。それは間違いなく、消費者の求めているビジネスモデルではない。[*61]

規制ガイダンスの一般原則

規制ガイダンスの一般原則を挙げて、本章を終わることにしよう。

可能な部分では、規制当局にはさらに速く技術変化に適応すべく、法改定の動きをとってもらいたい。非ネットワーク産業向けに開発した略奪的プライシングのテストなどの古い規制慣行は、新しい技術やビジネスモデルにはまったく通用しない。たとえ特定の製品・サービスを無料で配布したとしても、企業が依然として利益を最大化できることを示す経済理論もあるので、そうした近年の進歩を踏まえた規制にしなくてはならない。

規制当局は、裁定取引の機会を減らすためにも行動すべきである。ニューヨーク市のタクシー・メダリオン（営業許可証）の数が1937年以降変わらなかったとすると、規制のハードルを飛び越えるために代替市場が発達したとしても、何ら不思議ではない。この意味では、ウーバーは規制による市場の失敗への対応であり、規制のレーダーをかいくぐって長く運営してきた「もぐりのタクシー」に酷似している。

規制当局が新技術に価値を付加できる別の領域は、市場を機能させるために、消費者が正確な情報に頼っている部分だ。ガソリンスタンドは長い間ポンプの精度を点検し、レストランには衛生指導員が入り、建物は安全点検を受けてきた。こうした監査によって、これらの市場が機能するという確信を、消費者は持てるようになる。評価やサービス品質の監査に相当するシステムは、新しいプラットフォーム・ベースの市場の発展や繁栄に役立つかもしれない。プラットフォーム・データへのアクセスは、プラットフォームの内外で市場の失敗を制限する真の機会を意味するのだ。

最後に、規制当局がイノベーションを促す手腕を持つことを奨励したい。変化によって不安が生じやすく、害をもたらしかねない予測不能な結果を回避するために、技術面や経済面のイノベーションの速度を落としたいと、つい思ってしまうのは無理もない。しかし歴史が示すように、ほとんどの場合、変化を推進したほうが、長い目で見れば主にプラスの結果につながるものだ。

技術変化に関連した最も有名な規制をめぐる戦いの一つは、1980年代初め、大手映画会社が、普通の市民が新しいビデオ録画技術を使って、私的利用のために映画やテレビ番組のダビングをしないように訴えたときに起こった。84年のソニー・アメリカ対ユニヴァーサル・シティー・スタジオの事例は画期的だ。最高裁判所は、こうしたダビングは公正な利用と言えるので、著作権侵害に当たらないとする判決を下したのだ。経済的な観点でも、この判決は非常に有益だったことが判明した。映画界の大御所たちも驚いたことに、かつてビデオレコーダーに反対した映画会社は、この新技術が許された後で、より多くの収益を上げたのだ。というのも、従来は存在しなかった映画レンタルという、まったく新しい二次市場が誕生したからだった。同じような形で、変化を恐れる既存企業の多くにとっても、新しいプラットフォーム市場は予想外の成長と利益の機会を、新たにもたらす可能性がある。この理由から政府高官は、慣れ親しんだ縄張りを保護したがっている心配性のビジネスリーダーからの圧力を感じるかもしれないが、規制当局が誘発する産業の硬直化は、何としてでも回避しなくてはならない。

POINT

・規制に反対する人は、「規制の虜」のような現象を指摘して、政府がビジネスに介入しても、たいてい無効だと主張する。しかし歴史を振り返れば、一定レベルのビジネスに対する社会的規制は健全であり、経済にとっても、社会全体にとってもためになることがわかる。
・プラットフォーム・ビジネス固有の規制問題や、プラットフォームが引き起こしている経済的変化に照らして、斬新な考えを必要とする規制問題は多い。

・こうした問題には、プラットフォーム、互換性、公平なプライシング、データのプライバシーとセキュリティ、国による情報資産の管理、税制、労働規制などが含まれる。

・今日の情報化時代の技術によって利用可能となる新しいデータの氾濫は、市場へのアクセスに関する規制よりも、むしろ事後の透明性や説明責任に基づく新しい規制の可能性を示唆している。しかし、十分に市民を保護するために、こうした新しいやり方は、熟考を重ねて慎重に設計する必要がある。

・ネットワーク効果が働く産業の経済の枠組みは、独占だけが必ずしも政府介入の理由にならないことを示唆している。むしろ、外部性の管理の失敗、独占の濫用、人数の操作、イノベーションの遅れを見れば、どのようなときにプラットフォーム市場への介入が必要で妥当なのかがわかる。

CHAPTER 12

TOMORROW

プラットフォーム革命の未来

プラットフォーム革命にどう備えるか

ここまで見てきたように、プラットフォームは経済のあらゆる分野を変容させ、既存企業を置き去りにしてきた。そして、小さなスタートアップが急速に世界で優位性を持つようになっている。これほど多くの産業で、これほど急速に、単一の新しいビジネスモデルが現場に浸透する状況が見られるのは珍しい。

とはいえ、プラットフォームの影響について少し誇張しすぎではないかと、皆さんは感じられたかもしれない。結局、プラットフォーム革命はこれまで、比較的一握りの分野に限定されてきたではないか。教育、政府、ヘルスケア、金融、エネルギー、製造業にしても、私たちの経済、社会、暮らしの最重要側面の多くでは、プラットフォームの台頭による影響はほとんど見られない。

そのとおりだ――これまでのところは。しかし、既にプラットフォームのビジネスモデルによる浸食が見られる分野は、そこかしこにある。数年後には、あらゆる経済分野を支配するとまでは言わないものの、分野を問わず、プラットフォームの影響はかなり広範囲に及ぶようになると、私たちは考えている。最終章では、既に形成されつつあり、今後の計画策定において注意したい未来のトレンドを、いくつか概説していきたい。

筆者たちは、プラットフォームによる産業破壊に関する研究の中で、特に影響を受けやすくなる特定産業の特徴に気づき始めた。今後何年かで、プラットフォーム革命に加わる可能性が最も高いビジネスの種類を、いくつか挙げてみよう。

情報集約型の産業

今日ほとんどの産業において、情報は最も重要な価値の源泉だ。しかし、情報が価値の源泉として重要になればなるほど、その産業はプラットフォームによって変化しやすくなる。これは、プラットフォームが登場したことで、なぜメディアや電気通信といった産業が、これほど全面的に崩壊したかを物語っている。新規参入者は、何千人もの従業員を擁する大企業がかつて行っていたよりも、迅速かつ容易にコンテンツやソフトウエアの作成や破壊が行える、エコシステムを生み出してきた。

非スケーラブルなゲートキーパーを抱えている産業

小売業や出版業界ではこれまで、高コストで非スケーラブルな人間のゲートキーパーを雇ってきた。小売りの場合はバイヤーや在庫管理者、出版業では編集者がそれに該当する。エッツィー、イーベイ、アマゾンなどのプラットフォームを通じて、自分の製品を生み出し、マーケティングを行う何百万人もの制作者（職人、工芸人、作家）とともに、これらの産業では既にデジタル・プラットフォームの台頭による破壊が起こっている。

非常に分散化した産業

プラットフォームを通じた市場統合によって効率性が高まり、企業や個人にとって、遠くに分散している地元の生産者が生み出す製品やサービスを探す際の、検索コストが低下する。イェルプやオープンテーブル、エッツィー、ウーバー、エアビーアンドビーなど幅広いプラットフォームでは、顧客は単一情報源を訪問すれば、何千もの小さなサプライヤーに簡単にアクセスできるようになっている。

過度に情報の非対称性が見られる産業

経済理論によると、公正で効率的な市場では、すべての参加者が製品、サービス、価格といった重要な変数に関する情報に、平等にアクセスできる状態が必要とされている。しかし多くの伝統的市場では、一部の参加者が他の人よりも、はるかにアクセスしやすい状況にあった。

たとえば、中古車ディーラーは、自分が売った自動車の状態や履歴、さらに需要と供給の変数について、顧客よりもはるかによく知っている。だから、顧客はディーラーに不信感を持つのだ。カーファックスのようなデータ統合と共有プラットフォームは今、同分野を平準化し、少額の料金の支払いを厭わない人向けに、中古車の価値に関する詳細情報を利用できるようにしている。ヘルスケアから不動産まで、情報の非対称性によって公正な取引が難しかった他の市場でも、同様の変化に向けて機が熟しているのだ。

変化に抵抗する産業の特徴

上記の要因に基づいて、なぜ銀行、ヘルスケア、教育産業は、変化にそれほど抵抗し続けるのかと疑問を持つ人がいるかもしれない。この3つの産業は、いずれも情報集約型だ（ヘルスケアはサービス集約型産業だと思うかもしれないが、その効率性はすべて情報が推進力となっている）。ただし、プラットフォームの手法の影響を受けやすく見えるのに、破壊に抵抗しそうな産業には、ほかにも明白な特徴がある。その例を挙げてみよう。

規制産業

銀行、ヘルスケア、教育は、いずれも規制が厳しい。規制は既存企業を支え、新しい価値の源泉を生み出そうとするスタートアップの利益に反する。新興プラットフォームはこの問題に取り組み始めているが、規制に阻まれている。

失敗コストが高い産業

債務不履行のコストや、患者を不適切な医師とマッチングさせるコストは、メディア・プラットフォーム上で不適切なコンテンツを示すコストよりも、はるかに高くつく。消費者は失敗コストが高いと認識すると、そういうプラットフォームには参加したがらない。

リソース集約型産業

リソース集約型産業は総じて、インターネットによる顕著な影響を受けてこなかった。市場で勝利した参加者は、リソースへのアクセスや、効率的で大規模なプロセスを管理する能力に、いまだに依存している。鉱業、石油・ガス探査、農業などの産業がそうだが、こうしたプロセスの中で情報が果たす役割は限定的だ。

こうした要因の影響は、時間とともに変わっていくだろう。インターネットにつながるプロセスやツールが増えていけば、あらゆる産業が情報集約型になる可能性を秘めている。たとえば、鉱業やエネルギーなどリソース集約型産業は、次第に、プラットフォームの力を活用して材料、労働、機械などのリソースを結び付けた中央ネットワークで、ワークフローを調整しながら効率性を向上させ、速やかに学習しなくてはならない状況になってきた。今後数年のうちに、もっと効率性を向上させるために、プラットフォームを活用しながら、大きなリソース集約型企業の中で変革が始まる様子が見られるようになるだろう。

プラットフォーム革命は近い将来、さまざまな産業に影響を及ぼす可能性が高い。それと同時に、産業間の境界線が崩れつつあることにも留意しよう。たとえば広告業界を考えてみると、パイプラインの世界では、企業が消費者にアクセスするのはメディアと小売チャネルに限られていた。テレビ放送、新聞、雑誌、デパートなどだ。自社の製品やサービスを宣伝するために、直販チャネルを保有する余裕のある企業はごくわずかだった。対照的に、今日のインターネットで動くプラットフォームの世界では、どのようなビジネスでも直接消費者を巻き込み、その好みに関するデータを取得し、消費者を外部の生産者と結び付け、個人顧客に独自の価値を提供するパーソナル・サービスを提供することができる。

どの企業も今や、事実上の広告代理店になれるのだ。たとえばウーバーは、世界最大の超ローカル広告事業会社になるかもしれない。乗客データを使って、どこに住み、どこで働き、いつどのくらいの頻度で通勤するかなど、ユーザー行動に関する洞察が多面的に得られる。こうしたデータを使えば、ユーザーを地元の商店と結び付けることも可能だ。銀行から小売業者まで、さまざまな業種で強力なプラットフォームを持つ企業は、その気になれば、同じような戦略を活用することができる。

プラットフォームの力は、かつて産業を互いに分離させていた多くの障壁を下げつつあり、取り払ってしまうこともある。その結果、一見すると無関係な産業部門から、意外な新参者が競合として出現してくる。そのことが、プラットフォーム台頭による最も劇的な影響の一つとなっている。自社の所属業界で、今後、プラットフォーム・モデルが及ぼしそうなインパクトとして、この点は念頭に置いておくほうがよい。

このような洞察に留意しながら、いくつかの産業におけるプラットフォームの拡大と進化について、最も妥当で興味をそそられる未来のシナリオを検討していこう。

教育――世界の教室としてのプラットフォーム

教育はおそらく、プラットフォームによる破壊の機が熟している主要産業だろう。情報集約型だろうか。そのとおり。実際に、高校や大学で販売されている基本製品は、さまざまな種類の情報だ。非スケーラブルなゲートキーパーだろうか。そのとおり。幸運な一握りの学生が指折りの名門大学への入学を許可されるまでの、ゆっくりとした、複雑で本来的に恣意的なプロセスを最近、わが子が経験しているという親たちに尋ねてみれば、世界最強のゲートキーパーの欠点が山ほど出てくるだろう。分散化が進んでいるか。そのとおり。アメリカには1万3000以上の公立学校区に加えて、何千もの私立学校、専門大学、総合大学があり、それぞれが断固として独立を貫き、独自のプログラムや基準にプライドを持っている。情報の非対称性が存在するか。そのとおり。高校や大学の資格や評判を判断する能力があると感じている親の割合は、ごく少数だ。そのため、評価システムが急増して、競い合い、複雑化しており、ハーバード大学やイエール大学など、世間一般において評価の高い一握りの学校に入るために、子どもたちにかかるプレッシャーは増すばかりだ。

何百万もの家庭が毎年、この非システム的なシステムと折り合いをつけなくてはならない。大半の人が不安を抱え、わが子にふさわしい学校なのか確信を持てず、不満が噴出してくるのは無理もないのだ。それから、アメリカでは耐え難いようなコスト・インフレという要因もある。高等教育にかかる費用は過去50年間で25倍と、ヘルスケア以上に急増してきた。全体像として浮かび上がってくるのは、投入される資金以上の価値を届けるための変化を求められて、とてつもないプレッシャーにさらされている産業の姿だ。

スキルシェア、ユーデミー、コーセラ、イーディーエックス、カーン・アカデミーなどが示唆するように、教育プラットフォームを構築する動きはかなり進行している。いくつかの世界最大級の大学は、新興プラットフォーム・ビジネスによって妥当性を失ったり、陳腐化したりするのを避けようと、この教育改革のリーダーとして自校を位置づけるべく動いている。ハーバード大学、プリンストン大学、スタンフォード大学、ペンシルベニア大学など多くの大学は、コーセラなどの企業と協力しながら、「ＭＯＯＣ（大規模オープン・オンライン講座）」という形で、一部の最も人気のあるクラスのオンライン版を提供している。

今後何年かで、エコシステムを教えたり学んだりすることが浸透し、人気も高まれば、公立、私立を問わず、既存の学校に多大な影響を及ぼすだろう。トップクラスの教育を長い間、排他的で高額で、名誉ある贅沢品にしてきた参入障壁は、既に崩壊し始めている。プラットフォームの技術によって、世界で最も優秀な教員が教える講座に、何十万人もの学生が同時に、最小コストで出席することができる。インターネットにアクセスすれば、世界のどこからでも利用できるのだ。サハラ以南のアフリカの村落で、ＭＩＴの化学工学の学位に相当するものが最小コストで取得できるようになるのは、時間の問題だと思われる。

教育における製品やサービスの分離

プラットフォーム世界への教育のシフトは、アクセスの拡張（それだけでも重要かつ強力だが）を超えた形で、教育を変える可能性がある。既に始まっている変化の一つは、従来の専門大学と総合大学がセットで販売してきたさまざまな製品やサービスを、分離させることだ。素晴らしい図書館、ピカピカの科学研究室、騒がしい社交用施設、フットボール・スタジアムを完備した伝統的なキャンパスに関心もなければ、必要性も感じていない潜在的な学生はごまんといる。

伝統的な大学における教育は、選ばれし少数派——苦労して専門の学位を取得した教授と、キャンパスライフに投資する時間とお金のある優秀な学生だけが受けられるものだった。この少数派には、古いモデルの教育がうまく機能するかもしれない。しかし、スキルウエアなどの教育プラットフォームでは、従来のモデルに合わせられない、もしくは、合わせる気のない大勢の人々が、高水準の教育を受けたり、学習したりできる。突如として、才能あふれる教員と熱心な学習者は、いつでもどこでも、互いに見つけ出せるようになってきたのだ。オンライン・プラットフォームは、従来のコストのほんの一部で、千金の値打ちのある機会を提供している。

教育プラットフォームは、伝統的な紙の学位証明書から学習プロセスを切り離し始めている。2014年時点の統計によると、MOOCに登録する学生のうち、修了証書を受け取るのはわずか5%にすぎない。このデータを見て、多くの人がオンライン教育には効果がないと結論付けてきた。しかし、ペンシルベニア大学のMOOC登録者180万人以上を対象とした研究では、学生の60%が活発にコースに参加し、クラスのビデオを見て、仲間とつながり、複数科目を終えていたことが判明した。「学生たちはMOOCを軽食のように扱い、自分の関心と目的によって材料を試してみる」のだと、この研究者は結論付けている。[*1] MOOCの学生は、特にソフトウエア工学、デザイン、マーケティング、映画編集といった、特定の業務上のスキルを教えるオンライン講座に魅力を感じて集まってくる。どうやら成績証明書や卒業証書といった従来型の達成のシンボルよりも、自分が研鑽を積む実世界の能力に高い関心を持っているようだ。プログラミング・コンテストを主催するプラットフォームのトップコーダーで上位ランキングに入った開発者は、カーネギー・メロン大学、カリフォルニア工科大学、MITのコンピュータ・サイエンスの学位取得者と同等の速さで、フェイスブックやグーグルに就職できるだろう。

プラットフォームで学んだ学生のうち、従来の証明書を重視する人には、特別な配慮もされている。たとえばコーセラでは、追加料金を払えば「プレミアム・サービス」として大学の単位を取得できる。

実験的試み

プラットフォームを用いた教育活動のアンバンドリングによって、従来の大学のような広大な多目的施設に頼るやり方から、特定のスキル教育が分離されつつある。デュオリンゴ（Duolingo）はクラウドソーシング・プラットフォームを使って外国語教育を行っている。創設者のルイス・フォン・アンはコンピュータ・サイエンスの専門家だが、言語教育法を学んだことはない。彼はこのトピックに関して最も評判の高い書籍を読んだ後で、自分のウェブサイトを訪問した大勢の人々を対象に、主要な理論の比較テストを行い、発展型の検証用ツールを使って結果を評価した。今日では、アメリカの高校生を全員合わせたよりも多くの人々が、言語を学ぶためにデュオリンゴを使っている。[*2]

デュオリンゴは、従来の教育機関から言語教育を分離させた。トップコーダーのプログラミング教育、セールスフォースのマーケティング教育、マイクロソフトのＸｂｏｘでのギター教室などでも、同様のことが起こっている。

学習プラットフォームでは、伝統的な教育の形態、構造、中身に対して、ほかにもさまざまな実験ができる。たとえば、２０１４年９月に33人の学生で始まったミネルバ・プロジェクトは、従来の教養学科の大学をオンライン・プラットフォームに置き換えて、世界各地にいる教授とのインタラクティブ・セミナーに参加できるようにしている。学生たちは、サンフランシスコ、ベルリン、ブエノスアイレスなどの都市にある学生寮で1年間一緒に暮らすが、カリキュラムの中には地域文化や専門科目を学ぶコースが組み込まれ、レクリエーション施設も用意されている。ミネルバは年間約2500人の学生を受け入れるまでに成長し、各学生が支払う学費は、一部の専門大学や総合大学の約半分の2万8000ドル（食費と宿泊代込み）にできればと考えている。

「ミネルバが誇るのは、大学の経験における余分な側面をそぎ落として、学習に直接貢献する側面を示すことだ」と、ジャーナリストのグレイム・ウッドは指摘する。[*3]

ミネルバは成功するだろうか。それは時間が経ってみないとわからないが、成功するかどうかにかかわらず、ほかにも多くの教育上の実験が後に続くことは間違いない。教員と学生の間のつながりを促進するプラットフォームの柔軟性や力を考えると、これはほぼ避けられないことだ。

教育実験が今後、爆発的に増えていく長期的示唆について、確信を持って予測するのは難しい。しかし現在、アメリカの高等教育市場を支配する3000の専門大学や総合大学の多くが失敗する運命にあるとすれば、プラットフォームのきわめて優れた経済性によって、従来の高い学費の根拠が壊滅的に崩されたとしてもおかしくはないだろう。

ヘルスケア――扱いにくいシステムのパーツをつなぐ

教育と同様に、ヘルスケアも非スケーラブルなゲートキーパーで（保険会社のネットワークと、どんな相談にも事前予約が必要な引っ張りだこの医師という形で）、非常に分散化が進み（病院、診療所、研究所、薬局、何百万人もの個人開業医）、情報の非対称性が巨大（一部には、ともすれば近代医療の複雑さに圧倒されてしまう患者の間で、「いちばんよく知っているのは医者だ」という態度を煽る専門家がいるため）といった特徴を持つ情報集約型産業だ。特にアメリカでは、教育と同じくヘルスケアは、危機的な印象をあまねく持たれてきた産業だ。分散化したアメリカのヘルスケア提供システムは、誤診、不明瞭なデータ、時間の無駄、リソースの浪費によって、莫大なコストを必要としてきた。

プラットフォーム・モデルが最も単純な形で、どこにいようとも医療上の助けを求められる、ウーバーのようなインターフェースを提供すれば、ヘルスケアへのアクセスをより迅速かつ便利にすることができる。メディキャスト（Medicast）という企業が既に、マイアミ、ロサンゼルス、サンディエゴなどの都市でそうしたシステムを立ち上げている。メディキャストのアプリをクリックし、症状を書き込めば、2時間以内に医師が必ず来てくれるのだ。このサービスは、休憩中に追加収入を得たい医師の間で人気となっている。[*4]

しかし、医療関連プラットフォーム・モデルが秘めている影響は、こうした基本的に1回限りのインタラクションよりも、はるかに奥が深い。実際に、プラットフォーム革命は、アメリカのヘルスケアを苦しめる多くの問題を解決する大きな機会となる。ヘルスケアの利用者だけでなく、サプライヤーをすべて超効率的なプラットフォームに結び付ければ、既存のシステムに革命をもたらす可能性があるのだ。

予防医療へのシフト

今後数十年で予想できる、そのような種類の変化の初期の前兆の一つが、個人データに基づいて分析と情報を提供するネットワークにつなげた携帯ヘルスケア・アプリと、ウエアラブルなフィットネス装置が絶大な人気を呼んでいることだ。脈拍、血圧、活動レベル、睡眠パターンなど、健康指標を測定する電子ツールを違和感なく身に付け、診断や個別アドバイスを行うソフトウエア・パッケージを使ってこうした情報を共有しているアメリカ人は、既に何百万人にものぼる。このやり方が拡大し、改善していけば、診断が遅れると非常に高コストになりがちな病気の治療や管理から予防医療へと、ヘルスケア・システムの重心を移しやすくなる。

糖尿病、高血圧、心臓病、喘息、アレルギー、肥満など、慢性疾患で高額の医療費がかかるヘルスケア問題を個人が管理するのに役立つプラットフォームが出てくることも、容易に想像される。たとえば、ウエアラブル装置を使えば、糖尿病患者の栄養摂取、運動療法、血糖値のレベルが追跡できる。データを用いて、過去に受けた治療や履歴に基づいて推奨される治療法を表示し、説明する。また、緊急の医療上の危機には警戒信号を発して、臨床医に警告を出す。このようなプラットフォームにより、少なくとも年間1000億ドルの、国家の疾病管理支出が削減される可能性があると見積もるアナリストもいる。[*5] 何千万人ものアメリカ人に影響を及ぼし、受診するたびに支払う現在のヘルスケアのシステムではうまく管理しきれない他の持病にも、同じ論理を用いて展開していけば、コスト削減の可能性は飛躍的に高まり、何千人もの命が助かり、病状が改善されることは言うまでもない。

ウエアラブルなセンサーからのデータだけでなく、患者が入力したデータ、サービス・プロバイダが作成し維持する電子健康記録など、複数の情報源から広範囲にわたるヘルスケア・データを統合できるプラットフォームが1つ以上出てくれば、さらに大きな便益が実現されるだろう。患者のプライバシーを守りつつ、患者だけでなく、医師、看護師、技術者、セラピスト、薬剤師、保険会社など、数々のプロフェショナルにもアクセスできるプラットフォームを開発することは、重要な挑戦となるだろう。ヘルスケアのコンサルタントであるヴィンス・クライティスは、次のように指摘する。

多くのヘルスケアの価値提案は、幅広いネットワークとプラットフォームに依存しています。高血圧のため医師の指示に従って自己管理する必要がある場合、自分の検査データが載っているプラットフォームと、投薬情報が載っているプラットフォームが別々で相互利用できないとしたら、何の役に立つでしょうか。旅行中に救命救急に運ばれたとき、病院からアクセスできないネットワークに自分の健康データが保存されているだけなら、何の役に立つでしょうか。[*6]

効率的ヘルスケア・プラットフォームを阻むもの

今日の大手技術系企業の多くは既に、ヘルスケア・プラットフォーム・ビジネスで優位に立とうと、今後の戦いに向けて態勢を整え始めている。マイクロソフト、アマゾン、ソニー、インテル、フェイスブック、グーグル、サムスンはいずれも、急成長するフィットネス分野など医療スペースの一角に食い込もうと、プラットフォームを立ち上げている。

興味をそそられる新規参入者の一つが、２０１４年半ばに発表されたアップルのヘルスキット・アプリである。ナイキなど外部プロバイダのアプリも含めて、幅広い健康とフィットネス関連のアプリ間で、互いにデータを共有できるようにするサービスである。アップルは、ヘルスキットからのデータを医師や介護者と（適切なプライバシーとセーフガードを付けて）共有できるシステムを開発しようと、有名なメイヨー・クリニックなどのヘルスケア関連企業と、共同で取り組んでいく計画を発表している。アップルが15年前半に公開した新しいアップル・ウォッチでは、健康やフィットネスの追跡、測定、通信用のツールが多数装備されていることを訴求していた。

コンサルタントのクライティスによると、アップルは健康プラットフォーム・ビジネス上で、修士号や博士号を持ったプロフェッショナルを大勢スタッフとして雇い入れてきたそうだが、このような状況を考えれば納得できる。今後10年か20年のうちに、少なくとも1つの巨大なプラットフォーム・ビジネスが、アメリカのヘルスケア産業の主要プレーヤーになるのは明白なようだ。そして、アップルはそうした目標に注目している企業の一つである。

今日の分散化されたヘルスケア・システムから、効率的なプラットフォーム・ベースのシステムへと移行することは、簡単ではない。ヘルスケア・プラットフォーム開発に対する障害として、経済面や経営面の力が働いて、患者データとサービスの共有を阻むこともその一つだ。たとえば、医療費負担適正化法（2010年）に定められた電子医療記録があまりうまく管理されてこなかった理由は、こうした力によって説明できる。組織ごとに記録システムがあまりにもばらばらで、同じコミュニティ内の2つの病院間でも、往々にして同じ患者のデータを共有できなかった。ヘルスケア組織には、単一の「メディカルホーム」内で各患者を維持しようとする財務的インセンティブが働くせいで、問題は悪化している。患者の多くは保険会社から、通常は地理的に規定された、1つのヘルスケア・システム内でサービスを受けるようにと言われる。多くの若者のように、しょっちゅう移動して、そこには一時的に居住するだけという患者には継続できないやり方だ。

さらに、臨床医によって、ヘルスケア・システムとのインタラクション方法に大きな違いがある。病院などの大きな組織で採用されたやり方で、通常はプラットフォーム・データに比較的簡単にアクセスできる場合もあれば、政府が採用したやり方をとっているので、政府関係者以外はアクセスできないという場合もある。さらに、個人的に採用することもあり、この場合はプラットフォーム・データの分散化が格段と進むことになる。

財政的なインセンティブを調整して、患者のサービスとデータの一般的な共有が図られるまで、ヘルスケア領域でのプラットフォームの成長は遅れるかもしれない。その調整を図っていくことは、規制当局と業界リーダーの重点事項とされるべきだ。

エネルギー――スマートグリッドから多方向プラットフォームまで

世界は膨大な量のエネルギーで動いている。そして、エネルギーの供給や利用が世界的な気候変動や、国際的、地政学的な対立といった重要な要因と密接に関係している。そのような状況下で、私たちはエネルギー供給を浪費したり、自然環境を損なう形で使ったりしている余裕はない。そこは、プラットフォーム技術によって大きな差が生まれるところだ。送電網は長い間、石炭、ガス、石油、水力、風力、太陽光、原子力などを原料とし、複雑な技術を駆使した巨大な相互接続ネットワークだった。しかし、高コストで非効率的な部分が多く、苦労してきた。たとえば、1日の中でも、季節ごとにも、エネルギーの使用状況は変動するため、需給のミスマッチが起こりやすいのだ。参加者がエネルギーを生産、共有、節約、保存、管理できる知的でインタラクティブなエコシステムへと、このネットワークをもっと根底から変えていけば、エネルギー資源から引き出せる価値は大きくなり、より健全な世界を将来の世代に引き継いでいけるだろう。

今日、世界中のエネルギー関連会社と政府当局は、科学者とエンジニアと共同で、「スマートグリッド」技術の実装に取り組んでいる。この技術は、デジタルシステムを通じてエネルギーの利用や制御を改善し、膨大な量のデータを測定、伝達、分析、対応できるようにするものだ。改善された電気測定ツールによって、可変的な価格設定システムを導入しやすくなり、需要変動に対するシステムの反応を改善し、保存を促し、エネルギーの供給量や利用における変動を平準化する。分散化によって、少数の巨大な生産設備に依存するグリッドが減り、信頼性が高まり、破壊活動や災害に対する脆弱性が緩和され、風力タービンや太陽光パネルなど、小規模システムを使って消費者が作り出すエネルギーを分配しやすくなる。

このような変化は、明日の世界的なエネルギー市場を形成しそうな、インタラクティブなネットワークを予想したものだ。私たちは実際に、エネルギー製造販売の一方向的なパイプライン・モデルから、プラットフォーム・モデルへと移行しつつある。プラットフォームでは、何百万人もの個人や組織が相互につながり、さまざまな役割を果たすことができる――ある瞬間はエネルギーを消費し、別の瞬間にはエネルギーを作って販売するというように。少数の巨大な公共事業による集中生産とエネルギー制御は、やがて、何百万もの小さな生産者（その多くは消費者であり、家の屋根に太陽光電池パネルを1つ装備したささやかな存在だ）に道を譲ることになるだろう。

この変化を推し進めるのが、継続的な技術革新だ。たとえば、バッテリー技術は重要な役割を果たす。風力や太陽光など再生可能エネルギー源は、いずれも間断的で、需給のミスマッチにつながる。より効率的な充電式蓄電池があれば、その解となりうるのだ。電気自動車で最も有名なテスラは現在、ネバダにいわゆるギガ工場を建設しており、最高で2日間、家庭にエネルギー供給ができる、強力な新世代バッテリーを製造する予定だ。テスラ会長のイーロン・マスクのいとこが経営する姉妹企業のソーラーシティは、既に住宅向け太陽光発電市場で39％のシェアを獲得し、10年以内に全発電ユニットに蓄電池を完備すると発表した。

従来の公共エネルギー事業にとって、この技術の破壊的可能性は絶大だ。実際に、エジソン電気協会の2013年の報告書では、「蓄電池技術やマイクロ・タービンによって、顧客が独立した電力グリッドになる日を想像できる」と警告している。現在の公共エネルギー事業は、「今日のような集中型の発電所よりも、増加している分散型グリッドのサービス事業者や監視人に近いものになる」日が来ると、エネルギー・アナリストのラビ・メンハニーは予想している。[*7]

それは、プラットフォームの世界の至る所で展開中のパターンだ。かつて中央の源泉から一方向に流れていた力は、次第に、何百万人もの市場参加者によって共有され、コントロールされるようになっていく。こうした移行は、企業リーダーが従来行使してきた比喩的な意味の力だけでなく、文字どおり、電線を通じて流れる電力にも当てはまるのだ。

エネルギー産業の変化におけるミッシングリンクは、大規模なエネルギー取引ができるプラットフォームだったが、その状況は変わりつつある。カリフォルニア州では現在、分散型エネルギー資源をバンドリングして、卸売市場に供給可能となっている。また、第4章で触れたように、ニューヨーク州は分散型エネルギー資源の管理専用プラットフォームの開発を検討している。こうしたシステムは既存の分散化された資源を結集させ、エネルギー需要特有の変動に応じた、クリーンな再生可能電力の統合を促進するはずだ。

エネルギー産業の既存の利害関係者がエネルギー・プラットフォームの登場を受け入れるか、それとも、現状の優位性を維持しようと長期化する規制との戦いに参画するかは、まだ定かではない。規制当局にとっての課題は、できるだけ多くの利害関係者に役立つシステムを設計することだ。未来の世代に十分なエネルギー供給とクリーンで健康的な環境を共に残すか否かは、私たちに委ねられている。

ファイナンス——お金のデジタル化

初期のお金の形態は、ある意味で、最初のプラットフォーム・ビジネスを表していた。少なくとも、紀元前2000年の、バビロニアのハンムラビ法典までさかのぼって記録を見れば、そうだ。お金はある経済システムの参加者全員が受け入れる価値形態であり、参加者はインタラクティブなネットワークを構成し、互いに取引して相互利益を図ることができる。そのため、ファイナンスの世界、すなわち、決済、通貨、信用、投資などを用いた無数の取引が行われる世界では、常にプラットフォーム的な行動が介在してきた。

ペイパルやスクエアをはじめとするオンライン金融プラットフォームは、今日、新しい決済方法を(ペイパルはオンラインで、スクエアは携帯電話やアプリベースで)生み出し、それによって新カテゴリーの商人の誕生への扉が開かれている。約4000年前にお金が発明されて、驚くほど新たな柔軟性や経済成長を促進したのと同様に、新しい金融取引のデジタル・プラットフォームは、何千もの参加者が生産者や販売者、さらには消費者になるよう促している。

金融プラットフォーム・ビジネスは、取引データ自体の中に隠された価値も引き出そうと取り組んでいる。これは、データ収集や分析用の新しいデジタル・ツールなしにはできないことだ。誰が誰と取り引きしたかがわかれば、企業は消費者の好み、消費性向、情報を探し出し、もっと多くの経済活動に活用できるようになる。たとえば、マスターカードは老舗プラットフォーム・ビジネスであり、20億人のカード所有者を世界中の2万5000の銀行と4000万人以上の取引業者につなく、金融エコシステムを運営している。同社の技術研究開発部門であるマスターカード研究所は、現在、プラットフォームの有用性を拡大する新しい機会を生み出そうと、決済メカニズムの実験を行っている。これら新しいツールは、プラットフォーム上で取得したコンテクスト込みのデータを活用して、次の決済機会となりそうなものを判断し、その方向へとユーザーを誘導し、インタラクションを盛り立てることで、ユーザーに取引を促すのだ。たとえば、ショップディスはマスターカード研究所が生み出したイノベーションだ。雑誌の読者が搭載されたアプリをクリックすると、誌面で読んだばかりの品物を、サックス・フィフス・アベニュー（訳注：アメリカの高級百貨店）など提携小売業者からすぐに購入できる。[*8]

既存の金融プレイヤーの参入

昔ながらの金融プラットフォームも（伝統的に、そのビジネス文化によって非常に保守的で、規制の拘束を受けることが多いが）、最新のプラットフォーム技術に基づくイノベーションの発展を推進するだろう。たとえば商業銀行は、ゾーパやレンディングクラブのようなオンライン・ピアトゥピア・レンディング・コミュニティの出現について、綿密にモニターしてきた。伝統的なゲートキーパーを回避しながら、数十億ドル相当の金融取引を促進し、信用を提供しているピアトゥピア・レンディング・プラットフォームは、特に破壊性を秘めている。なにしろ、収集したデジタルデータは宝の山で、そこから貸し借りのパターンを特定することができるのだ。これらのプラットフォームはそのパターンを使って、一連の静的なデータ・マーカーに頼った従来の銀行よりも、債務不履行や詐欺行為が予測される行動を特定する作業の精度を向上させる可能性がある。

こうした背景もあって、レンディングクラブは大半の借り手に対して、従来の銀行よりも低金利で融資を行っている。一方、貸し手はほとんどの場合、従来の投資から得られるよりも高いリターンを稼いでいる。[*9] 商業銀行はそのうち、ピアトゥピア・レンディング・プラットフォームがリスクの測定と制御に使っているのと同じ、ビッグデータ用ツールに適応せざるをえなくなるだろう。

代替する法人向け資金調達源によって、銀行をめぐる新たな競争も起こっている。エンジェルリストなどのプラットフォームでは、投資家は出資の見返りに、初期段階のスタートアップに資金提供するシンジケートに参加できる。このようなアプリ自体はまだ発展の初期段階にあるが、プラットフォームによって可能になる新タイプの投資モデルを示唆している。

プラットフォーム・ベースのデータ分析ツールは、金融商品のマーケティング向上にも活用できる。ミント（Mint）などのパーソナル金融プラットフォームは、ユーザーの財政状況、課題、目的に関して、データの収集や分析を始めている。こうした情報があれば、金融機関は該当ユーザー向けに、具体的ニーズに合わせて設計した商品を提供できるようになる。優れた設計の金融プラットフォームでは、従来の営業やマーケティングのチャネル経由で行っていたよりも、投資情報サービスと消費者との互恵的マッチングの精度を高められる。

さらに重要な点は、これまで接点を持てなかった経済セグメントにサービスを広げようと、既存の金融機関がプラットフォーム・モデルを使い始めていることだ。たとえば、銀行はプラットフォームを用いて、特にアジア地域で、今後の大きな成長源とおぼしき現金経済を取り込もうとしている。この領域で足場を得ようと、請求と決済のプラットフォームを構築しているのだ。このプラットフォームでは、現金経済の中小企業がお互いにより良いビジネスをできるようにしつつ、その過程でインタラクションに関するデータを収集する。そのデータを解析すれば、銀行は初めて中小企業向けに、非常に関連性の高い形で金融商品を訴求するのに役立つ。同様に、融資の可能性を示すデータの収集を期待して、消費者の不動産調査を支援するデジタルサービスを提供している銀行もある。

保険の領域でも、データ・プラットフォーム時代の中で素早く変化していく準備が整っている。ネットワークでつながった自動車は、現在、運転手の行動に関するリアルタイム・データを収集しているが、保険会社はそうしたデータを活用して、ユーザー固有の運転傾向に沿って保険料金のカスタマイズを行っている。健康状態や健康指標を追跡するウエアラブル装置が急速に普及していることも、生命保険会社が同じくカスタマイズの保険パッケージを提供する機会となるのだ。

発展途上国をめぐる争奪戦

もう一つの将来の成長源となりうるものは、発展途上国――アメリカや他の先進国の近隣のそれほど豊かでない地域に住み、今のところ請求書の支払い、借入れ、節約、投資に便利なツールにアクセスできない、何億人もの「非利用者層」だ。彼らは銀行の支店がない地域に住み、預金口座を開設して信用限度額を設定しないと銀行サービスを利用できないため、小切手の換金サービス、郵便為替、ペイデイローン（給料を担保とする短期の小口融資サービス）、不法な高利貸しといった、割高で、不便で、ときには詐欺まがいの代替サービスに頼らざるをえない。こうした基準を満たさない代替サービスを行う金融事業者は、自給自足の障害にもなっており、そのせいで貧しい人々は貧困から逃れにくくなっている。

数百万人もの豊かではない消費者が、携帯電話を使ってモバイル技術にアクセスする現在、それぞれの個別ニーズに合わせた手頃な価格のオンライン金融プラットフォームを作る可能性が、現実のものとなってきた。当然ながら、貧困層やそれに近い個々人は、富裕層と比べて、銀行や金融プラットフォームの事業者にとって、生み出す価値は少ない。しかし、人数が圧倒的に多いので、こうした市場は巨大なビジネスチャンスとなるのだ。サハラ以南のアフリカ諸国など開発途上地域では、ボーダフォン（子会社のサファリコム経由で）などの電気通信技術会社が、ケニアのエクイティ・バンクなど既存の金融機関と、主な金融プラットフォームと何億人もの潜在顧客をめぐって、覇権争いを繰り広げている。[*10]

この地域の銀行もまた、産業間で次々と伝播していく「破壊するか、破壊されるか」というメッセージを耳にしてきた。そのため、以前にもまして、プラットフォーム・モデルを主な破壊メカニズムとして見なすようになっている。

物流と輸送

ある場所から別の場所へと、ヒトやモノを効率的に動かすビジネス機能である物流や輸送部門は、これまでデジタル・ビジネスモデルが出現しても、概ね影響を受けてこなかったリソース集約型産業だ。フェデラル・エクスプレスなどの物流会社は大きな競争優位を享受してきたが、それは自動車、トラック、飛行機を保有するための固定費が巨額にのぼり、競争相手にとって巨大な参入障壁となっていたからだ。しかし、プラットフォームのアプローチでは、多数の輸送手段を保有する必要はない。物理的な製品と輸送手段の動きについてリアルタイム市場情報を集約できるプラットフォームは、効果的な物流と配送システムを管理するサードパーティである配送エージェントのエコシステムを組織化できるので、設備投資を最小限に抑えられるのだ。

複雑な物流プロセスに頼ってきた特定の産業は、アルゴリズムを用いて非常に効率的な需給マッチングを行い、車両とリソースの動きを調整するプラットフォームの優れた能力によって、既に変わりつつある。たとえば、サンフランシスコに拠点を置くマンチェリー（Munchery）は、急成長中の新しい食品宅配プラットフォームの一つだ。同社のアルゴリズムは、時間枠に応じて市全体の需要を集約することで、配達場所の密度を最大限に高くする最適なトラック・ルートを決定し、それによって配達の限界費用を最小にしているのだ。インドネシアでは、ゴージェク（Go-Jek）と呼ばれるプラットフォーム・ビジネスによって、バイクの運転手がウーバーに似たやり方で、配車サービスを提供することができる。ゴージェクは、ネットワーク化されたモーターバイクと、最も効率的な配送ルートを決めるために巧みに設計されたアルゴリズムを活用して、ジャカルタ全域で送料無料の食品配送サービスも提供している。

人材紹介サービス——仕事の特性を再定義する

先述したとおり、プラットフォームの進歩を示す最も劇的な事例は、労働市場にも見ることができる。あらゆる徴候が示しているのは、予見しやすい影響や、世の中に不意打ちを食らわすような影響もひっくるめて、プラットフォームの世界における職場変革が、今後数十年は続きそうなことである。

既に打破された前提の一つは、タクシー運転、食品宅配、家事のような、日常的で半熟練業務のみが影響を受けやすいとする考え方だ。医療や法律といった伝統的職業でさえ、プラットフォーム・モデルの影響を受けることがわかってきている。ウーバーのようなモデルを使って医師を探すメディキャストについては、既に言及した。オンラインの場を提供して、同等の容易さ、スピード、利便性で法律サービスを行うプラットフォーム企業もある。アクシオム・ロー（Axiom Law）は2億ドルのプラットフォーム・ビジネスを構築し、データマイニング・ソフトウエアとフリーランスの法務人材を組み合わせて、法人顧客に法律案内やサービス提供を行っている。インクラウドカウンセル（InCloudCounsel）によると、従来の法律事務所と比べて最高で80％安い価格で、ライセンスの書類や非開示契約などの基本的な法律文書を処理できるそうだ。[*11]

今後何十年かのうちに、ほぼあらゆる人材紹介サービス市場で、プラットフォーム・モデルが用いられるか、少なくともテストが行われるだろう。この傾向は同サービス産業に、どのように影響を及ぼすのだろうか。数億人の職場生活にも影響が及ぶことは、言うまでもない。

考えられる結果の一つは、サービス・プロバイダ間の富、力、名声がより階層化することだ。ルーチン業務や標準化された業務はオンライン・プラットフォームへと移り、比較的賃金の安い自営のプロフェッショナルを起用して、彼らに任せることになる。その一方で、大手法律事務所、医療センター、コンサルティング会社、会計事務所などは消え去ることはないが、その相対的なサイズと重要性は従来業務と同じく縮小し、わずかなコストとはるかに大きな利便性で同等のサービスを行うプラットフォームへと移行するだろう。生き残った一握りの世界トップクラスの専門家は、専門性と難易度が高いごく一部の業務にますます特化し、世界のどこからでもオンライン・ツールを使って仕事ができるようになる。このため、非常に高度な専門性が求められる仕事については、勝者独り勝ち市場が出現しそうだ。たとえば、国際的に著名な20人余りの弁護士が、地球上のあらゆる場所で、最も目立ち、最も実入りのよい案件を、奪い合うようになるかもしれない。

人材紹介プラットフォームの変化は、既に組織に大々的に浸透してきた傾向を、さらに加速させるだろう。アダム・スミスが約3世紀前に生産能力の鍵と見なした労働部門は、引き続きより小さな業務単位に細分化されるだろう。用いられるアルゴリズムはますます賢くなり、複雑な仕事を、何百人もの労働者が対処できるいくつもの小さくシンプルな業務に分解し、後からそれぞれの結果を集めて、再び全体にまとめ上げるのだ。アマゾンのメカニカルタークは、既にさまざまな業務にこの論理を適用している。

フリーランス、自営業、契約社員になる傾向や、非伝統的キャリアパスをとる傾向も、加速を続けるだろう。フリーランサーズ・ユニオンの推定では、アメリカ人労働者の3人に1人が既にフリーランスで仕事をしており、その比率は今後増えていく可能性がある。もちろん、これには痛しかゆしのところがある。アーティスト、学生、旅行者、働く母親、半引退状態の人など、自分で働く時間や状況を決める柔軟性や自由度を求める人々の多くは、この新しい環境で成功するだろう。逆に、仕事の安定性や予測可能なことを好む人々、あるいは、健康保険や退職金積立計画など重要な便益について雇用主に依存することに慣れている人々にとっては、こうした移行は挑戦的であり、苦痛すら覚えるだろう。大手企業で働く大勢の労働者の権利をまとめて擁護してきた従来の労働組合は、今後も衰退の一途をたどり、個々人が自力で安全を守るために奔走するようになるだろう。

第11章で規制を論じる中で明らかになったように、プラットフォーム世界が優勢になってきたことで、社会には紛れもなく難題が生じる。従来型の雇用形態はかつて、何百万人もの労働者とその家族のセーフティネットとなってきた。プラットフォーム革命が、そのセーフティネットの最後の痕跡をずたずたに引き裂き、政府やまだ構想中の新しい社会機関が、その隙間を埋める方法を探さなくてはならないことは明白なようだ。

政府機能のプラットフォーム化

政府は当然ながら、従来の意味での産業ではない。しかし、あらゆる市民の生活に対して大きな影響力を持つ主要な経済部門だ。また、情報集約型で、ゲートキーパーに囲まれ（世事に疎い政府官僚と戦ってきた人なら誰もがそう証言するだろう）、分散化し（重複し、往々にして相互に矛盾する権能を担う何百もの機関に分かれている）、情報の非対称性（法律や規制は通常、意味不明な法律用語で書かれており、状況を悪化させている）という特徴を確かに持っている。

そのため、一般市民が善意の立法者、選挙管理人、公務員と一緒に、すべてのレベルで政府に対して、プラットフォーム・モデルを適用したがったとしても無理からぬことだ。政府のプロセスが、設計や管理の優れたプラットフォームと同じように、透明性、反応の速さ、柔軟性、ユーザーフレンドリーさ、革新性を持ったものになれば、国としても非常に喜ばしく、多くの市民が現在、政府に対して抱いているシニシズムや否定的な見方の軽減に、大いに役立つだろう。

もちろん、政府を変えると口で言うだけなら簡単だ。2世紀以上にわたって徐々に築かれてきた組織には、憲法や法律の規制、利益団体とロビイストからの矛盾する圧力、党派による敵対、予算上の制約、自分で選んだ主義主張を持つ集団ではなく全市民に適したサービスを開発するときならではの複雑な課題、いかんともしがたい惰性が蓄積されている。これらの要因はすべて、リーダーが営利目的の部門の原則を適用して、プラットフォームの道筋に沿って政府を合理化していこうとしても、大きな問題があることを示している。

しかし、こうした困難にもかかわらず、世界中の国や地域の政府は、プラットフォーム・モデルの便益の一部を日々の活動に取り入れ始めている。おそらく驚くことでもないだろうが、シリコンバレーの北端に位置するサンフランシスコ市がその一例だ。同市のオープン・データ方針はもともと、市長のシビック・イノベーション・オフィスを通じて２００９年にスタートした。これは、誰でもアクセスできるポータル経由で同市のデータを共有したり、官民パートナーシップで市民と企業が利用できる価値創造ツールの開発を促したり、サンフランシスコ湾岸地域とその周辺で暮らす人々の生活の質の向上を目的とする、データベース化の取り組みを推進したりするためのものだ。

サンフランシスコ市のデータ・プラットフォーム「データＳＦ」には、官民の情報源から収集した同市に関する膨大な情報のほか、アプリ作成にデータを使いたい外部開発者向けに、ＡＰＩやヒントなどが載っている。サンフランシスコ市役所は同プラットフォームの創造的活用を促すために、輸送から持続的発展まで、具体的な都市の課題を中心とした一連のデータ・ジャム、ハッカソン（訳注：プログラミングのためのイベント）、アプリ競争を後援している。

たとえば２０１３年６月には、ハウジング・データ・ジャムが開催され、サンフランシスコの市庁舎に50人の地元起業家が集まって、ホームレス、手頃な家計、建物の安全性、エネルギー効率など、地元の住宅供給関連の問題について突っ込んだ話し合いが行われた。同年10月には、データＳＦの情報を使って同市の住宅状況を改善するツールを作成するために、民間部門が開発した10個のアプリが導入された。たとえば、モバイルアプリの「ネイバーフッドスコア」では、同市全域について、ブロックごとに健康と持続可能性《サステナビリティ》のスコアが表示される。地図を使ったアプリ「ビルディングアイ」では、建物や建設計画などの情報に簡単にアクセスできる。「プロジェクト・ホームレス・コネクト」は、シェルターのない人々がモバイル技術を使って、路上生活を離れて適切な住居を得るために必要なリソースを見つけられるようにするものだ。「ハウス・ファックス」では、住宅所有者と居住者が個々の建物のメンテナンス履歴にアクセスできる。[12]

サンフランシスコ市役所にプラットフォームの概念を用いようとする現行の取り組みでは、ほかにも地元企業が同市で営業活動する際のライセンス、規制、報告義務などをすべて一元管理できる中央ポータルを作ったり、結婚届けからゴルフコースの割引まで幅広い行政サービスをワンストップで提供する、ユニヴァーサル・シティ・サービス・カードを設けたり、レストラン評価プラットフォームのイェルプと提携して、同社のオンライン・プロフィールに地元の飲食店向けの都市保健所スコアを導入したりしている。

サンフランシスコが大部分の地域に先駆けて、「プラットフォームとしての政府」という概念を推進しているように、アメリカ国内はもとより世界中の都市、州、地域でも、同様の取り組みが進められている。アメリカ連邦政府も同じ道を歩み出した。２００９年に始まった「Data.gov」の取り組みは、徐々に拡大、更新、単純化、改善を重ねており、これまでアクセスしにくかった大量の公共データをあらゆる市民が入手できるようにするとともに、データ活用のためのアプリ構築ツールを提供しようとしている。

世界中で出現している急成長中の政府プラットフォームは、主催者側と同じくらいオープンで、民主的で、権限移譲されており、政治指導者たちもそれを容認するだろう（ちなみに、国家安全保障局などの諜報機関は当然ながら「Data.gov」に参加していない)。政府のプラットフォーム化は、普遍的な対応、効率性、自由の新たな先導役となるのだろうか。それとも、貧しい人々や無力な人々を犠牲にして、富裕層や有力なコネクションを持つ人々に、さらに有利なものとなるのだろうか。

IoTのインパクト

プラットフォーム革命は根本的に、技術を用いて人々を結び付け、一緒に価値を創出するのに役立つツールを提供するものだ。デジタル技術の進歩は止まらない。特に、半導体チップ、センサー、通信デバイスがさらに小さく、効率的になっていくなかで、これらのつながりの数と遍在性は拡大を続けている。その多くは今や、ノートパソコンや携帯電話のようなコンピュータではなく、家庭用サーモスタットやガレージの扉の開閉から産業のセキュリティ・システムに至るまで、普通の家電や機械にも及んでいる。デザイナーやエンジニアが、人々が毎日インタラクションを行う機器、ガジェット、デバイスなどをうまくつなぐ方法をいろいろと発見していく傍らで、巨大な新しいデータ・インフラが登場し、「IoT(モノのインターネット)」と呼ばれるようになってきた。この新しいネットワークの宇宙は、明日のプラットフォームの力に重大な影響を及ぼすだろう。

広範な企業がIoTの構築に本腰を入れており、できれば新しいインフラとそこから得られる非常に価値の高いデータを、コントロールしようとしている。先述したとおり、GE、シーメンス、ウエスティングハウスなどの企業は、多大な効率性とコスト削減を新たに実現しようと、タービン、エンジン、モーター、冷暖房システム、製造工場の間で情報をリンクさせる動きをとっている。IBM、インテル、シスコなどのデジタル技術の企業は、広大な新規ネットワークを可能にするツールやコネクションの設計でしのぎを削っている。グーグルやアップルなどのインターネット系企業は、インターフェースやオペレーティング・システムを設計し、技術の専門家と普通の人々の両方がIoTに簡単にアクセスし、多数の方法でそれを活用できるようにしている。そうしたIoTの活用法の検討や探索は、まだ始まったばかりだ。

さらに、利用可能な多様なデバイスとしてIoTの潜在力は拡大の一途をたどり、そのケイパビリティも広がり続けている。ほんの数例を挙げると、無人自動運転車、安価で強力な家庭用蓄電池、便利な対象物をすぐに複製できる3Dプリンタなど、まさに始まったばかりの技術がもたらす変革力について考えてみてほしい。こうした新しいツールが広く利用できるようになるにつれて、速やかにIoTともつながり、さらに強力な価値創造プラットフォームまでもが可能になるだろう。

プラットフォームの経済性はIoTを適用することで、従来の商材やサービスと関連したビジネスモデルを激変させるだろう。おなじみの電球を例にとってみよう。1878年にトーマス・エジソンが特許を取って以来、白熱電球の基本設計はほとんど変わっていない。このため、電球は通常わずか40セントで売られ、メーカーの利ザヤはほとんどないに等しかった。また、電球はひどく非効率的で、熱の形で用いられるエネルギーの95%以上が無駄になる。

コンパクトな蛍光灯や発光ダイオード（LED）といった改良品は、照明技術をはるかに効率的で収益性の高いものに変えた。しかし、家庭用照明システムがIoTにつながれば、電球の目的そのものが変わる。照明を侵入者の警報用にプログラミングする、幼児が階段やストーブに近づいたら点滅して両親に警告する、あるいは、お年寄りが薬を飲み忘れないように知らせる、といった用途が考えられるのだ。無線接続の照明があれば、他の家電のエネルギー消費を追跡し、住宅所有者と電力会社にエネルギー管理サービスも提供できる。そうなれば、電球の製造販売会社には、突然、40ドルのLEDを配布する余裕が出てくる。ネットワーク化されたサービスの売上げ分で十分に埋め合わせられるからだ。

産業の覚醒による8つのIoT市場

IoTをめぐるパブリシティの大半で注目を集めたのは、プラットフォームをもとに世帯主とパーソナル・デバイスをつなぐことだった。しかし、どちらかというとB2Bにおける変化のほうが、はるかに大きな可能性がある。ハイテク投資会社のクライナー・パーキンス・コーフィールド・アンド・バイヤーズのパートナーであるデビッド・マウントは、今後のイノベーションの波を「産業の覚醒」と述べ、産業用デバイス間のスマート・コネクションを用いて、数十億ドル規模の新しい産業が創出される可能性がある市場を8つ挙げている。

▼セキュリティ　産業の資産を攻撃から守る、プラットフォーム・ベースのネットワークを活用

する。

▼ネットワーク　産業用ツールを結び付けて制御するネットワークを設計、構築し、サービス提供する。

▼接続サービス　新しいネットワークを管理するソフトウエアとシステムを開発する。

▼サービスとしての製品　企業は機械とツールの販売から、プラットフォームにつなぐことで可能になるサービスの販売へと移行する。

▼決済　産業設備から価値を創出し、獲得する新しい方法を実行する。

▼設置　アメリカの6兆8000億ドル相当の既存の産業機械に装備して、新しい産業インターネットに参加する。

▼翻訳　データを共有し、お互いにコミュニケーションする、幅広いデバイスやソフトウエア・システムを教える。

▼垂直アプリケーション　特定の問題を解決するために、バリューチェーンのさまざまな場所に産業用ツールをつなぐ方法を見つける。

全体では、産業の覚醒によって2030年までに世界で14兆2000億ドルの生産高になる（世界経済フォーラム報告書からのデータより）とマウントは結論付けている。[*13] 経済学者のジェレミー・リフキンも、こうした動向について端的にまとめているが、部分的により広い含みを持たせている。

デバイスをIoTにつないでいるセンサーの数は現在、110億個にのぼる。2030年までにその数は100兆個となり、（中略）通信、エネルギー、物流のネットワーク間で絶えずビッグデータが送られる。誰でもIoTにアクセスし、ビッグデータを利用し、解析し、効率性を加速させる正確なアルゴリズムを開発できるようになり、現在の情報財と同じように生産性が大幅に高まり、エネルギー、製品、サービスを含めて、物理的なモノの生産や流通の限界コストはゼロに近づくまで低下するだろう。[*14]

今はまだ、物理的な財の大多数が、ゼロかそれに近い価格になりつつあるとは言えないかもしれないが、私たちはまだプラットフォーム・モデルの変革力を構想し始めたばかりなのだ。

挑戦的な未来

ここまで読み進めてきた方は間違いなく、筆者たちがさまざまな点で、プラットフォームの台頭による経済や社会の変化にすっかり夢中になっている、と感じただろう。目覚ましい効率性の向上、革新的なケイパビリティ、プラットフォームが可能にする消費者の選択肢の向上は、既に多くの分野で何百万人もの人々に、驚くべき新形態の価値を生み出し始めている。

しかし、あらゆる革命の変化には危険がつきものだ。大きな社会的、経済的な破壊が起こるたびに、必ず勝者と敗者が生まれる。プラットフォーム革命も例外ではない。プラットフォームの出現によって昔ながらのビジネスモデルが強烈な一撃を食らい、長い伝統のある産業が苦戦しているといった問題は、既に目の当たりにしてきた。新聞社からレコード製造、タクシー会社、ホテル・チェーン、旅行代理店、デパートまで、多数の企業がプラットフォーム競争に直面して、市場シェア、売上げ、採算性の急激な悪化を経験してきた。その副産物には当然ながら、数えきれないほど多くの個人や、ときにはコミュニティ全体にとっての不確実性、損失、苦しみが含まれている。

専門家やコンサルタントがビジネスリーダーに向かって、ビジネス環境の変化に「適応し調整する」ようにと言うのは簡単だ。しかし、そうした適応プロセスはしばしば長引き、混乱し、痛みを伴う。一部には、新興のプラットフォームが支配する世界の中で、自分の生きる道をまったく見出せない企業や労働者も存在する。それは、社会が認識し、対処しなければならない不運な現実だ。

社会は、プラットフォーム革命が生み出す構造変化にも対応しなければならない。第11章でその一部を見てきたが、最大手のプラットフォーム・ビジネスが享受する個人や企業の情報への前代未聞のアクセス、伝統的な雇用形態から付随的なフリーランスの仕事という、自由だが不確実な形態への大きなシフト、プラットフォームが自ら運営するコミュニティに与える予測不能な正と負の外的影響、強力なプラットフォームによって個人や市場全体が操作される可能性、などが挙げられる。

パイプライン企業向けに策定された政府の規制という従来の形態は、これらプラットフォーム・ベースの大変動がもたらす社会的課題の対処には適していない。しかし、政策担当者が変化の性質を完全に理解し、有益なイノベーションを過度に抑圧することなく、プラットフォーム革命による最も深刻な危険性から市民を保護するための規制対応を検討するには、時間がかかる。普通の人々や、みんなが支援し依存する市民社会組織が、プラットフォーム革命の性質を受け入れ、組織として適切な反応をとっていく際にも、いっそう長い時間を要するだろう。

歴史が示すとおり、欧米社会では、18世紀から19世紀にかけての産業革命に関連した混乱や濫用に、うまく対応できるようになるまでに何世代もかかった。その対応とは、たとえば、労働組合の活動、近代的スキルに基づく教育制度の構築（労働者を新しい雇用形態に備えさせる）、取り残された人々のための社会的セーフティネットへの資金提供などだ。同様に、プラットフォーム革命がもたらす経済的、社会的、政治的なパワーシフトに、適切に現代社会が対応するために何が必要かを見極めることも、すぐにできることではない。だからこそ、革命の輪郭が明らかになりつつあるなかで、こうした問題について今、考え始めなくてはならないのだ。

劇的な技術変化では避けられない副産物は誇張されて語られるようだ。1930年代に「オートメーション」という用語が普及して以来（当時は、仕事の陳腐化をめぐる予測が一般的だった）、1990年代と2000年代のドット・コムやインターネット・ブームに至るまで、息を弾ませて最近のイノベーションについて解説し、「これは何もかもを変えてしまう」と宣言する熱狂者や、宣伝マンに事欠かなかった。

本書では、プラットフォーム革命が私たちの世界をさまざまな、重要かつ刺激的な形で実際に変えつつある、と確信している私たちの考えを文章に表し、豊富な証拠を示したいと思ってきた。しかし、プラットフォーム革命によって変わらないものが1つある。それは、技術、ビジネス、経済システム全体で果たすべき究極の目的だ。

これまで人類が築いてきたものすべての目的は、個々人の可能性を解放し、誰もが富を得て、充足し、創造的で、豊かな人生を送る機会が持てるような社会を建設することにあったはずだ。プラットフォーム革命によってその目的に近づくために、私たちが一翼を担っていくかどうかは、ビジネスリーダー、プロフェッショナル、労働者、政策立案者、教育者、一般市民である私たち全員の肩にかかっているのである。

POINT

- 近い将来、プラットフォームの変容が最も起こりやすいのは、情報集約型産業、非スケーラブルなゲートキーパーのいる産業、非常に分散化が進んだ産業、過度な情報の非対称性が見られる産業などだ。
- 短期的に見て、プラットフォームによる変容があまり起こりそうにないのは、規制による支配が厳しく、失敗コストの高い産業、リソース集約型の産業などだ。
- 教育、ヘルスケア、エネルギー、金融など、今後数十年で特定産業に影響を及ぼしうる変化の一部を予測することは可能だ。
- プラットフォーム・モデルは引き続き、労働や専門サービス市場、政府の活動などの変化を形成していく。
- 急成長しているIoTは、将来のプラットフォームに接続性という新しい層とパワーを付加し、新しい価値創造の形で人とデバイスを互いに結び付ける。

・プラットフォーム革命は最終的に予測不能な形で私たちの世界を様変わりさせる。こうした変化がもたらす課題に対しては、社会全体が創造的かつ人道にかなったやり方で対応していく必要がある。

解説――「パイプライン」から「プラットフォーム」へ

産学連携推進機構　理事長　妹尾堅一郎

本書について

本書は、G. G. Parker, M. W. V. Alstyne, S. P. Choudary, ***Platform Revolution***（W. W. Norton, 2016）の全訳である。それぞれに実績を持つプラットフォーム研究者であるパーカー、アルスタイン、チョーダリーの3人がＭＩＴ（マサチューセッツ工科大学）に集い、そのＭＩＴデジタル経済機構（デジタル・エコノミー・イニシアチブ）を拠点とした活動を通じて得られたプラットフォームに関する知見を集大成したものが本書である。

私の知る限り、現時点で日本のビジネスパーソンや研究者がプラットフォーム、特にネットワークを主体にしたサービス・プラットフォームに関して基本的な知識と理解を得るのには、最適な文献であると考えられる。

ただし、読者諸氏には、本書の特徴をご理解いただきたい。

第一の特徴は、本書の議論はネットワークサービスを主たる対象としていることから、モノづくり・製造業関係者にはなじみのない話題が少なからず登場することだ。そのためハードウエア・プラットフォームについて知りたい方には多少物足りなく感じるかもしれない。しかしながら、実は、製造業におけるプラットフォームにも参考になる点やヒントになる点が随所に見出せるのである。

また「製造業のサービス化」の時代には、サービスビジネスの流れを把握しておかなければならない。日本の製造業関係者にとっても、サービス・プラットフォームの知見は少なからず参考になるはずだ。イノベーションを推進する人々は、「自分の領域とは異なる」と言って思考停止するのではなく、他の分野にも目を配り、貪欲にヒントを得ようとしなければならない。その意味でも、「モノづくり」関連の方々にも、「これはサービスの話だ」などと食わず嫌いをせずに、しっかり読み進めてほしいものである。

第二の特徴は、本書はアメリカの事例を中心に書かれていることだ。そのため、日本の読者にはなじみの薄い企業名や事業名が多数出てくるので、イメージしにくい面があるのは否定できない。しかしながら、解説的文言も添えられているので、十分に理解できるだろう。また、日本におけるサービス・イノベーションのヒントを見出すこともありえるかもしれない。その意味で本書は、アメリカのダイナミックなビジネスの動きを知る機会として活用していただけると思われる。

第三の特徴は、本書は先端的な事例とその分析を中心に書かれているため、新しい概念が頻出することだ。特にICTになじみのない読者には未知の概念も少なくない。そのため、共通の定訳がない場合もそれなりにあった。業界ごとに異なる訳語が使われていることもある。それゆえ、翻訳の文章に読者が戸惑う場面もないとは限らない。あえてカタカナ語訳で進めざるをえなかったものもある。こういったことは先端分野を扱う翻訳書にはつきものの悩みだ。翻訳者も、監訳者の私も工夫を凝らしたつもりではあるが、読みづらい箇所がないとは言えない。もし「もっと適切な訳語があるぞ」という場合があれば、ぜひご教示願いたい。

プラットフォームというビジネスモデルの基本形

さて、監訳者として、プラットフォームという概念について、解説を少し補足させていただきたい。

日本でも「プラットフォーム」という言葉を、ビジネスの世界で頻繁に聞くようになった。一般的には、駅のホームをイメージする人が多いのではなかろうか？　だが、たとえば、自動車関連業界の人だったらシャーシー（土台）を思い浮かべるだろうし、ICT業界の人ならば、パソコンからスマホにプラットフォームが移行したとか、オンプレミスからクラウドにプラットフォームが移ったとか言うだろう。行政関係者の中にはコミュニティと同義に使っている人も少なくない。

そもそも「プラットフォーム」とは平坦な土地のことを指すラテン語が語源だという。そこから基礎といった意味に転じ、さらに舞台や基盤・枠組み・台のことになったらしい。私は「その上に多様なモノが集まり交流する」とか「その上で多様なコトが繰り広げられる」というイメージを思い浮かべる。

しかしながら、現在ビジネスで使われる「プラットフォーム」とは、多くの場合、ビジネスモデルの基本型のことだ。つまり、商品形態的な意味や事業業態的な意味が含まれている。そして何より、「プラットフォーム」という概念によって産業生態系や事業の競争原理が大きく変わりつつある点に注目しなければならない。

ここで、本書には詳しく説明されていないものの、基本的に重要だと思われるプラットフォームというビジネスモデルの基本型について補足的解説をしておきたい。

「パイプライン」と「プラットフォーム」

ビジネスモデルで言う「プラットフォーム」とは、実は「パイプライン」の対概念である（本書の第4章を中心に、この点について詳述されている）。従来のビジネスではパイプライン型が基本だったが、それがプラットフォーム型のビジネスによって弱体化させられたり、従属関係にさせられたり、さらには崩壊に追い込まれるようになってきた。そこで、この状況を把握するためには、まずはプラットフォーム型とパイプライン型の両者について、その概念を対比的に理解することが求められる。

従来のビジネスはパイプライン型（円筒系・一方通行）が基本イメージ

まず、従来のビジネスの基本型であった「パイプライン」を理解しよう。一般的には、石油や天然ガスなどを輸送する巨大な導管がイメージされる。つまり、パイプライン型は、円筒形をイメー

図1　パイプライン型のビジネスモデルは円筒系のイメージ
必ずゲートキーパーがいる

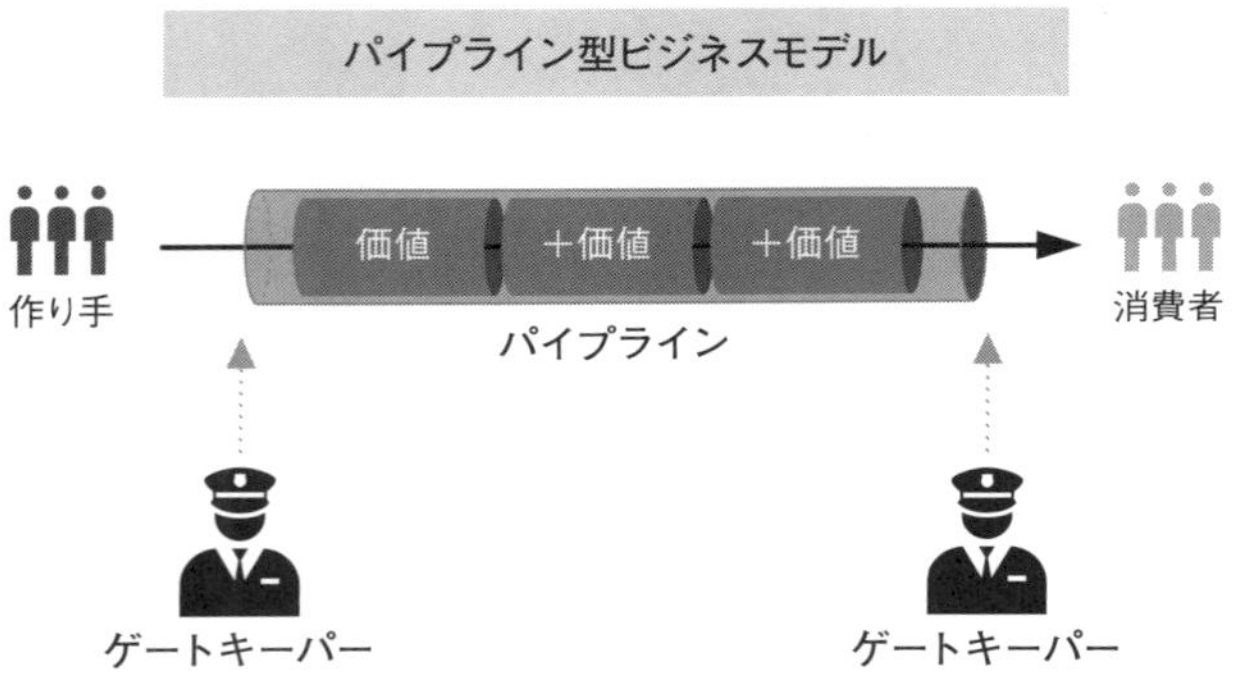

© Ken SENOH 2018

ジするとわかりやすい（図1）。

その特徴はリニア（直線的）であることだ。そして円筒形の左側から右側に向かって、製品や活動がバトンとして次々と工程をリレーされたり（サプライチェーン）、あるいは段階的に価値を高めていく（バリューチェーン）といったイメージである。

産業界でパイプラインという言葉になじみ深いのは、低分子創薬を開発する創薬企業だろう。この業界では、研究開発プロジェクトにおいて、標的疾病に効く低分子素材の探索と基礎研究から始まり、その候補を選択するスクリーニングと最適化を経て非臨床試験から臨床試験（治験）、承認申請、そして認可に続く上市に至るリニア（直線的）な一連のプロセスを「パイプライン」と呼ぶ。だから、どのようなパイプラインを何本敷くかが研究開発企画として重要であり、そのうち何本生き残るかが創薬事業の死活に通じるのである。

また、家電業界や食品業界のように、常に改良品や新製品を出し続ける事業も、基本的にはパイプライン構造である。この場合、流通経路をパイプラインと見なして、そこへシーズンごとに製品を流し込むイメージである。

さらに、企業の諸活動をパイプラインと呼ぶこともある。たとえば、販売計画・訪問・提案・クロージングといった一連のリニアな活動の流れを営業パイプラインと呼ぶ場合などだ。ルーチンワークは通常、リニアな工程の連続だからである。

ビジネスでおなじみのバリューチェーンやサプライチェーンという概念は、このパイプラインのメタファー(隠喩)を前提にしている。バリューチェーンは、川上から川下に向けて、素材⇒部材⇒部品⇒製品といった段階を経るリニアなプロセス(直線的工程)ごとに価値が付加され、最終的にユーザーに渡る段階で最高価値になることが意図されている。また、製品やサービスを供給側から需要側に届ける一連の工程は、リニアなサプライチェーンだ。商品が工程を次々とバトンタッチされていくところは、石油がパイプラインの中を流れていくイメージと重なるだろう。家電業界は家電製品を、飲食産業は飲料や食品を、そして従来型の旅行代理店はパッケージ商品を、出版業は雑誌や書籍を次々とこのパイプラインという流通経路に流し続けようとする。いずれのチェーンも基本はリニアな一方通行であり、パイプラインの特徴となっている。

パイプライン型のもう一つの特徴は、ビジネス工程ごとに必ず「ゲートキーパー」がいることだ。全体そして工程・段階ごとの出入口にいて、その先までモノを通すかどうかを仕切っている。石油を輸送するパイプラインの途中に、バルブの開閉を担う管理人がいるイメージだ。消費者や使い手はパイプラインの出口で商品を待っていて、そこで受け入れを判断する。意見をフィードバックできることもあるが、それには限界がある。

従来のコンテンツ産業はパイプライン・ビジネスの典型だ。たとえば小説や漫画の場合、編集者というゲートキーパーを経て、最終的に本や雑誌に掲載されて、店頭に並び、消費者の厳しい選択を受ける。良い製品やサービスを提供しようとゲートキーパーは経験に基づく判断をするが、パイプラインからモノを市場に出してみないと当たり・外れがわからない。たとえば、小説を書いたとしよう。どこで発表するか。文芸誌に持ち込むのは、もちろん雑誌をパイプラインと見なしているからだ。ただし、そこにはゲートキーパー、すなわち編集者がいる。彼／彼女の眼鏡にかなわないとパイプラインには通してもらえない。さらに編集会議から営業会議までリニアなプロセスなので、随所でゲートキーパーが判断を行うことになる。顧客にたどり着くのは、先の先の話なのである。

興隆するプラットフォーム型ビジネスは平面で両側から関与するイメージ

他方、従来サービス業の一部でしか使われていなかったプラットフォーム型が、現在は情報ネットワーク（以後ネット）の発達によってハードウエア、ソフトウエア、さらにはサービス業全般にわたって興隆している。

では、プラットフォーム型とはどのようなものなのだろうか。前述のように、プラットフォーム

図2　プラットフォーム型のビジネスモデルは平面のイメージ
その上で人々が交流や交換を行う

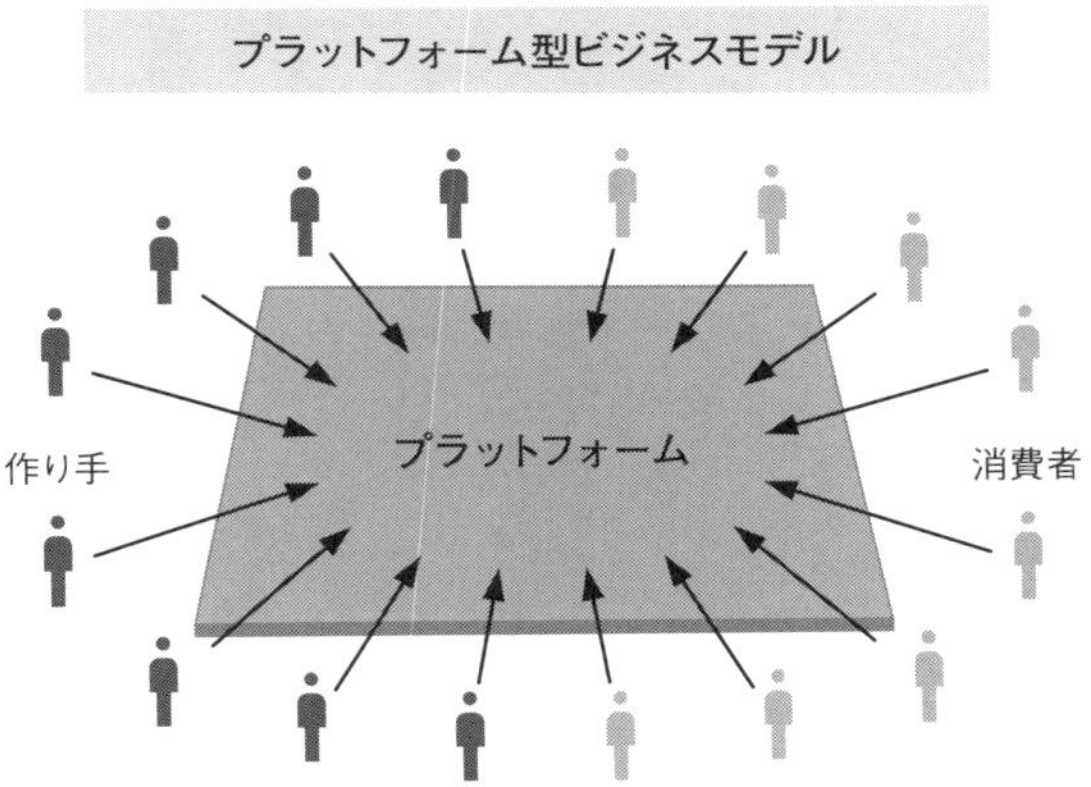

© Ken SENOH 2018

とは、もともと平坦な土地のことで、それが基盤・枠組み・台に意味が転じたという。「その上に多様なモノが集まる」「その上で多様なコトが繰り広げられる」ということで舞台のような平面のイメージだ（図2）。そういった場をつくり運営し、それをもって稼ぐ（あるいはそれを活用して関連事業で稼ぐ）ことがプラットフォーム・ビジネスの基本である。

プラットフォーム型のビジネスモデルの特徴は、ネットワーク効果による価値形成である。ネットワーク効果は、（本書でもこのたとえが登場しているが）電話サービスを考えてみるとわかりやすい。もし、世の中に電話が1台きりしかなければ電話サービスの価値はゼロだが、加入者が増えれば電話サービスの価値は増していく。2台の電話だと接続数は1つ、2点間のコミュケーションができるだけだが、12箇所に電話が設置されれば、その繋がり方の数は66に増える。さらに100台になると4950通り。もし1億人がサービスに加入すれば、繋がり方は天文学的な数になるだろう！　つまり、電話サービスの価値は加入者が増えれば増えるほど高まるのだ。しかも、その価値は非線形的に増加する（凸成長）。この効果が、経済学的にはネットワーク効果（あるいはネットワーク外部性）と呼ばれているものである。この電話サービスのように、多くの人々が参加して、お互いのインタラクション（相互作用）を起こすような場と機会を提供することが、プラットフォーム型のビジネスの特徴なのである。

あるいは、作り手側のN人が商品（製品やサービス）を提供し、使い手・買い手のN人が調達するという市場（いちば）となる場合もある。また、クレジットカードのサービスも、販売側のN人と購買側のN人を結び付けるプラットフォームだ。さらに、N人の男性とN人の女性が出会う「お見合い（マッチング）サイト」もプラットフォームである。実際、サービス・プラットフォームの多くは、このタイプである。

いずれにせよ、ネットワーク効果が働くということは、プラットフォームにおける参加者の増加に伴い、そのプラットフォーム自体の価値が高まるということである。そこでプラットフォーム・ビジネスでは、たとえ当面は損をするにしても、とにかくプラットフォームに関与するN数を増やす努力と工夫を行うことが必須となる。片側のNが増えることで反対側のNも増え、結果としてプラットフォーム自体が賑わうからである。賑わうからこそプラットフォームは価値が高まるのだ。

本書にも書かれているように、「プラットフォームは基本的に、価値の生産者と消費者の間でインタラクションを促進するように設計されたインフラ」(p.216) なのである。

なお、パイプライン型ではゲートキーパーの存在が欠かせなかった。それに対し、プラットフォーム型では、プラットフォーム自体の適切な管理運営および両側のNのメンバーを増やすための仕掛けと、適切なメンバー管理を行う役割が必須となる。それを通常は「キュレータ」と呼ぶ。プラットフォームの興隆はこのキュレータの腕にかかっているのである。本書では、この腕に関して詳細な注意点をしっかり解説してくれている。

パイプライン型を押しのけるプラットフォーム型ビジネス

前述のコンテンツ産業も、最近はネットワークの発達によって様相が変わってきた。小説を書いたらネット上のコンテンツサイトというプラットフォームに載せればよろしい。映像も音楽も同様だ。プラットフォームには全体の管理者(キュレータ)がいるが、基本的にゲートキーパーはいない。選別・判断は直接ユーザーが行う。ウェブサイト上で、その作品を面白いと思う読者を得ることができれば、「いいね」という評価とともにさらに多くの読者を獲得しうるだろう。実際、そのようにして多くのフォロワーを獲得した人々は、ネット上で作家となっていく。映像のプロ志願者がサイトのプラットフォームを活用して、ユーチューバーとして稼ぐことだって夢ではない。

片側に小説を書く人々がN人おり、反対側に小説を読みたい人々がN人いる。その間を何本ものパイプラインでつなぐのが従来の産業生態系だったが、今は両者が出会う平面、すなわちマッチングの場と機会を提供するN×1×Nの構造を持つプラットフォームがあればよろしい。〝読んでほしい〟と〝読んでみたい〟が出会う場と機会を提供するのがプラットフォームサイトの役割なのである。

旅行産業でも、パイプライン型とプラットフォーム型がしのぎを削っている。本来、旅行業とは、片側に旅行をしたい潜在顧客N人、反対側に旅行資源（たとえばホテル等）がN社いて、それらが出会う平面「1」としてマッチング機能を果たす役目である。すなわちN×1×Nのプラットフォーム型ビジネスだ。しかし次第に、パッケージ旅行の企画を立てて客を募集するという、商品の造成・販売というパイプライン型のビジネスに移行した。つまり、市場まで敷かれた何本ものパイプラインに商品を流し込む形式が主流になったのだ。ところが最近は、オンライン上でのプラットフォーム型の旅行業が一気に隆盛となった。たとえば、エクスペディアやプライスラインといったオンライン旅行代理業（OTA）が、従来の店舗による企画商品販売を主とした旅行業に取って代わり始めている。すなわちリアルの世界でN×1×Nプラットフォームだった構造が1×1×1のパイプラインを何本も走らせている間に、ネット上でN×1×Nを形成するプラットフォーム・ビジネスが興隆したのである。このとき、ホテル業や運輸業といった旅行資源業はパイプライン・ビジネスなので、「1」のオンライン・プラットフォームの上でお互いがしのぎを削ることになる。

ただし直近では、このパイプライン・ビジネスだった旅行資源業が自らミニプラットフォームを形成して顧客を集め始めている。たとえば、世界最大のホテル業であるマリオット・インターナショナルは、自社が抱えている18種類のホテルブランド群（たとえばシェラトンやリッツカールトン）

によって「n（スモールエヌ）」を形成して、それらと顧客Nがマッチングできるようなミニプラットフォームサイト「1」を形成した。ホテル全般のNではなく、マリオットグループ全体のブランドの中にあるnのブランド群から選択するように仕向けるのである。これはある意味「パイプラインによるプラットフォーム武装」だ。逆に、オンライン・プラットフォーム・ビジネスを行う旅行業であるH．I．S．は、話題の「変なホテル」を展開し始めている。これは「プラットフォームのパイプライン武装」であるといえよう。

交流型、交換型、交差型：3つのプラットフォームタイプ

本書のさまざまなプラットフォームの事例を通じて、お気づきになった方もおられるだろう。プラットフォームの事例を見ていると、いくつかのタイプを見出すことができる。私は概ね「交流型」「交換型」「交差型」の3つに整理している。もちろん、プラットフォームがこれらのタイプに明確かつ相互排他的に分類されるものではないが、ビジネスを検討するときの目安としては役立つのではないか。

第一は「交流型」である。多様な「N」がプラットフォームという「1」の上に乗っかって交流する「1×N」「N on 1」の構造となる。電話サービスに典型なように、その価値は多くの人々が交流するための場の提供だ。SNS（ソーシャル・ネットワーク・サービス：たとえばツイッター、フェイスブック、LINEあるいはインスタグラム、ユーチューブ等）はその典型である。あるいはN人

が集まって料理レシピを交流させるクックパッドも同様だ。ただし、インスタグラムやユーチューブは、後述する交換型としても見ることができる。

第二は「交換型」である。プラットフォームの両側に、価値を提供したい作り手Nと、価値の提供を受けたい買い手Nが、プラットフォーム「1」の上で価値交換を行う。価値はモノやサービスの形をとる。これは「N×1×N」の構造だ。近時のサービス・イノベーションの多くや、シェアリング・エコノミーはこの「交換型」である。ウーバーやエアビーアンドビーなどが典型だ。自分の車に乗せたい人と乗りたい人が、配車アプリというプラットフォームの上で価値を共創する。

ただし、この価値交換を行う作り手と買い手の役割分担が明確なっている場合と、そうでない場合がある。作り手と買い手の役割分担が明確なのは、たとえば流通サービスである。そもそも従来の多くの小売店舗（デパートやコンビニ等）は、片側にモノやサービスの供給者（メーカー）、反対側にその需用者（消費者）がいるプラットフォームである。パーク24は駐車場の提供側とその利用者側が乗るプラットフォームだ。ただし、これらの場合、プラットフォームとはいえ、仕入れ担当（マーチャンダイザー）という「ゲートキーパー」が存在する。

このような店舗自体を片側のNとして、反対側の顧客Nとの交換の場と機会を設ければ、それは「マーケットプレイス：市場（いちば）」となる。たとえば、楽天はネット上に多くの小売店舗を集め、反対側に顧客を集める交換型が基本である。

他方、作り手と買い手の役割分担が必ずしも明確ではない場合の典型は「投稿型」に多い。一応、役割上は価値の提供側と享受側に分かれるものの、時として享受側が提供側になることもある。写真や映像を見る側が圧倒的に多いのが普通だが、たとえばユーチューブでは見る側も、時に自作映像を載せるユーチューバーになれる。インスタグラムにおいても、載せる人と見る人が明確に区別されているわけではない。メルカリも、中古品の提供側にも購買側にもなれる。これらは交流型でもあり、交換型でもあるといえるかもしれない。

第三は「交差型」である。これは、ハードウエア（インテルのMPU等）やソフトウエア（ウインドウズのOS等）のような古典的なプラットフォームで、既存のパイプライン全体の中の1つ（あるいは2つの）工程／機能をプラットフォーム化するものだ。それによってパイプライン内に「N×1×N」の構造を構築する。この場合、Nは「1」と繋がらなくてはならないため、「1」はある意味で標準となる。そのため一種のボトルネック構造を形成することになるだろう。

ここで注意していただきたいのは、プラットフォームによっては、それを見る視座・視点・視野の違いによって複数のタイプに見なせることもある、という点だ。

たとえば、クックパッドは、主婦のレシピをシェアする「交流型」であるともいえるし、レシピを載せる側と参考にしたい側の「交換型」であると見ることもできる。また、見方を変えると、片側に主婦N人がおり、反対側にそれに広告を提供するN社がいる「N：1：N」の構造だとも見なせるのである。

同じく、ゲーム機器のプレイステーションは3つのタイプのどれとも見なすことができる。ネットワークを通じてユーザー同士の交流の場を提供しているという意味では、「交流型」と見なせるだろう。だが、創り手（ゲームソフト・メーカー）と買い手（ゲームプレイヤー）の価値交換の場を提供していると見なせば、プラットフォームはその意味で「交換型」である。さらに、ゲーム関係の商品パイプライン全体を俯瞰すれば、プレイステーションは、従来の「自前主義的垂直統合擦り合わせの一気通貫」というゲーム機器のバリューチェーンの中に、ハードウエア・プラットフォームを仕掛けたと見ることもできるだろう。その意味では「交差型」であるともいえるのだ。

このように、ビジネスとしてどこに着目するかによって、プラットフォームのタイプが異なって見えるのである。いずれにせよ、「N×1×N」の構造を仕掛けることに変わりはない。

アマゾンはプラットフォームを重層化している

ところで、アップルに次いで世界第2位の圧倒的な企業価値（時価総額79兆円：2019年5月現在）を誇るアマゾンは、異なるレイヤーにプラットフォームを重層化して大成功した典型例であるといえよう。

当初は、書籍Nと購買者Nとを結び付ける、いわばネット本屋であった。次に書籍以外の商品を次々に扱うようになったものの、商品を自ら仕入れ、それを販売するという意味では「交換型」のe－コマースビジネスである。

だが次に、アマゾンのネット上で他の小売店自体に店開きをさせる「マーケットプレイス（市場型）」も持つようにした。つまり、自社店舗をプラットフォーム型のネット小売店舗にしただけでなく、他社の販売事業者に出品サービスの場と機会を与えるプラットフォームを加えたのである。

これは「地球上で最も豊富な品揃えをする」という同社の企業理念の体現化であるともいえよう。

さらに、自社ブランド品（プライベートブランド）を売ることも始めた。これはリアルな店舗の進化とも同様だ。たとえば、従来NB品（ナショナルブランド品：既存メーカーの商品）を扱っていたスーパーマーケットやコンビニが、PB品（プライベートブランド品：OEMで既存メーカーに開発させて自社ブランドで売る商品）を扱うようになる場合と同じである。これは一種の「プラットフォーム（流通店舗）によるパイプライン武装（PB品）」であるといえよう。

近年は、「アマゾンペイ」という決済サービスを始めた。これは他社がECサイトで決済機能を必要とするときに、アマゾンのアカウントを利用できるというものだ。消費者にとっては利便性・スピード・安心感という価値を、他社ECサイトにとっては新規顧客の開拓・コンバージョンレートのアップ、不正取引の防止といった価値を提供する。ここでも「決済」に着目してプラットフォームを築こうとしている。

そのほか、B2BではAWS（アマゾン・ウェブサービス）というクラウドサービスのプラットフォームを構築している。最近では、実店舗等でも先端的な試み（センサーとAIを駆使した無人店舗等）を行っており、無人店舗運営ノウハウをプラットフォーム化するのかもしれない。

要するに、アマゾンは「プラットフォーム」を見事に活用しながらビジネスを発展的に成長させているのと見ることができるのである。

プラットフォームを活用したビジネスモデルがイノベーションを起こす

いかがだろうか。このように情報社会の進展に伴い「プラットフォーム」がビジネスモデルの基本概念として、革命的に台頭していることがご理解いただけただろうか。

最後に、N×1×Nの「1」としてプラットフォームを形成することにより、イノベーションを先導するやり方を整理してみよう。これは特に製造業系の方に向けて、N×1×Nの構造を形成するるときの参考にしていただきたく、紹介するものである。

①IoT、ビッグデータ、AI、ロボット等からゲノム編集に至る技術の革命的進展は、新たなビジネスモデルの展開と相まって、新事業創出を通じて次々にイノベーション（新規価値の創出）を起こしている。たとえば、農林水産業やホスピタリティ・サービス業といった、従来はテクノロジーとの関わりが薄かった分野も、テクノロジー起点型イノベーションの対象になりつつある。いわば、いかなる／あらゆる産業も「相互に関係する多様なテクノロジーのプラットフォーム」になる時代、あるいは「相互に関係する多様な価値により、新たな価値が創出されるプラットフォーム」となる時代になったといえるだろう。要するに、産業生態系全体の革命的変容が始まっているのだ。そこでディスラプティブ（創造的破壊的）な「イノベーション（モデル創新）」を仕掛けるときには、まず次世代の産業生態系を構想することが求められる。

②次に、その次世代産業生態系の中で、個客価値を創発し、勝ち抜くビジネスモデルとして、新

市場形成を加速化しつつ自社の価値形成を進める新規ビジネスモデルをデザインする、あるいは既存ビジネスモデルをリデザインすることが求められる。産業生態系の主導権確保と収益の安定化とを同時に達成できるようなビジネスモデルには、特にN×1×Nを形成するプラットフォーム活用が必須となる。

また、従来のハードウエア・プラットフォーム、ソフトウエア・プラットフォーム、サービス・プラットフォームに加え、データのプラットフォームや国際標準のプラットフォームといった新たな考え方に基づくプラットフォームが次々に登場している。さらに、「パイプラインのプラットフォーム武装対プラットフォームのパイプライン武装」も始まっている。そこで、どれが適切かという検討と判断をしなければならない（図3）。従来のバリューチェーンとサプライチェーンのどこにプラットフォームを差し込むかを算段する場合もあれば、そもそもそういったチェーン全体を破壊するようなプラットフォームを検討する場合もあるだろう。

③N×1×Nの形成を行うための方法論として「オープン&クローズ戦略」を活用する。まず、新規ビジネスを含む基幹となるレイヤーを見極め、そこで「1」のポジションをとり、クローズド領域としてオンリーワンビジネスができるようにする。技術主体の企業ならば、産業生態系の主導権を握るコア技術を見定め、そこに注力する。「1」をとる技術に狙いを定めているのか、技術を「1」に集中させたときそれを活かす「N」化を促進する技術を準備しているのか、等が問われる。次に、前後、左右、上下の領域をオープン領域として、そこに「N」を誘導し、協調・共闘を行えるようにする。「N」がそれぞれのレイヤーや限定領域におけるイノ

図3　パイプラインの様々な工程にプラットフォームが形成される

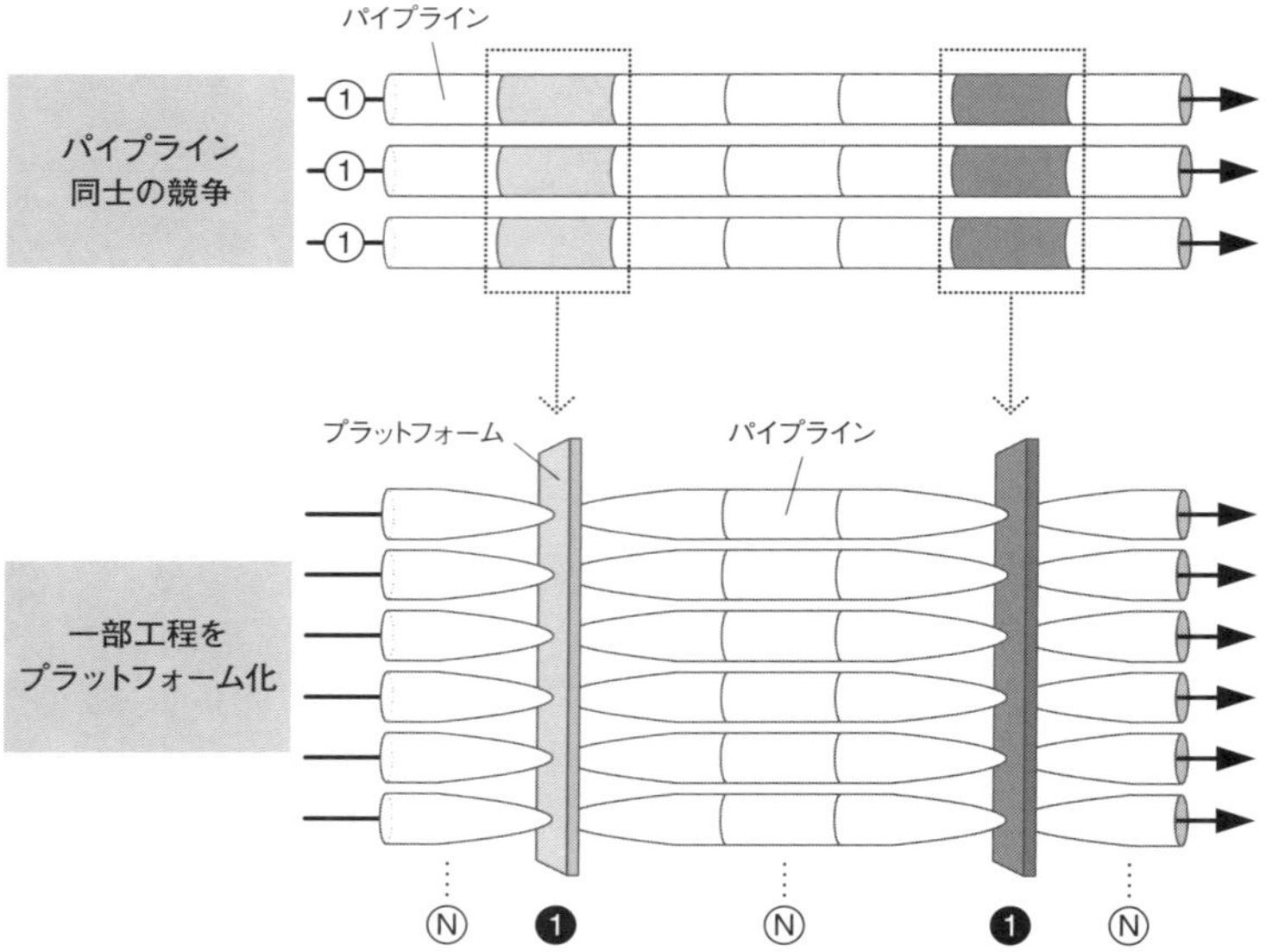

© Ken SENOH 2018

ベーション（私は「ミニベーション」あるいは「ミクロベーション」と呼んでいる）」、もしくは従来モデルの「インプルーブメント（改善・改良）」によって呼応してくれるように仕掛けるわけだ。このときに「N」と「1」のインターフェイスをどのように設計するか、またそれをいかに開放するかが重要な判断事項となる（たとえば本書でも解説されているAPI開放）。さらに、権利化・標準化と特許開放、データの開放等の知財マネジメントも考慮に入れなければならない手法だ。結果、関連製品やサービスの価格は下がり、新市場全体はより魅力的になるが、自社の領域は不可侵領域となっているので、そこの価格は下がらないようにしうるのである。これらによって、「N×1×N」全体の産業生態系でイノベーション（N領域のミニベーションに対して、全体としては「マクロベーション」）が創発される。

いずれにせよ、このように「ビジネスモデルがイノベーションを創発する」点に注目していただきたい。つまり、イノベーションを起こすのは技術だけではなく、ビジネスモデルが伴ってはじめてイノベーションを起こしうるのだ！　だからこそ、ビジネスモデル（とそれを支える知財マネジメント）の事前デザイン（と適宜・迅速なリデザイン）が重要になるのである。

この観点に立てば、「技術」とそれを活かす「ビジネスモデルと知財マネジメント」も、これまたもう一つのイノベーション・シーズであるともいえる。技術＝イノベーション・シーズであるとするならば、ビジネスモデルとそれを支える知財マネジメントも、これまた「技術という知財＝シーズ」を活かす「メタ知財＝メタシーズ」なのである。

要するに重要なことは、産業生態系の地殻変動の中で主導権を握るために、どのようなプラットフォームがビジネス上意味を持つかを徹底的に検討することだ。もちろん、他のプラットフォームの上に乗ってパイプライン・ビジネスを動かすことだって悪くはない。しかしながら、主導権を握れなければ、産業生態系全体における付加価値総額の分け前は限られたものになる。できるだけプラットフォームの主導権を握れれば、それに越したことはないだろう。現実的には、そこでプラットフォーム・ビジネスのみならず、「プラットフォームのパイプライン武装」と「パイプラインのプラットフォーム武装」も検討すべきなのである。

る。

流動性（liquidity）
プラットフォーム市場に最少人数の生産者と消費者がおり、高水準のインタラクションが起こっている状態。流動性が実現されれば、インタラクションの失敗は最小限となり、適切な期間内にインタラクションを行うユーザーの意図は一貫して達成される。流動性の実現は、プラットフォームのライフサイクルの何よりも重要なマイルストーンとなる。

隣接プラットフォーム（adjacent platforms）
類似の、あるいは重複したユーザーベースにサービスを行うプラットフォーム。

ザーの背中を押すことになる。

封じ込め (envelopment)
1つのプラットフォームが効果的に、隣接プラットフォームの機能（多くの場合、ユーザーベース）を取り込むプロセス。

プラットフォーム (platform)
外部の生産者と消費者との価値創造インタラクションを可能にすることに基づくビジネス。プラットフォームは、こうしたインタラクション用にオープンで参加型のインフラを提供し、ガバナンスの効いた状態を整備する。プラットフォームの全般的な目的は、ユーザー間のマッチングを実現し、製品やサービスと社会的通貨を交換できるようにし、それによって参加者全員にとっての価値創造を可能にすることにある。

プラットフォームの包囲 (platform envelopment)
あるプラットフォームが、隣接プラットフォームの機能やユーザーベースを効果的に吸収するプロセス。

ブランド効果 (brand effects)
非常に好ましいブランド・イメージの力であり、消費者を引き付け、ビジネスの急成長につながる。ネットワーク効果と混同してはならない。

フリクションレス・エントリー (frictionless entry)
ユーザーが迅速かつ容易にプラットフォームに参加し、価値創造に加わり始めることができること。プラットフォームが急成長を遂げていくための重要な要因である。

マッチング品質 (matching quality)
価値を生み出すインタラクションに関与できる他のユーザーを探すときにユーザーに提供される、検索アルゴリズムの正確さとナビゲーション・ツールの直感的な使いやすさ。マッチング品質は、価値を届け、プラットフォームの長期的成長と成功を促すうえできわめて重大であり、製品やサービスのキュレーションが優れている場合に実現する。

マルチホーミング (multi-homing)
複数のプラットフォームで似た種類のインタラクションに参加するユーザーの現象。複数のサービスマーケティング・プラットフォーム上に資格証明書を提示するフリーランスのプロフェッショナル、複数の音楽サイトで音楽をダウンロードし、保存し、共有する音楽ファン、ウーバーとリフトの両方で乗客を募る運転手などはすべて、マルチホーミング現象の例に当たる。ユーザーが他のプラットフォームを支持して、あるプラットフォームを去っていくスイッチングが可能な場合には、プラットフォーム企業はマルチホーミングを阻もうとする。

メトカーフの法則 (Metcalfe's law)
ロバート・メトカーフが考案した原則で、ネットワークの価値はユーザー数が増えるにつれて非線形に高まり（凸成長としても知られる種類の成長）、ユーザー間のつながりが増える。たとえば、つながったユーザーn人のネットワークの価値は、ユーザー数の2乗（n^2）と等しいとす

同一サイド効果（same-side effects）
ツーサイド市場では、ユーザーが同じサイドの他のユーザーに及ぼす効果によって、ネットワーク効果が生み出される。たとえば、消費者が他の消費者に影響を及ぼしたり、生産者が他の生産者に影響を及ぼしたりする。システムの設計や設定された規則によって、同一サイド効果は正にも負にもなる。

凸成長（convex growth）
「メトカーフの法則」の項を参照。

ネットワーク効果（network effects）
プラットフォームのユーザー数が、各ユーザーのために創出される価値に及ぼす影響。「正のネットワーク効果」は、運営の行き届いた大きなプラットフォーム・コミュニティが各ユーザーのために重要な価値を生み出す能力を、「負のネットワーク効果」は、管理の不十分なプラットフォーム・コミュニティのメンバー数が増えることで、各ユーザーのために創出される価値が減る可能性を、それぞれ示している。

パイプライン（pipeline）
伝統的な（非プラットフォーム）ビジネス構造。企業はまず製品やサービスを設計し、次に製品を製造し、販売するために供給したり、サービス提供システムを整備したりする。最後に、顧客が登場し、その製品やサービスを購入する。この段階的な価値創造や移転のやり方は、片端に生産者、もう一方の端に消費者がいる、一種のパイプラインと見なすことができる。線形バリューチェーンとしても知られる。

バイラリティ（virality）
あるアイデアやブランドの話が、インターネット利用者から他の利用者へと急速に広まっていく傾向。バイラリティは人々をネットワークに引き付けることができるが、そこで人々を維持するのはネットワーク効果の働きだ。バイラリティはプラットフォームを離れている人々の間で成長を促進するが、ネットワーク効果はプラットフォーム上の人々の間で価値を増大させる。

フィードバック・ループ（feedback loop）
プラットフォームにおいて、一連の恒常的な自己補強の活動を生み出すのに役立つインタラクションのパターン。典型的なフィードバック・ループでは、価値単位の流れが生じ、反応を示す参加者に届けられる。その価値単位が妥当で興味深いものであれば、ユーザーは繰り返しプラットフォームに引き付けられ、さらなる価値単位の流れが生まれ、より多くのインタラクションを促進する。効果的フィードバック・ループは、ネットワークの増強、価値創造の増加、ネットワーク効果の強化に役立つ。

フィルター（filter）
プラットフォームが用いるソフトウエア・ベースのツールで、ユーザー間での適切な単位の情報交換を可能にするためのアルゴリズム。うまく設計されたフィルターにより、ユーザーはそれぞれにとって関連性があり、貴重な情報単位のみを確実に受け取るようになる。フィルターの設計が拙劣である（または、フィルターがまったくない）と、ユーザーのもとには無関係で価値のない情報単位が洪水のように押し寄せることとなり、そのプラットフォームから去るように、ユー

サイドの切り替え（side switching）
あるサイドのユーザーが別のサイドに参加する、プラットフォームの現象。たとえば、あるプラットフォームで作られた製品やサービスの消費者が、他の人々が消費する製品やサービスを作り始めるような場合。一部のプラットフォームでは、ユーザーは簡単かつ反復的にサイドを切り替える。

参加者によるキュレーション（curation of participants）
「信用」の項を参照。

市場統合（market aggregation）
プラットフォームが広く分散された個人や組織にサービスを行うために、中心的な市場を提供する際のプロセス。多くの場合、信頼性の高いデータや最新の市場データへのアクセスなしに、無計画なやり方でインタラクションに参加するユーザーに情報や力を提供する。

勝者独り勝ち市場（winner-take-all market）
特定の要因によって、あるプラットフォームにユーザーを引き入れ、他のプラットフォームの放棄を促す市場。勝者独り勝ち市場を特徴づけるのは多くの場合、供給サイドの規模の経済が働く、ネットワーク効果が強い、マルチホーミング・コストや切り替えコストが高い、ニッチ特化が見られない、という4つの要因である。

信用（trust）
ユーザーがプラットフォームでインタラクションに参加するとき、それに関わるリスク水準を安心だと感じる程度。信用は、参加者に対する優れたキュレーションを通じて実現される。

製品やサービスのキュレーション（product or service curation）
「マッチング品質」の項を参照。

線形バリューチェーン（linear value chain）
「パイプライン」の項を参照。

仲介機能の再構築（re-intermediation）
プラットフォームが新たなタイプの仲介者を市場に導入するプロセス。一般的に、規模対応できない非効率な代理仲介業者を、オンライン（多くの場合、プラットフォームの両サイドの参加者に価値ある新しい製品やサービスを提供する、自動化されたツールやシステム）に置き換える場合が多い。

データ・アグリゲーター（data aggregators）
複数の情報源からデータを追加して、プラットフォームのマッチング機能を高める外部開発者。プラットフォーム管理者の許可を受けて、プラットフォームのユーザーに関するデータとインタラクションを「吸い上げ」、通常はプレースメント広告などのために他企業に再販する。データ源であるプラットフォームは、その利益の一部を受け取る。

が克服するのがきわめて困難なコスト優位性を与える。

共有経済 (sharing economy)
製品、サービス、リソースの利用が1人の所有者に限定されるのではなく、人々や組織の間で共有される経済で、今日の成長分野となっている。共有経済のシステムは、プラットフォーム・ビジネスによって実現することが多く、隠されていたり、活用されていない価値の源泉を解放し、無駄を減らす可能性を秘めている。

切り替え (switching)
ユーザーが別のプラットフォームを支持して、現状のプラットフォームを去ること。

切り替えコスト (switching costs)
ユーザーが別のプラットフォームを支持して、現状のプラットフォームを去るときにかかるコスト。金銭的なコスト（キャンセル料など）だけでなく、時間や労力、不便さの観点でコストがかかる（あるプラットフォームから別プラットフォームに情報ファイルを移す必要があるなど）という側面もある。

クチコミ拡大 (viral growth)
利用しているプラットフォームについて、他のユーザー候補にクチコミを広めるようユーザーに促す、プル・ベースのプロセス。他の人たちがネットワークに参加するようユーザー自身が奨励する場合、ネットワークは自らの成長ドライバーとなる。

クロスサイドの効果 (cross-side effects)
ツーサイドの市場では、たとえば、消費者が生産者に影響を及ぼしたり、生産者が消費者に影響を及ぼすというように、一方のサイドのユーザーが別のサイドのユーザーに与える影響によってネットワーク効果が生じる。システム設計や規則によって、クロスサイドの効果は正にも負にもなりうる。

コア・インタラクション (core interaction)
プラットフォームで行われる最も重要な活動形態で、最初にプラットフォームに大部分のユーザーを引き込む価値の交換を指す。このため、プラットフォームの設計は一般的に、コア・インタラクションを設計するところから始まる。コア・インタラクションには、参加者、価値単位、フィルターという3つの重要な構成要素が含まれる。できる限りユーザーにとって簡単で、魅力的で、価値あるコア・インタラクションにするためには、この3つの要素を明確に特定し、慎重に設計しなくてはならない。

コア開発者 (core developers)
参加者に価値を提供するコア・プラットフォーム機能を作るプログラマーやデザイナーのこと。こうした開発者は一般的に、アップル、サムスン、エアビーアンドビー、ウーバーなどのプラットフォームを運営する企業が雇用する。その主な仕事は、プラットフォームをユーザーの手に委ね、コア・インタラクションを容易に、かつ相互に満足のいくものにするツールや規則を用意して、価値を届けることにある。

用語解説

アクセス強化 (enhanced access)
競合が大勢いて消費者の注意を引き付ける競争が激化するなかで、生産者が大勢の中で目立ち、ツーサイドのプラットフォーム上で気づいてもらえるようなツールを提供すること。プラットフォームの収益化テクニックの1つであり、アクセス強化を用いて、ターゲティングがうまく行われたメッセージ、より魅力的な紹介、あるいは、特に重要なユーザーとのインタラクションを提供して、生産者に課金する。

アプリケーション・プログラミング・インタフェース (API：application programming interface)
ルーチン、プロトコル、ソフトウエア・アプリケーションの構築ツールを標準化したもの。それによって、外部プログラマーがプラットフォームのインフラにシームレスにつながるコードを書きやすくなる。

価格効果 (price effects)
消費者を（一時的に）引き付け、ビジネスの急成長につなげるために、製品やサービスを超低価格にする力。ネットワーク効果と混同しないこと。

拡散可能な価値単位 (spreadable value unit)
「価値単位」の項を参照。

過剰な惰性 (excess inertia)
新しく、より良い技術の採用を遅らせたり、阻んだりするネットワーク効果の力。1つまたは少数のプラットフォームがネットワーク効果の力で特定市場を支配できる場合、変化などの破壊的影響のコストから自身を守るために、有益なイノベーションに抵抗しようとするかもしれない。

価値単位 (value unit)
プラットフォーム上でユーザーが交換する最も基本的な価値。インスタグラムの写真、ユーチューブの動画、エッツィーの手工芸品、アップワークのフリーランス・プロジェクトなど。価値単位を広げやすい場合、プラットフォーム内外のユーザーによって簡単に拡散でき、それによってクチコミによる成長が促進される。

キュレーション (curation)
ユーザーのアクセス、ユーザーが参加する活動、他のユーザーと形成するつながりをプラットフォームがふるいにかけ、コントロールし、制限するプロセス。プラットフォームの品質が効果的にキュレーションされると、ユーザーは自分にとって重要な価値を生み出すマッチングを見つけやすくなる。キュレーションが行われない、もしくは不十分な場合は、ユーザーは無益なマッチングの洪水にさらされ、重要なマッチングを特定しにくくなる。

供給サイドの規模の経済 (supply economies of scale)
生産効率を推進する経済上の優位性であり、製品やサービスの生産量が増えるにつれて単位コストが下がる。こうした供給サイドの規模の経済は、産業経済の中で最大規模の企業に、競合他社

【CHAPTER 12】プラットフォーム革命の未来

1. Brandon Alcorn, Gayle Christensen, and Ezekiel J. Emanuel, "The Real Value of Online Education," *Atlantic Monthly*, September 2014.
2. Luis Von Ahn, "Crowdsourcing, Language and Learning," presentation, MIT Platform Strategy Summit, July 10, 2015, available at http://platforms.mit.edu/agenda.
3. Graeme Wood, "The Future of College?" *Atlantic Monthly*, September 2014.
4. "There's an App for That," *Economist*, January 3, 2015.
5. Hemant Taneja, "Unscaling the Healthcare Economy," *Tech-Crunch*, June 28, 2014, http://techcrunch.com/2014/06/28/software-defined-healthcare/.
6. Vince Kuraitis, "Patient Digital Health Platforms (PDHPs): An Epicenter of Healthcare Transformation?" Healthcare Information and Management Systems Society, June 18, 2014, http://blog.himss.org/2014/06/18/patient-digital-health-platforms-pdhps-an-epicenter-of-healthcare-transformation/.
7. Josh Dzieza, "Why Tesla's Battery for Your Home Should Terrify Utilities," *The Verge*, February 13, 2015, http://www.theverge.com/2015/2/13/8033691/why-teslas-battery-for-your -home-should-terrify-utilities.
8. Daniel Roberts, "How MasterCard became a Tech Company," *Fortune*, July 24, 2014.
9. William D. Cohan, "Bypassing the Bankers," *Atlantic Monthly*, September 2014.
10. Matina Stevis and Patrick McGroarty, "Banks Vie for a Piece of Africa's Mobile Banking Market," *Wall Street Journal*, August 15, 2014.
11. Daniel Fisher, "Legal-Services Firm's $73 Million Deal Strips the Mystery from Derivatives Trading," *Forbes*, February 12, 2015; "There's an App for That," *Economist*.
12. San Francisco Mayor's Office of Civic Innovation, "Announcing the First-Ever San Francisco Datapalooza," blog post, October 12, 2013; San Francisco Mayor's Office of Civic Innovation, "Data Jam, 100 Days to Tackle Housing," blog post, June 7, 2013, http://innovatesf.com.
13. David Mount, "The Industrial Awakening: The Internet of Heavier Things," March 3, 2015, http://www.kpcb.com/blog/the-industrial-awakening-the-internet-of-heavier-things.
14. Jeremy Rifkin, "Capitalism Is Making Way for the Age of Free," *Guardian*, March 31, 2014.

ubers -troubles-mount-even-as-its-value-grows.

48. Jeffrey A. Trachtenberg and Greg Bensinger, "Amazon, Hachette End Publishing Dispute," *Wall Street Journal*, November 13, 2014, http://www.wsj.com/articles/amazon-hachette-end-publishing-dispute-1415898013.
49. Robinson Meyer, "Everything We Know About Facebook's Secret Mood Manipulation Experiment," *Atlantic*, June 28, 2014, http://www.theatlantic.com/technology/archive/2014/06/everything-we-know-about-facebooks-secret-mood-manipulation-experiment/373648/.
50. Robert M. Bond, Christopher J. Fariss, Jason J. Jones, Adam D. I. Kramer, Cameron Marlow, Jaime E. Settle, and James H. Fowler, "A 61-Million-Person Experiment in Social Influence and Political Mobilization," *Nature* 489, no. 7415 (2012): 295–8.
51. Dominic Rushe, "Facebook Sorry — Almost — For Secret Psychological Experiment on User," *Guardian*, October 2, 2012, http://www .theguardian.com/technology/2014/oct/02/facebook-sorry-secret-psychological-experiment-users.
52. Alex Rosenblat, "Uber's Phantom Cars," *Motherboard*, July 27, 2015, http://motherboard.vice.com/read/ubers-phantom-cabs.
53. Nick Grossman, "Regulation, the Internet Way: A Data-First Model for Establishing Trust, Safety, and Security — Regulatory Reform for the 21st Century City," Harvard Kennedy School, ASH Center for Democratic Governance and Innovation, April 8, 2015, http://datasmart.ash.harvard.edu/news/article/white-paper-regulation-the-internet-way-660.
54. 同上。
55. Tim O'Reilly, *Government as a Platform* (Cambridge, MA: MIT Press, 2010), 11–40.
56. The social impact of mandated transparency rules has been thoroughly analyzed by three experts from Harvard's Kennedy School of Government; see Archon Fung, Mary Graham, and David Weil, *Full Disclosure: The Perils and Promise of Transparency* (New York: Cambridge University Press, 2007).
57. See, for example, Richard Stallman, "Why Open Source Misses the Point of Free Software," *GNU Operating System*, Free Software Foundation, http://www.gnu.org/philosophy/open-source-misses-the-point.en.html.
58. Carlota Perez, *Technological Revolutions and Financial Capital: The Dynamics of Bubbles and Golden Ages* (Cheltenham, UK: Edward Elgar, 2003).
59. Heli Koski and Tobias Kretschmer, "Entry, Standards and Competition: Firm Strategies and the Diffusion of Mobile Telephony," *Review of Industrial Organization* 26, no. 1 (2005): 89–113.
60. David Evans, "Governing Bad Behavior by Users of Multi-Sided Platforms," *Berkeley Technology Law Journal* 27, no. 12(Fall 2012), http://scholarship.law.berkeley.edu/cgi/viewcontent.cgi?article=1961&context=btlj.
61. Benjamin Edelman, "Digital Business Models Should Have to Follow the Law, Too," *Harvard Business Review*, January 6, 2015, https://hbr.org/2015/01/digital-business-models -should-have-to-follow-the-law-too.（邦訳は「デジタル市場は『法を守った者負け』でよいのか」 http://www.dhbr.net/articles/-/3200　2015年04月06日）

Atlantic Monthly, May 28, 2014.
29. Helen F. Ladd, "Evidence on Discrimination in Mortgage Lending," *Journal of Economic Perspectives* 12, no. 2 (1998): 41–62.
30. Noel Capon, "Credit Scoring Systems: A Critical Analysis," *Journal of Marketing* 46, no. 2 (1982): 82–91.
31. Jim Puzzangher, "Obama to Push Cybersecurity, Identity Theft and Online Access Plans," *Los Angeles Times*, January 10, 2015, http://www.latimes.com/nation/politics/politicsnow/la-pn-obama-cybersecurity-20150110-story.html.
32. Steve Kroft, "The Data Brokers: Selling Your Personal Information," *CBS News*, March 9, 2014, http://www.cbsnews.com/news/the-data-brokers-selling-your-personal-information/.
33. Federal Trade Commission, "Data Brokers: A Call for Transparency and Accountability," May 2014, http://www.ftc.gov/system/files/documents/reports/data-brokers-call-transparency-accountability-report-federaltrade-commission-may-2014/140527databrokerreport.pdf.
34. Lee Rainie and Janna Anderson, "The Future of Privacy," Pew Research Center, December 18, 2014, http://www.pewinternet.org/2014/12/18/future-of-privacy/.
35. "Who Owns Your Personal Data? The Incorporated Woman," *Economist*, June 27, 2014, http://www.economist.com/blogs/schumpeter/2014/06/who-owns-your-personal-data.
36. Lee Rainie and Janna Anderson, "The Future of Privacy: Other Resounding Themes," Pew Research Center, December 18, 2014, http://www.pewinternet.org/2014/12/18/other-resounding-themes/.
37. Charles Arthur, "Tech Giants May Be Huge, But Nothing Matches Big Data," *Guardian*, August 23, 2013, http://www.theguardian.com/technology/2013/aug/23/tech-giants-data.
38. James Cook, "Sony Hackers Have Over 100 Terabytes Of Documents. Only Released 200 Gigabytes So Far," *Business Insider*, December 16, 2014, http://www.businessinsider.com/the-sony-hackers-still-have-amassive-amount-of-data-that-hasnt-been-leaked-yet-2014-12.
39. Lisa Beilfuss, "Target Reaches $19 Million Settlement with Master-Card Over Data Breach," *Wall Street Journal*, April 15, 2015.
40. Andrew Nusca, "Who Should Own Farm Data?" *Fortune*, December 22, 2014.
41. We thank Peter Evans, former head of analytics for GE, for his counsel on this topic.
42. Email to Marshall Van Alstyne from Peter Evans, Center for Global Enterprise, using 2015 Crunchbase data.
43. Avi Goldfarb and Catherine E. Tucker, "Privacy Regulation and Online Advertising," *Management Science* 57, no. 1 (2011): 57–71.
44. Robert W. Wood, "Amazon No Longer Tax-Free: 10 Surprising Facts As Giant Loses Ground," Forbes, August 22, 2013, http://www.forbes.com/sites/robertwood/2013/08/22/amazon-no-longer-tax-free-10-surprising-facts-as-giant-loses-ground.
45. Bob Egelko, "Court Rules FedEx Drivers in State Are Employees, Not Contractors," *SF Gate*, August 28, 2014, http://www.sfgate.com/bayarea/article/Court-to-FedEx-Your-drivers-are-full-time-5717048.php.
46. Google search results, "Internet sweatshop," accessed January 28, 2015.
47. Krishnadev Calamur, "Uber's Troubles Mount Even As Its Value Grows," *The Two-Way*, NPR, December 10, 2014, http://www.npr.org/blogs/thetwo-way/2014/12/10/369922099/

10. Jean-Jacques Laffont and Jean Tirole, "The Politics of Government Decision-Making: A Theory of Regulatory Capture," *Quarterly Journal of Economics* 106, no. 4 (1991): 1089–1127.
11. Conor Friedersdorf, "Mayors of Atlanta and New Orleans: Uber Will Beat the Taxi Industry," *Atlantic*, June 29, 2014, http://www.theatlantic.com/business/archive/2014/06/mayors-of-atlanta-and-new-orleansuber-will-beat-the-taxi-cab-industry/373660/.
12. Don Boudreaux, "Uber vs. Piketty," *Cafe Hayek*, August 1, 2015, http://cafehayek.com/2015/08/uber-vs-piketty.html.
13. Andrei Shleifer, "Understanding Regulation," *European Financial Management* 11, no. 4 (2005): 439–51.
14. Jean-Jacques Laffont and Jean Tirole, *Competition in Telecommunications* (Cambridge, MA: MIT Press, 2000).
15. Ben-Zion Rosenfeld and Joseph Menirav, "Methods of Pricing and Price Regulation in Roman Palestine in the Third and Fourth Centuries," *Journal of the American Oriental Society* 121, no. 3 (2001): 351–69; Geoffrey E. Rickman, "The Grain Trade under the Roman Empire," *Memoirs of the American Academy in Rome* 36 (1980): 261–75.
16. Jad Mouawad and Christopher Drew, "Airline Industry Is at Its Safest Since the Dawn of the Jet Age," *New York Times*, February 11, 2013, http://www.nytimes.com/2013/02/12/business/2012-was-the-safestyear-for-airlines-globally-since-1945.html.
17. Simeon Djankov, Edward Glaeser, Rafael La Porta, Florencio Lopez-de-Silanes, and Andrei Shleifer, "The New Comparative Economics," *Journal of Comparative Economics* 31, no. 4 (2003):595–619.
18. Shleifer, "Understanding Regulation."
19. KPMG, "China 360: E-Commerce in China, Driving a New Consumer Culture," https://www.kpmg.com/CN/en/IssuesAndInsights/ArticlesPublications/Newsletters/China-360/Documents/China-360-Issue15-201401-E-commerce-in-China.pdf.
20. S. Shankland, "Sun Brings Antitrust Suit Against Microsoft," CNET News, July 20, 2002, http://www.cnet.com/news/sun - brings-antitrust-suit-against-microsoft-1/.
21. Carl Shapiro, "Exclusivity in Network Industries," *George Mason Law Review* 7 (1998): 673.
22. Neil Gandal, "Compatibility, Standardization, and Network Effects: Some Policy Implications," *Oxford Review of Economic Policy* 18, no.1 (2002): 80–91.
23. Parker and Van Alstyne, "Innovation, Openness, and Platform Control."
24. Parker and Van Alstyne, "Internetwork Externalities and Free Information Goods" ; Parker and Van Alstyne, "Two-Sided Network Effects."
25. David S. Evans and Richard Schmalensee, "The Antitrust Analysis of Multi-Sided Platform Businesses," in *The Oxford Handbook of International Antitrust Economics*, vol. 1, edited by Roger D. Blair and D. Daniel Sokol (Oxford: Oxford University Press, 2015).
26. Tom Fairless, Rolfe Winkler, and Alistair Barr, "EU Files Formal Antitrust Charges Against Google," *Wall Street Journal*, April 15, 2015.
27. "Statement of the Federal Trade Commission Regarding Google's Search Practices: In the Matter of Google, Inc.," FTC File Number 111-0163, January 3, 2013, https://www.ftc.gov/public-statements/2013/01/statement-federal-trade-commission-regarding-googles-search-practices.
28. Jeremy Greenfield, "How the Amazon–Hachette Fight Could Shape the Future of Ideas,"

Business, 1996).
17. Steve Jobs, "Thoughts on Flash," April 2010, http://www.apple.com/hotnews/thoughts-on-flash/.
18. Vardit Landsman and Stefan Stremersch, "Multihoming in Two-Sided Markets: An Empirical Inquiry in the Video Game Console Industry," *Journal of Marketing* 75, no. 6 (2011): 39–54.
19. Ming Zeng, "How Will Big Data and Cloud Computing Change Platform Thinking?" , keynote address, MIT Platform Strategy Summit, July 25, 2014, http://platforms.mit.edu/2014.
20. "Top 20 Apps with MAU Over 10 Million," Facebook Apps Leaderboard, AppData, appdata.com/leaderboard/apps?show_na=1. Accessed October 14, 2015.
21. Carl Shapiro and Hal R. Varian, "The Art of Standards Wars," *California Management Review* 41, no. 2 (1999): 8–32.
22. Bill Gurley, "All Revenue Is Not Created Equal: Keys to the 10X Revenue Club," *Above the Crowd*, May 24, 2011, http://abovethecrowd.com/2011/05/24/all- rev enue -is -not -created-equal-the-keys-to-the-10x-revenue-club/.
23. Douglas MacMillan, "The Fiercest Rivalry in Tech: Uber vs. Lyft," *Wall Street Journal*, August 11, 2014; C. Newton, "This is Uber's Playbook for Sabotaging Lyft," *The Verge*, August 26, 2014, http://www.theverge.com/2014/8/26/6067663/this-is-ubers-playbook-for-sabotaging-lyft.

【CHAPTER 11】政策 ── プラットフォームに対する規制

1. Kevin Boudreau and Andrei Hagiu, *Platform Rules: Multi-Sided Platforms as Regulators* (Cheltenham, UK: Edward Elgar, 2009), 163–89.
2. Malhotra and Van Alstyne, "The Dark Side of the Sharing Economy."
3. Felix Gillette and Sheelah Kolhatkar, "Airbnb's Battle for New York," *Businessweek*, June 19, 2014, http://www.bloomberg.com/bw/articles/2014-06-19/airbnb -in- new -york - shar ing-startup-fights-for-largest-market.
4. Ron Lieber, "A Liability Risk for Airbnb Hosts," *New York Times*, December 6, 2014.
5. Georgios Zervas, Davide Proserpio, and John W. Byers, "The Rise of the Sharing Economy: Estimating the Impact of Airbnb on the Hotel Industry," Boston University School of Management Research Paper 2013-16, http://ssrn.com/abstract=2366898.
6. Brad N. Greenwood and Sunil Wattal, "Show Me the Way to Go Home: An Empirical Investigation of Ride Sharing and Motor Vehicle Homicide," Platform Strategy Research Symposium, Boston, MA, July 9, 2015, http://ssrn.com/abstract=2557612.
7. John Cote, "SF Cracks Down on 'MonkeyParking' Mobile App," *SF Gate*, June 23, 2014, http://blog.sfgate.com/cityinsider/2014/06/23/sf-cracks-down-on-street-parking-cash-apps/.
8. Kevin Roose, "Does Silicon Valley Have a Contract-Worker Problem?" *New York*, September 18, 2014, http://nymag.com/daily/intelligencer/2014/09/silicon-valleys-contract-worker-problem.html.
9. George J. Stigler, "The Theory of Economic Regulation," *Bell Journal of Economics and Management Science* 2, no. 1 (Spring 1971): 3–21.

Innovation Shapes Competition and Policy in the Digital Economy," *Journal of Law Economics and Policy* 9, no. 1(2012): 97–118.

2. David B. Yoffie and Michael A. Cusumano, *Strategy Rules: Five Timeless Lessons from Bill Gates, Andy Grove, and Steve Jobs* (New York: HarperCollins, 2015)（邦訳は『ストラテジー・ルールズ』パブラボ、2016年）; F. F. Suarez and J. Kirtley, "Innovation Strategy — Dethroning an Established Platform," *MIT Sloan Management Review* 53, no. 4 (2012): 35.
3. David Barboza, "China's Internet Giants May Be Stuck There," *New York Times*, March 23, 2010, http://www.nytimes.com/2010/03/24/business/global/24internet.html.
4. Brad Stone, "Alibaba's IPO May Herald the End of U.S. E-Commerce Dominance," *Businessweek*, August 7, 2014, http://www.bloomberg.com/bw/articles/2014-08-07/alibabas-ipo-may-herald-the-end-of-udot-s-dot-e-commerce-dominance.
5. Sarit Markovich and Johannes Moenius, "Winning While Losing: Competition Dynamics in the Presence of Indirect Network Effects," *International Journal of Industrial Organization* 27, no. 3 (2009): 346–57.
6. Stone, "Alibaba's IPO."
7. Michael E. Porter, "How Competitive Forces Shape Strategy," *Harvard Business Review* 57, no. 2 (1979)（邦訳は「競争の戦略：5つの要因が競争を支配する」DIAMONDハーバード・ビジネス・レビュー、2007年2月号）: 137–45; Michael E. Porter, *Competitive Strategy* (New York: Free Press, 1980).
8. Birger Wernerfelt, "A Resource-Based View of the Firm," *Strategic Management Journal* 5 (1984): 171–80.
9. Paul Zimnisky, "A Diamond Market No Longer Controlled By De Beers," Kitco Commentary, June 6, 2013, http://www.kitco.com/ind/Zimnisky/2013-06-06-A-Diamond-Market-No-Longer-Controlled-By-De-Beers.html.
10. Richard D'Aveni, *Hypercompetition* (New York: Free Press, 1994), 4.
11. Rita Gunther McGrath, *The End of Competition: How to Keep Your Strategy Moving as Fast as Your Business* (Cambridge, MA: Harvard Business Review Press, 2013)（邦訳は『競争優位の終焉』日本経済新聞出版社、2014年）.
12. Steve Denning, "What Killed Michael Porter's Monitor Group? The One Force That Really Matters," *Forbes*, November 20, 2012, http://www.forbes.com/sites/stevedenning/2012/11/20/what-killed-michaelporters-monitor-group-the-one-force-that-really-matters/.
13. Ming Zeng, "Three Paradoxes of Building Platforms," Communications of the ACM 58, no. 2 (2015): 27–9, cacm.acm.org/magazines/2015/2/182646-three-paradoxes-of-building-platforms/abstract.
14. Thomas Eisenmann, Geoffrey G. Parker, and Marshall Van Alstyne, "Platform Envelopment," *Strategic Management Journal* 32, no. 12(2011): 1270–85.
15. Geoffrey G. Parker and Marshall Van Alstyne, "Platform Strategy," *New Palgrave Encyclopedia of Business Strategy* (New York: Macmillan, 2014).
16. Angel Salazar, "Platform Competition: A Research Framework and Synthesis of Game-Theoretic Studies," Social Science Research Network, February 15, 2015, papers.ssrn.com/sol3/papers.cfm?abstract_id=2565337. Mimeo: Manchester Metropolitan University, 2015; Barry J. Nalebuff and Adam M. Brandenburger, *Co-opetition* (London:HarperCollins

Netherlands: Brill, 1999), 3.
2. Josh Costine, "BranchOut Launches Talk.co to Expand from Networking into a WhatsApp for the Workplace," *TechCrunch*, October 7, 2013, http://techcrunch.com/2013/10/07/talk-co/.
3. Teresa Torres, "Why the BranchOut Decline Isn't Surprising," *Product Talk*, June 7, 2012, http://www.producttalk.org/2012/06/why-the-branchout-decline-isnt-surpising/.
4. John Egan, "Anatomy of a Failed Growth Hack," John Egan blog, December 6, 2012, http://jwegan.com/growth-hacking/autopsy-of-a-failed-growth-hack/.
5. Derek Sivers, "The Lean Startup — by Eric Ries," Derek Sivers blog, October 23, 2011, https://sivers.org/book/LeanStartup.
6. Alistair Croll and Benjamin Yoskovitz, *Lean Analytics: Use Data to Build a Better Startup Faster* (Sebastopol, CA: O'Reilly Media, 2013).
7. Christian Rudder, "The Mathematics of Beauty," OkTrends: Dating Research from OkCupid, January 10, 2011, http://blog.okcupid.com/index.php/the-mathematics-of-beauty/.
8. Bianca Bosker, "OkCupid Hides Good-Looking People from Less Attractive Users," *Huffington Post*, June 16, 2010, http://www.huffingtonpost.com/2010/06/16/okcupid-hiding-hotties-fr_n_614149.html.
9. Eisenmann, Parker, and Van Alstyne, "Strategies for Two-Sided Markets" ; Croll and Yoskovitz, *Lean Analytics*.
10. Francis J. Mulhern, "Customer Profitability Analysis: Measurement, Concentration, and Research Directions," *Journal of Interactive Marketing* 13, no. 1 (1999): 25–40; Nicolas Glady, Bart Baesens, and Christophe Croux, "Modeling Churn Using Customer Lifetime Value," *European Journal of Operational Research* 197, no. 1 (2009): 402–11.
11. Minter Dial, "Best of the Web or Death by Aggregation? Why Don't Brands Curate the News?" *Myndset*, December 16, 2014, http://themyndset.com/2014/12/aggregation-curation/.
12. Nidhi Subbaraman, "Airbnb's Small Army of Photographers Are Making You (and Them) Look Good," *Fast Company*, October 17, 2011, http://www.fastcompany.com/1786980/airbnbs-small-army-photographersare-making-you-and-them-look-good.
13. Ruimin Zhang interview by Geoffrey Parker and Marshall Van Alstyne,December 12, 2014.
14. Tiwana, *Platform Ecosystems*.
15. Parker and Van Alstyne. "Innovation, Openness, and Platform Control."
16. Guido Jouret interview by Geoffrey Parker and Marshall Van Alstyne, September 8, 2006.
17. Gary Swart, "7 Things I Learned from Startup Failure," *In*, September 23, 2013, https://www.linkedin.com/pulse/20130923123247-758147-7-things-i-learned-from-startup-failure.
18. Eric Ries, *The Lean Startup: How Today' s Entrepreneurs Use Continuous Innovation to Create Radically Successful Businesses* (New York: Random House, 2011).（邦訳は『リーン・スタートアップ』日経ＢＰ社、2012年）

【CHAPTER 10】戦略 —— プラットフォームによる競争の変化

1. David J. Teece, "Next Generation Competition: New Concepts for Understanding How

Street to its Core," *Vanity Fair*, April 2015, http://www.vanityfair.com/news/2015/03/michael-lewis-flash-boys-one-year-later.
37. William Mougayar, "Understanding the Blockchain," *Radar*, January 16, 2015, http://radar.oreilly.com/2015/01/understanding-theblockchain.html.
38. 同上。
39. Tamara McCleary, "Got Influence? What's Social Currency Got To Do With It?" Tamara McCleary blog, December 1, 2014, http://tamaramccleary.com/got-influence-social-currency/.
40. Grant and Stothers, "iStockphoto.Com," 3.
41. Hind Benbya and Marshall Van Alstyne, "How to Find Answers within Your Company," *MIT Sloan Management Review* 52, no. 2 (2011):65–75.
42. Peng Huang, Marco Ceccagnoli, Chris Forman, and D. J. Wu, "IT Knowledge Spillovers and Productivity: Evidence from Enterprise Software," Working Paper, University of Maryland and Georgia Institute of Technology, April 2, 2013, http://ssrn.com/abstract=2243886.
43. Benbya and Van Alstyne, "How to Find Answers within Your Company."
44. Geoffrey G. Parker and Marshall Van Alstyne, "Innovation, Openness, and Platform Control."
45. Arvind Malhotra and Marshall Van Alstyne, "The Dark Side of the Sharing Economy . . . and How to Lighten It," *Communications of the ACM* 57, no. 11 (2014): 24–27.
46. Julie Bort, "An Airbnb Guest Held a Huge Party in This New York Penthouse and Trashed It," *Business Insider*, March 19, 2014, http://www.businessinsider.com/how-an-airbnb-guest-trashed-a-penthouse-2014-3?op=1#ixzz3dA5DDMZz; M. Matthews, "Uber Passenger Says Driver Struck Him with Hammer After He Told Him He Was Going the Wrong Way," NBC Bay Area, October 8, 2014, http://www.nbcbayarea.com/news/local/Passenger-Hit-with-Hammer-by-Uber-Driver-278596821.html.
47. Airbnb, "Host Protection Insurance," https://www.airbnb.com/hostprotection-insurance, accessed June 15, 2015; A. Cecil, "Uber, Lyft, and Other Rideshare Drivers Now Have Insurance Options," *Policy Genius*, https://www.policygenius.com/blog/uber-lyft-and-otherrideshare-drivers-now-have-insurance-options/, accessed June 14, 2015.
48. Huckman, Pisano, and Kind, "Amazon Web Services."
49. Jillian D'Onfro, "Here's a Reminder Just How Massive Amazon's Web Services Business Is," *Business Insider*, June 16, 2014, http://www.businessinsider.com/amazon-web-services-market-share-2014-6.
50. Annabelle Gawer and Michael A. Cusumano, *Platform Leadership: How Intel, Microsoft, and Cisco Drive Industry Innovation* (Boston: Harvard Business School Press, 2002).（邦訳は『プラットフォーム・リーダーシップ』有斐閣、2005年）
51. Gawer and Cusumano, *Platform Leadership*.
52. Clarkson and Van Alstyne, "The Social Efficiency of Fairness."
53. 同上。
54. Benbya and Van Alstyne, "How to Find Answers within Your Company."

【CHAPTER 9】評価指標 ―― プラットフォームが問題にすべきこと

1. Jonathan P. Roth, *The Logistics of the Roman Army at War: 264 BC–AD 235* (Leiden,

18. Steve Denning, "The Dumbest Idea in the World: Maximizing Shareholder Value," *Forbes*, November 28, 2011, http://www.forbes.com/sites/stevedenning/2011/11/28/maximizing-shareholder-value-the-dumbest-idea-in-the-world/.
19. Alvin E. Roth, "The Art of Designing Markets," *Harvard Business Review* 85, no. 10 (2007): 118.
20. Lawrence Lessig, *Code and Other Laws of Cyberspace* (New York: Basic Books, 1999).
21. Dana Sauchelli and Bruce Golding, "Hookers Turning Airbnb Apartments into Brothels," *New York Post*, April 14, 2014, http://nypost.com/2014/04/14/hookers-using-airbnb-to-use-apartments-for-sex-sessions/; Amber Stegall, "Craigslist Killers: 86 Murders Linked to Popular Classifieds Website," WAFB 9 News, Baton Rouge, LA, April 9, 2015, http://www.wafb.com/story/28761189/craigslist-killers-86-murders-linked-to-popular-classifieds-website.
22. Apple, "iTunes Store — Terms and Conditions," http://www.apple.com/legal/internet-services/itunes/us/terms.html. Accessed May 20, 2015.
23. Apple, "iOS Developer Program License Agreement," https://developer.apple.com/programs/terms/ios/standard/ios_program_standard_agreement_20140909.pdf. Accessed May 20, 2015.
24. Stack Overflow, "Privileges," Stack Overflow help page, http://stackoverflow.com/help/privileges. Accessed May 20, 2015.
25. Rebecca Grant and Meghan Stothers, "iStockphoto.Com: Turning Community Into Commerce," Richard Ivey School of Business Case 907E13, 2011.
26. Michael Dunlop, "Interview With Bruce Livingstone — Founder and CEO of iStockphoto," *Retire at 21*, http://www.retireat21.com/interview/interview-with-bruce-livingstone-founder-of-istockphoto.
27. Grant and Stothers, "iStockphoto.Com," 3.
28. Nir Eyal, *Hooked: How to Build Habit-Forming Products* (Toronto: Penguin Canada, 2014).
29. Nir Eyal, "Hooks: An Intro on How to Manufacture Desire," *Nir & Far*, http://www.nirandfar.com/2012/03/how-to-manufacture-desire.html. Accessed October 13, 2015.
30. Elinor Ostrom, *Governing the Commons: The Evolution of Institutions for Collective Action* (New York: Cambridge University Press, 1990).
31. Jeff Jordan, "Managing Tensions In Online Marketplaces," *Tech-Crunch*, February 23, 2015, http://techcrunch.com/2015/02/23/managing-tensions-in-online-marketplaces/.
32. 同上。
33. Charles Moldow, "A Trillion Dollar Market, By the People, For the People," Foundation Capital, https://foundationcapital.com/downloads/FoundationCap_MarketplaceLendingWhitepaper.pdf.
34. Sangeet Choudhary, "Will Peer Lending Platforms Disrupt Banking?" *Platform Thinking*, http://platformed.info/peer-lending-platforms-disrupt-banking/.
35. Michael Lewis, *Flash Boys: A Wall Street Revolt* (New York: Norton, 2014)（邦訳は『フラッシュ・ボーイズ 10億分の1秒の男たち』文藝春秋、2014年）; P. Martens, "Goldman Sachs Drops a Bombshell on Wall Street," *Wall Street on Parade*, April 9, 2014, http://wallstreetonparade.com/2014/04/goldman-sachs-drops-a-bombshell-on-wall-street/.
36. Michael Lewis, "Michael Lewis Reflects on his Book *Flash Boys*, a Year after It Shook Wall

15 (2012): 1398–1408.

4. J. R. Raphael, "Facebook Privacy: Secrets Unveiled," *PCWorld*, May 16, 2010, http://www.pcworld.com/article/196410/Facebook_Privacy_Secrets_Unveiled.html.
5. Brad McCarty, "LinkedIn Lockout and the State of CRM," *Full Contact*, March 28, 2014, https://www.fullcontact.com/blog/linkedin-state-of-crm-2014/.
6. Nitasha Tiku and Casey Newton, "Twitter CEO: 'We Suck at Dealing with Abuse,'" *The Verge*, February 4, 2015, http://www.theverge.com/2015/2/4/7982099/twitter-ceo-sent-memo –taking-personal-responsibility-for-the.
7. Juro Osawa, "How to Understand Alibaba's Business Model," *MarketWatch*, March 15, 2014, http://www.marketwatch.com/story/how-to-understand-alibabas-business-model-2014-03-15-94855847.
8. Brad Burnham, "Web Services as Governments," Union Square Ventures, June 10, 2010, https://www.usv.com/blog/web-services-as-governments.
9. Wolfram Knowledgebase, https://www.wolfram.com/knowledgebase/. Accessed May 30, 2015.
10. "Politicians," Corrupt Practices Investigation Bureau, https://www.cpib.gov.sg/cases-interest/cases-involving-public-sector-officers/politicians. Accessed October 13, 2015.
11. "Corrupt Perceptions Index," *Wikipedia*, http://en.wikipedia.org/wiki/Corruption_Perceptions_Index, accessed October 13, 2015; B. Podobnik, J. Shao, D. Njavro, P. C. Ivanov, and H. E. Stanley, "Influence of Corruption on Economic Growth Rate and Foreign Investment," *European Physical Journal B-Condensed Matter and Complex Systems* 63, no. 4:547–50.
12. Estimate based on data from Wolfram Knowledgebase. Accessed October 13, 2015.
13. Daron Acemoglu, Simon Johnson, and James A. Robinson, "The Colonial Origins of Comparative Development: An Empirical Investigation," *American Economic Review* 91, no. 5 (2001): 1369–1401; D. Acemoglu, S. Johnson, and J. A. Robinson, "Reversal of Fortune: Geography and Institutions in the Making of the Modern World Income Distribution," *Quarterly Journal of Economics* 117, no. 4 (2002): 1231–94; Gavin Clarkson and Marshall Van Alstyne, "The Social Efficiency of Fairness," Gruter Institute Squaw Valley Conference: Innovation and Economic Growth, October 2010.
14. Roger Protz, "Arctic Ale, 1845," *Beer Pages*, March 23, 2011, http://www.beer-pages.com/stories/arctic-ale.htm; Jeremy Singer-Vine, "How Long Can You Survive on Beer Alone?" *Slate*, April 28, 2011, http://www.slate.com/articles/news_and_politics/explainer/2011/04/how_long_can_you_survive_on_beer_alone.html.
15. "Allsopp's Arctic Ale, The $500,000 eBay Typo," *New Life Auctions*, http://www.newlifeauctions.com/allsopp.html, accessed October 13, 2015. In fact, the winning bid was $503,300, but it is unclear whether anyone actually paid this amount.
16. Hillel Aron, "How eBay, Amazon and Alibaba Fuel the World's Top Illegal Industry — The Counterfeit Products Market," *LA Weekly*, December 3, 2014, http://www.laweekly.com/news/how-ebay-amazonand-alibaba-fuel-the-worlds-top-illegal-industry-the-counterfeitproducts-market-5261019.
17. Andrei Shleifer and Robert W. Vishny, "A Survey of Corporate Governance," *Journal of Finance* 52, no. 2 (1997): 737–83, esp. 737.

8. Catherine Rampell, "Widgets Become Coins of the Social Realm," *Washington Post*, November 3, 2011, D01.
9. Peng Huang, Marco Ceccagnoli, Chris Forman, and D. J. Wu, "Appropriability Mechanisms and the Platform Partnership Decision: Evidence from Enterprise Software," *Management Science* 59, no. 1(2013): 102–21.
10. Thomas R. Eisenmann, "Managing Proprietary and Shared Platforms," *California Management Review* 50, no. 4 (2008): 31–53.
11. Eisenmann, Parker, and Van Alstyne, "Opening Platforms."
12. "Android and iOS Squeeze the Competition, Swelling to 96.3% of the Smartphone Operating System Market for Both 4Q14 and CY14, According to IDC," press release, International Data Corporation, February 24, 2015, http://www.idc.com/getdoc.jsp?containerId=prUS25450615.
13. Matt Rosoff, "Should Google Ditch Android Open Source?" *Business Insider*, April 10, 2015, http://www.businessinsider.com/google-shoulddditch-android-open-source-2015-4; Ron Amadeo, "Google's Iron Grip on Android — Controlling Open Source By Any Means Necessary," *Arstechnica*, October 20, 2013, http://arstechnica.com/gadgets/2013/10/googles-iron-grip-on-android-controlling-open-source-by-any-meansnecessary/.
14. Rahul Basole and Peter Evans, "Decoding the API Economy with Visual Analytics Using Programmable Web Data," Center for Global Enterprise, September 2015, http://thecge.net/decoding-the-api-economy-with-visual-analytics/.
15. Shannon Pettypiece, "Amazon Passes Wal-Mart as Biggest Retailer by Market Cap," *BloombergBusiness*, July 23, 2015, http://www.bloomberg.com/news/articles/2015-07-23/ama zon-surpasses-wal-mart-as-biggest-retailer-by-market-value.
16. Bala Iyer and Mohan Subramaniam, "The Strategic Value of APIs," *Harvard Business Review*, January 7, 2015, https://hbr.org/2015/01/the-strategic-value-of-apis.
17. Charles Duhigg, "How Companies Learn Your Secrets," *New York Times*, February 16, 2012, http://www.nytimes.com/2012/02/19/magazine/shopping-habits.html?pagewanted=all.
18. Wade Roush, "The Story of Siri, from Birth at SRI to Acquisition by Apple — Virtual Personal Assistants Go Mobile," *xconomy*, June 14,2010, http://www.xconomy.com/san-francisco/2010/06/14/the-storyof-siri-from-birth-at-sri-to-acquisition-by-apple-virtual-personal-assistants -go-mobile/?single_page=true.
19. "A letter from Tim Cook on Maps," Apple, http://www.apple.com/letter-from-tim-cook-on-maps/.
20. Amadeo, "Google's Iron Grip on Android."

【CHAPTER 8】ガバナンス —— 価値向上と成長強化のための方針

1. Josh Dzieza, "Keurig's Attempt to DRM Its Coffee Cups Totally Backfired," *The Verge*, February 5, 2015, http://www.theverge.com/2015/2/5/7986327/keurigs-attempt-to-drm-its -coffee-cups-totally-backfired.
2. Geoffrey G. Parker and Marshall Van Alstyne, "Innovation, Openness and Platform Control," October 3, 2014, available at SSRN at http://ssrn.com/abstract=1079712.
3. Tiwana, *Platform Ecosystems*; Youngin Yoo, Richard J. Boland, Kalle Lyytinen, and Ann Majchrzak, "Organizing for Innovation in the Digitized World," *Organization Science* 23, no.

9. Ellen Wallace, "Swiss Post Set to Become Country's Largest Apple Seller," *Genevalunch*, June 28, 2012, http://genevalunch.com/2012/06/28/swiss-post-set-to-become-countrys-largest-apple-seller/.
10. Mark Suster, "Why Launching Your Startup at SXSW Is a Bad Idea," *Fast Company*, February 13, 2013.
11. "Instagram Tips: Using Hashtags," Instagram blog, http://blog.instagram.com/post/17674993957/instagram-tips-using-hashtags.

【CHAPTER 6】収益化 ── 価値を求めてネットワーク効果を強化する

1. *Research Network*, September 12, 2012, http://papers.ssrn.com/sol3/papers.cfm?abstract_id=1676444.
2. Parker and Van Alstyne, "Internetwork Externalities and Free Information Goods" ; Geoffrey G. Parker and Marshall Van Alstyne, "Two-Sided Network Effects: A Theory of Information Product Design," *Management Science* 51, no. 10 (2005); Eisenmann, Parker, and Van Alstyne, "Strategies for Two-Sided Markets."
3. Jean-Charles Rochet and Jean Tirole, "Platform Competition in Two-Sided Markets," *Journal of the European Economic Association* 1, no.4 (2003): 990–1029.
4. Rob Hof, "Meetup's Challenge," *Businessweek*, April 14, 2005, http://www.businessweek.com/stories/2005-04-13/meetups-challenge.
5. Matt Linderman, "Scott Heiferman Looks Back at Meetup's Betthe-Company Moment," *Signal v. Noise*, January 25, 2011, https://signalvnoise.com/posts/2751-scott-heiferman-looks-back-at-meetupsbet-the-company-moment-.
6. Stuart Dredge, "MySpace — What Went Wrong," *Guardian*, March 6, 2015.

【CHAPTER 7】オープン性 ── プラットフォームの利用範囲を規定する

1. Nigel Scott, "Wikipedia: Where Truth Dies Online," *Spiked*, April 29, 2014, http://www.spiked-online.com/newsite/article/wikipedia-wheretruth-dies-online/14963#.U7RzHxbuSQ2.
2. Thomas R. Eisenmann, Geoffrey G. Parker, and Marshall Van Alstyne, "Opening Platforms: How, When and Why?" chapter 6 in *Platforms, Markets and Innovation*, edited by Annabelle Gawer (Cheltenham, UK, and Northampton, MA: Edward Elgar, 2009).
3. Kevin Boudreau, "Open Platform Strategies and Innovation: Granting Access Versus Devolving Control," *Management Science* 56, no. 10(2010): 1849–72.
4. Andrei Hagiu and Robin S. Lee, "Exclusivity and Control," *Journal of Economics and Management Strategy* 20, no. 3 (Fall 2011): 679–708.
5. Joel West, "How Open Is Open Enough? Melding Proprietary and Open Source Platform Strategies," *Research Policy* 32, no. 7 (2003):1259–85; Henry William Chesbrough, *Open Innovation: The New Imperative for Creating and Profiting from Technology* (Cambridge,MA: Harvard Business School Press, 2006).（邦訳は『オープン・イノベーション』英治出版、2008年）
6. Felix Gillette, "The Rise and Inglorious Fall of Myspace," *Businessweek*, June 22, 2011.
7. Simon, *The Age of the Platform*.

11. Dan Charles, "In Search of a Drought Strategy, California Looks Down Under," *The Salt*, NPR, August 19, 2015, http://www.npr.org/sections/thesalt/2015/08/19/432885101/in-search-of-salvation-from-drought-california-looks-down-under.
12. Simon, *The Age of the Platform*.
13. Hemant K. Bhargava and Vidyanand Choudhary, "Economics of an Information Intermediary with Aggregation Benefits," *Information Systems Research* 15, no. 1 (2004): 22–36.
14. Marco Ceccagnoli, Chris Forman, Peng Huang, and D. J. Wu, "Cocreation of Value in a Platform Ecosystem: The Case of Enterprise Software," *MIS Quarterly* 36, no. 1 (2012): 263–90.
15. DC Rainmaker blog, "Under Armour (owner of MapMyFitness) buys both MyFitnessPal and Endomondo," February 4, 2015, http://www.dcrainmaker.com/2015/02/mapmyfitness-myfitnesspal-endomondo.html.
16. Peter C. Evans and Marco Annunziata, "Industrial Internet: Pushing the Boundaries of Minds and Machines," General Electric , November26, 2012, http://www.ge.com/docs/chapters/Industrial_Internet.pdf.
17. Accenture Technology, "Vision 2015 – Trend 3: Platform (R)evolution," http://techtrends.accenture.com/us-en/downloads/Accenture_Technology_Vision%202015_Platform_Revolution.pdf. Accessed October 13, 2015.
18. Barry Wacksman and Chris Stutzman, *Connected by Design: Seven Principles for Business Transformation Through Functional Integration* (New York: John Wiley and Sons, 2014).

【CHAPTER 5】市場導入 —— 8つの立ち上げ戦略

1. Eric M. Jackson, "How eBay's purchase of PayPal changed Silicon Valley," *VentureBeat*, October 27, 2012, http://venturebeat.com/2012/10/27/how-ebays-purchase-of-paypal-changed-silicon-valley/.
2. Blake Masters, "Peter Thiel's CS183: Startup — Class 2 Notes Essay," Blake Masters blog, April 6, 2012, http://blakemasters.com/post/20582845717/peter-thiels-cs183-startup-class-2-notes-essay. Copyright 2014 by David O. Sacks. Reprinted by permission.
3. Eric M. Jackson, *The PayPal Wars: Battles with eBay, the Media, the Mafia, and the Rest of Planet Earth* (Los Angeles: WND Books, 2012).
4. Andrei Hagiu and Thomas Eisenmann, "A Staged Solution to the Catch-22," *Harvard Business Review* 85, no. 11 (2007): 25–26.
5. Annabelle Gawer and Rebecca Henderson, "Platform Owner Entry and Innovation in Complementary Markets: Evidence from Intel," *Journal of Economics and Management Strategy* 16, no. 1 (2007): 1–34.
6. Joel West and Michael Mace, "Browsing as the Killer App: Explaining the Rapid Success of Apple's iPhone," *Telecommunications Policy* 34, no. 5 (2010): 270–86.
7. K. J. Boudreau, "Let a Thousand Flowers Bloom? An Early Look at Large Numbers of Software App Developers and Patterns of Innovation," *Organization Science* 23, no. 5 (2012): 1409–27.
8. Ciara O'Rourke, "Swiss Postal Service Is Moving Some Mail Online," *New York Times*, July 13, 2009.

works: Charles H. Fine, *Clockspeed: Winning Industry Control in the Age of Temporary Advantage* (New York: Basic Books,1998); N. Venkatraman and John C. Henderson, "Real Strategies for Virtual Organizing," *MIT Sloan Management Review* 40, no. 1 (1998): 33; and Daniel E. Whitney, "Manufacturing by Design," *Harvard Business Review* 66, no. 4 (1988): 83–91. モジュール化に関する学術研究は膨大な量があり、それらを探求したい読者は以下から読み始められるとよい。Baldwin and Clark, Design Rules; Timothy F. Bresnahan and Shane Greenstein, "Technological Competition and the Structure of the Computer Industry," *Journal of Industrial Economics* 47, no. 1 (1999): 1–40; Viswanathan Krishnan and Karl T. Ulrich, "Product Development Decisions: A Review of the Literature," *Management Science* 47, no. 1 (2001): 1–21; Ron Sanchez and Joseph T. Mahoney, "Modularity, Flexibility, and Knowledge Management in Product and Organization Design," *Strategic Management Journal* 17, no. S2 (1996): 63–76; Melissa A. Schilling, "Toward a General Modular Systems Theory and Its Application to Interfirm Product Modularity," *Academy of Management Review* 25, no. 2 (2000): 312–34; Herbert A. Simon, *The Sciences of the Artificial* (Cambridge, MA: MIT Press, 1969)（邦訳は『システムの科学　第3版』パーソナルメディア、1999年）; and Karl Ulrich, *Fundamentals of Product Modularity* (Heidelberg, Germany: Springer Netherlands, 1994).

【CHAPTER 4】プラットフォームによる破壊 —— 転換を迫られるオールド・ビジネス

1. Chris Gayomali, "The Two Startups that Joined the $40 Billion Club in 2014," *Fast Company*, December 30, 2014, http://www.fastcompany.com/3040367/the-two-startups -that-joined-the-40-billion-club-in-2014.
2. Kara Swisher, "Man and Uber Man," *Vanity Fair*, December 2014; Jessica Kwong, "Head of SF Taxis to Retire," *San Francisco Examiner*, May 30, 2014; Alison Griswold, "The Million-Dollar New York City Taxi Medallion May Be a Thing of the Past," *Slate*, December 1, 2014, http://www.slate.com/blogs/moneybox/2014/12/01/new_york_taxi_medallions_did_tlc_transaction_data_inflate_the_price_of_driving.html.
3. Swisher, "Man and Uber Man."
4. Zack Kanter, "How Uber's Autonomous Cars Will Destroy 10 Million Jobs and Reshape the Economy by 2025," CBS SF Bay Area, http://sanfrancisco.cbslocal.com/2015/01/27/how-ubers-autonomous-carswill-destroy-10-million-jobs-and-reshape-the-economy-by-2025-lyftgoogle-zack-kanter/.
5. Swisher, "Man and Uber Man."
6. Marc Andreessen, "Why Software Is Eating the World," *Wall Street Journal*, August 20, 2011, http://www.wsj.com/articles/SB10001424053111903480904576512250915629460.
7. Phil Simon, *The Age of the Platform: How Amazon, Apple, Facebook, and Google Have Redefined Business* (Henderson, NV: Motion Publishing,2011).
8. Feng Zhu and Marco Iansiti, "Entry into Platform-Based Markets," *Strategic Management Journal* 33, no. 1 (2012): 88–106.
9. Jason Tanz, "How Airbnb and Lyft Finally Got Americans to Trust Each Other," *Wired*, April 23, 2014, http://www.wired.com/2014/04/trust-in-the-share-economy/.
10. Arun Sundararajan, "From Zipcar to the Sharing Economy," *Harvard Business Review*, January 3, 2013, https://hbr.org/2013/01/from-zipcar-to-the-sharing-eco/.

8. Denise Dubie, "Microsoft Struggling to Convince about Vista," *Computerworld UK*, November 19, 2007, http://www.computerworlduk.com/news/it-vendors/microsoft-struggling-to-convince-about-vista-6258/.
9. Robin Bloor, "10 Reasons Why Vista is a Disaster," *Inside Analysis*, December 18, 2007, http://insideanalysis.com/2007/12/10-reasons-why-vista-is-a-disaster/2/.
10. See https://en.wikipedia.org/wiki/Windows_Vista and https://en.wikipedia.org/wiki/Windows_XP .
11. Steve Lohr and John Markoff, "Windows Is So Slow, but Why?" *New York Times*, March 27, 2006, http://www.nytimes.com/2006/03/27/technology/27soft.html?_r=1.
12. Carliss Young Baldwin and Kim B. Clark, *Design Rules: The Power of Modularity*, vol. 1 (Cambridge, MA: MIT Press, 2000) .（邦訳は『デザイン・ルール―モジュール化パワー』東洋経済新報社、2004年）
13. Robert S. Huckman, Gary P. Pisano, and Liz Kind, "Amazon Web Services," Harvard Business School Case 609-048, 2008.
14. Carliss Young Baldwin and Kim B. Clark, "Managing in an Age of Modularity," *Harvard Business Review* 75, no. 5 (1996): 84–93.（邦訳は「次世代のイノベーションを生む製品のモジュール化」DIAMONDハーバード・ビジネス・レビュー、1998年1月号）
15. Carliss Young Baldwin and C. Jason Woodard, "The Architecture of Platforms: A Unified View," Harvard Business School Working Paper 09-034, http://www.hbs.edu/faculty/Publication%20Files/09-034_149607b7-2b95-4316-b4b6-1df66dd34e83.pdf.
16. Daniel Jacobson, Greg Brail, and Dan Woods, *APIs: A Strategy Guide* (Cambridge, MA: O'Reilly, 2012).
17. Peter C. Evans and Rahul C. Basole, "Decoding the API Economy with Visual Analytics," Center for Global Enterprise, September 2, 2015, http://thecge.net/decoding-the-api-economy-with-visual-analytics/.
18. Michael G. Jacobides and John Paul MacDuffie, "How to Drive Value Your Way," *Harvard Business Review* 91, no. 7/8 (2013): 92–100.（邦訳は「バリューチェーン　覇者の条件」DIAMONDハーバード・ビジネス・レビュー、2014年6月号）
19. Amrit Tiwana, *Platform Ecosystems: Aligning Architecture, Governance,and Strategy* (Burlington, MA: Morgan Kaufmann, 2013), ch. 5.
20. Steven Eppinger and Tyson Browning, *Design Structure Matrix Methods and Applications* (Cambridge, MA: MIT Press, 2012).
21. Alan MacCormack and Carliss Young Baldwin, "Exploring the Structure of Complex Software Designs: An Empirical Study of Open Source and Proprietary Code," *Management Science* 52, no. 7 (2006):1015–30.
22. Andy Grove, *Only the Paranoid Survive* (New York: Doubleday, 1996).（邦訳は『パラノイアだけが生き残る』日経BP社、2017年）
23. Michael A. Cusumano and Annabelle Gawer, "The Elements of Platform Leadership," *MIT Sloan Management Review* 43, no. 3 (2002): 51.
24. Edward G. Anderson, Geoffrey G. Parker, and Burcu Tan, "Platform Performance Investment in the Presence of Network Externalities," *Information Systems Research* 25, no. 1 (2014): 152–72.
25. Interested readers who wish to learn more might begin with the following managerial

and Marshall Van Alstyne, "Internetwork Externalities and Free Information Goods," *Proceedings of the Second ACM Conference on Electronic Commerce* (Association for Computing Machinery, 2000),
107–16; Geoffrey Parker and Marshall Van Alstyne, "Two-Sided Network Effects: A Theory of Information Product Design," *Management Science* 51, no. 10 (2005): 1494–1504.

11. M. Rysman, "The Economics of Two-Sided Markets," *Journal of Economic Perspectives* 23, no. 3 (2009): 125–43.
12. Paul David, "Clio and the Economics of QWERTY," *American Economic Review* 75 (1985): 332–7.
13. UN Data: https://data.un.org/Host.aspx?Content=Tools.
14. Christian Rudder, "Your Looks and Your Inbox," OkCupid, http://blog.okcupid.com/index.php/your-looks-and-online-dating/.
15. Jiang Yang, Lada A. Adamic, and Mark S. Ackerman, "Crowdsourcing and Knowledge Sharing: Strategic User Behavior on taskcn," *Proceedings of the Ninth ACM Conference on Electronic Commerce* (Association for Computing Machinery, 2008), 246–55; Kevin Kyung Nam, Mark S. Ackerman, and Lada A. Adamic, "Questions In, Knowledge In?: A Study of Naver's Question Answering Community," *Proceedings of the SIGCHI Conference on Human Factors in Computing Systems*(Special Interest Group on Computer–Human Interaction, 2009),779–88.
16. Barry Libert, Yoram (Jerry) Wind, and Megan Beck Fenley, "What Airbnb, Uber, and Alibaba Have in Common," *Harvard Business Review*, November 20, 2014, https://hbr.org/2014/11/what -air bnb -uber-and-alibaba-have-in-common.
17. Andrei Hagiu and Julian Wright, "Marketplace or Reseller?" *Management Science* 61, no. 1 (January 2015): 184–203.
18. Clay Shirky, *Here Comes Everybody: The Power of Organizing Without Organizations* (New York: Penguin, 2008).
19. Henry Chesbrough, *Open Innovation: The New Imperative for Creating and Profiting from Technology* (Cambridge, MA: Harvard Business School Press, 2003).

【CHAPTER 3】アーキテクチャ ―― 成功するプラットフォームの設計原則

1. Charles B. Stabell and Oystein D. Fjeldstad, "Configuring Value for Competitive Advantage: On Chains, Shops, and Networks," *Strategic Management Journal* 19, no. 5 (1998): 413–37.
2. Rajiv Banker, Sabyasachi Mitra, and Vallabh Sambamurthy, "The Effects of Digital Trading Platforms on Commodity Prices in Agricultural Supply Chains," *MIS Quarterly* 35, no. 3 (2011): 599–611.
3. "Hop In and Shove Over," *Businessweek*, February 2, 2015.
4. Mark Scott and Mike Isaac, "Uber Joins the Bidding for Here, Nokia's Digital Mapping Service," *New York Times*, May 7, 2015.
5. Adam Lashinsky, "Uber Banks on World Domination," *Fortune*, October 6, 2014.
6. J. H. Saltzer, D. P. Reed, and D. D. Clark, "End-to-End Arguments in System Design," *ACM Transactions on Computer Systems* 2, no. 4(1984): 277–88.
7. Steve Lohr, "First the Wait for Microsoft Vista; Now the Marketing Barrage," *New York Times*, January 30, 2007.

原注

【CHAPTER 1】プラットフォーム・ビジネスの現在

1. Bill Gurley, "A Rake Too Far: Optimal Platform Pricing Strategy," *Above the Crowd*, April 18, 2013, http://abovethecrowd.com/2013/04/18/a-rake-too-far-optimal-platformpricing-strategy/.
2. Thomas Steenburgh, Jill Avery, and Naseem Dahod, "HubSpot: Inbound Marketing and Web 2.0," Harvard Business School Case 509-049, 2009.
3. Tom Goodwin, "The Battle Is for the Customer Interface," *Tech-Crunch*, March 3, 2015, http://techcrunch.com/2015/03/03/in-the-ageof-disintermediation-the-battle-is-all-for-the-customer-interface/.

【CHAPTER 2】ネットワーク効果 ―― プラットフォームはなぜ強いのか

1. Aswath Damodaran, "Uber Isn't Worth $17 Billion," *FiveThirty-EightEconomics*, June 18, 2014, http://fivethirtyeight.com/features/uber-isnt-worth-17-billion/.
2. Bill Gurley, "How to Miss By a Mile: An Alternative Look at Uber's Potential Market Size," *Above the Crowd*, July 11, 2014, http://abovethecrowd.com/2014/07/11/how-to-miss-by-a-mile-an-alternativelook-at-ubers-potential-market-size/.
3. W. Brian Arthur, "Increasing Returns and the Two Worlds of Business," *Harvard Business Review* 74, no. 4 (1996): 100–9（邦訳は「複雑系の経済学を解き明かす"収穫逓増"の法則」DIAMOND ハーバード・ビジネス・レビュー、1997年1月号）; Michael L. Katz and Carl Shapiro, "Network Externalities, Competition, and Compatibility," *American Economic Review* 75, no. 3 (1985):424–40.
4. Carl Shapiro and Hal R. Varian, *Information Rules* (Cambridge, MA: Harvard Business School Press, 1999).
5. Thomas Eisenmann, Geoffrey Parker, and Marshall Van Alstyne, "Strategies for Two-Sided Markets," *Harvard Business Review* 84, no. 10 (2006): 92–101（邦訳は「ツー・サイド・プラットフォーム戦略」DIAMOND ハーバード・ビジネス・レビュー、2007年6月号）.
6. Sarah Needleman and Angus Loten, "When Freemium Fails," *Wall Street Journal*, August 22, 2012.
7. Saul Hansell, "No More Giveaway Computers. Free-PC To Be Bought by eMachines," *New York Times*, November 30, 1999, http://www.nytimes.com/1999/11/30/business/no-more-giveaway-computers-freepc-to-be-bought-by-emachines.html.
8. Dashiell Bennett, "8 Dot-Coms That Spent Millions on Super Bowl Ads and No Longer Exist," *Business Insider*, February 2, 2011,http://www.businessinsider.com/8-dot-com-super-bowl-advertisers-that-no-longer-exist-2011-2.
9. "The Greatest Defunct Web Sites and Dotcom Disasters," *Crave*, cnet.co.uk, June 5, 2008, http://web.archive.org/web/20080607211840/http://crave.cnet.co.uk/0,39029477,49296926-6,00.htm.
10. Geoffrey Parker and Marshall Van Alstyne, "Information Complements, Substitutes and Strategic Product Design," *Proceedings of the Twenty-First International Conference on Information Systems*(Association for Information Systems, 2000), 13–15; Geoffrey Parker

【マ行】

【ヤ行】

【ラ行】

【ワ行】

【ナ行】

【ハ行】

フリーランス　104, 306, 310, 335, 365, 431, 433, 442, 446, 450

【タ行】

【サ行】

【ヤ行】

【ラ行】

【ワ行】

用語索引

【英数】

【ハ行】

【マ行】

【タ行】

【ナ行】

【カ行】

【サ行】

人名、企業名、ブランド・製品・サービス名索引

［著者］

ジェフリー・G・パーカー（Geoffrey G. Parker）

ダートマス・カレッジ教授およびMITデジタル・エコノミー・イニシアチブ客員研究員兼リサーチ・フェロー。経済学の産業組織論分野において、「ツーサイド市場理論」の共同開発者としての業績が名高い。

マーシャル・W・ヴァン・アルスタイン（Marshall W. Van Alstyne）

ボストン大学教授およびMITデジタル・エコノミー・イニシアチブ客員研究員。「ツーサイド・ネットワーク理論」の基礎への貢献で知られる。

サンジート・ポール・チョーダリー（Sangeet Paul Choudary）

プラットフォームに関するコンサルティングを世界的に展開。メディア・ラボにあるMITプラットフォーム戦略グループの共同議長。INSEAD ビジネススクールの学内起業家兼センター・フォー・グローバル・エンタープライズ・フェロー。

［監訳］

妹尾堅一郎（せのお・けんいちろう）

特定非営利活動法人産学連携推進機構 理事長。慶應義塾大学経済学部卒業後、富士写真フイルム株式会社勤務を経て、英国国立ランカスター大学経営大学院博士課程満期退学。産業能率大学助教授、慶應義塾大学大学院教授、東京大学先端科学技術研究センター特任教授、九州大学客員教授、一橋大学大学院MBA客員教授等を歴任して現職。現在も東京大学で大学院生等を指導。CIEC（コンピュータ利用教育学会）前会長。研究・イノベーション学会参与（前副会長）。日本知財学会理事。内閣知的財産戦略本部専門調査会前会長、農水省技術会議議員ほか、多くの省庁委員や大手企業役員を兼務。ビジネスモデルと知財マネジメントに関する研究と教育を続ける。著訳書多数。

なかでもベストセラーになった『技術力で勝る日本が、なぜ事業で負けるのか』（ダイヤモンド社）は書名が流行語にもなった。また、実践面では、秋葉原の再開発プロデュース等で著名。平成20年度 産業財産権制度関係功労者表彰 経済産業大臣表彰。

［訳］

渡部典子（わたなべ・のりこ）

ビジネス書の翻訳、執筆、編集等に従事。慶應義塾大学大学院経営管理研究科修了。研修サービス会社等を経て独立。訳書に『リバース・イノベーション』『英国式 図解のアイデア』（いずれもダイヤモンド社）、『バフェット伝説の投資教室』（日本経済新聞出版社）、『最強の商品開発』（中央経済社）などがある。

プラットフォーム・レボリューション PLATFORM REVOLUTION
——未知の巨大なライバルとの競争に勝つために

2018年8月22日　第1刷発行
2021年3月16日　第5刷発行

著　者——ジェフリー・G・パーカー
　　　　　マーシャル・W・ヴァン・アルスタイン
　　　　　サンジート・ポール・チョーダリー
監訳者——妹尾堅一郎
訳　者——渡部典子
発行所——ダイヤモンド社
　　　　　〒150-8409　東京都渋谷区神宮前6-12-17
　　　　　https://www.diamond.co.jp/
　　　　　電話／03·5778·7233（編集）　03·5778·7240（販売）
装丁————水戸部功
本文レイアウト—岸和泉
DTP————中西成嘉
製作進行——ダイヤモンド・グラフィック社
印刷————勇進印刷（本文）・加藤文明社（カバー）
製本————ブックアート
編集担当——木山政行

©2018 Noriko Watanabe, Kenichiro Senoh
ISBN 978-4-478-10003-5
落丁・乱丁本はお手数ですが小社営業局宛にお送りください。送料小社負担にてお取替えいたします。但し、古書店で購入されたものについてはお取替えできません。
無断転載・複製を禁ず
Printed in Japan

◆ダイヤモンド社の本◆

計画的に創られるイノベーションの競争モデルを解き明かす

技術で勝っても、知財権をとっても、国際標準をとっても、事業で負ける日本企業。その構造を明快に解き明かし、技術立国日本の生き残りをかけた処方箋を提示する。

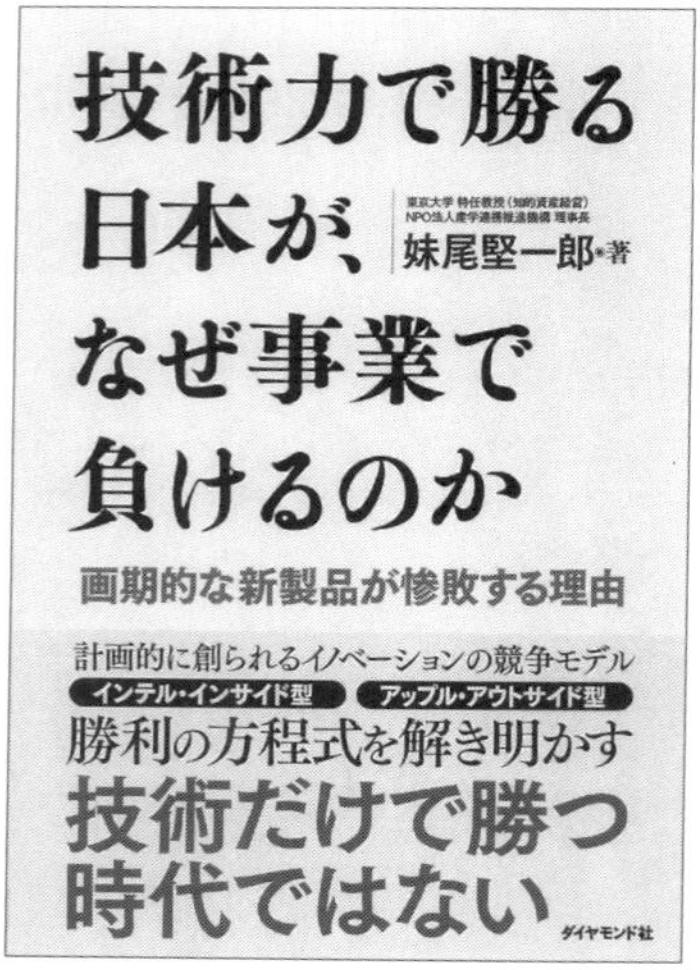

技術力で勝る日本が、なぜ事業で負けるのか

画期的な新製品が惨敗する理由

妹尾堅一郎

●四六判並製●定価（2400円＋税）

http://www.diamond.co.jp/

◆ダイヤモンド社の本◆

世界19ヶ国語で翻訳された 戦略論の最高峰に君臨する名著

産業が違い、国が違っても競争戦略の基本原理は変わらない。戦略論の古典としてロングセラーを続けるポーター教授の処女作。

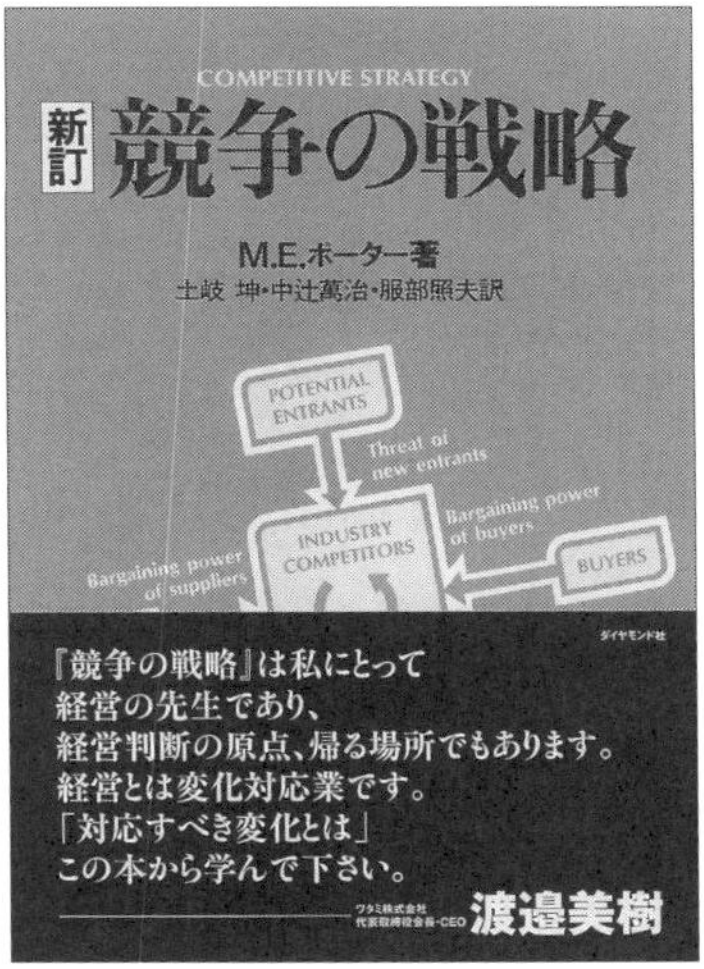

[新訂] 競争の戦略

M・E・ポーター［著］
土岐坤、中辻萬治、服部照夫［訳］

●Ａ５判上製●定価（5631円＋税）

http://www.diamond.co.jp/

◆ダイヤモンド社の本◆

ジェフ・ベゾスが愛読する
アマゾン社員の教科書

ジェフ・ベゾスも愛読！　世界最強のマーケティング企業アマゾンも学ぶデータに基づくマーケティングの教科書。本書の提案する15の指標を理解すれば、データに基づくマーケティングの意思決定が効果的に行える。データを活用して業績を伸ばしたい経営者・マーケティング幹部必読。

データ・ドリブン・マーケティング
最低限知っておくべき15の指標
マーク・ジェフリー［著］佐藤純、矢倉純之介、内田彩香［共訳］

●A5判上製●定価（2800円＋税）

http://www.diamond.co.jp/